Birgit Aschmann

# Beziehungskrisen

## Eine Emotionsgeschichte des katalanischen Separatismus

Birgit Aschmann

# Beziehungskrisen

## Eine Emotionsgeschichte des katalanischen Separatismus

WALLSTEIN VERLAG

**Bibliografische Information der Deutschen Nationalbibliothek**
Die Deutsche Nationalbibliothek verzeichnet diese Publikation in der Deutschen Nationalbibliografie; detaillierte bibliografische Daten sind im Internet über http://dnb.d-nb.de abrufbar.


www.wallstein-verlag.de
Vom Verlag gesetzt aus der Adobe Garamond und der TheSans
Umschlaggestaltung: Susanne Gerhards, Düsseldorf
Coverabbildung: ullstein bild – Rex Features/Rich Bowen/LNP/Shutterstock. Die Aufnahme enstand während einer Protestveranstaltung in Barcelona am 11.11.2017.
Druck und Verarbeitung: Hubert & Co, Göttingen
ISBN 978-3-8353-3840-1

# Inhalt

# Einleitung

Am Abend des 3. Oktober 2017 wandte sich der spanische König Felipe VI. in einer vom Fernsehen übertragenen Ansprache an »alle Spanier«.[1] Das war als solches schon ungewöhnlich, schließlich ist es in der konstitutionellen spanischen Monarchie nicht vorgesehen, dass sich der König in das politische Tagesgeschäft einschaltet. Ansprachen an die Bevölkerung, von den Botschaften zum Weihnachtsfest abgesehen, hatte es in der spanischen Demokratie seit 1975 nur in schweren Krisenzeiten gegeben – etwa nach den islamistischen Anschlägen auf die Madrider Vorortzüge im März 2004, denen über 90 Menschen zum Opfer gefallen waren. Im Gedächtnis der Nation war aber vor allem der Fernsehauftritt von König Juan Carlos am 23. Februar 1981 geblieben. Mit dieser Ansprache, die den Putschversuch von Oberst Tejero entschieden verurteilte, hatte Juan Carlos seinerzeit erheblich dazu beigetragen, die junge spanische Demokratie zu retten.

Jetzt, im Jahr 2017, war die spanische Demokratie offenkundig wieder in einer existenziellen Krise – und Juan Carlos' Sohn Felipe, der seinem Vater nach dessen Rücktritt 2014 auf dem Thron nachgefolgt war, konnte nicht länger schweigen. Das Land, so der König, befinde sich in einer »situación de extrema gravedad«, rechtsstaatliche Prinzipien seien gebrochen worden.

Akuter Anlass für die Ansprache war ein Referendum, das drei Tage zuvor, am 1. Oktober 2017, abgehalten worden war. Auf Betreiben der katalanischen Regionalregierung und zivilgesellschaftlicher Organisationen hatten die Bürger und Bürgerinnen der Autonomen Gemeinschaft über nichts weniger abgestimmt als über eine staatliche Unabhängigkeit ihres Landesteils – ungeachtet des Verbots des spanischen Verfassungsgerichts und der Proteste der spanischen Regierung.

Die verantwortlichen Politiker in Barcelona hätten, so nun der König, nicht nur den Rechtsstaat verletzt, sondern auch die wirtschaftliche und soziale Stabilität in ganz Spanien gefährdet. Doch in Felipes Rhetorik

1 Die Aufzeichnung der Ansprache ist im Internet u.a. beim spanischen Fernsehen abzurufen: Vídeo íntegro del mensaje del rey tras el referéndum en Cataluña, 3.10.2017: http://www.rtve.es/alacarta/videos/telediario/mensaje-integro-del-rey-tras-referendum-cataluna/4247341 (11.12.2020). Zum Text vgl. Discurso completo del Rey sobre Cataluña; in: *El País*, 5.10.2017: https://elpais.com/politica/2017/10/03/actualidad/1507058161_929296.html (9.12.2020).

dominierten nicht die Verweise auf »rationale« bzw. materielle Interessen. Vielmehr sticht die Verwendung von Emotionsbegriffen hervor. Von einer allgemein »großen Sorge« ist die Rede, von »Unruhe« und »Traurigkeit«. Den katalanischen Politikern warf er vor, die »Emotionen und Gefühle der Solidarität« zu missachten, durch die alle Spanier miteinander verbunden seien. Er appellierte an die »Harmonie«, die »Eintracht« und das gute Zusammenleben (*convivencia*) von Spaniern und Katalanen und warb um »Vertrauen« und »Hoffnung«.

Allerdings trug seine Ansprache gerade nicht zur Beruhigung des aufgeheizten innenpolitischen Klimas bei. Ungewollt hatte Felipe die Polarisierung der spanischen und katalanischen Gesellschaft noch verstärkt, was sich an der gespaltenen Reaktion auf seine Ansprache zeigte: Letztlich applaudierten diejenigen, die es für dringend geboten hielten, den Separatisten ihre Grenzen aufzuzeigen. Und diese wiederum zeigten sich zutiefst empört darüber, dass der König keinerlei Empathie für diejenigen gezeigt hatte, die am 1. Oktober durch spanische Polizeiknüppel verletzt worden waren.

Seit langem schon hatten die Spanier den Wunsch nach Versöhnung hinter sich gelassen, der die unmittelbare Zeit nach dem Tod des Diktators Francisco Franco geprägt und die »Konsensverfassung« von 1978 ermöglicht hatte. Seit den 1990er Jahren hatte sich eine wachsende Spannung (*crispación*) entlang der politischen Rechts-Links-Achse entwickelt. Doch quer zu dieser Frontlinie hatte sich zu Beginn des 21. Jahrhunderts die spanische und katalanische Gesellschaft über die Infragestellung der staatlichen Einheit durch katalanische Separatisten gespalten. Dieser Riss hatte längst nicht nur die Politik beeinträchtigt, sondern auch den Alltag in Katalonien verändert.

»Ich wurde vor vierzig Jahren in Barcelona geboren. Es war immer meine Stadt«, äußerte der Schauspieler Daniel Brühl in jenem Herbst 2017.[2] In der letzten Zeit aber hätten sich die Bilder, die er von der Stadt habe, »radikal verschoben«. Barcelona sei eine »Heimat ohne Halt« geworden, die gesellschaftlichen Gräben würden auch zwischen früheren Freunden und innerhalb der Familie jeden Tag tiefer. Brühl war »perplex, ratlos und auch beängstigt« und bei weitem nicht der Einzige, der die katalanische Hauptstadt nicht mehr wiedererkannte.

Auch viele Katalanen verstanden die Welt nicht mehr. Jahrzehntelang hatte sich etwa der in den USA geborene Historiker Enric Ucelay-Da Cal mit dem Nationalismus in dieser Region auseinandergesetzt. Dass sich die-

2 Daniel Brühl: Heimat ohne Halt (Protokoll: Javier Cáceres); in: Süddeutsche Zeitung (SZ), 28./29.10.2017, S. 49.

ser einmal in einen zum Äußersten entschlossenen Separatismus verwandeln würde, hatte er nicht für möglich gehalten. Seinem in Paris lehrenden katalanischen Kollegen Jordi Canal ging es nicht anders. Dieser glaubte, sich in einem kafkaesken Alptraum wiederzufinden. Den *Procés*, wie die Katalanen die Entwicklung in den Jahren hin zum Unabhängigkeitsreferendum am 1. Oktober 2017 bezeichneten, verglich er mit Kafkas gleichnamigen Roman.[3]

In diesem katalanischen »heißen Herbst« hatten sich die Ereignisse überstürzt: Nach dem mit der spanischen Verfassung unvereinbaren Referendum, welches spanische Polizeikräfte auch unter Einsatz von Gewalt nicht hatten verhindern können, wurde im katalanischen Parlament erst die Unabhängigkeit erklärt, dann wieder zurückgenommen und schließlich erneut proklamiert. Daraufhin übernahm die spanische Regierung unter Berufung auf die Verfassung von 1978 die Regierungsgeschäfte in Barcelona. Es kam aber nicht nur zu einem Kräftemessen der Separatisten unter Führung des Präsidenten der katalanischen Regionalregierung, Carles Puigdemont, mit der Regierung in Madrid unter Ministerpräsident Mariano Rajoy. Auch zwischen den jeweiligen Zivilgesellschaften hatten sich massive Spannungen entwickelt. Es war keineswegs ausgemacht, dass dieser Konflikt friedlich bleiben sollte. »Glaubst du, dass wir in den Krieg ziehen werden?«, fragten Studierende in Barcelona im Oktober 2017 ihren Geschichtsdozenten.[4] Eine solche Eskalation blieb aus. Aber dass eine solche Entwicklung überhaupt möglich schien, muss zutiefst beunruhigen.

Gerade in Anbetracht der Tatsache, dass sich die Beteiligten auf allen Seiten des Konfliktes als überzeugte Europäer und Demokraten verstanden, steht die Frage im Raum, wie eine derartige Konfliktdynamik überhaupt möglich geworden war. Wie konnte es dazu kommen, dass zu Beginn des 21. Jahrhunderts ein nationaler Konflikt innerhalb eines westeuropäischen demokratischen Vorzeigestaates eine solche Schärfe annahm, dass sogar ein Bürgerkrieg nicht mehr ausgeschlossen schien? Dieser Frage nachzugehen, ist nicht nur für diejenigen von Belang, die sich mit der Geschichte Spaniens befassen. Aus den Entwicklungen in Katalonien lassen sich vielmehr allgemeine Erkenntnisse über Konfliktdynamiken der jüngsten europäischen Zeitgeschichte gewinnen.

Um die Eskalationsdynamik zu verstehen, ist es notwendig, den Katalonienkonflikt innerhalb eines Kontextes allgemeiner politischer Prozesse

3 Jordi Canal: Con permiso de Kafka. El proceso independentista en Cataluña, Barcelona 2018.

4 Arnau Gonzàlez i Vilalta/Enric Ucelay-Da Cal/Plàcid García-Planas: »Tumulto«. Meditacions sobre l'octubre català, Girona 2017, S. 130.

zu situieren, die (nicht nur) Europa zu Beginn des 21. Jahrhunderts betrafen. Dazu zählt allem voran das Wiedererstarken des Nationalen in Politik und Historiographie. In den 1980er Jahren hatten Studien zu Nation, Nationalismus oder Nationalstaatsbildung den Geruch des Altmodischen angenommen, und diese Aspekte schienen nicht zu den Faktoren zu zählen, die die Zukunft Europas prägen würden. Das hat sich seit dem Zerfall der Sowjetunion und den Jugoslawienkriegen geändert. Inzwischen ist der Nationalismus zurück, nicht nur in den Gesellschaften europäischer Länder, sondern eben auch in der Geschichtsschreibung.

Schon wird von einer »neuen Morgenröte« der Nationalismus-Studien gesprochen.[5] Die Popularität nationaler Orientierungsmuster erklärt der Soziologe Klaus Kraemer mit einer »Sehnsucht nach dem nationalen Container«.[6] Gerade durch die Verflüssigung von Grenzen in einem globalen Zeitalter wächst in postmodernen Gesellschaften der Unmut über eine zunehmende Vielfalt und Unverbindlichkeit. Umso attraktiver erscheinen Angebote mit vermeintlich klaren Kategorien wie »Nation« bzw. »Nationalität«. Dabei lassen sich zwei Manifestationsformen des Nationalismus unterscheiden: Einerseits reklamieren Nationalstaaten für das eigene Land einen Vorrang (*America first* etc.) und gehen zu internationalen Verbindlichkeiten auf Distanz. Andererseits treten gerade in Krisenmomenten regionale Nationalismen in Erscheinung, die die Konturen und das Selbstverständnis von Staaten in Frage stellen.

Diese Fliehkräfte sind umso stärker, wenn es sich um »zusammengesetzte Staaten« handelt, die vormals politisch heterogene Territorien inkorporiert hatten. Dazu zählen Länder wie Spanien, Italien oder Großbritannien, die sich heute gleich einer doppelten Herausforderung gegenübersehen: einerseits einem wachsenden nationalstaatlichen Egoismus in den Beziehungen mit anderen Staaten und andererseits der Ausprägung separater nationaler Ansprüche innerhalb des eigenen Staatsgebiets. Der katalanische Nationalismus entwickelte sich also vor dem Hintergrund einer allgemein rasant steigenden Attraktivität von Nationalismen während der zweiten Dekade des 21. Jahrhunderts.[7] Dabei war Spanien zu Beginn des 21. Jahrhunderts

5 Eric Storm: A New Dawn in Nationalism Studies? Some Fresh Incentives to Overcome Historiographical Nationalism; in: European History Quarterly, 48/1 (2018), S. 113-129.

6 Klaus Kraemer: Sehnsucht nach dem nationalen Container. Zur symbolischen Ökonomie des neuen Nationalismus in Europa; in: Leviathan, 46/2 (2018), S. 280-302.

7 So ging eine im April 2018 am Pariser Deutschen Historischen Institut organisierte Tagung zum Nationalismus davon aus, dass es in den letzten Jahren zu einem

von der separatistischen Dynamik besonders heftig betroffen, weil das Land durch die Finanz- und Wirtschaftskrise um 2008 erheblich geschwächt war und weil sich in gleich zwei Regionen, dem Baskenland und Katalonien, ernst zu nehmende Bewegungen entwickelt hatten, die auf eine Loslösung ihrer Territorien vom spanischen Staatsverband hinarbeiteten.

Doch nirgendwo, weder in Schottland noch in Südtirol, noch nicht einmal im Baskenland, wurde der Separatismus zu einer solch realen Bedrohung des Gesamtstaates wie es in Katalonien seit 2010 der Fall war. Hier entwickelte sich in prototypischer Weise das, was der Soziologe Andreas Reckwitz als »Kulturessentialismus« bezeichnet hat: die Aufwertung kultureller Elemente wie Sprache oder Geschichte zu Kernbestandteilen eines vermeintlich unvergänglichen Identitätskerns eines Kollektivs.[8] Als Beispiel führt Reckwitz explizit den Kulturnationalismus Kataloniens an.[9] Die Wirkmächtigkeit dieses Kulturessentialismus liegt nach Reckwitz darin, dass er einerseits eine gemeinschaftsbildende Wirkung besitzt und insofern ein allgemein integrierendes, »kommunitaristisches« Angebot enthält. Zugleich aber fügt sich ein solches Konzept in die nach 1970 von Reckwitz so beschriebene »Gesellschaft der Singularitäten«, als hier zwar nicht das Individuum, aber das Kollektiv als einzigartig und herausragend empfunden und von anderen abgegrenzt wird. Dabei erfolgt die Abgrenzung dieser »kulturellen Neogemeinschaften«[10] weniger aufgrund ethnischer Differenzen, als vielmehr entlang kultureller Grenzlinien. Nicht Rasse, sondern Sprache wird zum zentralen Differenzkriterium. Die katalanische Sprachpolitik seit 1980 bietet ein Paradebeispiel für die gezielte Produktion eines solchen auf »Kultur« fokussierten Nationalismus. Die Betonung der spezifischen katalanischen Kultur erfolgte dabei als dezidierte Abgrenzung von der spanischen Kultur – schließlich ist es gerade die Fluidität der spanisch-katalanischen Grenze, die in den letzten Dekaden von Nationalisten als Provokation empfunden wird.

Dass die Beziehungen zwischen dem restlichen Spanien und Katalonien sich so spannungsreich entwickelten, war keineswegs unausweichlich. Auch

»dramatic rise in nationalism, in politics but also in research« gekommen sei. Vgl. Tagungsbericht: National History and New Nationalism in the 21st Century, 11.4.2018-13.4.2018 Paris; in: H-Soz-Kult, 05.07.2018: https://www.hsozkult.de/conferencereport/id/tagungsberichte-7774 (9.12.2020).

8 Vgl. das Kapitel: »Kulturkonflikte als Kampf um die Kultur: Hyperkultur und Kulturessentialismus«; in: Andreas Reckwitz: Das Ende der Illusionen. Politik, Ökonomie und Kultur in der Spätmoderne, Berlin 2019, S. 29-61.

9 Ebd., S. 42.

10 Ebd., S. 44.

in Katalonien hatte über mehr als ein Jahrhundert hinweg jene Haltung überwogen, die in der Nationalismusforschung als »nationale Indifferenz«[11] bezeichnet worden ist: Nationale Identitäten wurden nur in spezifischen Situationen abgerufen und blieben oftmals diffus. Wurden die Katalanen nach ihrer nationalen Zugehörigkeit befragt, gab die Mehrheit von ihnen noch im Jahr 2015 an, sich sowohl als Katalanen als auch als Spanier zu fühlen.[12] Dieser Befund spricht für die These von Pieter M. Judson, auf den das Konzept der *national indifference* zurückgeht, und demzufolge man – ausgehend von diesen Prämissen – viel stärker danach fragen müsse, unter welchen kontingenten Umständen ein nationalistisches »Denken und Fühlen« plötzlich dominant werden könne, bzw. wie derartige Denk- und Fühlmuster »hergestellt« werden.[13]

Diesem Ansatz folgt das vorliegende Buch, indem es erstens der Frage nachgeht, welche lang-, mittel- und kurzfristigen Elemente zur Ausprägung eines Nationalismus als Separatismus beigetragen haben, der von breiten Teilen der Bevölkerung getragen wurde. Zweitens soll untersucht werden, welche diskursiven, vor allem aber welche emotionalen Faktoren dabei von Bedeutung waren. Zu diesem Zweck werden vor allem die Jahre nach 1980 in den Blick genommen. Schließlich hat sich insbesondere seit den 1980er Jahren innerhalb Europas die Abkehr von einer »Gesellschaft der Gleichen«[14] hin zu einer »Gesellschaft der Singularitäten«[15] vollzogen – wobei allerdings zu fragen ist, inwiefern die spezifische Diktaturerfahrung in Spanien bzw. Katalonien Einfluss auf die Entwicklung des katalanischen »Kulturessentialismus« genommen hat.

Das besondere Augenmerk gilt vor allem dem Zeitraum nach 2010. Auch hier sind die spezifisch spanischen Ereignisse in den europäischen

11 Vgl. u.a. Tara Zahra: Imagined Noncommunities: National Indifference as a Category of Analysis; in: Slavic Review, 69/1 (2019), S. 93-119.

12 Im Jahr 2010 gaben 45 Prozent der Spanier eine solche duale nationale Identität an, nur 17 Prozent gaben an, sich ausschließlich als Katalanen zu fühlen, nur 7 Prozent ausschließlich als Spanier. Vgl. Fernando Molina/Alejandro Quiroga: Mixed feelings: Identities and nationalisations in Catalonia and the Basque country (1980-2015); in: National Identities, 21/1 (2019), S. 9: https://doi.org/10.1080/14608944.2017.1369020 (11.12.2020).

13 Pieter M. Judson: Nationalism and Indifference; in: Johannes Feichtinger/Heidemarie Uhl (Hg.): Habsburg neu denken. Vielfalt und Ambivalenz in Zentraleuropa. 30 kulturwissenschaftliche Stichworte, Wien/Köln/Weimar 2016, S. 148-155, S. 154.

14 Pierre Rosanvallon: Die Gesellschaft der Gleichen, Hamburg 2013.

15 Andreas Reckwitz: Die Gesellschaft der Singularitäten. Zum Strukturwandel der Moderne, Berlin 2017.

Kontext einzufügen. Womöglich fanden der (katalanische) Populismus und der Eventcharakter der katalanischen Unabhängigkeitsbewegung gerade deshalb so viel Anklang, weil sie einen attraktiven Ausweg aus der Sackgasse der umfassenden Desillusionierung der europäischen Gesellschaften u.a. über die Teilhabeversprechen der Demokratie um die Jahrtausendwende boten.[16]

Mit Blick auf die Frage nach den Ursachen der spanisch-katalanischen Krise von 2017 wäre es allerdings zu kurz gegriffen, nur die Ereignisse um 2010 in den Blick zu nehmen. Die Erzählung setzt mit dem 19. Jahrhundert ein und folgt damit den gängigen Ansätzen in der Historiographie, die die Ursprünge von modernen Nationen in Europa innerhalb des 19. Jahrhunderts verorten. In dieser Zeit kam es zu internationalen Auseinandersetzungen, die ein Gefühl von nationaler Zusammengehörigkeit entstehen ließen. Gleichzeitig entwickelten sich die Partizipationserwartungen des europäischen Bürgertums, die sich in Verfassungsgebungen niederschlugen. Auch wurde jenes Ensemble nationaler Mythen und Symbole geschaffen, das sich zwar Versatzstücken der Vergangenheit bediente, doch durch die Art der Komposition, mit der diese Elemente zu einer Großerzählung verbunden wurden, zugleich etwas kategorial Neues war.

Aus dieser Gemengelage entstanden die modernen Nationen – oftmals auf der territorialen Basis von Staaten, die schon lange existiert hatten. Das Spezifikum des spanischen Staates war dabei, dass er zunächst ein großes Kolonialreich integrieren musste und sich, wenn auch zeitversetzt, nach dessen Auflösung gleich drei Nationalbewegungen, nämlich die spanische, die baskische und die katalanische, entwickelten, die in einem komplexen und spannungsreichen Verhältnis zueinander standen. Die ethnische und sprachliche Heterogenität innerhalb des spanischen Nationalstaates war in Europa jedoch kein Unikum. Im Nachbarland Frankreich etwa sprach um 1870 nur rund die Hälfte der Bevölkerung Französisch.

Umso berechtigter ist die Frage nach den Ursachen für den speziellen Weg der Nationalstaatsentwicklung in Spanien im späten 19. und 20. Jahrhundert gegenüber dem heute zentralistisch geprägten und sprachlich weitgehend uniformen Frankreich. Für einen zweifelsohne lohnenswerten Vergleich mit anderen Staaten oder Separatismen ist hier zwar kein Raum. Aber es sollen einige Grundzüge der Entwicklung der spanischen und katalanischen Politik und des damit korrespondierenden nationalen

16 Zur Desillusionierung vgl. Reckwitz, Ende, S. 9. Zum »Zeitalter des Misstrauens« gegenüber der Demokratie vgl. Donatella della Porta: Die schöne neue Demokratie. Über das Potential sozialer Bewegungen, Frankfurt a.M. 2020, S. 19.

Selbstverständnisses seit dem 19. Jahrhundert aufgezeigt werden. Das soll den Blick schärfen einerseits für Kontinuitätslinien und andererseits für die Kontingenz der Entwicklung. Immer wieder hatten sich Optionen ergeben, die Weichenstellungen in andere Beziehungskonstellationen hinein ermöglicht hätten.

Zwangsläufig bleiben die Ausführungen zum 19. Jahrhundert im ersten Kapitel fragmentarisch. Sie sollen schlaglichtartig einige Spezifika des Beziehungsverhältnisses zwischen Spanien und Katalonien erhellen und so ein Verständnis der tieferen Wurzeln der späteren Dynamik ermöglichen. Letztlich soll deutlich werden, inwiefern in dieser Zeit ein regionales Selbstverständnis dominierte, das von einer »nationalen Indifferenz« bzw. von »doppelten Identitäten« geprägt war, sodass spanische und katalanische Selbstentwürfe nebeneinanderstehen oder aufeinander folgen konnten.

Am Ende des 19. Jahrhunderts begann eine neue Phase, die im zweiten Kapitel im Vordergrund steht. Hier zeigen sich die Verflechtungen der Entwicklung spanischer und katalanischer Identitätskonzepte, jeweils in Relation zu wirtschaftlichen und politischen Machtkonstellationen. Es ist die Zeit einer zunehmenden Ambiguitätsintoleranz, in der ein katalanischer Nationalismus immer stärkere Ausschließlichkeitsansprüche entwickelte.[17] Dabei lässt sich insofern eine weitere Dialektik nachweisen, als sich auf die Uniformitäts- und Einheitspostulate in den spanischen Diktaturen des 20. Jahrhunderts das regionale Sonderbewusstsein nur umso nachhaltiger formierte. Dies wird vor allem im vierten Kapitel herausgearbeitet. Nach dem Ende der Franco-Diktatur wurde in der neuen Autonomen Gemeinschaft Katalonien eine Politik betrieben, die die Weichen für einen »Kulturessentialismus« stellte. Diese Politik hatte anfangs durchaus pragmatische Züge, zielte aber letztlich darauf, dem Bewusstsein, zu einer distinkten nationalen Gruppe zu gehören, Breitenwirkung zu verschaffen. Im fünften und letzten Kapitel wird schließlich nachgezeichnet, wie es nach 2010 zu jener Eskalation kommen konnte, die in den Ereignissen vom Herbst 2017 gipfelte. Hier zeigt sich das komplexe Zusammenspiel struktureller Vorprägungen und kontingenter Ereignisse. Deutlich wird, wie sehr auf Vorerfahrungen und Imaginationen des 19. Jahrhunderts zurückgegriffen wurde. Vor allem aber wird die nahezu konkurrenzlose Relevanz der Emotionen offenkundig, die daher gerade in diesem Kapitel im Vordergrund der Analyse stehen.

17 Zum Verlust an Ambiguitätstoleranz in den Gegenwartsgesellschaften vgl. Thomas Bauer: Die Vereindeutigung der Welt. Über den Verlust an Mehrdeutigkeit und Vielfalt, Stuttgart 2018.

Den katalanischen Separatisten ist in der internationalen Berichterstattung jener Zeit immer wieder Irrationalität vorgeworfen worden. Der Begriff ist jedoch irreführend. Zwar spielten Emotionen eine fundamentale Rolle, sie folgen aber einer eigenen »Rationalität« – auch wenn diese mit dem Streben nach utilitaristisch-materieller Gewinnmaximierung nicht in Deckung zu bringen ist. Diese »Rationalität« ist nicht mit Deeskalation gleichzusetzen, und zudem sind die Folgen emotionalen Verhaltens nicht prognostizierbar. Es gilt, die Eigenlogik von Emotionen zu analysieren und damit die Entwicklung zumindest retrospektiv zu verstehen.

Dazu gehört das Wissen um Kontextfaktoren, die emotionales Verhalten begünstigten. Zu den strukturellen Rahmenbedingungen, die die Konfliktdynamik in Spanien ermöglichten, gehören die allgemeinen Charakteristiken der letzten vierzig Jahre. Historiker und Soziologen haben in den 1970er Jahren einen Strukturbruch beobachtet: Auf die Epoche der industriellen Moderne bzw. der »Hochmoderne«[18] (von ca. 1880 bis 1970) folgte die »Spätmoderne«.[19] Die Konfliktentwicklung im katalanisch-spanischen Verhältnis lässt sich als idealtypische und zugleich sehr spezifische Ausdrucksform gesellschaftlicher Verhaltensmuster dieser Spätmoderne beschreiben. Als ein entscheidendes Element dieses Umbruchs hat Andreas Reckwitz eine neue Emotionskultur ausgemacht: Während in den Jahrzehnten zuvor ein relativ nüchternes Emotionsregime dominiert habe, sei eine ausgesprochen positive Einstellungen gegenüber Emotionen für die spätmodernen Lebensformen kennzeichnend geworden.[20] Diese neue Konjunktur der Emotionen führte dazu, dass – analog zur Entwicklung des Nationalismus – die Emotionen einerseits in Politik und Gesellschaft eine sehr viel prominentere Rolle zu spielen begannen, und andererseits die Historiographie das analytische Potential der Emotionsgeschichte entdeckte.

So stellt die Emotionshistoriographie, die sich in den vergangenen dreißig Jahren entwickelt hat, das analytische Instrumentarium bereit, um die emotionale Dynamik des katalanischen *Procés* zu untersuchen. Immer wieder wird zurückgegriffen auf die Anregungen des amerikanischen Emotionshistorikers William Reddy. Mit dem Konzept des *emotional regime* sensibilisierte er für politische Herrschaftstechniken, die Gefolgschaft durch Anpassung an ein vorgegebenes Emotionsverhalten einfordern. Ebenso ist das Konzept der *emotives* auf Reddy zurückzuführen. Gemeint sind Emo-

18 Vgl. Ulrich Herbert: Europe in High Modernity. Reflections on a Theory of the 20th Century; in: Journal of Modern European History, 5/1 (2007), S. 5-21.

19 Anthony Giddens: Kritische Theorie der Spätmoderne, Wien 1992.

20 Vgl. das Kapitel: »Erschöpfte Selbstverwirklichung: Das spätmoderne Individuum und die Paradoxien seiner Emotionskultur«; in: Reckwitz, Ende, S. 203-238.

tionsäußerungen, die das Potential haben, die Wirklichkeit zu verändern – ohne dass die Richtung der Veränderung vorausbestimmt werden könnte.

Auch das Konzept der *emotional communities* der Mediävistin Barbara Rosenwein ist für die Analyse von gesellschaftlichen Gruppenbildungen in Nationalisierungsprozessen gewinnbringend. Gruppenkohäsion kann schließlich insbesondere durch geteilte Emotionen hergestellt und mit emotionalen Techniken eingefordert und abgesichert werden. Die Emotionshistoriographie hat deutlich gemacht, dass es sich bei der Lenkung von Emotionen immer um zentrale Fragen der Machtausübung handelt. Gerade die Relevanz, die Emotionen für das Verhalten von Menschen besitzen, macht es so attraktiv, über die Manipulation von Emotionen Einfluss auf das Verhalten von Einzelnen und Gruppen zu nehmen. Akteure, die Macht über Identitätspolitiken ausüben wollen, verzichten selten auf Appelle an Emotionen.

Gerade Populisten bedienen sich aus der Werkzeugkiste dieser Emotionspolitik. Sie können umso leichter Effekte erzielen, als gerade die Gegenwartsgesellschaften zu einem dezidiert emotionalen Verhalten neigen und Emotionen tendenziell positiv gesehen, forciert und »aufgeführt« werden. Die gegenwärtige Gesellschaft pflege, so Andreas Reckwitz, eine »radikal emotionalisierte Kultur«.[21] Evident ist die Dialektik von hohen Erwartungen an ein sinnerfülltes, erlebnis- und erfolgreiches Leben mit positiven Emotionen einerseits und den Enttäuschungen mit einem möglichen Umschlag in negative Emotionen wie Empörung, Angst, Verzweiflung, Zorn und Wut andererseits.

Diese Zusammenhänge lassen sich prototypisch anhand der katalanischen Unabhängigkeitsbewegung nachweisen. Mit der Verfestigung spezifischer Geschichtsbilder, der triumphalen Besetzung des öffentlichen Raumes und der rituellen Inszenierung von Abstimmungen wurde nicht nur ein nationalistischer Habitus eingeübt, sondern auch eine Vielzahl von positiven Emotionen angesprochen: Stolz, Euphorie, Gemeinschaftsgefühl und Liebe zur Nation.[22] Gerade durch die Bedeutung von Ritualen, des situativen Ergriffenseins und die emotionale Intensität erlangte der katalanische Nationalismus nachgerade den Status von säkularer Sakralität. Sakralisierungsprozesse wurden dabei ebenfalls von Soziologen als typisch

21 Ebd., S. 205.

22 Hier wurden offenbar in besonderer Weise die Erwartungen der spätmodernen Subjekte an »Authentizität«, performativen Darstellungsweisen und Erlebnissen besonders hoher Intensität (nach Abraham Maslow sogenannte *peak experiences*) erfüllt, vgl. Reckwitz, Ende, S. 213-218.

für die Spätmoderne ausgemacht.[23] Zugleich manifestierte sich in der von der katalanischen Zivilgesellschaft forcierten Unabhängigkeitsbewegung eine neue Begeisterung für das, was – im Gegensatz zur »real existierenden Demokratie« – für die »wahre Demokratie« gehalten wurde.[24]

Doch auch der Umschlag in negative Emotionen und deren gezielte Forcierung lässt sich im Laufe des *Procés* nachweisen. Ressentiment, Enttäuschung, Wut, Empörung und Zorn trugen zum Spannungsaufbau bei, bis Zeitzeugen und Journalisten im Herbst 2017 vermehrt von Ängsten berichteten, die letztlich dazu führten, dass die Situation nicht vollkommen außer Kontrolle geriet.

Unstrittig ist jedenfalls, dass den Emotionen eine besondere Wirkmächtigkeit (*agency*) in der katalanischen Eskalationsdynamik zukam.[25] Entsprechend soll es darum gehen, die Rolle von Emotionen in diesen spanisch-katalanischen Beziehungskrisen aufzuspüren, ohne die Bedeutung rationalen Kalküls zu vernachlässigen. Lässt sich historischer Wandel doch grundsätzlich nur angemessen verstehen, wenn Strukturen und Ereignisse, Verhaltensmuster und Kontingenzen, Emotionen und Rationalität in Rechnung gestellt werden. Dabei sagt es viel über die jeweiligen Signaturen der Zeit aus, wenn sich die Gewichte in diesem Mobile verschieben. In der europäischen und globalen Politik spielen Emotionen aktuell eine unbestritten zentrale Rolle. Dass die ersten Dekaden des 21. Jahrhunderts als »radikal emotionalisierte Zeit« bezeichnet werden können, dafür ist die Entwicklung des katalanischen Separatismus ein eindrückliches Beispiel.

23 Stephan Moebius: Die Sakralität des Singulären und ihre symbolische Macht. Reckwitz-Buchforum (9): Die Gesellschaft der Singularitäten; in: Soziopolis, 12.3.2018; https://www.soziopolis.de/beobachten/kultur/artikel/reckwitz-buchforum-9-die-gesellschaft-der-singularitaeten/ (11.12.2020).

24 Della Porta, Demokratie, S. 14.

25 Die Emotionen hätten, so der katalanische Historiker Jordi Canal, »definitiv die Schlacht gegenüber der Rationalität gewonnen«, siehe Canal, Permiso, S. 17.

# II. Das 19. Jahrhundert: Regionalismus mit doppelten Identitäten und der Koexistenz emotionaler Gemeinschaften

## 1. »Mater dolorosa« – Der schwache Nationalismus in Spanien

Im 19. Jahrhundert entwickelten sich in Europa – forciert durch die Französische Revolution und die (anti-)napoleonischen Kriege – Nationalstaaten, die sich durch Integration eines spezifischen Territoriums und durch Freiheits- bzw. Partizipationsrechte für die (männlichen) Bürger auszeichneten. Dabei lag den Liberalen Europas, die sich für die Einheit des Staates besonders einsetzten, nicht nur an verfassungsrechtlichen Sicherungen, sondern auch an emotionalen Bindungen der Bürger an das neue Projekt. »Die Liebe zum Vaterland ist eine der wichtigsten Pflichten aller Spanier«, so lautete Artikel 6 der Spanischen Verfassung von 1812.[1] Mit diesem Dokument beginnt die Geschichte des modernen spanischen Nationalstaats. Dieser bedurfte des Anstoßes von außen, weshalb auch für Spanien gilt, was der Historiker Thomas Nipperdey für die deutsche Geschichte geschrieben hatte: Im Anfang war Napoleon.[2] Im Jahr 1808 hatten napoleonische Truppen spanisches Territorium betreten. Allerdings waren sie nicht, wie ursprünglich mit der spanischen Regierung abgesprochen, lediglich via Spanien nach Portugal weitergezogen, sondern auf spanischem Territorium geblieben, um das Land in die Gruppe französischer Satellitenstaaten zu zwingen. Dabei kam Napoleon ein Putsch des spanischen Kronprinzen Ferdinand gegen den eigenen Vater, Karl IV. von Spanien, entgegen, und er nutzte die Thronwirren dazu, beide Kontrahenten ab- und den eigenen

1 Vgl. Constitución política de la monarquia española. Promulgada en Cádiz a 19 de marzo de 1812; https://www.congreso.es/constitución/ficheros/historicas/cons_1812.pdf (11.12.2020). Alle nicht anderweitig ausgewiesenen Übersetzungen aus dem Spanischen und Katalanischen stammen von der Autorin.

2 Thomas Nipperdey: Deutsche Geschichte 1800-1866. Bürgerwelt und starker Staat, München 1993 (1983), 6. Auflage, S. 11.

Bruder als neuen spanischen König einzusetzen. In Spanien löste dieses Vorgehen am 2. Mai 1808 einen Aufstand aus, der in einen sechsjährigen Unabhängigkeitskrieg mündete, dessen Grausamkeiten Francisco de Goya in den Kriegsradierungen »Desastres de la guerra« festgehalten hat.[3] 1814 war der Krieg nach einem Sieg über die napoleonischen Truppen vorbei, und der vormalige Kronprinz kehrte als Ferdinand VII. aus dem französischen Gewahrsam zurück. In den Jahren seiner Abwesenheit hatte sich das Land allerdings verwandelt. Nicht nur, weil die Kriege Spuren der Verwüstung hinterlassen hatten. Oder weil sich Gewaltmuster wie z.B. der Guerrillakrieg etablieren konnten, die einen weitreichenden Einfluss auf spätere innerspanische Konflikte haben sollten. Die besondere Grausamkeit der spanischen Bürgerkriege des 19. Jahrhunderts lässt sich auch mit diesen Gewalterfahrungen erklären. Vor allem war ein Nationalisierungsprozess auf zwei Ebenen angestoßen worden: Zum einen war der Krieg – wenn auch zumeist dezentral organisiert – gegen die Franzosen als den nationalen Feind geführt worden. Das hatte Bewusstseinsprozesse einer nationalen Zusammengehörigkeit gefördert, auch wenn diese je nach regionaler und sozialer Verortung sehr unterschiedlich ausgeprägt waren. Zum anderen hatte sich eine politische Vertretung organisiert, die erstmals gewählte Delegierte aus allen spanischen Territorien zusammenführen sollte – zumindest theoretisch, denn der Kriegszustand ermöglichte keineswegs allen eine Teilnahme. Seit 1810 hatten die Cortes, das Parlament der Spanier, in Cádiz getagt und über den Entwurf einer Konstitution beraten, die am 19. März 1812 als »Verfassung von Cádiz« verkündet wurde.

Dass nun die »Liebe zum Vaterland« gleich im wichtigsten, ersten Teil der Verfassung als sechster von insgesamt 384 Artikeln festgeschrieben wurde, zeigt, wie sehr den Verfassungsvätern bewusst war, dass Gesetze und Institutionen für die Akzeptanz einer Verfassung und das Gelingen des nationalen Projektes nicht hinreichend sein würden. Der Passus scheint allerdings zugleich Ausdruck einer gewissen Hilflosigkeit zu sein, weil sich »Liebe« schlecht als »Pflicht« verordnen lässt – auch wenn die verschiedenen politischen Systeme Spaniens das immer wieder versuchen sollten. Tatsächlich etablierte sich als Metapher für die spanische Nation weniger das Bild des geliebten Vaterlandes als vielmehr das der leidenden Mutter. »Mater dolorosa« lautet entsprechend der Titel des Standardwerks des Historikers José

3 Zu Goya siehe u.a. Birgit Aschmann: Der Traum der Vernunft und seine Monster. Goyas Perspektiven auf das 19. Jahrhundert, Berlin 2013.

Álvarez Junco zur Geschichte der spanischen Nation im 19. Jahrhundert.[4] Die »Leidensgeschichte« in diesem Säkulum lässt sich insbesondere auf zwei Faktoren zurückführen: Erstens waren die Territorien und Bevölkerungen, die es in diese »Nation« zu integrieren galt, extrem heterogen. Schon auf der Iberischen Halbinsel waren in der »zusammengesetzten Monarchie« Territorien zum »spanischen Staat« zusammengefügt worden, die über Jahrhunderte von einer eigenständigen politischen Entwicklung und Kultur geprägt waren.[5] Darüber hinaus galten nicht nur die Einwohner der »alten« früheren Königreiche Spaniens, sondern auch die freigeborenen, nicht aus Afrika stammenden Männer des »Neuen Spaniens«, also der Kolonien in Lateinamerika, gemäß der Verfassung von 1812 als Bürger des Staates. Die »spanische Nation«, die als Souverän galt, wurde daher als »Versammlung aller Spanier aus beiden Hemisphären« definiert: Die *eine* Nation setzte sich aus den vielen (*las Españas*) zusammen, die zum Staatsgebiet gehörten.[6] Von den amerikanischen Kolonien über die karibischen, atlantischen und pazifischen Inseln, die Iberische Halbinsel, Balearen und die Philippinen – alles gehörte zum neuen spanischen Staatsgebiet und sollte in »die Nation« integriert werden – wenn auch mit abgestuften Teilhabemöglichkeiten. Nur wer als »Bürger« galt, hatte das Recht zur politischen Partizipation. Diese komplexe Konstruktion der »imperialen Nation« prägte das spanische Kolonialreich.[7] Auch wenn bis in die 1820er Jahre die lateinamerikanischen Kolonien weitgehend verloren gingen, blieben doch mit Kuba, Puerto Rico und den Philippinen hinreichend unterschiedliche Territorien Teil dieses Staatsgebildes. Diese Vielfalt spiegelte sich jedoch nicht – zum Beispiel durch besondere Zugeständnisse an Autonomien – in der verfassungsmäßigen Ordnung. Die Verfassung der Vereinigten Staaten von Amerika wurde gerade wegen ihrer föderalen Konstruktion von den spanischen Li-

4 José Álvarez Junco: Mater dolorosa. La idea de España en el siglo XIX, Barcelona 2001.

5 Zum Konzept der »zusammengesetzten Monarchien« vgl. John H. Elliott: A Europe of Composite Monarchies; in: ders.: Spain, Europe and the Wider World, 1500–1800, New Haven/London 2009, S. 3-24.

6 Zum spanischen Nationsverständnis seit Beginn des 19. Jahrhunderts vgl. Xosé M. Nuñez Seixas: Die bewegte Nation. Der spanische Nationalgedanke 1808-2019, Hamburg 2019.

7 Antonio Morales Moya spricht von einem »einzigartigen kolonialen Modell« bzw. besser »imperialen Modell«, vgl. Antonio Morales Moya: La nación española preconstitucional; in: ders./Juan Pablo Fusi Aizpurúa/Andrés de Blas Guerrero (Hg.): Historia de la nación y del nacionalismo español, Barcelona 2013, S. 129-165, S. 149; Josep M. Fradera: The Imperial Nation. Citizens and Subjects in the British, French, Spanish and American Empires, Princeton 2018, S. 127-154.

beralen dezidiert abgelehnt, weil man zentrifugale Kräfte in den Kolonien fürchtete. Auch die Vertreter der peripheren Regionen auf der Iberischen Halbinsel, die sich – wie einige Katalanen – dezidiert für eine dezentralere Staatsstruktur einsetzten, konnten sich kein Gehör verschaffen. Stattdessen setzte der spanische Liberalismus auf die Fortführung der Zentralisierung, die schon die Habsburger im 17. Jahrhundert, aber insbesondere die spanischen Bourbonen im Zeitalter der Aufklärung zu ihrem Projekt gemacht hatten. Im 19. Jahrhundert setzte sich diese Tendenz fort, Zentralisierung war für die Liberalen gleichbedeutend mit »Fortschritt«.[8] Doch gerade weil der spanische Staatsverband so heterogen war, ließ sich die Zentralisierung nicht ohne Widerstand durchsetzen. Auch war die Diversität der Territorien für die Entwicklung von »Vaterlandsliebe« insofern ein Problem, als es entsprechend schwierig war, sich auf ein gemeinsames Konstrukt von Herkunft, Erinnerung und Zukunft zu verständigen. Die Heterogenität des Imperiums schwächte die Kohäsionskraft des nationalen Projekts. Das Konzept der »Hispanität«, das die Kolonien mit dem Mutterland verbinden konnte, hob Sprache und Kultur als gemeinsames Erbe hervor. Dies aber musste dort auf Ablehnung stoßen, wo – wie in Katalonien – andere Sprachen als zentrales Identifikationsmerkmal galten.

Einen zweiten Grund für den schwachen spanischen Nationalismus bildeten die inneren Bruchlinien, die der Entwicklung eines Zusammengehörigkeitsgefühls im Wege standen. So prägten sich innerhalb des liberalen Lagers bald divergierende Richtungen heraus, die im Laufe des 19. Jahrhunderts in zwei alternative spanische Nationalismen mündeten: einen progressiv-laizistischen und einen konservativ-katholischen.[9] Diese Lager fanden sich nur dann zusammen, wenn es galt, sich gegen den gemeinsamen Gegner zu formieren, den monarchischen Absolutismus. Dass dieser zu Beginn des Säkulums hinreichend Unterstützung bei Adel, Klerus und der einfachen Bevölkerung fand, zeigte sich gleich 1814, als 69 Abgeordnete der Cortes den heimkehrenden König Ferdinand VII. mit dem sogenannten »Manifest der Perser« drängten, die Verfassung zurückzunehmen. Ihre Legitimität leiteten diese Abgeordneten nicht zuletzt aus ihren Gefühlen

8 Vgl. ebd., v.a. S. 148-154; Manuel Lucena Giraldo: La nación imperial española y las revoluciones americanas de 1810; in: Antonio Morales Moya/Juan Pablo Fusi Aizpurúa/Andrés de Blas Guerrero (Hg.): Historia de la nación y del nacionalismo español, Barcelona 2013, S. 217-243, v.a. S. 217-228.

9 Vgl. u.a. auch Joaquín Varela Suanzes-Carpegna: Los dos nacionalismos españoles en el siglo XIX (A propósito de »Mater Dolorosa«); in: Javier Moreno Luzón/Fernando del Rey Reguillo (Hg.): Pueblo y Nación. Homenaje a José Álvarez Junco, Madrid 2013, S. 201-222.

wie »Treue und Liebe«[10] gegenüber dem Monarchen und dem Bekenntnis zu den Grundgesetzen der Monarchie ab, die mit dem revolutionären Verfassungsprojekt nicht kompatibel seien. Gerade weil die Beschlüsse von Cádiz im Gegensatz zu ihren Gefühlen stünden, sahen sich die absolutistischen Abgeordneten verpflichtet, ihren Empfindungen und den Wünschen ihrer Provinzen öffentlich Ausdruck zu verleihen, um die katholische Religion, den König und die Integrität Spaniens zu retten.[11] So waren die Anhänger der Verfassung von 1812 auf der einen und die Gefolgsleute Ferdinands VII. auf der anderen Seite nicht nur unterschiedlicher politischer Ansicht, sie gehörten auch verschiedenen emotionalen Gemeinschaften an.

Tatsächlich hob Ferdinand VII. die Verfassung auf und kehrte zum absolutistischen Ancien Régime zurück – obwohl er im Laufe der nächsten Jahrzehnte Kompromisse fand, um auf die Liberalen zuzugehen. Aus dieser Konstellation entwickelten sich einige grundlegende Charakteristika der spanischen Politik in der ersten Hälfte des 19. Jahrhunderts: Die Absolutisten beharrten auf einer unveränderten Beibehaltung des Ancien Régime, die konservativen Liberalen suchten nach konstitutionellen Lösungen, die eine möglichst starke Position des Königs vorsahen, und die Progressiven forderten die uneingeschränkte Rückkehr zur Verfassung von 1812, die die Souveränität bei der Nation verankert und dem König nur eine Beteiligung an der Rechtsprechung zugebilligt hatte. Die Vorherrschaft der einen oder anderen Richtung wurde im fortschreitenden 19. Jahrhundert in der Regel nur mit dem Einsatz von Gewalt erreicht: durch Aufstände der Liberalen, denen es gelang, Maßnahmen durchzusetzen, die jedoch später, infolge von gegenrevolutionären Putschen, wieder zurückgenommen wurden. Als besonders einschneidend erwiesen sich dabei die frühen 1820er Jahre, als anschließend an den Aufstand des Militärs Rafael de Riego die Wiedereinsetzung der Verfassung von 1812 erzwungen werden konnte. Doch drei Jahre nach diesem erfolgreichen Putsch machte ein französisches Heer im Auftrag der Heiligen Allianz – und unterstützt von zahlreichen absolutistisch gesonnenen Spaniern – dem neuen konstitutionellen Experiment schnell wieder ein Ende. Rafael de Riego wurde hingerichtet, sollte aber dadurch im kollektiven Gedächtnis noch des 20. Jahrhunderts verankert

10 Manifiesto de los Persas, 12.4.1814; in: Manuel Rodríguez Alonso (Hg.): Los manifiestos políticos en el siglo XIX (1808-1874), Barcelona 1998, S. 50-54, S. 51. Seinen Namen bekam das Persermanifest, weil sich die Abgeordneten in den ersten Passagen auf die antike persische Sitte bezogen, wonach im Anschluss an den Tod eines Monarchen fünf Tage Anarchie herrschten.

11 Ebd., S. 50.

werden, dass ein ihm gewidmeter Marsch zur Nationalhymne der Zweiten Spanischen Republik (1931-1936) erklärt wurde.[12]

Eine einheitliche Ausrichtung auf ein nationales Projekt gab es in Spanien im 19. Jahrhundert angesichts dieser Instabilitäten und Konfrontationen nicht. Auch das Militär oder die Schule entwickelten sich nicht zu jenen Agenten der Nationalisierung wie etwa im deutschen Kaiserreich oder in Frankreich: Die allgemeine Wehrpflicht ließ sich de facto bis ins 20. Jahrhundert hinein nicht durchsetzen, und die Schule blieb überwiegend in der Hand von Klerikern. Letztere hatten kein Interesse an der Durchsetzung eines einheitlichen Sprachregimes.[13] Bei der für Spanien charakteristischen Herausbildung strikt voneinander abgegrenzter emotionaler Gemeinschaften dürfte auch eine Rolle gespielt haben, dass anders als in Deutschland oder Italien nicht etwa Krieg gegen äußere Feinde geführt wurde, sondern – abgesehen vom Unabhängigkeitskrieg gegen Frankreich – immer wieder gegen die Feinde im eigenen Land.[14] Das prägte – neben der kolonialen Konstellation – in besonderer Weise den spanischen Weg der Nationalstaatsbildung. Interne Konflikte prägten auch die Geschichte Kataloniens. Gerade durch die Überlagerungen diverser innerer Konflikte konnte sich im 19. Jahrhundert trotz der geringen Kohäsionskraft des spanischen Nationalismus in Katalonien ein eigener Nationalismus erst relativ spät und zunächst auch nur mit begrenzter Reichweite entwickeln.

## 2. Kumulation der katalanischen Konflikte. Kriege, Antiklerikalismus, Aufstände

Katalonien bildete im 19. Jahrhundert einen unumstrittenen Teil des spanischen Gesamtstaates und war entsprechend in nahezu alle zentralen Entwicklungen des spanischen Staates eingebunden. Die Spezifika Kataloniens resultierten dabei nicht zuletzt aus seiner geographischen Lage: Sowohl

12 Zur Karriere der Hymne auf Riego (Himno de Riego) noch im 19. Jahrhundert vgl. Javier Moreno Luzón: The strange case of a national anthem without lyrics: music and political identities in Spain (1785-1913); in: Journal of Iberian and Latin American Studies, 23/3 (2017), S. 367-382, S. 370-373.

13 Zum ganz anderen Sprachregime in Frankreich vgl. Silke Mende: Ordnung durch Sprache. Francophonie zwischen Nationalstaat, Imperium und internationaler Politik, 1860-1960, München 2020.

14 Inwiefern der Krieg gegen Napoleon die patriotischen Gefühle für die spanische Nation auch bei Katalanen weckte, lässt sich nachlesen bei Antonio de Capmany: Centinela contra franceses, Madrid 1808.

die Küste im Osten als auch die Grenze zu Frankreich im Norden prägten die Region in besonderer Weise. Einerseits war die Küstenlage wegweisend, denn über die Seefahrt war Katalonien in die europäischen und globalen Wirtschaftsentwicklungen des 19. Jahrhunderts eingebunden. Sie bedeutete nicht nur intensivere Handelsverbindungen, sondern förderte auch die Industrialisierung, da die rohstoffarme Region auf die Zufuhr von Kohle angewiesen war. So konnte sich (neben dem Baskenland) gerade die Gegend um die Küstenstadt Barcelona früh zum industriellen Zentrum Spaniens entwickeln. Das hatte Folgen für die wirtschaftliche und soziale Wirklichkeit der Region, die sich nicht nur durch einen außerordentlichen Wohlstand des Bürgertums, sondern auch durch frühe und intensive Arbeitskämpfe auszeichnete.

Nicht minder wichtig war die Kontaktzone an der Grenze zu Frankreich. Seit dem Mittelalter hatte sich der Grenzverlauf zwischen Katalonien und Frankreich mehrfach verschoben. Die Territorien, die Katalonien im 12. Jahrhundert nördlich der Pyrenäen hatte gewinnen können, waren im Pyrenäenfrieden von 1659 wieder verloren gegangen. Während des Dreißigjährigen Krieges hatten sich die Katalanen 1640 zwischenzeitlich von Spanien losgesagt und waren unter französische Herrschaft gekommen, bis sie zwölf Jahre später wieder in den spanischen Staat eingegliedert wurden.

In der Französischen Revolution kam es erneut zum Grenzkonflikt: Als der französische König 1793 hingerichtet wurde, erklärten die spanischen Bourbonen prompt der Republik den Krieg und spanische Truppen drangen in die Regionen nördlich der Pyrenäen vor, allerdings nur, um kurze Zeit später wieder zurückweichen zu müssen. Als nunmehr die Franzosen begannen, katalanische Gebiete zu erobern, retteten sich die Spanier in einen Friedensschluss mit Frankreich, der die Grenze bis 1808 stabilisierte. Der nun ausbrechende Unabhängigkeitskrieg (1808-1814) hatte für Katalonien besonders intensive Folgen. Nicht nur, dass die Belagerung von Städten, der Durchmarsch und Aufenthalt von Truppen für die Bevölkerung besonders belastend waren. 1812 wurde Katalonien kurzerhand für zwei Jahre vom französischen Kaiserreich annektiert.

Die französische Herrschaftspraxis zielte darauf, die Katalanen durch eine Kombination aus Repression und Angeboten für sich zu gewinnen. Das Versprechen liberaler Zugeständnisse richtete sich an alle Spanier. Aus denjenigen spanischen Aufklärern, die meinten, eine nachhaltige Liberalisierung wäre vermutlich eher mit als ohne die Franzosen zu erreichen, wurden die sogenannten *Afrancesados*, die fortan mit den Franzosen kooperierten. Darüber hinaus sollten die Katalanen durch eine gezielte Sprach- und Geschichtspolitik gewonnen werden, die das Katalanische zur (mit) offiziellen Sprache erhob und die Besonderheiten der katalanischen Geschichte in Rechnung zu stellen versprach. Aus dieser Konstellation lassen sich drei Grundpositionen ableiten, die im Laufe des 19. Jahrhunderts immer wieder eine Rolle spielten: a) ein elitärer Katalanismus, b) ein säkularer Liberalismus mit dezidierter Öffnung für die Einflüsse von jenseits der Pyrenäen und vor allem c) ein frankophober, religiös geprägter Antiliberalismus. Denn letztlich blieben die *Afrancesados* eine verschwindende Minderheit. Die vielfachen Erfahrungen französischer Repression insbesondere in ländlichen Gebieten Kataloniens forcierten die Entwicklung einer breiten antifranzösischen Abwehrbewegung, die durch den Appell an religiöse und patriotische Gefühle angeheizt wurde. So etablierte sich kurz nach dem Ausbruch des Aufstandes in Madrid im Juni 1808 in der katalanischen, noch nicht besetzten Stadt Lérida unter der Führung des dortigen Ortsbischofs eine zentrale Junta der Grafschaft Katalonien, die den Widerstand gegen die Franzosen unter dem Motto »für Religion, König und Vaterland« organisierte.

Aus dieser Bewegung wurde schnell ein gesamtspanisches Phänomen. Doch nicht zuletzt bedingt durch die unmittelbaren Erfahrungen mit dem Feind und die vermeintliche Notwendigkeit, sich gegen die liberalen »Verräter« zu positionieren, konnte dieser religiöse Konservativismus besonders in den nordöstlichen Regionen Spaniens bei Adel, Klerus und ländlicher Bevölkerung Wurzeln schlagen. Dort hatte schon die Verfassung von 1812 wenig Anklang gefunden, auch wenn Artikel 12 aus Entgegenkommen an die konservativen Abgeordneten immerhin die katholische Religion als die »einzig wahre« für den spanischen Staat festgeschrieben hatte. Als 1820 die Verfassung wieder eingeführt wurde, stieß die liberale Regierung in den konservativen katalanischen Kreisen auf wenig Gegenliebe. Und als 1823 schließlich französische Truppen einmarschierten, um die liberale Regierung abzusetzen, die Verfassung aufzuheben und Ferdinand VII. wieder eine absolutistische Regierung zu ermöglichen, wurden sie von zahlreichen konservativen Katalanen unterstützt. Ferdinand VII. ließ die Liberalen entgegen vorheriger Zusicherungen rigoros verfolgen, wobei die Repression in Barcelona deshalb vergleichsweise milde ausfiel, weil die Anwesenheit des französischen Heeres ein rigideres Vorgehen verhinderte. Doch als Ferdinand VII. in den folgenden Jahren die Sanktionen gegen die *Afrancesados* lockerte, liberale Zugeständnisse machte und die Inquisition nicht wieder einführte, wuchs der ultrarealistische Widerstand. In einem »an das spanische Volk« gerichteten Manifest »über den Zustand der Nation« vom November 1826 attackierten Vertreter der »reinen Königlichen« (*Realistas puros*) den König, dem wegen der Zugeständnisse an die Liberalen die Legitimität abgesprochen und schließlich der Krieg erklärt wurde.[15] Ihrerseits legitimierten sich die Unzufriedenen mit Emotionen der Empörung und der Absicht, Religion und den Thron zu verteidigen. Mit »la Patria«, für das die Aufständischen erneut bereit waren, ihr Blut zu vergießen, meinten sie kein partikulares, sondern das spanische Vaterland. Die Appelle an Gefühle des Entsetzens, der Empörung, des Abscheus richteten sich an alle Spanier, fruchteten aber besonders in Katalonien. Der »Krieg der Unzufriedenen« (*Guerra de los Agraviados/dels Malcontents*) wurde 1826/27 weitgehend in Katalonien ausgetragen und dort vom spanischen König niedergeschlagen, dem in der Figur seines Bruders Carlos, hinter den sich die Absolutisten scharten, ein Konkurrent erwachsen war.[16] Für die weitere Geschichte Spaniens und Kataloniens wies dieser Konflikt den Weg, nahm er doch die Konstellation der drei Karlistenkriege vorweg, in denen sich Vertreter des Absolutismus einerseits und des Liberalismus andererseits seit 1833 immer wieder gegenüberstanden.

Für Katalonien barg der erste Karlistenkrieg (1833-1839) ein hohes Konfliktpotential, schließlich stießen hier die Gegensätze besonders dicht und intensiv aufeinander: Waren vor allem die ländlichen Regionen eine Hochburg der Karlisten, so fanden sich in den Städten besonders viele fortschrittliche Liberale, die sogenannten Progressisten, sowie Unterschichten, die sich von der Kirche immer weiter entfernt hatten. Diese Nachbarschaft extrem divergierender Überzeugungen begünstigte diverse Male Gewalteskalationen in Barcelona, die als frühe Form der europäischen *culture wars* bezeichnet werden können.

Der dortige antiklerikale Furor entwickelte sich am 25. Juli 1835 aus einem zunächst kontingent erscheinenden Übersprung des Unmuts städtischer Unterschichten. Auslöser war ein Stierkampf, dessen harmlos wirkende Stiere das Publikum derart empörten, dass es die Arena zu zerlegen begann. Als die emotionalisierte und gewaltbereite Menge weiterzog, gerieten Klöster in ihr Visier. Dass im Laufe der Nacht sechs Konvente niedergebrannt und 16 der vielen in Panik fliehenden Mönche umgebracht wurden, war gleichwohl alles andere als ein Zufall. Der Hass gegen Kleriker konnte sich derart Bahn brechen, weil frühere Repressionserfahrungen,

15 Manifiesto que dirige al pueblo español, una federación de realistas puros, sobre el estado de la nación y sobre la necesidad de elevar al Trono al serenísimo Señor Infante Don Carlos, 1. November 1826: http://hispanianova.rediris.es/textos/manifiesto1.htm (13.12.2020). Das Manifest ist unterschrieben von Fray Matías del Santísimo Sacramento, Secretario. Vgl. Auszug in: Manuel Rodríguez Alonso (Hg.): Los manifiestos políticos en el siglo XIX (1804-1874), Barcelona 1998, S. 86-89.
16 Vgl. u.a. Jaime Torras Elías: La guerra de los Agraviados, Barcelona 1967.

langfristige politische Überzeugungen, aktuelle Gerüchte und die situative Passivität regionaler Ordnungsmächte, die die Ausschreitungen zu billigen schienen, zusammenkamen. Durch die Einforderung des »Zehnten« war »die Kirche« längst bei den unteren Schichten als Institution der Ausbeutung diskreditiert. Darüber hinaus standen Mönche im Verdacht, mit den Karlisten gemeinsame Sache zu machen, zumal viele Kleriker nach 1823 Liberale denunziert und an der Seite der *Agraviados* 1826/27 Krieg geführt hatten. In katalanischen Städten sang man Hasslieder auf den Klerus, und Priester wurden auf der Straße regelmäßig Opfer von Beleidigungen. Aktuelle Gerüchte, wonach die Karlisten Ende Juli 1835 Gräueltaten an gefangenen Soldaten des liberalen Heeres begangen hätten, dienten zusätzlich dazu, die antiklerikalen Aversionen anzuheizen. Immerhin soll es ein Mönch im karlistischen Heer gewesen sein, der dazu aufgefordert hätte, Gefangene zu kreuzigen und einem der Opfer die Augen auszustechen.[17] Klöster in Brand zu setzen und Mönche zu ermorden, hatte sich schon seit dem Vorjahr als Handlungsmuster der städtischen Unterschichten abgezeichnet, als in Madrid im Sommer 1834 rund 80 Kleriker ums Leben kamen. Auch hier war das Gerücht, Mönche hätten die Brunnen der Stadt vergiftet und damit den Cholera-Ausbruch in der Hauptstadt zu verantworten, nur deshalb so wirksam, weil es auf alten antiklerikalen Stereotypen aufsitzen konnte und mit den politischen und ideologischen Überzeugungen der Machthabenden in Einklang stand. Weder in Madrid noch in Barcelona schritten die städtischen Milizen, die mit den progressiven Liberalen sympathisierten, ein. Auch aus dem Bürgertum kam nicht allzu viel Protest. Die Vorbehalte gegenüber den Karlisten und die Vorteile, die sich die Liberalen von einer Eindämmung des in Spanien überaus zahlreichen Klerus erhofften, waren zu groß, als dass man dem Furor der Straßenmobs hätte Einhalt gebieten wollen. So kam es im Sommer 1835 in mehreren katalanischen Städten zu Ausschreitungen, denen insgesamt über 60 Mönche zum Opfer fielen.[18] Die Haltung der liberalen Regierung dazu zeigte sich in dem noch am Tag der Ausschreitungen in Barcelona erfolgten Beschluss, alle kleineren Klos-

17 Francisco Raull: Historia de la conmoción de Barcelona en la noche del 25 al 26 de julio de 1835: causas que la produjeron y sus efectos hasta el día de esta publicación, Barcelona 1835, S. 28.

18 Vgl. Josep Fontana: La revolució liberal a Catalunya, Lleida 2003; Antonio Moliner Prada: Anticlericalismo y revolución liberal (1833–1874); in: Emilio La Parra López/ Manuel Suárez Cortina (Hg.): El anticlericalismo español contemporáneo, Madrid 1998, S. 69-125; Juan Sinisio Pérez Garzón: Curas y liberales en la revolución burguesa; in: Rafael Cruz (Hg.): El anticlericalismo; Dossier in Ayer, 27 (1997), S. 67-100. Zu den Ereignissen des 25. Juli 1835 vgl. Raull, Historia, S. 30-34.

tergemeinschaften zu schließen. In den Monaten bis zum März 1836 wurde die Schließung auf sämtliche Männerorden ausgedehnt, deren Landbesitz und Immobilien verstaatlicht und anschließend – nicht zuletzt um die Karlistenkriege finanzieren zu können – verkauft werden sollten. Der Vatikan brach angesichts dieses Verhaltens die Beziehungen zur Madrider Regierung ab, was den Karlisten insofern in die Hände spielte, als ihr Selbstverständnis als Retter der Religion dadurch nur plausibler wurde.

Anders als in Madrid kam es in Barcelona auch in den folgenden Jahren immer wieder zu ähnlichen Unruhen. Diese *Bullangas/Bullangues* (was soviel wie »Tumult« bedeutet) veränderten allerdings im Laufe der Jahre insofern ihren Charakter, als sie durch unterschiedliche Vorkommnisse ausgelöst wurden und sich auch gegen andere Opfergruppen richteten. 1836 standen die Tumulte noch in unmittelbarem Zusammenhang mit dem Karlistenkrieg: In Reaktion auf Berichte von Massakern im karlistischen Lager an Gefangenen des liberalen Heeres stürmte eine wütende Menge das Gefängnis in Barcelona und massakrierte dort über 100 inhaftierte Karlisten.[19] Die Verschränkung von religiösen bzw. antiklerikalen mit politischen Motivationen zeigte sich sowohl hier als auch in der *Bullanga* von 1837, als im Anschluss an die Ausschreitungen in Barcelona die Verfassung von 1812 proklamiert wurde. Beide Male intervenierte das spanische Heer, um die Erhebung niederzuschlagen, jedoch ohne dadurch Ruhe erzwingen zu können: Zwischen 1837 und 1839 befand sich Katalonien im Kriegszustand.

Die Neigung gewaltbereiter Bevölkerungsgruppen zu einem antiklerikalen, progressiven Liberalismus entwickelte sich dialektisch mit dem ultrakonservativen, religiösen, karlistischen Umfeld. Wenn der Historiker Jordi Canal darauf verweist, dass sich die liberale Revolution und die Karlistenkriege »wechselseitig alimentierten«, so gilt das im besonderen Maße für Katalonien.[20] Dabei wurden die politischen Aversionen mit Emotionen unterstützt, die wiederum die Lagerbildung verfestigten. Wenn sich derart geschürte aversive Gefühle wie Hass durch konkrete Anlässe in Zorn und Wut verwandelten, sank die Hemmschwelle zur Ausübung von Gewalt.

Die liberale Regierung in Madrid drückte bei antiklerikalen Ausschreitungen noch ein Auge zu, schritt aber bei verfassungspolitischen Provokationen sofort ein. Das Bürgertum (nicht nur Kataloniens) hatte seine eigene Schmerzgrenze. Beunruhigt reagierte es, wenn Eigentum, soziale Ordnung und wirtschaftliche Funktionsfähigkeit in Gefahr gerieten. Im Jahr 1835 hatten die Aufständischen nicht nur Klöster, sondern auch die

19 Jordi Galofré: Historia de Catalunya, Barcelona 1992, S. 210.
20 Jordi Canal: Historia mínima de Cataluña, Madrid 2015, S. 133.

1833 errichtete, erste vollständig mechanisierte und mit Dampf betriebene Textilfabrik Bonaplata in Barcelona gestürmt. Wie empfindlich dies das Bürgertum in Barcelona traf, zeigen die Presseberichte, die sich weit mehr über den Maschinensturm als über die zerstörten Klöster empörten. Angesichts der Unruhen, die von den radikalen Liberalen geschürt wurden, optierte das katalanische Bürgertum für den gemäßigten Liberalismus der *Moderados* und unterstützte Repressionsmaßnahmen gegen die Progressisten, denen wiederum die städtischen Arbeiter zuneigten. Es waren eben nicht nur divergierende Interessen, sondern auch unterschiedliche Ängste, die die Bevölkerung in verschiedene Gruppierungen unterteilte. Dabei zeigt ein emotionsgeschichtlicher Blick, dass sich jetzt auch Personengruppen zu einer *emotional community* zusammenfanden, die durchaus unterschiedliche Interessen verfolgten, aber in der *moral panic* bzw. Furcht vor demselben Gegner vereint waren.[21] So reagierte das katalanische Besitzbürgertum zwar gelassen auf die antiklerikalen Ausschreitungen, teilte aber die Furcht des Klerus vor Aufständischen, die nicht nur Klöster, sondern auch Textilfabriken in Flammen aufgehen ließen. Die Aversion gegenüber der Arbeiterbewegung, der derartige Unruhen im Laufe des 19. Jahrhunderts immer wieder angelastet wurden, verband Bürgertum und Katholiken.

Die Maschinenstürme stellten die Vorläufer späterer Arbeitskämpfe dar, die das soziale Klima im industrialisierten Barcelona immer stärker prägen sollten. So ging nicht zuletzt der erste in Spanien ausgerufene Generalstreik 1855 von Barcelona aus. Auch wenn die Streikbewegung erst am Ende des 19. Jahrhunderts erheblich zunehmen sollte, beeinflussten die Konflikte zwischen Arbeitern und Arbeitgebern schon seit den 1830er Jahren die katalanische Gesellschaft.

Diese verschiedenen Bruchlinien zwischen Karlisten und Liberalen, zwischen den Fraktionen der Liberalen selbst, zwischen Religiösen und Laizisten, zwischen industriellen Arbeitern und bürgerlichen Unternehmern markieren Konflikte, die auf dem gesamten spanischen Staatsgebiet ausgetragen wurden und nicht in Deckung zu bringen sind mit den Konfliktlinien zwischen der Madrider Regierung und Katalonien. Vielmehr zeigen sie eines sehr deutlich: Es gab nicht nur die sprichwörtlichen »Zwei

21 Zu den *moral panics* in Barcelonas Bürgertum als Reaktion auf das Auftreten der Arbeiterschaft vgl. Chris Ealham: Class Culture and Conflict in Barcelona, 1898-1937, London 2005, S. 11; auch wiedergegeben bei Martin Baumeister: Arenen des Bürgerkriegs? Kollektive Gewalt in Turin und Barcelona 1890 bis 1923; in: Friedrich Lenger (Hg.): Kollektive Gewalt in der Stadt. Europa 1890-1939, München 2013, S. 123-147, S. 130.

Spanien«, sondern auch (mindestens) »Zwei Katalonien«,[22] denn die katalanische Gesellschaft war von tiefen Fragmentierungen durchzogen.

Die Sachlage wird dadurch noch komplizierter, dass sich diese dynastischen, religiösen, sozialen und politischen Konflikte dann doch zuweilen in einer Weise überlagerten, dass sich zugleich eine Konfliktdynamik zwischen Zentrum und Peripherie ergab. Die Madrider Regierung setzte bei der *Bullanga* von 1835 schon deshalb das Militär in Bewegung, weil aus Furcht vor Repression auch der von der Regierung eingesetzte Militärgouverneur in Barcelona von den Rebellen gelyncht worden war. Dabei war dieser General, dessen Leiche durch die Straßen geschleift wurde, ein gebürtiger Katalane.

Die Auseinandersetzung zwischen Madrid und Barcelona erreichte im Jahr 1840 eine neue Eskalationsstufe, als die katalanischen Progressisten mit der Politik Baldomero Esparteros nicht zufrieden waren. Espartero, der in einer 2018 erschienenen Biographie als bedeutendste spanische Persönlichkeit des 19. Jahrhunderts gewürdigt worden ist, repräsentiert als (kolonial) kriegserprobter Militär mit politischer Karriere eine typische Akteursgruppe in der spanischen Geschichte.[23] Der 1793 in der Mancha geborene Espartero hatte seine Meriten zunächst im spanischen Unabhängigkeitskrieg, sodann bis 1824 im Kampf gegen die Unabhängigkeitsbewegungen der lateinamerikanischen Kolonien erworben. Besondere Popularität erlangte er im Zuge des ersten Karlistenkriegs, den er für die liberale Regierung und den Thron der jungen Isabella II. gewinnen konnte. Nach der als »Umarmung von Vergara« gezielt inszenierten Versöhnungsgeste, mit der der Krieg beendet wurde, galt Espartero als ruhmreicher »Friedensstifter«. In die Politik wechselte Espartero, als die Mutter Isabellas, María Cristina, das Vertrauen der Untertanen verspielte. Nach dem Sieg über die Karlisten hatte die Regentin gehofft, auf die Zusammenarbeit mit den Liberalen verzichten und die Politik wieder in konservativeres Fahrwasser zurücklenken zu können. Doch dabei versagte ihr Espartero seine Unterstützung. Ohne diese aber hatte María Cristina dem Aufstand in Barcelona, der sich anlässlich der Rücknahme liberaler Zugeständnisse entzündet hatte, nichts entgegenzusetzen. Sie floh nach Frankreich – und Espartero übernahm für die minderjährige Königin die Aufgabe als Regent. Politisch stand Espartero für einen progressiven Liberalismus, ohne dass dies seine Treue zur Monarchie beeinträchtigt hätte. Als Militär erwartete er Disziplin sowie Gehorsam, und als Regent

22 Santos Juliá: Historias de las dos Españas, Madrid 2015.

23 Vgl. Adrian Shubert: Espartero, el Pacificador, Barcelona 2018; im Folgenden siehe auch ders.: Baldomero Espartero (1793-1879). Del ídolo al olvido; in: Isabel Burdiel/Manuel Pérez Ledesma (Hg.): Liberales, agitadores y conspiradores. Biografías heterodoxas del siglo XIX, Madrid 2000, S. 183-208.

ging er rigoros gegen Verhaltensweisen vor, die die politische, wirtschaftliche und gesellschaftliche Ordnung infrage stellten. Schon während der Karlistenkriege hatte er auch vor brutalen Maßnahmen nicht zurückgeschreckt, wenn es galt, Disziplinlosigkeiten zu sanktionieren. Baskische Freiwillige, die im Dezember 1835 ein baskisches Dorf geplündert, eine Kirche geschändet und den Priester umgebracht hatten, mussten auf seinen Befehl hin einige Mitstreiter aus ihrer Gruppe stellen, die umstandslos exekutiert wurden.[24] Die Erschießung von Gefangenen hielt er für eine notwendige Selbstverteidigung, da er fest überzeugt war, dass seine Legitimität leiden würde, wenn die Verbrechen der Kriegsgegner nicht hinreichend anschaulich und abschreckend bestraft würden.[25] Tatsächlich war seine Popularität unter einfachen Soldaten, die er als »Kameraden« ansprach, enorm. Sein Charisma steigerte sich noch durch einfache Gesten der Zuwendung, materielle Versorgung und eine populäre Rhetorik, der »magische Effekte« zugeschrieben wurden.[26] Sein Einzug in Madrid im September 1840 nach dem Sieg im Karlistenkrieg glich einem Triumphzug. Auf diese Popularität gestützt, glaubte er sich selbst nicht durch das Gesetz gebunden: »Ich kümmere mich nicht um Feinheiten oder Papiere«, schrieb der Offizier seiner Frau, »denn ich bin die spanische Fahne und um diese vereinen sich alle Spanier«.[27]

Als sich aus der katalanischen Peripherie zwei Jahre später ein Aufstand gegen ihn richtete, begriff Espartero das sowohl als Angriff auf die eigene Autorität als auch auf die Einheit Spaniens. Die katalanische Erhebung von 1842 fügt sich in die Serie der damals nahezu jährlich wiederkehrenden *Bullangas*. Auch diesmal war es zu Überlagerungen von Angst und Zorn bei ganz unterschiedlichen Bevölkerungsgruppen gekommen. So kam die Empörung über die Repressionsmaßnahmen seit der *Bullanga* im Jahr zuvor mit dem Zorn über Ausschreitungen eines zur Unterdrückung karlistischer Umtriebe nach Katalonien geschickten Generals zusammen, der in diesem Zuge auch republikanische Kräfte aushebeln wollte. Zudem fürchteten Vertreter der Textilindustrie die für die eigenen Unternehmen schädlichen Folgen des von Espartero vorbereiteten Freihandelsabkommens

24 Shubert, Baldomero Espartero, S. 193 f.

25 So in einem Brief an den britischen Diplomaten Count Ofalia, 20. April 1838; in: Foreign Office (Hg.): British and Foreign State Papers, 1838-1839, Bd. 27, London 1856, S. 1107-1109, v.a. 1109.

26 Vgl. Raúl Martín Arranz: Espartero. Figuras de legitimidad; in: José Álvarez Junco (Hg.): Populismo, caudillaje y discurso demagógico, Madrid 1987, S. 101-128, hier S. 120.

27 Brief von Baldomero Espartero an seine Frau vom 9. November 1840; in: Conde de Romanones: Espartero, el general del pueblo, Bilbao 1932, S. 228 f, hier S. 228.

mit Großbritannien. Diese Gemengelage bildete die Grundlage dafür, dass ein eigentlich nichtiger Anlass (ein Streit bei der Zollstation an der Stadtgrenze) im November 1842 zu einer großen Erregungswelle führen konnte, die in einen Aufstand gegen Espartero und seine Regierung sowie gegen deren Freihandelspläne mündete. Zusammen mit regionalen Milizen und bewaffneten Bauern errichteten Aufständische Barrikaden und kämpften gegen das spanische Militär. Baldomero Espartero ließ die aufständische Stadt schließlich am 3. Dezember 1842 vom Montjuïc aus, dem befestigten Stadtberg Barcelonas, unter Beschuss nehmen. Als die Stadt sich nach einem Tag Bombardement ergab, wurden 462 teilweise oder vollständig zerstörte Häuser und mindestens 20 Tote gezählt. Zu den Opfern des Aufstandes sind jene 17 Aufständischen hinzuzurechnen, die in den kommenden Tagen verurteilt und hingerichtet wurden. Lange war die militärische Überlegenheit der Madrider Regierung nicht so demonstrativ vorgeführt worden. Zusammen mit den Strafzahlungen, die der Stadt zur Wiedergutmachung – und nicht zuletzt zur Instandsetzung der seinerzeit von Philipp V. im 18. Jahrhundert zur besseren Kontrolle der Stadt errichteten Zitadelle (*Ciutadela*) – aufgebürdet wurden, trugen diese physischen und symbolischen Verletzungen dazu bei, das Verhältnis Kataloniens zu Madrid im Allgemeinen und zu Espartero im Besonderen zu beeinträchtigen.

Die Presselandschaft und die mündlichen Überlieferungen taten ihrerseits alles, um Ressentiments zu schüren. In einem schon 1843 gedruckten Bericht über die Ereignisse beklagte der Autor, dass das, was vor den Augen aller geschehen sei, in der Berichterstattung je nach individuellem und parteiischem Standpunkt der Autoren verdreht werde. Jeder präsentiere die eigene Ansicht als »exklusive Wahrheit«.[28] Die Berichte widersprächen einander und die Zeitungen lieferten sich Schlachten, einander zu widerlegen.[29] Erzählungen wie die, wonach ein spanischer General zu verstehen gegeben habe, Spanien könne auch gut ohne Katalonien existieren, oder das kolportierte Zitat von Espartero, Barcelona müsse zum Wohle Spaniens alle 50 Jahre bombardiert werden, trugen dazu bei, nicht nur die Emotionen der Zeitgenossen anzuheizen, sondern gingen in ein langfristig zuverlässig reaktivierbares Reservoir von Ressentiments ein.[30]

28 Adriano: Sucesos de Barcelona. Desde 13 de noviembre de 1842, hasta 19 de febrero de 1843, en que se levantó el estado de sitio, observaciones sobre los mismos, su orijen [sic] y consecuencias. Con la colección de documentos oficiales, Barcelona 1843, S. II.

29 Vgl. ebd. Vgl. auch das Vorwort, S. I-III.

30 Das Zitat »Bien puede existir España sin Cataluña« wurde vom französischen Botschafter Ferdinand de Lesseps kolportiert, vgl. Josep Fontana: La época del libe-

Dabei war derjenige, der die Stadt als nächstes belagern und beschießen ließ, ausgerechnet ein Katalane.

## 3. Doppelte Identitäten: Der Fall Juan Prim y Prats

Kaum eine andere Figur ist so gut geeignet, die Fluidität von regionaler und gesamtspanischer Identität im 19. Jahrhundert aufzuzeigen wie General Juan Prim y Prats (Joan Prim i Prats).[31] Darüber hinaus zeigt sich an seinem Schicksal eindrücklich, wie sehr sich die innerkatalanischen Spaltungen in den jeweiligen Parteiflügeln – in diesem Fall den *Progresistas* – reproduzierten. Wie Espartero war Prim ein Militär, der zugleich eine politische Karriere anstrebte. Dabei prägte ihn seine katalanische Herkunft: Er war 1814 in Reus geboren worden, damals nach Barcelona die zweitgrößte Stadt Kataloniens.[32] Die Bevölkerung seiner Heimatstadt war mehrheitlich progressistisch gesonnen, was in einer nicht unüblichen Spannung zu dem karlistischen Umfeld der bäuerlichen Umgebung stand. Die Sympathien der katalanischen Liberalen schienen ihm nach dem ersten Karlistenkrieg sicher, in dem er den Ruf erworben hatte, mutig, rücksichtslos und draufgängerisch zu sein. Nach dem Ende des Krieges versuchte er es mit der politischen Laufbahn. Als Abgeordneter für Tarragona vertrat er in den Cortes in Madrid katalanische Interessen, was bedeutete, dass er sich für die Beibehaltung protektionistischer Maßnahmen für die katalanische Textilindustrie einsetzte, der die Region ihren Wohlstand verdankte. Als katalanischer Abgeordneter verurteilte er das Bombardement Barcelonas durch Espartero vehement: Nicht mit Bayonetten, sondern mit dem Gesetz müssten

ralismo (Historia de España Bd. 6), Barcelona 2007, S. 188. Als Beleg dafür, dass dieser Spruch für bare Münze und als Beleg für die Beziehungen zwischen Spanien und Katalonien genommen wird, vgl. Marc Pons: »Por el bien de España, hay que bombardear Barcelona una vez cada 50 años«; in: El Nacional.cat, 20.9.2018: https://www.elnacional.cat/es/cultura/marc-pons-bien-espana-bombardear-barcelona-cada-50-anos_309369_102.html (13.12.2020).

31 Die Namen katalanischer Persönlichkeiten werden in der katalanischen und spanischen Literatur unterschiedlich angegeben. Ohne Anspruch auf strikte Einheitlichkeit soll bei den in dieser Studie angegebenen Namen dem vermuteten prioritären Zugehörigkeitsgefühl Rechnung getragen werden. Gerade bei fluiden Identitäten bleibt ein solches Vorgehen natürlich problematisch.

32 Zu Prim vgl. v.a. Rafael Olivar Bertrand: Prim, Madrid 1975; Josep M. Fradera: Juan Prim y Prats (1814-1870). Prim conspirador o la pedagogía del sable; in: Isabel Burdiel/Manuel Pérez Ledesma (Hg.): Liberales, agitadores y conspiradores. Biografías heterodoxas del siglo XIX, Madrid 2000, S. 239-266.

die Völker regiert werden.[33] Esparteros schwindende Popularität bot Prim eine Gelegenheit, die er nicht ungenutzt verstreichen lassen wollte. Im Mai 1843 war er maßgeblich an einer Revolte beteiligt, die Espartero zwang, das Land zu verlassen. Aus dem katalanischen Abgeordneten war wieder der spanische Militär geworden, und als solcher wurde er zum Gouverneur in Barcelona ernannt, um dort für Ruhe zu sorgen. Die dezidiert progressistischen Katalanen fühlten sich hintergangen, weil zwar der ungeliebte Espartero entfernt worden war, die erwünschten radikalen Reformen jedoch ausblieben. Die Dynamik von überzogenen Erwartungen, die erst geschürt und dann enttäuscht wurden, mündete erneut in Verhaltensmodi des Protests, die ihre Legitimation einerseits aus den Enttäuschungen, andererseits aus reaktivierten Vorbehalten und präexistenten aversiven Emotionen ableiteten. Die letzte der *Bullangas*, die sogenannte *Jamància*, wurde nun unter dem Befehl des Katalanen Prim skrupellos und blutig niedergeschlagen. Der Kriegsminister hatte Prim angehalten, zunächst die Hauptstadt Kataloniens zu unterwerfen, denn in Barcelona liege der »Schlüssel zum Frieden, zur Ruhe und zur Freiheit Spaniens«.[34] Einen ganzen Monat wurde die Stadt ohne jede Rücksichtnahme belagert. Da sich auch andere katalanische Städte wie Sabadell, Girona oder Figueras erhoben hatten, zog sich die Niederschlagung des Aufstandes bis Anfang 1844 hin.

In Katalonien war Juan Prim seitdem persona non grata. Allerdings nicht dauerhaft. Als er 1858 erstmals wieder seine Geburtsstadt besuchte, begann sich der Wind schon zu drehen. Nachdem Prim längere Zeit erst im europäischen Ausland – wohin der progressistische Militär während der Regierungszeit der gemäßigten Liberalen, der *Moderados*, hatte ausweichen müssen – und dann als Generalkapitän in Puerto Rico gewesen war, konzentrierte er sich ab 1848 in Spanien wieder auf seine politische Karriere. Dafür war er auf die Unterstützung der Katalanen angewiesen, um deren Wohlwollen er warb, indem er sich – wie schon 1841/42 – in Madrid für die Interessen der katalanischen Textilindustrie, also für hohe Schutzzölle, einsetzte. In einem bemerkenswerten Akt der Amnesie forderte er in einer Rede im November 1851 die Madrider Regierung auf, ihre Vorbehalte gegenüber den Katalanen zu überwinden. Man möge doch großherziger gegenüber jenen tapferen Katalanen sein, die sich in der *Jamància* nichts anderes hätten zuschulden kommen lassen, als auf die Einhaltung eines Versprechens zu pochen. Er machte sich zum Sprachrohr vermeintlich unterdrückter Kata-

33 So in einer Rede in den Cortes am 20.11.1842; wiedergegeben in: Olivar Bertrand, Prim, S. 48f.

34 Zitiert in Fradera, Prim, S. 247.

lanen, wenn er im Parlament die Frage aufwarf: »Wie lange sollen wir noch als Sklaven behandelt werden? […] Sind wir etwa keine Spanier?«[35] Bei der Sklaven-Metapher ist in Rechnung zu stellen, dass Prim nur zu gut wusste, was es wirklich bedeutete, jemanden als Sklaven zu behandeln. Hatte er sich doch in seiner Tätigkeit als Gouverneur von Puerto Rico diverse Male zu Grausamkeiten gegenüber Sklaven hinreißen lassen, besonders wenn sich diese gegen die Herrschaft der weißen Sklavenhalter erhoben hatten.

Bei den Katalanen aber verfing die Rhetorik, und er wurde zum Abgeordneten von Barcelona gewählt. In der Zeit zunehmender Arbeitskonflikte Mitte der 1850er Jahre befand er sich im Ausland – als spanischer Beobachter im Krimkrieg. Aber er beobachtete die repressive spanische Politik in Barcelona mit Zustimmung. »Es war an der Zeit, die sozialen Bindungen wieder zu schließen, die sich so dermaßen gelockert hatten, dass wir in Richtung Auflösung und Barbarei marschierten. Ich glaube, man wird jetzt eine autoritäre, starke und gerechte Regierung bilden, die dem Thron Glanz und den liberalen Institutionen Größe verleihen wird.«[36] Er selbst, davon war er überzeugt, werde darin eine wichtige Rolle spielen.[37]

Das Projekt, das zumindest über einen gewissen Zeitraum eine solch integrative Funktion haben, das dem Thron Glanz verleihen und in dem Prim persönlich eine zentrale Position einnehmen sollte, war der Marokkokrieg 1859/60. Dieser Feldzug, der die spanischen Enklaven Ceuta und Melilla sichern und den Provokationen durch marokkanische bzw. berberische Angriffe ein Ende setzen sollte, war in Spanien von bemerkenswerter Popularität. Nach Jahrzehnten innerer Kämpfe wirkte das koloniale Projekt gegen einen gemeinsamen äußeren Feind wie eine Befreiung. Der spanische Feldzug war Teil eines Integrationsimperialismus und löste in der gesamten Halbinsel eine Welle nie gesehener nationaler Begeisterung aus,[38] das Baskenland und Katalonien stellten Freiwilligenformationen.[39] Als Prim, dem es gelang, die militärischen Erfolge vor allem mit seiner Person zu verknüpfen, im Februar die katalanischen Freiwilligen in Afrika begrüßte,

35 Zitiert nach Olivar Bertrand, Prim, S. 135.

36 So Prim in einem Brief vom 26. Juli 1856 an einen befreundeten Fabrikanten in Reus, in: R. Olivar Bertrand: El caballero Prim (Vida política y revolucionaria), Barcelona 1952, S. 412.

37 Ebd.

38 Vgl. u.a. Nelson Durán: La Unión Liberal y la modernización de la España isabelina. Una convivencia frustrada, Madrid 1979, S. 229-264.

39 Allerdings waren diese »Freiwilligen« oftmals mehr durch wirtschaftliche Not als durch Patriotismus motiviert, sich für den Kriegszug zu melden. Vgl. u.a. Mercedes Braunstein Franco: Els voluntaris catalans a la Guerra d'Africa (1859-1860); in: L'Avenç, 237 (1999), S. 76-79.

feuerte er ihren Patriotismus mit den – auf Katalanisch formulierten – Worten an, dass sie der Stolz des Vaterlandes seien. Nach dem entscheidenden Sieg, an dem Prim und die katalanischen Truppen beteiligt waren, schien es kein Halten mehr zu geben. Die Euphorie, die ganz Spanien und damit auch Katalonien erfasste, schlug sich in nationalistischen Gedichten, Chorgesängen, Theaterstücken, Gemälden und Denkmälern nieder, die Katalonien in die heroische Geschichte Spaniens integrierten.[40] Prim war damit in Katalonien rehabilitiert: Er wurde in den Städten, die er einst zusammengeschossen hatte, als Held empfangen und avancierte – wie der Historiker Josep Fradera formulierte – zum »beliebtesten Katalanen des Jahrhunderts«.[41]

Diese Entwicklung erleichterte es ihm, durch die kommenden politischen Krisen der spanischen Politik zu navigieren, schließlich hielt die Eintracht im Land nicht an. Auch wenn er lange darauf setzte, Königin Isabella II. für eine »Revolution von oben« zu gewinnen, bei der seine Idealvorstellungen von »Ordnung« und »Freiheit« zusammengebracht werden könnten, nahm er letztlich doch 1868 an der Verschwörung teil, die Isabella II. vom Thron stürzte und ins französische Exil trieb. Anders aber als die katalanischen Demokraten, die schon die Republik ausgerufen hatten, setzte sich Prim für die Erhaltung der Monarchie ein, die in der neuen liberalen Verfassung von 1869 festgeschrieben wurde.[42]

Wie gering allerdings zu dieser Zeit der Nationalisierungsgrad der spanischen Monarchie noch war, zeigt sich auch daran, dass Prim als neuer Regierungschef Spaniens – nachdem Espartero abgewunken hatte – im Ausland nach einem neuen geeigneten Thronkandidaten suchte. Die Übereinkunft mit Leopold von Hohenzollern-Sigmaringen wurde allerdings im Juli 1870 noch vor dessen Wahl durch die Cortes öffentlich und löste, selbst nachdem Leopold auf die Kandidatur verzichtet hatte, den deutsch-französischen Krieg 1870/71 aus.[43] Nunmehr einigte sich Prim mit einem italienischen

40 Marie-Claude Lécuyer/Carlos Serrano: La guerre d'Afrique et ses répercussions en Espagne. Idéologies et colonialisme en Espagne 1859-1904, Paris 1976.

41 Fradera, Prim, S. 256.

42 Zur Verfassung von 1869 vgl. das Kapitel: »La Monarquía en las Cortes y en la Constitución de 1869«; in: Joaquín Varela Suanzes-Carpegna, Política y Constitución en España (1808-1978), Madrid 2014, 2. Auflage, S. 547-568.

43 Vgl. das Schreiben von Prim an Leopold von Hohenzollern vom 17.2.1870, in dem er ihm den spanischen Thron anbot, in: Josef Becker (Hg.): Bismarcks spanische »Diversion« 1870 und der preußisch-deutsche Reichsgründungskrieg. Quellen zur Vor- und Nachgeschichte der Hohenzollern-Kandidatur für den Thron in Madrid 1866-1932, Bd. 1: Der Weg zum spanischen Thronangebot, Paderborn 2003, S. 271f. Zu den Zusammenhängen zwischen der Thronkandidatur und dem deutsch-fran-

Prinzen, der am 27. Dezember 1870 von den Cortes zum spanischen König gewählt wurde. Noch am selben Abend wurde Juan Prim y Prats unter nie ganz geklärten Umständen das Opfer eines Attentats, an dessen Folgen er drei Tage später starb.

Das Leben Prim y Prats' zeigt geradezu paradigmatisch einige zentrale Aspekte des spanisch-katalanischen Verhältnisses im 19. Jahrhundert: Es illustriert einerseits die durchaus gewaltsam ausgetragenen Spannungen zwischen den beiden politischen Entitäten Spanien und Katalonien, zugleich aber zeigt sich die Fluidität von Identitäten, konnte sich Prim doch mal mehr als katalanischer Politiker, mal mehr als spanischer Militär fühlen – oder beide, die katalanische und spanische Identität, pragmatisch miteinander verbinden, wenn auch nicht widerspruchsfrei. Zudem lässt sich die politische Dynamik innerhalb der liberalen Kräfte Kataloniens erkennen, wenn etwa ein Flügel immer radikalere Forderungen stellte, während der andere für Optionen votierte, die mehr »Ordnung« versprachen. Ganz abgesehen von den im Hintergrund latenten Konflikten mit den katalanischen Karlisten, die stets einen anderen Monarchen und überhaupt keine Verfassung wollten.

Die Spannungen zwischen Katalonien und Spanien waren dadurch geprägt, dass ein gesamtspanisches mit einem partikularen Zugehörigkeitsgefühl die unterschiedlichsten Mischungsverhältnisse einging. Für das Gefühl der Katalanen, einer distinkten Gemeinschaft anzugehören, wurden die Selbstbeschreibungen der katalanischen Kulturelite im 19. Jahrhundert von wegweisender Bedeutung.

## 4. »Vaterland, Glaube, Liebe«. Dichten für Katalonien

Am 24. August 1833 erschien in der Zeitung *El Vapor* die auf Katalanisch verfasste »Ode an das Vaterland« von Carles Aribau. Dieses Gedicht gilt als Beginn der katalanischen *Renaixença*, der Wiedergeburt des Katalanischen nach Jahrhunderten der – wie es die katalanische Geschichtsschreibung formuliert – »Dekadenz«. Katalanisch war seit dem Mittelalter verbreitet gewesen: als Sprache von Gesetzestexten, Predigten und schließlich Literatur. Dass sich der Mallorquiner Ramón Llull im Mittelalter für seine theologischen, philosophischen und literarischen Schriften nicht nur des Lateinischen und Arabischen, sondern auch des Katalanischen bediente, hatte

zösischen Krieg 1870/71 siehe Birgit Aschmann: Preußens Ruhm und Deutschlands Ehre. Zum nationalen Ehrdiskurs im Vorfeld der preußisch-französischen Kriege des 19. Jahrhunderts, München 2013, S. 367-467.

maßgeblich dazu beigetragen, aus dieser Sprache eine angesehene Literatursprache zu machen. Seit dem 16. Jahrhundert war jedoch das Katalanische gegenüber dem Kastilischen zurückgetreten: Die Vorherrschaft Aragóns im Mittelmeer verblasste gegenüber der Macht Kastiliens nach der Eroberung der Neuen Welt. Mit dem Ende der Eigenständigkeit der Krone Aragoniens und mit der zunehmenden Zentralisierung der Verwaltung im 18. Jahrhundert wurde Katalanisch selbst in Katalonien durch Kastilisch (*castellano*) als Amtssprache ersetzt. Adel und Bürgertum Kataloniens übernahmen das Kastilische als Kommunikationsmedium der Elite für politische Angelegenheiten und Handelskontakte, während das Katalanische die Sprache der einfachen Bevölkerung blieb.

Im Zuge der Romantik entwickelte sich europaweit die Suche nach nationalen Ursprüngen. Gemäß der Definition Johann Gottfried Herders vom Ende des 18. Jahrhunderts ließen sich Nationen an der Existenz einer eigenen Sprache und Geschichte erkennen. So kam es im 19. Jahrhundert in ganz Europa zur Entwicklung von nationalen Ursprungsmythen und einer *Invention of Tradition*,[44] um der jeweiligen Nation Legitimität und Rang durch den Nachweis jahrhundertealter Traditionen zu verschaffen. Die Affinität zum Mittelalter spiegelte die Sehnsucht nach vermeintlich organisch-harmonischen Zeiten. In Deutschland sammelten die Brüder Grimm Märchen, für die vom Freiherrn vom Stein ins Leben gerufene Edition *Monumenta Germaniae Historica* wurden Dokumente der deutschen mittelalterlichen Geschichte zusammengetragen und in Gesangsvereinen wurden patriotische Lieder intoniert. Ähnliches lässt sich – mit einer gewissen Verzögerung – in Katalonien beobachten, wo sich die intellektuelle Elite umso mehr auf die eigene Sprache besann, je stärker die Zentralisierungspolitik der liberalen Regierungen mit dem wachsenden Selbstbewusstsein der prosperierenden Region kollidierte. Dabei lebten die kulturellen Ausdrucksformen dieses beginnenden nationalen Selbstbewusstseins wiederum vom starken Kontrast zur Erfahrungswelt in den katalanischen Städten – Spannungen, die im 19. Jahrhundert typisch für ganz Europa waren. War der katalanische Alltag der 1830er Jahre von den sozialen Verwerfungen des beginnenden Industriezeitalters, den antiklerikalen Ausschreitungen und dem Krieg zwischen Karlisten und Liberalen geprägt, so beschworen die frühen patriotischen Texte eine ungetrübte landschaftliche Idylle und die vermeintliche Harmonie mittelalterlicher Gesellschaften. Dies setzte sich auch in der zweiten Jahrhunderthälfte fort. Symptomatisch dafür waren

44 Eric Hobsbawm/Terence Ranger (Hg.): The Invention of Tradition, Cambridge 2012.

die im Mai 1859 eingeführten *Jocs Florals*: Dichterwettbewerbe, die einen Brauch wieder aufleben ließen, den es in der Troubadour-Dichtung im Königreich Aragonien während des späten Mittelalters gegeben hatte, der aber über Jahrhunderte hinweg nicht praktiziert worden war. Die Initiatoren waren mit Antoni de Bofarull und Víctor Balaguer zwei Wissenschaftler, die sich der breitenwirksamen Vermittlung der katalanischen Geschichte und insbesondere von Heldensagen angenommen hatten: sei es durch die Veröffentlichung einer Sammlung von Heldentaten oder durch das Schreiben historischer Dramen. Beiden war die Tradition der mittelalterlichen Troubadour-Dichtung bestens bekannt. Im *Diario de Barcelona* hatten sie im Mai 1854 mit dem Zitat eines »modernen Troubadours« eine Anregung von 1841 aufgegriffen: »Warum kann Katalonien nicht die demütigende Rolle eines Schülers und Imitators verlassen und sich eine eigene Literatur schaffen …?«[45] Schließlich mündete der Beitrag in den Appell, die Blumenspiele wieder aufleben zu lassen. Das Motto »Vaterland, Glaube, Liebe« wies zugleich die drei Kategorien aus, in denen seit 1859 Preise ausgelobt wurden: Die beste Liebeslyrik wurde mit einem Ehrenpreis und einer echten (leider schnell verwelkenden) Rose gewürdigt, das beste religiöse Gedicht mit einer silbernen Blume und das beste patriotische Gedicht mit einer goldenen. Immer ging es um die »rechte« Liebe: die zu den Mitmenschen, zu Gott und zum Vaterland. Das Konzept verweist damit auf die sozialen Kohäsionskräfte, auf welche die Organisatoren setzten und die sie fördern wollten. Zugleich ermöglicht es Rückschlüsse auf die politische und soziale Zugehörigkeit der Veranstalter, indem es die implizite Hierarchie ihrer Wertorientierung offenlegte: Die mit einer goldenen Rose prämierte Liebe zum Vaterland stand offenbar an der Spitze. Tatsächlich wurden die jährlichen Wettspiele vor allem zu einem patriotischen Schauspiel und die *Jocs Florals* in den zwanzig Jahren, die auf ihre Wiederimplementierung folgten, zum Zentrum und Motor einer kulturellen *Renaixença*, deren gezielt forciertes Selbstbewusstsein Rückwirkungen auf politische Vorstellungen und das Verhältnis zu Spanien zeitigte.

Dabei zeichneten sich die Anfänge dieser intensiven Hinwendung zum Katalanischen nicht durch politische Rigorosität oder gar den Anspruch aus, das Kastilische zu verdrängen. Die Initiatoren der *Jocs Florals* betonten 1854 zwar die Wichtigkeit, am Katalanischen festzuhalten, das nur noch innerhalb der Familie gesprochen werde. Dies ändere jedoch nichts am

45 So zitiert in Antoni de Bofarull/Víctor Balaguer: Estudios históricos. Restablecimiento de los Juegos Florales, *Diario de Barcelona*, 19.5.1854, S. 3588-3591, hier S. 3590.

»Respekt, mit dem die offizielle Sprache« (also das Kastilische) betrachtet werden müsse, welche »heute unverzichtbar für die Einheit der Nation« sei.[46] Erst im Laufe der zweiten Hälfte des 19. Jahrhunderts kam es zu erheblichen Veränderungen in dem Grad der Wertschätzung dieser Einheit.

## 5. Die »Liebe zum Lokalen«. Die Entstehung des politischen Katalanismus

Die wiedererfundenen kulturellen Traditionen und die Beschwörung von Identitätsfragen standen mit der sozioökonomischen Entwicklung und einem wachsenden politischen Selbstbewusstsein in einem überaus engen Wechselverhältnis. Die beeindruckende Dynamik der wirtschaftlichen Entwicklung gipfelte in der Weltausstellung von 1888 in Barcelona, die die Leistungsfähigkeit der katalanischen Industrie und den Anschluss der Region an die europäische Moderne zur Schau stellen sollte. Das Wirtschaftswachstum hatte das regionale Selbstbewusstsein und den Stolz auf die eigene Kultur wachsen lassen. Schon 1864 hatte ein ehemaliger Zivilgouverneur von Barcelona geklagt: »Die Katalanen sind von hochmütiger Selbstherrlichkeit.« Sie seien »davon überzeugt, dass sie eine höhere Kultur besitzen als das übrige Spanien«.[47] Je intensiver sich dieses Bewusstsein ausprägte, desto nachhaltiger wurde der Zentralismus des politischen Systems kritisiert.

Eine rigorose Kehrtwende im Verhältnis zwischen Zentrale und Peripherie schien möglich, als König Amadeus I. 1873 nach zweijähriger Regentschaft zurücktrat und in Spanien die (Erste) Republik ausgerufen wurde. Weil sich die konservativen Kräfte dem Projekt verweigerten, konnten die Progressiven – und nicht zuletzt die Katalanen unter der Führung von Francesc Pi i Margall (Francisco Pi y Margall) – der neuen Verfassung ihren Stempel aufdrücken. So ließ sich plötzlich die Mehrheit in den Cortes für eine föderative Lösung gewinnen.[48] Nach dem Vorbild der USA sollte Spanien ein Bundesstaat bzw. eine »liberale, demokratische und republi-

46 Ebd., S. 3588.

47 Zitiert bei Carlos Collado Seidel: Kleine Geschichte Kataloniens, München 2018, S. 125.

48 Am 11.2. war Amadeus I. zurückgetreten. Im Mai waren Cortes gewählt worden, die eine Verfassung erarbeiten sollten. An den Wahlen hatten sich allerdings nur 40 Prozent der Wahlberechtigten beteiligt. Da sich an der Wahl vor allem die linken Gruppierungen beteiligt hatten, waren plötzlich von 391 Abgeordneten 343 Personen für eine föderale Lösung, vgl. Varela Suanzes-Carpegna: Política y Constitución, S. 779.

kanische Föderation« werden, die verschiedene Staaten integriere.[49] Die Präambel des Verfassungsentwurfs verwies auf die Notwendigkeit einer territorialen Gliederung, die einerseits die nationale Einheit wahren, aber zugleich »unseren historischen Erinnerungen und unseren Unterschieden« (*nuestros recuerdos históricos y* [...] *nuestras diferencias*)[50] gerecht werden sollte. Im ersten Artikel wurde sodann festgehalten, aus welchen »Staaten« sich die »spanische Nation« zusammensetzen sollte, darunter Katalonien. Diese Staaten sollten sich eigene Verfassungen geben dürfen, solange diese nicht mit der Bundesverfassung kollidierten, und unter dem Vorbehalt, dass diese Regionalverfassungen von den *Cortes federales* (als einer Art »Bundestag«) angenommen würden. Dabei suchte die Verfassung von 1873 noch nach einer Balance zwischen der »Liebe zum Lokalen« (*amor a la localidad*), die auch durch alle Zentralisierungsbemühungen und durch die Gewalt des Absolutismus nicht hatte ausgelöscht werden können, und dem »heiligen Fanatismus« (*fanatismo sagrado*) für die Nation, »la gran Patria española«.[51]

Diese Verfassung blieb ein Entwurf, schon weil die Erste Republik nicht lange genug währte, um sie überhaupt umzusetzen. Die Regierung hatte mit zu vielen Schwierigkeiten gleichzeitig zu kämpfen: Es wurde erstens Krieg geführt gegen die Unabhängigkeitsbewegung in Kuba, zweitens Krieg gegen die Karlisten und drittens forderten auch die sich im Sommer wie ein Flächenbrand ausbreitenden Aufstände der Kantonalisten (von den Anarchisten gestützte, extreme Föderalisten) das Gewaltmonopol des Staates heraus. Keine zwölf Monate nach Ausrufung der Republik wurde sie 1874 durch Militärintervention beendet.[52] Der Sohn Isabellas II., Alfons XII., wurde neuer spanischer König. Die damit einsetzende Restaurationsphase dauerte bis 1923.

Folgenlos sollte die republikanische Erfahrung nicht bleiben. Für progressistische Katalanen wurde der Föderalismus zum Teil ihres Erwar-

49 Siehe Vorwort zum Proyecto de Constitución Federal de la República Española; in: http://www.congreso.es/docu/constituciones/1869/cons1873_cd.pdf (11.12.2020). Schon die Verfassung von 1869 war an den USA orientiert, vgl. Joaquín Oltra: La influencia norteamericana en la Constitución española de 1869, Madrid 1972. Das Lob der Präambel von 1873 auf »los grandes fundadores de la Federación en el mundo moderno«, deren Beispiel man folge, bezog sich auf die USA, vgl. Varela Suanzes-Carpegna, Política y Constitución en España, S. 780.

50 Proyecto de Constitución Federal, S. 1.

51 Ebd., S. 3.

52 Zum Sexenio vgl. Ramón Villares: Alfonso XII y Regencia, 1875-1902; in: ders./ Javier Moreno Luzón: Restauración y dictadura (Historia de España Bd. 7), Barcelona 2009, S. 24-32.

tungshorizontes.[53] Diejenigen Kastilier hingegen, die auf das Prinzip der Einheit setzten, fürchteten den Föderalismus eher. Durch die Erfahrungen in der Republik wurden »Föderalismus« und »Anarchie« so eng miteinander verkoppelt, dass die überwältigende Mehrheit der spanischen, selbst der katalanischen Bürgerlichen mit dem einen zugleich auch das andere ablehnte. In der Konsequenz wurde dem föderalen Konzept mit Vorstellungen begegnet, die vielmehr die unauflösliche, vermeintlich naturgegebene Einheit der spanischen Gesamtnation beschworen.[54] Damit war das föderalistische Experiment beendet, noch bevor es richtig angefangen hatte. Für das System der Restauration bedurfte es einer neuen Ordnung: In der Verfassung von 1876 trat nun das regionale Element wieder ganz zugunsten des zentralstaatlichen Zuschnitts zurück. Hier war nicht mehr die Rede von Regionen oder gar »Staaten«, sondern ausschließlich von Rathäusern und Provinzen,[55] was eine Rückkehr zum zentralistischen System aus den 1830er Jahren bedeutete. Gerade dies aber provozierte die Katalanen, die bereits zu Beginn der Ersten Republik den »katalanischen Staat« ausgerufen hatten.[56] Die neuerliche Zurücksetzung beschleunigte die Umorientierung von Konzepten eines katalanischen Staates innerhalb der spanischen Nation hin zu Konzepten einer katalanischen Nation innerhalb des spanischen Staates.[57]

Diese Entwicklung wurde forciert durch eine fortschreitende Institutionalisierung katalanischer Gremien, die wachsende Sensibilisierung für die Bedeutung des Katalanischen und die politischen Friktionen mit dem spanischen Staat. Dabei reproduzierte sich die Spaltung der katalanischen Gesellschaft insofern, als das konservative Bürgertum keineswegs auf eine

53 Zum Zusammenhang von Erfahrungsraum und Erwartungshorizont und den Verschiebungen nach der Revolution von 1789 vgl. den klassischen Beitrag von Reinhart Koselleck: »Erfahrungsraum« und »Erwartungshorizont« – zwei historische Kategorien; in: Ulrich Engelhardt/Volker Sellin/Horst Stuke (Hg.): Soziale Bewegung und politische Verfassung, Stuttgart 1976, S. 13-33.

54 So Antonio Cánovas del Castillo: El vínculo de nacionalidad que sujeta y conserva las naciones es, por su naturaleza, indisoluble; in: Discurso im Ateneo, 6.11.1882; in: Problemas Contemporáneos, Madrid 1884, Bd. 2, S. 57; bzw. ders.: Discurso sobre la nación, Madrid 1987.

55 Vgl. Abschnitt 10 zu »las diputaciones provinciales y de los ayuntamientos« in der Verfassung von 1876: http://www.senado.es/web/wcm/idc/groups/public/@cta_senhis/documents/document/mdaw/mde5/~edisp/senpre_018546.pdf (9.12.2020).

56 Varela Suanzes-Carpegna, Política y Constitución, S. 786.

57 Als Beispiel dafür siehe Valentí Almirall. Zu frühen Konzepten eines Föderalismus siehe ders.: Bases para la Constitución federal de la nación española y para la del Estado de Cataluña. Observaciones sobre el modo de plantear la confederación de España (1868); in: Juan José Trías Vejarano/Antonio Elorza: Federalismo y reforma social en España (1840-1870), Madrid 1975, S. 432-450.

republikanische Lösung setzte. Aktiv wurde es vielmehr dann, wenn eigene wirtschaftliche und gesellschaftliche Interessen tangiert waren. So wurden erneute spanische Initiativen für ein Zollabkommen mit Großbritannien zum einen und das Vorhaben der spanischen Regierung, die Zivilgesetzgebung zu vereinheitlichen, Auslöser eines Protestes, der als erster Ausdruck eines politischen Katalanismus gilt. Vertreter des kulturellen Katalanismus hatten sich zusammengetan, um Möglichkeiten zu ventilieren, gegen die Vereinheitlichung des Zivilrechts und die Steuerpolitik des spanischen Staates vorzugehen. Die Handhabe dazu gab Artikel 13 der spanischen Verfassung von 1876, wonach es zulässig war, individuelle oder kollektive Petitionen an den König zu richten. Entsprechend adressierte 1885 ein Kreis konservativer Katalanen eine 182 Seiten lange Beschwerdeschrift (*Memorial de Agravios/Memorial de Greuges*) an Alfons XII. Dem König wurden »die Gefühle« und »die Schmerzen«[58] geschildert, die Katalonien seit langem durch die zentralspanische Behandlung erleide und die mit dem aktuellen Vorhaben intensiviert würden.[59] Das Bestreben, ein einheitliches spanisches Zivilrecht durchzusetzen, wurde nicht nur als Angriff auf die moralische Integrität der katalanischen Familien gewertet, sondern auch als Versuch, katalanische Elemente zugunsten zentralistischer Tendenzen zurückzudrängen. Die Steuerpolitik wiederum greife, so die Klage, in die so erfolgreiche Wirtschaftsstruktur Kataloniens ein. Dabei gehe es den Katalanen ihrerseits nicht darum, »Spanien zu schwächen oder die glorreiche Einheit des spanischen Vaterlandes anzugreifen«.[60] Ganz im Gegenteil, sei es doch das Ziel, den Glanz und die Größe der spanischen Nation durch die freie Entfaltung ihrer verschiedenen Provinzen zu stärken, wobei man sich an Österreich-Ungarn oder auch am Deutschen Kaiserreich orientieren könne. Keineswegs aber biete das als »falsche Kopie« in Spanien eingeführte französische System eine Lösung.[61]

In der Hauptstadt war die katalanische Delegation mit großen Vorbehalten empfangen worden, und Gerüchte zirkulierten, wonach Katalonien die Unabhängigkeit erklärt habe. Was die Delegierten zur Klarstellung

58 Zum Text und der Präsentation des Memorial vgl. Paraules de Maspons i Labrós a Alfons XII en la presentació del »Memorial de Greuges« o la »Memoria en defensa de los intereses morales y materiales de Cataluña« (1885): http://www.xtec.cat/~jrovira6/restau11/greuges1.htm (9.12.2020).

59 Vgl. zur Vorgeschichte Joaquim de Camps i Arboix: El Memorial de Greuges, Barcelona 1968, S. 19.

60 Ebd. S. 30. Der offizielle Titel des Dokuments lautete: »Memoria en defensa de los intereses morales y materiales de Cataluña«.

61 Vgl. ebd. Als Vorbilder nannte der Text auch Großbritannien.

nötigte, dass man weder die Unabhängigkeit Kataloniens erklärt habe noch erklären werde, sehr wohl aber die Unabhängigkeit der Katalanen, die weder ihren Charakter verändern noch auf ihre Forderungen verzichten würden.[62]

Der spanische König dankte der Delegation und gestand den Katalanen zu, Spanien die Industrialisierung gebracht zu haben. Wenn Spanien überhaupt eine Industrie habe, verdanke es diese den Katalanen, deren Fleiß er über alle Maßen lobte.[63] Das Memorial nahm er mit der Versicherung entgegen, dass er es gerne studieren werde. Konkrete Folgen hatte die Lektüre allerdings schon deshalb nicht, weil der König ein halbes Jahr später überraschend starb. Erst 1889 konnte ein spanisches Bürgerliches Gesetzbuch erlassen werden, das einen Kompromiss zwischen Einheit und regionaler Vielfalt herzustellen versuchte.[64] Für die Formierung des politischen Katalanismus aber war das Memorial durchaus bedeutsam, galt der Text doch für die folgenden Jahrzehnte als »katalanistischer Katechismus«.[65]

Dessen Unterstützer hatten sich längst in Institutionen zusammengeschlossen, in denen sprachlich-kulturelle Belange fließend in politische Forderungen übergingen. Die Fluidität der Inhalte, aber auch der Mitglieder spiegelte sich in permanenten Neugründungen, Umbenennungen oder der Fusion verschiedener Gruppierungen. Federführend zu Beginn der zweiten Hälfte des 19. Jahrhunderts war Valentí Almirall. Der Jurist und Journalist hatte sich für den Föderalismus in der Ersten Republik eingesetzt und diesen mit verschiedenen Zeitungsgründungen (*El Federalista* oder *El Estado Catalán*) unterstützt. Nach dem Scheitern der Republik 1874 verschrieb er sich dem politischen Katalanismus. So lud er 1880 zum ersten Kongress der Katalanisten nach Barcelona ein, der Katalanen unterschiedlichster politischer oder künstlerischer Orientierung zusammenbrachte: von föderalen, radikalen Republikanern bis zu den Poeten der *Renaixença*. Doch die Eintracht währte nicht lange. Mit der Behauptung, dass das, was Almirall unter dem »Geist des Katalanismus« verstehe, geradezu konträr zum wahren *espíritu catalán* sei, gingen seine Gegner auf Distanz zu Almirall.[66]

62 Ebd., S. 28 f.

63 Zur Antwort des Königs vgl. ebd. S. 31 f.

64 Vgl. Real Decreto de 24 de julio de 1889 por el que se publica el Código Civil: https://www.boe.es/eli/es/rd/1889/07/24/(1)/con (9.12.2020).

65 So im Beitrag zum Memorial de Greuges in der katalanischen Online-Enzyklopädie: Memorial de Greuges; in: Gran enciclopèdia catalana: https://www.enciclopedia.cat/EC-GEC-0041858.xml (9.12.2020).

66 Vgl. Jaume Claret/Manuel Santirso: La construcción del catalanismo. Historia de un afán político, Madrid 2014, S. 85.

Ursächlich für die Ablehnung des Katalanismus aufseiten der katalanischen Konservativen war nicht zuletzt die Tendenz der katalanischen Nationalisten, Spanien und Katalonien als inkompatibel darzustellen. In Almiralls bekanntestem Werk *Lo Catalanisme* von 1886 führte er aus, welche grundlegenden charakterlichen Differenzen die Kastilier von den Katalanen trennten.[67] Der positivistischen, rationalen, auf Gleichberechtigung und Demokratie zielenden Natur der Katalanen stellte er den idealistischen, generalisierenden und nach Macht strebenden Charakter der Kastilier gegenüber. Mindestens ebenso stark irritierte diejenigen, die auf ein einvernehmliches Miteinander mit dem spanischen Staat setzten, dass auf dem Ersten Katalanisten-Kongress das Wappen Kataloniens so dargestellt wurde, als würde sein Herz von einem Dolch durchbohrt – womit das Ressentiment gegenüber Spanien in die Gründungsphase des Katalanismus sinnbildlich eingeschrieben war.

Die Institutionen des politischen Katalanismus sowie dessen Tendenz, aversive Emotionen zu schüren und konträre, immer weniger miteinander kompatible emotionale Gemeinschaften zu fördern, bildeten die Grundlage für die Zunahme der Spannungen im kommenden Säkulum. Aus dem Regionalismus des 19. Jahrhunderts entwickelte sich der Nationalismus des 20. Jahrhunderts.[68]

67 Valentí Almirall: Lo Catalanisme. Motius que'l llegitiman fonaments cientifichs y solucions practicas, Barcelona 1978 (1886), S. 8.

68 Selbst Almirall sprach noch von einem »catalanisme regionalista« bzw. der »regió catalana« und der »nació espanyola«, ebd. S. 11, 329.

# III. Nationalismus und konkurrierende Gefühle in Monarchie, Republik und Diktatur (1898-1975)

## 1. Koloniale Krise, Formierung des Nationalismus und Gewalt um die Jahrhundertwende

Am 25. November 1905 stürmte eine Einheit des spanischen Militärs in Barcelona die Redaktionsräume der katalanischen Tageszeitung *La Veu de Catalunya* und der Satirezeitung *Cu-Cut!* und demolierte deren Inneneinrichtung. Anlass war eine zwei Tage zuvor in *Cu-Cut!* erschienene Karikatur, auf der die Gesprächssequenz zwischen einem katalanischen Bürger und einem Offizier dargestellt war. Darauf erkundigte sich der Bürger angesichts einer Menschenansammlung, was es denn zu feiern gebe. Als er vom Offizier die Antwort erhält, dies sei das »Bankett des Sieges«, entgegnet der Katalane, denn müssten es wohl Landsleute sein.[1] Siege, so die Botschaft, konnten nur noch Katalanen feiern. Die Offiziere sahen darin eine Ehrverletzung des spanischen Militärs, auf die es demonstrativ zu reagieren galt. Die Sanktionen betrafen nun zum einen die Zeitung, die die Karikatur veröffentlicht hatte, und zum anderen die führende Tageszeitung des politischen Katalanismus. In Katalonien löste der Vorfall eine Welle der Empörung aus. Nicht nur, dass sich das Ereignis in etablierte Deutungsmuster zentralspanischer Unterdrückung fügte. Offenbar war mit der unmittelbaren Aggression eine Grenze überschritten.

Breite Kreise der spanischen Gesellschaft, vor allem aber Teile des spanischen Militärs, reagierten hingegen mit Genugtuung, sahen sie doch als Aggressor die bewusst provozierende Geste der katalanischen Publizisten. Angesichts der zunehmenden Spannung erklärte die spanische Regierung den Kriegszugstand in Barcelona, woraufhin der König kurz darauf offenbar eher notgedrungen Position bezog: Als »erster Soldat der Nation« habe er sich »endlich« – wie die Militärzeitschrift *Correspondencia Militar* fünf

1 Vgl. die Ausgabe der Satirezeitung *Cu-Cut!* vom 23.11.1905, S. 742: https://arca.bnc.cat/arcabib_pro/ca/catalogo_imagenes/grupo.do?path=1353611 (11.12.2020).

Tage nach den Ereignissen berichtete – auf die Seite der Offiziere gestellt. Die Zeitschrift schloss daraus: Der König »denkt und fühlt« wie das spanische Militär, bzw. wie »alle ehrenhaften Spanier« denken und fühlen.[2] In der spanischen Historiographie ist diskutiert worden, ob das Verhalten des Königs eher als schwach oder als geschickt interpretiert werden könne. Doch entscheidend war letztlich, dass sich der König die Interpretation von einer Ehrverletzung Spaniens zu eigen machte. Allen Bestrebungen, das spanische Militär und die Ehre des Vaterlandes herabzusetzen, so ließ Alfons XIII. die Öffentlichkeit wissen, gelte es entschlossen entgegenzutreten. Nach einer überaus hitzigen Debatte in beiden Kammern des spanischen Parlaments wurde im April 1906 ein Gesetz erlassen, das zum einen Beleidigungen der Nation sowie Beschimpfungen des Militärs unter Strafe stellte. Für entsprechende schriftliche Äußerungen, Abbildungen jeglicher Art (Karikaturen wurden explizit erwähnt), Zeichen oder Ausrufe, die die Nation, ihre Fahne, die Nationalhymne, andere nationale Embleme oder das Heer und die Flotte herabsetzten, konnten fortan Gefängnisstrafen verhängt werden. Darüber hinaus drohte künftig jenen die Todesstrafe, die zu den Waffen greifen würden, um für die »Unabhängigkeit eines Teils des spanischen Territoriums« zu kämpfen.[3] Der spanische Regierungschef wies dabei auf die traurigen Ereignisse in Spanien und Europa hin, die es erforderlich machten, solche Gesetze in das Strafgesetzbuch einzuführen. Ziel dieser neuen Gesetzgebung sei es, »die Einheit des Vaterlandes und die Disziplin des Heeres« zu schützen.[4]

Die extreme Empfindsamkeit der spanischen Gesellschaft in Fragen nationaler Ehre, staatlicher Einheit und Disziplin des Militärs ist nicht zu erklären, ohne das Schicksal des spanischen Imperiums in Rechnung zu stellen. Der Verlust der Kolonien Kuba, Puerto Rico und der Philippinen im Jahr 1898 bedeutete für Spanien ein nationales Trauma, dessen Zäsurcharakter nicht hoch genug eingeschätzt werden kann. Über vier Jahrhunderte war Spanien ein Imperium gewesen, dessen Herrscher einst von einer Universalmonarchie geträumt hatten. Auch wenn sich diese nie hatte verwirklichen lassen und im 19. Jahrhundert die Glanzzeit der spanischen Kolonialgeschichte längst vergangen war, so speiste sich das Selbstverständnis doch vielfach noch aus diesen historischen Erinnerungen. Doch selbst

2 Vgl. den Artikel ¡Viva el Rey!; in: *Correspondencia Militar*, 30.11.1905, S. 1. Ähnlich Borja de Riquer: Alfonso XIII y Cambó. La monarquía y el catalanismo político, Barcelona 2013, S. 45 f.

3 El Presidente del Consejo de Ministros, Segismundo Moret: Ley, Art. 1; in: *Gazeta de Madrid*, 24.4.1906, S. 317 f., hier S. 317.

4 Segismundo Moret: Real Orden; in: *Gazeta de Madrid*, 24.4.1906, S. 318.

nach dem Verlust der zahlreichen lateinamerikanischen Kolonien infolge der napoleonischen Kriege war Spanien im 19. Jahrhundert eine bedeutende Kolonialmacht geblieben, zumal die Philippinen und vor allem Kuba wichtige administrative, militärische und wirtschaftliche Zentren des spanischen Staates darstellten, die aufs Engste mit dem Mutterland verflochten waren. Wie sehr koloniale Besitzungen zu einer Frage nationalen Prestiges geworden waren, hatte sich bereits während des Marokkokrieges 1859/60 gezeigt, als die militärischen Erfolge die spanischen Territorien in einer Welle patriotischer Euphorie einten. Der Verlust der Kolonien in Lateinamerika und Asien und damit das unrühmliche Ende der spanischen Kolonialgeschichte im Jahr 1898 hatte eine gegenteilige Wirkung. Waren die Militärs wie Prim y Prats nach den Erfolgen in Marokko als Helden gefeiert worden, so wurden nun die Militärs für die Niederlage von 1898 verantwortlich gemacht und zur Zielscheibe des Spotts. Die Kritik traf umso härter, als auf diese Weise erstens das allgemeine Scheitern der spanischen Kolonialpolitik eingeräumt werden musste, zweitens die Opfer im langjährigen Krieg gegen die kubanische Unabhängigkeitsbewegung entwertet schienen und das spanische Militär drittens gegen die USA im Krieg von 1898 unterlegen war, obwohl vollmundige Parolen der Öffentlichkeit zuvor einen siegreichen Ausgang prophezeit hatten.

Abgesehen von den wirtschaftlichen Folgen (die letztlich für Spanien gar nicht so gravierend waren, weil viele spanische Unternehmer, die zuvor in den Kolonien tätig waren, ihr Kapital jetzt in die Wirtschaft der Halbinsel investierten) hatte die »Katastrophe von 1898« vor allem emotionale Konsequenzen, sowohl für die spanische als auch für die katalanische Gesellschaft. So zwang der Verlust der Kolonien die spanischen Intellektuellen, sich mit der Frage der »nationalen Identität« Spaniens auseinanderzusetzen. An die Stelle der »schwachen Nation« des 19. Jahrhunderts, die das Resultat der heterogenen, nicht zuletzt kolonialen Landesteile war, musste etwas Neues treten. Wenn sich aber jetzt in Madrid Stimmen zu Wort meldeten, die empfahlen, sich an »das Kastilische« als Kern einer nationalen Identität zu halten, musste dies zu Abwehrreaktionen in Katalonien führen. Diese waren umso dezidierter, als der Prestigeverlust Spaniens die gesamtspanische Kohäsionskraft stark vermindert hatte. Auf diese Weise förderte die Krise von 1898 die zentrifugalen Kräfte bzw. die katalanischen Distinktionsbestrebungen. Diese wiederum trafen beim spanischen Militär, das nicht nur als eine soziale, sondern vor allem als emotionale Gemeinschaft bezeichnet werden kann, auf eine offene Wunde. Die Militärs hatten nicht nur das professionelle Scheitern, also die Demonstration militärischer Inferiorität zu verarbeiten, sondern waren auch mit dem gesellschaftlichen Prestigeverlust konfrontiert. Und wenn der Spott dann auch noch aus Katalonien kam, dessen Vertreter immer schon durch ihre vermeintliche Überheblichkeit angeeckt waren, war er offenbar besonders schwer zu ertragen. Aus dieser Konstellation entwickelte sich ein extrem empfindliches Ehrgefühl. Das Ohnmachtsgefühl, das der verletzte Stolz ausgelöst hatte, konnte innerhalb dieser Gruppe offenbar nur überwunden und in Aktionen kanalisiert werden, wenn als Angriffsziel das ausgemacht wurde, was dem Staat als sakrosankt galt: die Einheit der Nation und die Ehre des militärischen Kollektivs. Vor allem der Einsatz für die Einheit der Nation wurde im 20. Jahrhundert zu *dem* Prestigeprojekt der spanischen Militärs. Das erste Mal zeigte sich die – wenn auch nur gegen Sachen gerichtete – Gewaltbereitschaft der Militärs in der Reaktion auf die oben erwähnte, in der Zeitschrift *Cu-Cut!* am 23. November 1905 veröffentlichte Karikatur. Für den spanischen Historiker Javier Moreno Luzón bedeuteten diese Ereignisse zum einen »den ersten Zusammenstoß zwischen zivilen Kräften und militärischer Macht im 20. Jahrhundert« und zum anderen eine erhebliche Zuspitzung des nationalistischen Konfliktes mit Katalonien.[5]

Der liberale spanische Regierungschef Segismundo Moret wies anlässlich der Veröffentlichung des Gesetzes zum Schutz von Vaterland und Militär explizit darauf hin, dass das Gesetz zwar die »Einheit des Vaterlandes« und »die Disziplin des Heeres« schützen, aber keineswegs die Meinungsfreiheit beeinträchtigen solle. Auch richte es sich nicht gegen einzelne Regionen. Ganz im Gegenteil seien deren Ansprüche schon dadurch gewahrt, dass nicht nur Territorium und Symbole der spanischen Nation, sondern auch die der Regionen unter Schutz gestellt würden.[6]

Die Interpretation in Katalonien war jedoch eine gänzlich andere. Das Gesetz wurde von denen, die nach dem Anschlag auf die katalanischen Zeitungsredaktionen eine Disziplinierung des Militärs erwartet hatten, als eine dezidiert anti-katalanische Maßnahme begriffen. Entsprechend groß war der Protest, und die allgemeine Empörung hatte eine integrierende Funktion: Die verschiedenen katalanischen Formationen, die sich am Ende des 19. Jahrhunderts gebildet hatten, fanden sich unmittelbar nach der Proklamation des strittigen Gesetzes in der Sammlungsbewegung *Solidaritat Catalana* zusammen.

5 Vgl. Javier Moreno Luzón: Alfonso XIII, 1902-1931; in: Ramón Villares/Javier Moreno Luzón: Restauración y dictadura (Historia de España Bd. 7), Barcelona 2009, S. 361.

6 Segismundo Moret, Real Orden, S. 318. Vgl. auch Art. 2, Abs. 2 des Gesetzes.

1906 legte der Jurist und Politiker Enric Prat de la Riba eine Schrift vor, die später als sein Hauptwerk gelten sollte: *La Nacionalitat Catalana*.[7] Auf 128 Seiten präsentierte er ein Programm des katalanischen Nationalismus, das die Doktrin der zeitgenössischen Wortführer des Katalanismus zusammenfasste und das weitere Vorgehen vorzeichnete. Es wurde zur zentralen Referenz des regionalen Nationalismus im 20. Jahrhundert.

Folgende Aspekte sind – auch aus emotionsgeschichtlicher Sicht – in dieser Schrift bemerkenswert: Erstens zeigt sich hier ein Bruch mit den Vorstellungen des vergangenen Jahrhunderts in der Abkehr von Konzepten einer doppelten Identität. Was früher als Bindeglied fungiert haben mochte, wurde nun als »Spaltung« (*bifurcació*) der katalanischen Seele oder als »monströse Koexistenz«[8] pathologisiert: So wie das Herz nur in einer Brust schlagen und ein Hirn nicht für zwei verschiedene Menschen arbeiten könne, sei eine solche Doppelidentität widernatürlich.[9] Dementsprechend lehnte Prat de la Riba Vorstellungen von einem kleineren (katalanischen) »Vaterland« und der größeren (spanischen) »Nation«, denen sich Katalanen gleichermaßen zugehörig fühlen konnten, ab. Katalonien sei für die Katalanen sowohl »Nation« als auch »Vaterland«.

Zweitens wurde aus der »Tatsache« einer Existenz der katalanischen Nationalität abgeleitet, dass ein eigener Staat unverzichtbar sei: »A cada nació un Estat« (»jede Nationalität benötigt ihren eigenen Staat«[10]). Dieser wurde allerdings nicht unabhängig gedacht, sondern als Teil einer iberischen Föderation, in der die zwei divergierenden Prinzipien miteinander vereint werden könnten: die katalanische Nationalität (hier synonym zur »Nation«) und die spanische Einheit, schließlich sei der katalanische Nationalismus niemals separatistisch gewesen, sondern hätte sich immer in einer brüderlichen Einheit mit den anderen iberischen Nationalitäten gesehen.[11]

Bemerkenswert sind drittens die Begründungen, mit denen die politischen Forderungen untermauert werden. Fortlaufend wird mit vermeintlichen Naturgesetzen argumentiert, die als unveränderlich dargestellt werden. Hierzu zählte man die Nation, wohingegen der Staat etwas Kaltes, Künstliches, von Menschen Geschaffenes sei. Die Natur hatte die Nation allem voran mit Gefühl ausgestattet, was paradigmatisch für den theoretischen und praktischen Umgang mit Emotionen zur Stärkung des Natio-

7 Enric Prat de la Riba: La Nacionalitat Catalana, Barcelona 1906.
8 Ebd., S. 26 f.
9 Ebd., S. 102.
10 Ebd., S. 103. Das Zitat findet sich auf S. 101: »Cada nacionalitat ha de tenir el seu Estat.«
11 Ebd., S. 114.

nalismus ist. Die hohe Relevanz, die dem Gefühl beigemessen wird, kommt in der Gleichsetzung von Gefühl, Identität und Nation zum Tragen: »Katalonien, das ist das Gefühl des katalanischen Vaterlandes.« Es gehe um das »wir selbst sein« können, das »Katalanen sein« dürfen.[12] Dabei lassen sich gerade mit Blick auf die Gefühle Inkohärenzen in der Argumentation nachweisen, die für nationalistische Denkformen typisch sind. Wird auf der einen Seite ein untrügliches, von der Natur vorgegebenes, essentialistisches Gefühl für die Nation postuliert, beschreibt Prat de la Riba zugleich eine Entwicklungsgeschichte der Emotionen, aus der die Kontextgebundenheit nationaler Gefühle deutlich wird. Darüber hinaus fällt auf, wie Prat de la Riba bemüht ist, die »positiven« Gefühle und Werte hervorzuheben, die dem katalanischen Nationalismus inhärent seien: Brüderlichkeit, Harmonie, Eintracht und Universalismus. Deutlich wird aber auch, dass allein die affirmativen Gefühle nicht reichen, um einen Nationalismus auszuprägen. Dies zeigt sich bei der Beschreibung des Einflusses der Romantiker auf die Entwicklung des Emotionshaushalts der Nationalisten. Die Romantiker hätten gelacht und geweint, vor allem aber geliebt. Sie hätten die Liebe zur Sprache, zum Land, zur Vergangenheit, zu Katalonien etabliert. Sie hätten aber den Fehler begangen, sich nicht erfolgreich von der kastilischen Vorherrschaft abzugrenzen. Denn um die »monströse Spaltung« der katalanischen Seele zu überwinden, müssten die Katalanen lernen, dass sie nichts anderes als Katalanen seien, und dafür brauche es – in dieser zweiten Phase – neben der Liebe auch den Hass.[13] Aus dieser Liebe und aus diesem Hass sei Katalonien erst entstanden, als »Gefühl, ein Gefühl für das Vaterland«, als Katalanismus.[14]

Prat de la Riba beschränkte sich nicht darauf, diese »Genese des Nationalismus« – wie das entsprechende Kapitel lautet – nur nachzuzeichnen. Vielmehr trugen die von ihm benutzten Begriffe und Metaphern zu dieser klar positiv konnotierten und polaren Emotionalisierung bei. So beschwor er einerseits die »heilige Liebe zum Vaterland«[15] und appellierte in einem Anflug von Hybris an die Herzen junger Katalanen, nicht nur sich selbst von »Ketten« zu befreien, sondern den katalanischen Nationalismus gar zum Motor der Befreiung anderer unterdrückter Nationen zu machen:

12 »Es Catalunya, és el sentiment de patria catalana. Ser nosaltres, aquesta era la qüestió. Ser catalans«. Ebd., S. 43.

13 Ebd., S. 41.

14 Ebd., S. 43.

15 Ebd., S. 53.

»Tragt dazu bei«, so sein Appell, »dass der Geist Kataloniens zum Messias wird, auf den die Nationen warten.«[16]

Diese so forcierten Gefühle von Stolz und Selbstbewusstsein mussten zwangsläufig zu Kollisionen mit dem Status der Inferiorität führen, der, so Prat de la Riba, Gefühle der Abwehr, des Protestes, des Abscheus, des Ressentiments oder Hasses schüre. Prat de la Riba griff wiederkehrend auf die Bezeichnung der »Sklaverei« zurück und schrieb von »Unterdrückern« und »Unterdrückten«. Eine politische Konstellation, in der eine Nation innerhalb eines Staates (gemeint ist Kastilien) über eine andere herrsche, sei – auch wenn die Verwaltung reibungslos funktioniere – eine »krankhafte Anomalie«.[17]

Prat de la Riba war um die Jahrhundertwende die zentrale Gestalt innerhalb des katalanischen Nationalismus geworden, dessen Institutionalisierung von ihm maßgeblich vorangetrieben wurde. 1891 war Prat de la Riba Gründungsmitglied der *Unió Catalanista* gewesen, die aus Protest gegen die Schaffung eines einheitlichen spanischen Zivilrechts gegründet worden war. Im folgenden Jahr wirkte er an der Niederschrift der sogenannten *Bases de Manresa* mit, einem ersten Verfassungsentwurf für Katalonien, womit der Katalanismus definitiv die Sphäre der Politik erreicht hatte. Allerdings verdeutlichten schon die ständische Gliederung des projektierten katalanischen Parlaments und die massive Stärkung der katholischen Religion, dass es sich hier um einen konservativen, bürgerlichen Katalanismus handelte, der sich gleichwohl kulturell als Avantgarde verstand. Schließlich übernahm Prat de la Riba zusammen mit Francesc Cambó die Führung in der 1901 neugegründeten katalanistischen Partei *Lliga Regionalista*, die für den politischen Katalanismus mit ihrem Wahlerfolg noch im selben Jahr in der spanischen Politik zu einem Faktor wurde, der sich nicht länger vernachlässigen ließ. Fortan gab es in Spanien ein »katalanisches Problem«.

Für die nächsten zwanzig Jahre blieb die *Lliga* die hegemoniale Kraft im Spektrum der nationalistischen Bewegungen Kataloniens, und Prat de la Riba war bis zu seinem Tod 1917 die unumstrittene Führungsfigur. Trotz seiner 1906 formulierten klaren Forderungen rang er in der praktischen Politik um Kompromisse. 1914 gelang ihm ein erheblicher Erfolg, als mit der *Mancomunitat* erstmals eine administrative Autonomie eingeführt wurde, die aus den vier katalanischen Provinzen eine gemeinsame Entität machte. Der erste Präsident dieser *Mancomunitat* wurde Prat de la Riba. Er

16 So in der Eröffnungsrede des Centre Escolar Catalanista im Jahr 1889/90; abgedruckt ebd., S. 56.

17 »Anormalitat morbosa«. Ebd., S. 51.

nutzte die neuen Freiräume gezielt, um einerseits eine Modernisierung der Infrastruktur und andererseits die Katalanisierung der Kultur und deren Breitenwirkung voranzutreiben.

## 2. Invention of Traditions. Die Schaffung nationaler Symbole

Dass der katalanische Nationalismus überhaupt zu einem Massenphänomen werden konnte, lag erstens an Multiplikatoren und Politikern wie Prat de la Riba, zweitens an der Empörung, die das Auftreten der spanischen Militärs 1905 ausgelöst hatte, und drittens an der geschickten Zusammenfügung verschiedener in den Jahren zuvor entstandener Symbole und Rituale zu einer emotional wirksamen, nationalistischen Gesamtkomposition.

Diese Symbole und Rituale waren Teil jener polaren Emotionalisierung, die typisch für nationalistische Bewegungen ist. Dabei ist nicht allein die Formierung eines wiedererkennbaren Zeichenensembles ausschlaggebend für deren Wirksamkeit, sondern auch die performative Erlebnisdimension. Es ist die Einbindung der zahllosen individuellen Körper beim Singen, Tanzen, Sprechen, Demonstrieren und Fußballspielen für die Nation, die neben den physischen auch emotionale kollektive Erfahrungen ermöglicht, was wiederum dazu beiträgt, dass diese Erlebnisse länger im Gedächtnis gespeichert werden. Das ist insgesamt symptomatisch für die Ausprägung von Nationalismen, und die jeweiligen Propagandisten wussten um die Bedeutung und Wirkung von Gefühlen. Gleichwohl gibt es nationale Spezifika, was im Fall der katalanischen Ausprägung schon deshalb zwingend war, weil sich das nationale Symbolensemble dezidiert vom zentralspanischen unterscheiden sollte.

Zu den Ritualen und Institutionen, die die Andersartigkeit, die Eintracht und das Selbstverständnis der eigenen Nation unterstreichen sollten, zählten die *Sardana*, der Nationaltanz, die *Castells*, die aus Menschen gebauten Türme,[18] und der FC Barcelona. Alle drei Phänomene versinnbildlichen einen egalitären Umgang und drücken die Bedeutung von Kooperation und Gemeinschaft aus: Die Fußballmannschaft siegt nur als gutes Team; bei den Menschentürmen müssen alle fest zusammenhalten, und man steht auf den Schultern der andern; die *Sardana* inszeniert die einheitliche Ausrichtung aufrechter Körper, die synchron dieselben Bewegungen aus-

18 Zur Sardana vgl. Victoria Llort Llopart: Nacionalismo catalán y música: configuración de un concepto, búsqueda de una estética (1850-1930); in: Géraldine Galeote/Maria Llombart Huesca/Maitane Ostolaza (Hg.): Emoción e identidad nacional: Cataluña y el País Vasco en perspectiva comparada, Paris 2015, S. 310-312.

führen und – sich bei den Händen haltend – einen großen Kreis bilden. Immer steht dabei die Gemeinschaftsbildung, nicht das Individuum, im Vordergrund. Indem die jahrhundertealte Tradition betont wurde, konnte dieses Gemeinschaftselement als »Wesensmerkmal« des Katalanischen gedeutet werden. Tatsächlich handelt es sich um Wiedererfindungen aus der Zeit um die Jahrhundertwende, waren doch sowohl der Tanz als auch die Menschentürme zwischenzeitlich weitgehend in Vergessenheit geraten. Der FC Barcelona wurde sogar erst 1899 gegründet, spielte jedoch seither eine erhebliche Rolle bei der Formierung einer regionalen kollektiven Identität.[19] Gerade die im Stadion gemeinsam erlebten Emotionen der Fans, die das kollektive Gedächtnis mit durchlittenen Niederlagen und gefeierten Triumphen füllten, trugen im Laufe des 20. und 21. Jahrhunderts erheblich zur Schärfung einer nationalen Identität bei. Hatte der Gründer des Clubs, der Schweizer Geschäftsmann Hans Gamper, noch gehofft, diesen aus der Sphäre der Politik heraushalten zu können, so zeigte sich bereits zehn Jahre später die Nationalisierung des Sports, als 1910 die katalanischen Nationalfarben und der Nationalheilige St. Georg (St. Jordi) in das Wappen des Vereins integriert wurden.[20]

Gerade die katalanischen Nationalsymbole stehen oft für die Traumata des nationalen Gedächtnisses. Während die kulturellen Traditionen für die Liebe und Loyalität zur Nation stehen, die es zu erzeugen galt, repräsentieren die Nationalhymne und der nationale Feiertag eher Ressentiment und Hass auf den spanischen Nationalstaat.[21] (Allerdings dürfte die Wirkmächtigkeit des Fußballs nicht zuletzt darin liegen, dass er sowohl die integrativen positiven Emotionen schüren kann als auch die aversiven gegenüber dem sportlichen und politischen Gegner.) Die nationale Hymne nimmt Bezug auf eine Revolte der Katalanen im Jahre 1640. Am Fronleichnamstag hatten sich katalanische Landarbeiter (»die Schnitter«) aus Unmut über die im Zuge des Dreißigjährigen Krieges in ihrer Region einquartierten Soldaten gegen die spanische Vorherrschaft erhoben. Da der Aufstand von Bürgern unterstützt wurde, die um ihre katalanischen Privilegien (etwa Finanz- und Militärerleichterungen) fürchteten, mündete er schließlich in eine Abspaltung von Spanien. Nachdem aber die französische Herrschaft,

19 Zum Verhältnis vom Fußballclub FC Barcelona und dem katalanischen Nationalismus, welches eine eigene Untersuchung verdiente, vgl. u.a. Hunter Shobe: Place, identity and football: Catalonia, Catalanisme and Footbal Club Barcelona, 1899-1975; in: National Identities, 10/3 (2008), S. 329-343.

20 Ebd., S. 335.

21 Vgl. u.a. Giovanni C. Cattini: Myths and symbols in the political culture of Catalan nationalism (1880-1914); in: Nations and Nationalism, 21/3 (2015), S. 445-460.

in die sich die Katalanen geflüchtet hatten, nicht weniger zentralistisch und nachteilig für die Katalanen war, ließen sich diese schließlich – unter Zusicherung ihrer Privilegien – darauf ein, 1652 in den spanischen Staatsverband zurückzukehren.

Nicht nur die Erinnerungspflege an einen Moment der Abspaltung musste die Spanier an der katalanischen Hymne irritieren; vor allem der – auf Grundlage einer alten Volksweise – 1899 neu gedichtete Text barg ein hohes Provokationspotential. Hatte der frühere Text den Aufstand in einen Kontext mit den Ausschweifungen marodierender Soldaten gebracht, die Nahrungsmittel verschwendet, Töchter entehrt, Sakrales entweiht und Priester gelyncht hatten, so war der neue Text von solch konkreten Details entschlackt. Er rief zum Aufbruch, weissagte den triumphierenden Katalanen ein Leben in Reichtum und Fülle (sobald es »diese hochmütigen, überheblichen Leute« hinter sich gelassen habe), mahnte die Schnitter zur Wachsamkeit und warnte »den Feind« davor, dass die Sichel auch dazu dienen könne, Ketten zu zerstören. Mit dieser Kombination eines Appells an Stolz (»Triumph«), Empörung (über die mit »Ketten« angedeutete Erniedrigung) und Rache (der Feind möge zittern) hat das Lied einen ermutigenden, mobilisierenden und latent drohenden Emotionskern, der mit einer entsprechenden Melodie untermalt wird. Selbst einigen Katalanisten war dieses Lied anfangs nicht ganz geheuer. So distanzierte sich Almirall 1902 von diesem Lied »voll Hass und Fanatismus«.[22] Doch Versuche, mit dem »Cant del poble« eine weniger martialische Alternative zu etablieren, scheiterten ebenso wie die Bemühungen um einen nationalen Feiertag, der weniger kriegerische Assoziationen weckte als die *Diada*.[23]

Nur eine kleine Gruppe von Separatisten begab sich seit 1899 alljährlich am 11. September auf die Straßen.[24] Mit den Massen, die seit 1977 die Straßen anlässlich der *Diada* füllen, hatten die damaligen Manifestationen noch nichts zu tun. Das lag nicht zuletzt daran, dass innerhalb des extrem

22 So Almirall im Vorwort der spanischen Ausgabe von 1902, als Faksimile im Anhang abgedruckt in Almirall, Lo Catalanisme, S. V.

23 Vgl. Jordi Roca Vernet: Cicatrices de la nacionalización del republicanismo catalán. Las Fiestas Nacionales. Barcelona 1905-1914; in: Géraldine Galeote/Maria Llombart Huesca/Maitane Ostolaza (Hg.): Emoción e identidad nacional. Cataluña y el País Vasco en perspectiva comparada, Paris 2015, S. 117-132.

24 Erstmals hatte es eine Feier im Jahr 1886 gegeben; doch erst seit 1899 etablierte sich eine jährliche Gedenkveranstaltung; vgl. David Martínez Fiol: Creadores de mitos. El »Onze de Setembre de 1814« en la cultura política del Catalanismo (1833-1939); in: Manuscrits, 15 (1997), S. 341-361, S. 353; Pere Anguera: L'Onze de Setembre. Història de la Diada (1886-1938), Montserrat 2008, S. 8 f.

zerklüfteten katalanischen Nationalismus nur das radikalere linke Segment jene Ressentiments wachrufen wollte, die mit diesem Tag verbunden waren. Erinnerte dieser doch an die Kapitulation von Barcelona am 11. September 1714. Im Zuge des Spanischen Erbfolgekrieges, der nach dem Tod des kinderlosen Karl II. 1700 die europäischen Mächte in einen 14-jährigen Konflikt verwickelte, hatte Katalonien den habsburgischen Prätendenten Karl unterstützt. Als dieser jedoch dem französischen Konkurrenten Philipp, einem Enkel Ludwigs XIV., unterlag, leistete Barcelona Widerstand gegen die französisch-spanischen Truppen, bis die Kapitulation am 11. September unumgänglich wurde. Wegen des hartnäckigen Widerstandes und weil die Katalanen zunächst Philipp V. die Treue gelobt hatten, bevor sie für Karl Partei ergriffen, erging nun ein hartes Strafgericht. Zahlreiche Katalanen wurden hingerichtet, und zur Abschreckung und Demütigung wurde der Kopf von Josep Morague, einem der führenden Offiziere, in einem Käfig am Stadttor zur Schau gestellt. Für die künftige Kontrolle der Stadt wurde eine Festung, die *Ciutadella*, errichtet, wofür ein Stadtteil dem Erdboden gleich gemacht wurde. Und zu guter Letzt wurden die Institutionen regionaler Selbstregierung wie die *Generalitat* durch die absolutistischen Zentralisierungsmaßnahmen des bourbonischen Königs abgeschafft. Katalonien war nur noch eine spanische Region. Dass es dem Jahrestag der Niederlage im Laufe des 20. Jahrhunderts gelingen sollte, zum Symbol umfassender Integration zu werden, war allerdings lange nicht ausgemacht. Solange die konservative *Lliga* den Ton im katalanischen Nationalismus angab, blieb die Erinnerung an 1714 marginal. Der Erinnerungsort war zu stark antispanisch und separatistisch aufgeladen und zu wenig modern, als dass er den Vorstellungen des hegemonialen bürgerlichen Katalanismus entsprochen hätte.

Gleichwohl gelang es dem katalanischen Nationalismus schon zu Beginn des 20. Jahrhunderts, viele Menschen zu mobilisieren. Im Mai 1906 brachte die *Solidaritat Catalana* 200.000 Menschen auf die Beine, um gegen das spanische Gesetz zum Schutz von Staat und Militär zu demonstrieren.[25] Doch sollte die Reichweite des katalanischen Nationalismus in dieser Zeit auch nicht überschätzt werden. So wurde eben nicht nur *Sardana*, sondern mindestens ebenso eifrig Flamenco getanzt; nicht nur zu Menschenturm-Veranstaltungen, sondern auch zum Stierkampf strömten seinerzeit die Massen.[26] Auch scharten sich keineswegs alle Katalanen um die *Solidaritat Catalana*. Bezeichnenderweise hatte sich als Gegenbewegung erstens eine

25 Vgl. Riquer, Alfonso XIII y Cambó, S. 51.
26 Vgl. Canal, Historia mínima, S. 154.

*Solidaridad Obrera*, also eine Solidaritätsbewegung der Arbeiter, gebildet, die auf gemeinsame Gefühle und Interessen der Klasse und nicht auf die nationale Karte setzte. Zweitens führte der Zusammenschluss der Katalanisten auch zur Spaltung der Republikaner: Ein Teil schloss sich der *Solidaritat Catalana* an, ein anderer – der die katalanische Zugehörigkeit für ungleich weniger wichtig hielt als die republikanische Staatsform – folgte Alejandro Lerroux. Dieser gründete 1908 die gesamtspanische Partei *Partido Republicano Radical*, in der antiklerikale, antikatalanistische und republikanische Strömungen zusammenkamen. Dass diese bei den im Dezember 1908 stattfindenden Kommunalwahlen in Barcelona die *Solidaritat Catalana* in den Schatten stellte, war für die Katalanen umso schmerzlicher, als sich Lerroux 1905 uneingeschränkt solidarisch mit den spanischen Militärs erklärt hatte. Die dezidiert antikatalanische und antiklerikale Propaganda von Lerroux verweist auf die andauernden schweren Verwerfungen in Katalonien und vor allem in Barcelona. Die integrale, homogene Gesellschaft, wie Prat de la Riba sie für die katalanische Nation als gegeben postulierte, stellte eine reine Wunschvorstellung dar, selbst die nationalistischen Republikaner waren untereinander zerstritten.[27] Womöglich hatten gerade die Erfahrungen der Zerrissenheit seiner Gegenwartsgesellschaft Prat de la Riba Zuflucht suchen lassen beim Nationalismus als idealisierter Projektion. Gefühle, so auch das Nationalgefühl, können als Medium der Komplexitätsreduktion dienen. Die reale katalanische Gesellschaft um die Jahrhundertwende war jedenfalls sehr komplex – und die Hauptstadt gewaltgetränkt. Neben den hart ausgetragenen Arbeitskämpfen, die zu Beginn des 20. Jahrhunderts in eine Streikwelle mündeten, hatte der Anarchismus die katalanische Hauptstadt geprägt. Gerade hier sollte die anarcho-syndikalistische Gewerkschaft *Confederación Nacional del Trabajo* (CNT) eine Massenanhängerschaft finden, und hier hatte sich die anarchistische »Propaganda der Tat« etabliert: Um die Jahrhundertwende, als der anarchistische Bombenterror ganz Europa erschütterte, war vor allem Barcelona zur »Stadt der Bomben« geworden.[28] Ganz Spanien wurde vom anarchistischen Terror heimgesucht, aber in Barcelona war der Blutzoll besonders hoch. »Furcht und Schrecken« so der Historiker Martin Baumeister, »beherrschten die Stadt«.[29] Zur Spirale der Gewalt trug die Politik insofern bei, als auf anarchistische Anschläge mit

27 Vgl. Prat de la Riba, Nacionalitat Catalana, S. 108.

28 Heinz-Gerhard Haupt: Den Staat herausfordern. Attentate in Europa im späten 19. Jahrhundert, Frankfurt a.M. 2019; Canal, Historia mínima, S. 150; Baumeister, Arenen, S. 131.

29 Baumeister, Arenen, S. 132.

maximaler Repression reagiert wurde.[30] 1893 detonierten zwei Bomben im *Liceo*, der Oper Barcelonas, und töteten 22 Menschen. Rund hundert Anarchisten wurden daraufhin verhaftet. Viele von ihnen wurden gefoltert, sechs Verurteilte schließlich hingerichtet. Nach einem weiteren Bombenattentat auf die Fronleichnamsprozession von 1896 in Barcelona mit zwölf Toten und an die hundert Verletzten schloss sich erneut ein rigides Strafgericht an, das nach Massenverhaftungen mit anschließender Folter der Inhaftierten im Mai des Folgejahres in zahlreiche lange Haftstrafen und die Hinrichtung von fünf Anarchisten mündete.[31] Aus Protest gegen diese Maßnahmen wiederum ermordete ein (italienischstämmiger) Anarchist den spanischen Ministerpräsidenten Antonio Cánovas del Castillo im August 1897. Aus Mangel an effizienten städtischen Sicherheitsorganen sorgte das Militär bzw. die dem Militär unterstellte *Guardia Civil* auf ihre Art für Ruhe auf den Straßen – und trug durch die Militarisierung des öffentlichen Raumes zur Zunahme von Spannungen bei.[32] Zwischen 1898 und 1923 erfolgten zahlreiche Bombenexplosionen, und in Barcelona wurde unzählige Male der Ausnahmezustand ausgerufen.[33] In dieser aufgeladenen Situation führte die Rekrutierung von Soldaten für den inzwischen unpopulären Marokkokrieg im Jahr 1909 zur Eskalation: Aufständische errichteten nicht nur Barrikaden, sondern griffen auch Klöster an. Angeheizt durch die populistischen antiklerikalen Parolen von Lerroux verfielen die Aggressoren auf altbekannte Handlungsmuster aus dem 19. Jahrhundert. In der sogenannten *Semana trágica* fielen dem antiklerikalen Furor vom 26.7. bis 1.8.1909 rund 80 Kirchen, Klöster, Waisenheime, katholische Schulen und Arbeitereinrichtungen zum Opfer. Unter den 90 Toten, die nach der Niederschlagung des Aufstandes gezählt wurden, befanden sich auch drei Kleriker, weitere waren verletzt oder gedemütigt worden.[34]

Die Ausschreitungen bedeuteten eine Zäsur: In Spanien, weil das Restaurationssystem damit seinen Todesstoß erhielt, auch wenn es bis 1923 – zunehmend instabil – durchhalten sollte. Für Katalonien, weil die Sammlungsbewegung *Solidaritat Catalana* daran zerbrach und der konservative Katalanismus sich angesichts der massiven Drohung von Gewalt, Unord-

30 Vgl. Ángel Herrerín López: Anarquía, dinamita y revolución social, Madrid 2011; Ealham, Class.

31 Vgl. Julián Casanova: Terror and Violence. The Dark Face of Spanish Anarchism; in: International Labor and Working-Class History, 67 (2005), S. 79-99, S. 82.

32 Vgl. u. a. Baumeister, Arenen, S. 126 f.

33 Ebd., S. 127-133.

34 Vgl. ebd., S. 135; Joan Connelly Ullman: La Semana Trágica: estudio sobre las causas socioeconómicas del anticlericalismo en España, 1898-1912, Barcelona 1972.

nung und Revolution auf die Seite der konservativen spanischen Regierung schlug. Gerade in dieser Allianz erhoffte sich der politische Katalanismus konservativer Prägung neue Potentiale. Francesc Cambó witterte in den kommenden Jahren die Stunde der Katalanen.

## 3. »Katalanisierung Spaniens«. Die Katalanen als die »besseren Spanier«?

Francesc (Francisco) Cambó (1876-1947) war in einem karlistischen Umfeld in Besalú aufgewachsen, hatte in Barcelona Philosophie, Literatur und Jura studiert und 1893 Anschluss an die katalanistische Studentenbewegung gefunden. An der Seite von Prat de la Riba spielte er in der *Lliga Regionalista* und der *Solidaritat Catalana* eine wichtige Rolle und vertrat die Katalanen seit deren Wahlsieg 1907 im spanischen Parlament. Prägte Prat de la Riba die katalanistische Politik innerhalb Kataloniens, so setzte Cambó die entscheidenden Akzente in den direkten spanisch-katalanischen Beziehungen. So war es nicht zuletzt sein Verdienst, dass die Parlamentarier in Madrid immer wieder mit der »katalanischen Frage« konfrontiert waren. Symptomatisch ist seine im Mai 1916 ausgegebene Parole, wonach es das Ziel sei, die Cortes bis zu ihrer Auflösung »jeden Tag mit dem katalanischen Problem« zu beschäftigen.[35] Die »Katalanisierung« der spanischen Debatte über eine anstehende Verfassungsreform war das Werk von Cambó: Wann immer die Strukturreform des Staates auf der Tagesordnung stand, gelang es ihm, das »katalanische Problem« zur Sprache zu bringen. Dessen Kern, so Cambó, sei auf »zwei unhinterfragbare Tatsachen« zurückzuführen: Erstens hätten die Katalanen eine ausgeprägte »kollektive Persönlichkeit« und zweitens seien sie sich dessen nicht nur bewusst, sondern auch stolz darauf. Für Spanien gebe es nur zwei Möglichkeiten, damit umzugehen: Man könne gegen diese Tatsachen ankämpfen oder sie akzeptieren.[36] Es ist nicht zuletzt auf Cambós geschicktes Agieren zurückzuführen, mit dem er die Vorbehalte von Politikern und der Krone gegenüber den katalanischen Wünschen zerstreute, dass 1914 mit der *Mancomunitat* die erste, wenn auch nur auf Verwaltungsfragen begrenzte Autonomie eingeführt werden konnte. Dafür nutzte er vor allem seine intensiven Kontakte zu spanischen Konservativen und dem König.[37]

35 »Es precís que, fins que s tanquin les Corts, tinguin problema català cada dia«. So im Schreiben an Ventosa, 6.5.1916, zitiert in: Riquer, Alfonso XIII y Cambó, S. 72.
36 Francisco Cambó: El pesimismo español, Madrid 1917, S. 5f.
37 Vgl. Riquer, Alfonso XIII y Cambó, S. 63.

Cambó hielt es für nicht ausgeschlossen, dass sich die spanischen Konservativen in Ermangelung von Führungsfiguren in den eigenen Reihen vielleicht seiner Partei, der *Lliga*, anschließen könnten.[38] Das markiert vor allem die zweite Stoßrichtung der Politik Cambós, der sich nicht damit begnügte, Freiräume für die Katalanen zu gewinnen. Vielmehr lag ihm daran, der spanischen Gesamtpolitik einen katalanischen Stempel aufzuprägen. Der Katalanismus, so Cambó, biete schließlich nicht nur für Katalonien, sondern für ganz Spanien neue Perspektiven, indem er auf den »Weg der Rettung und Größe« führe.[39] Den ersten Schritt auf diesem Weg sollte die Anerkennung der Vertreter der dynastischen Parteien bringen. Im Juli 1912 berichtete Cambó von dem »Tag des größten Triumphes, den Katalonien je im Parlament« erlebt habe. Nachgerade mit »Wohlwollen und Enthusiasmus« habe sich nicht nur der Führer der Liberalen, sondern auch das Plenum für die Wünsche Kataloniens ausgesprochen.[40] In den folgenden Jahren geriet das Regierungssystem der Restauration mit seinem »Turnus« immer stärker in die Krise. Nach dem frühen Tod des Monarchen Alfons XII. 1885 hatten sich die konservativen und liberalen Monarchisten darauf verständigt, dass ihre Parteien fortan in einem regelmäßigen Turnus die Regierungsgeschäfte übernehmen würden. Dabei wurden die Wahlen mit Hilfe von Kaziken so manipuliert, dass das erwünschte Ergebnis herauskam.[41]

Die Anhänger der Parteien zersplitterten sich jetzt in immer kleinere Gruppen, und die Opposition brachte die Initiativen derjenigen Parteiengruppe, die gerade an der Regierung war, regelmäßig zum Scheitern. In dieser Konstellation wurde die *Lliga* als Mehrheitsbeschafferin immer wichtiger. »Gegen uns«, so Cambó, »können sie nichts beschicken«.[42] Vielmehr könnten jetzt die größtmöglichen Konzessionen gefordert werden. Forderungen wurden in erster Linie mit Bezug auf eine Autonomie Kataloniens gestellt, galten aber auch für die Veränderungen der spanischen Politik. Selbstbewusst zog die *Lliga* 1916 mit dem Motto »Für Katalonien und ein

38 Wenn der konservative Antonio Maura nicht in die Politik zurückgekehrt wäre, so wäre es laut Cambó denkbar gewesen, dass sich »die gesündesten Teile der konservativen Partei uns angeschlossen hätten«. Vgl. ebd., S. 64f.

39 Cambó schrieb vom »camino de salvación y de grandeza«, vgl. Cambó, El pesimismo, S. 7.

40 So in einem Brief an den Parteifreund Lluís Duran i Ventosa im Juli 1912, bezugnehmend auf die Parlamentsdebatte am 5.7.1912, in: ebd., S. 66f.

41 Kaziken waren lokal agierende führende Persönlichkeiten wie Großgrundbesitzer, Kleriker oder Juristen, die innerhalb eines als Klientelismus bezeichneten Abhängigkeitssystems das Verhalten von Untergebenen steuern konnten.

42 So im Schreiben an Ventosa, 6.5.1916, zitiert in: Riquer, Alfonso XIII y Cambó, S. 72.

großes Spanien« in den Wahlkampf.[43] Immer stärker sah sich Cambó in der Rolle, angesichts der Sackgasse, in die sich die spanischen Politiker manövriert hatten, Lösungen für die spanische Politik zu suchen; die Spanier selbst seien dazu nicht in der Lage: Seit dem Trauma von 1898 mangele es ihnen an Selbstvertrauen. Dagegen stünden die Katalanen für Optimismus und einen Glauben an die Zukunft.[44] Im Sommer 1917 schließlich nahm Cambó das Heft in die Hand.[45] Auf Einladung der *Lliga Regionalista* setzten sich Anfang Juli in Barcelona zahlreiche katalanische Abgeordnete und Senatoren zusammen und formulierten die Forderung nach einer Verfassungsreform, die Katalonien, aber auch anderen Regionen, umfangreiche Autonomierechte in Aussicht stellte. Sollte die Regierung darauf nicht eingehen, würden die Katalanen ihre parlamentarischen Kollegen zu einer außerordentlichen Versammlung nach Barcelona einladen. Der spanische Ministerpräsident reagierte mit Drohungen, doch die Katalanen ließen sich davon nicht beeindrucken und sprachen die angekündigten Einladungen aus. Am 19.7.1917 fanden sich 68 spanische Parlamentarier fast aller politischen Richtungen in Barcelona ein und verabschiedeten einstimmig ein Manifest, das ein Endes des Turnus-Systems und eine verfassunggebende Versammlung forderte.

Diese Herausforderung durch den Vorstoß der Katalanen war nur ein Aspekt der umfassenden Krise Spaniens im Jahr 1917. Durch zusätzliche Konflikte innerhalb des spanischen Militärs sowie einen von den spanischen Gewerkschaften im August ausgerufenen Generalstreik geriet die Stabilität des Staates in Gefahr. Anarchisten und Sozialisten wollten schließlich die allgemeine Unruhe zur umfassenden sozialen Umgestaltung nutzen. Angesichts dieser Gefahr arrangierten sich jedoch sowohl die Offiziere als auch die bürgerlichen Katalanen schnell mit der Regierung und stellten die partikularen Ziele vorerst zurück.

In dieser Zeit fanden König Alfons XIII. und Cambó erneut zusammen, die sich wechselseitig schätzten und sich immer wieder auch in klandestinen Treffen selbst im Juli 1917 ausgetauscht hatten. Jetzt ließ der König Cambó wissen, dass er ihn sich durchaus als spanischen Ministerpräsidenten vorstellen könne. Im Gegenzug gab Cambó dem König zu verstehen, dass es ratsam sei, sensibel mit Katalonien umzugehen, weil alle antidynastischen

43 »Per Catalunya i l'Espanya Gran«.

44 Cambó, El pesimismo, u.a. S. 42f., 55.

45 Moreno Luzón sieht in dem Vorgehen nicht zuletzt den Versuch, zwischen rechtem Militäraufstand und linken Revolutionsambitionen im Krisenjahr 1917 eine moderate, parlamentarische Lösung anzubieten. Vgl. ders., Alfonso XIII, S. 447.

Bewegungen Spaniens dort ihre Wurzeln hätten.[46] Als – wie Cambó es gefordert hatte – nun eine Regierung der »nationalen Konzentration« – unter Mitwirkung von zwei Katalanen[47] – ins Leben gerufen wurde, verzichtete Cambó jedoch vorerst auf eine Beteiligung: Er wollte lieber abwarten, bis ihm die Macht nach den nächsten Wahlen ohnehin in den Schoß fallen würde. Zweifel daran, dass er der nächste Regierungschef sein würde, hegte er keine. Vielmehr ging er fest davon aus, dass er mit einem fügsamen Parlament und einer Kooperation der Besten würde rechnen können, die er sich handverlesen aussuchen würde.[48] Eine schwerwiegende Fehlkalkulation. Die hochfliegenden Träume und Hoffnungen für Katalonien, Spanien und für die eigene Person gingen ins Leere. Statt Ruhm und Größe drohte plötzlich für die Katalanen und für Cambó selbst der Ehrverlust (*deshonra*). Denn der aktuelle Ministerpräsident lenkte die Entwicklung in eine andere Richtung und ließ Cambó mit dem Gefühl von »Unvermögen« und »Lächerlichkeit«[49] zurück. Da Reformen auch in der neuen politischen Konstellation nicht wahrscheinlich waren, sah Cambó die einzige Chance jetzt, 1918, – wobei die Überlegungen nicht gänzlich neu für ihn waren – in einem Staatsstreich und einer Diktatur mit Unterstützung von König und Militär.[50] Die Katalanen sollten dabei eine zentrale Rolle spielen: »Die Diktatoren«, so Cambó, »müssen wir sein. Das wird nicht einfach, ist aber nicht unmöglich.«[51] »Wir sind«, beharrte er wenige Wochen später, »die einzigen, die fähig sind, Spanien zu regieren.«[52] Als ihm Alfons XIII. schließlich zwar keine Diktatur, aber eine Regierungsbeteiligung in einer neuen Regierung der »nationalen Konzentration« vorschlug, ließ sich Cambó darauf ein, weil er die Möglichkeit sah, entweder zum »Motor« des politischen Wandels in Spanien zu werden oder wenigstens »Katalonien zu retten«.[53]

Letztlich blieb ihm beides versagt: Weder war es möglich, die spanische Politik aus ihrer Sackgasse herauszuholen, noch konnte das Autonomievor-

46 Zitiert in Riquer, Alfonso XIII y Cambó, S. 90.

47 Es waren die ersten gebürtigen Katalanen, die in den von Alfons XIII. eingesetzten Regierungen ein Ministeramt erhalten hatten: Von den seit 1902 ernannten 180 Ministern stammte kein einziger aus Katalonien. Siehe ebd., S. 92.

48 Zu den selbstbewussten Vorstellungen vgl. das Schreiben an Lluís Duran, Anfang November 1917; zitiert ebd., S. 93.

49 Zu den Zitaten vgl. ebd., S. 95.

50 So im Brief vom 6.2.1918 an Ventosa; zitiert ebd., S. 97.

51 Ebd.

52 So in einem undatierten Schreiben an Lluís Duran, vermutlich im März 1918; zitiert ebd., S. 100.

53 Schreiben vom 23.3.1918 an Lluís Duran; zitiert ebd., S. 102.

haben umgesetzt werden. Dass das 1918 schon mit den Händen zu greifende Autonomiestatut für Katalonien doch erst 1931 realisiert werden konnte, lag nicht zuletzt am reaktiv aufwallenden spanischen Nationalismus, den die Katalanisten ebenso wie der König unterschätzt hatten. Ende 1918 hatte Alfons XIII. die allgemeine Popularität Cambós für eine Pazifizierung in Spanien nutzen wollen. Das Angebot des Königs, im Gegenzug dafür auf einen Schlag die katalanischen Bestrebungen zu befriedigen, interpretierte Cambó als Aufforderung zur Ausarbeitung eines Autonomiestatuts.[54] Doch anders als vom König angenommen, hatte ein solches Vorhaben in der spanischen Gesellschaft – quer durch die Iberische Halbinsel und unabhängig von politischer Zugehörigkeit – nachgerade allergene Wirkungen.[55] Schon als Cambó als Vertreter der Regierung in Covadonga einen »neuen Kreuzzug« ausrief, echauffierten sich Spanier über die Usurpation eines Mythos der nationalen Einheit ausgerechnet durch einen »Separatisten«.[56] Die undifferenzierte Gleichsetzung vom Streben nach Autonomie mit »Separatismus« war kein Einzelfall. Die anlässlich der Debatte um die Autonomie aus kastilischen Provinzen gemeldeten massiven Proteste schlugen sich jedenfalls derart heftig – erst in den Zeitungen, dann auf den Straßen und schließlich in den Cortes und der neuen Regierung in Madrid – nieder, dass an ein Autonomiestatut vorerst nicht zu denken war. Kaum etwas hatte bis dahin die Spanier so mobilisieren können wie das drohende katalanische Autonomiestatut: Am 9.12.1918, unmittelbar vor der Parlamentsdebatte, in der erstmals seit der gescheiterten Republik in Spanien wieder über ein Vorhaben diskutiert wurde, das eine Abkehr vom Zentralismus bedeutete, kamen in Madrid rund 100.000 Menschen zusammen, um für »die Einheit Spaniens« zu demonstrieren. In der Parlamentsdebatte während der folgenden zwei Tage machte der liberale Abgeordnete Niceto Alcalá Zamora auf den Widerspruch aufmerksam, der darin liege, dass Cambó sowohl der Simón Bolívar Kataloniens als auch der Bismarck Spaniens sein wolle. Beides aber miteinander zu vereinen, die Autonomie der Region und die Hegemonie innerhalb Spaniens, sei unmöglich.[57] Damit traf er durchaus – wie auch Cambó selber später einräumen musste – einen wahren Kern. Seine Vorstellungen einer hegemonialen Position Kataloniens, die ganz Spanien

54 Vgl. ebd., S. 113 f.

55 Zum Folgenden siehe Javier Moreno Luzón: De agravios, pactos y símbolos. El nacionalismo español ante la autonomía de Cataluña (1918-1919); in: Ángeles Barrio (Hg.): La crisis del régimen liberal en España, 1917-1923, Ayer, 63 (2006), S. 119-151.

56 So der Liberale Natalio Rivas, zitiert in Riquer, Alfonso XIII y Cambó, S. 103.

57 Vgl. Diario de las Sesiones de Cortes. Congreso de los Diputados, Sesión celebrada el martes, 10 de diciembre de 1918, Nr. 105, S. 3468.

Fortschritt und Modernität bringen sollte, wurden allerdings seltener mit Bismarcks Preußen als vielmehr mit der Politik Piemonts verglichen.[58] Die hegemoniale Stellung beider Regionen führte im nationalen Einigungsprozess jedoch zu einer schwindenden Identität. Insofern standen Konzepte der Dezentralisierung tatsächlich mit denen einer hegemonialen Position in latentem Widerspruch.

In der emotionsgeladenen Parlamentsdebatte im Dezember 1918 prallten zudem divergierende Nationsvorstellungen aufeinander. Der Konservative Antonio Maura, mit dem Cambó ein langjähriges, enges Arbeitsverhältnis verband, wies darauf hin, dass die Katalanen – ob es ihnen nun passe oder nicht – eben doch Spanier seien. Man könne sich Mutter, Geschwister, Elternhaus und Geburtsort genauso wenig aussuchen wie die Nation. Die heftige, emotionsgeladene Ablehnung, die Cambó vonseiten der überwältigenden Mehrheit der Abgeordneten entgegenschlug, bedeutete für ihn das Ende nicht nur der Autonomiepläne, sondern auch seines parlamentarischen Engagements. Noch am nächsten Tag ließ er den König wissen, dass er nach diesen bittersten Stunden seines Lebens keine Alternative sehe, als nach Katalonien zurückzukehren.[59] Demonstrativ verabschiedeten sich Cambó und die anderen katalanischen Abgeordneten aus dem Parlament. Dieser ostentative Rückzug bedeutete einen Bruch mit der bisherigen Politik der *Lliga*, die ihre Ziele erklärtermaßen durch direkte parlamentarische Aushandlung innerhalb des existierenden Systems der spanischen Monarchie hatte erreichen wollen. Im Modus der Empörung gab Cambó in einer Versammlung in Barcelona, in der die katalanischen Abgeordneten ihren Schritt mit Emphase begründeten, das neue Motto vor: »Monarquía? República? Catalunya!« Doch diese Geste folgte mehr einer Grammatik der Ehre als der Räson der Katalanisten: Die Antwort auf die erlittenen Herabsetzungen war eine Reaktion, die neben der Einheit der Nation das zentrale Anliegen der spanischen Regierungsparteien attackierte, hatten diese sich doch im Restaurationssystem zusammengetan, um die Monarchie zu erhalten. Cambó war sich des Risikos bewusst. Bezeichnenderweise waren seine Empörungshandlungen keine spontane, sondern eine zuvor durchaus in ihren Folgen überdachte Reaktion. Aber die Zurücksetzung durch die kastilischen Parlamentarier und die mangelnde Unterstützung durch den König schienen ihn dazu zu zwingen, andernfalls drohte ein Prestigeverlust

58 Vgl. Didac Ruiu: Los piamonteses de España. Carta abierta al ciudadano Lerroux, Barcelona 1907, S. 9 f.; ähnlich Gabriel Alomar: Catalunya, com a somniat Piamont espanyol; in: *El debat polític*, La Campana de Gràcia, 27.6.1914, S. 2.

59 Der Brief an den König ist abgedruckt in Riquer, Alfonso XIII y Cambó, S. 119.

im eigenen Lager. Die Empörung und die antimonarchistische Note aber hatten letztlich unerwünschte Folgen, weil die damit verbundene Positionierung zur Fragmentierung innerhalb der katalanischen Kräfte beitrug. Die emotionale Gemeinschaft eines trotzigen, antimonarchistischen Protestes wollten keineswegs alle teilen; ganz im Gegenteil kam es zu dialektischen Intensivierungs- und Abstoßungsreaktionen. Zum einen wuchs in der katalanischen Jugend die Neigung zu republikanischen Lösungen. Zugleich aber formierten sich innerhalb des katalanistischen Lagers diejenigen, die auf gar keinen Fall von der Monarchie lassen wollten und Cambós Autonomiepolitik mit größter Sorge verfolgten. Es waren vor allem Vertreter der hohen Aristokratie, die wegen ihrer persönlichen Kontakte und wegen ihres großen Reichtums eine zwar kleine, aber politisch und wirtschaftlich überaus einflussreiche Gruppe waren. Sie gründeten im Februar 1919 eine eigene Partei, die *Unión Monárquica Nacional* (UMN), die fortan den Bemühungen Cambós, der sich weiterhin um eine Lösung der Autonomiefrage in Madrid bemühte, Paroli boten und dabei vom König wie auch vom Generalkapitän (*Capitán General*) in Barcelona unterstützt wurden.[60] Mit dem Wahlkampfprogramm »Soziale Ordnung, Einheit des Vaterlandes, Monarchie und politische Moral« erreichten sie bei den spanischen Parlamentswahlen im Juni 1919 immerhin sechs Mandate (gegenüber 14 Abgeordneten, 3,4 Prozent, für die *Lliga*).[61] Die UMN wiederum provozierte eine Neugründung von katalanischen Monarchisten, die eine Autonomie sehr wohl mit der spanischen Monarchie für vereinbar hielten. Mit dieser Fragmentierung erodierten zugleich Cambós Popularität in Katalonien als auch seine Einflussmöglichkeiten in Madrid.

Noch einmal allerdings tat sich für ihn die große Chance auf, an die Spitze der spanischen Politik vorzustoßen: Am 30. November 1922 bot Alfons XIII. Cambó an, mit diktatorischen Vollmachten die Regierungsgeschäfte zu übernehmen: mit oder ohne Parlament, ganz wie es ihm beliebe. Dass der König in dieses Angebot flüchtete, war Resultat der zunehmend schwächelnden Regierungen mit allzu kurzen Halbwertzeiten. Und Cambó galt als starker Mann, dem der Monarch zutraute, Ordnung und Stabilität herzustellen. Der Katalane hätte sich am Ziel seiner diktatorischen Träume wähnen können, wenn die Sache nicht einen Haken gehabt hätte. Alfons XIII. stellte eine einzige Bedingung: Cambó müsse seine katalanistischen Pläne aufgeben und sich in einen spanischen Politiker mit Wohnsitz in

60 Vgl. ebd., S. 128 ff.

61 Vgl. Elecciones 1919: https://web.archive.org/web/20080915025548/http://es.geocities.com/carlestek/e1919.html (9.12.2020).

Madrid verwandeln, nur so sei ihm die Gefolgschaft von Politik und Gesellschaft sicher. Warum, so fragte ihn Alfons XIII., wolle Cambó denn nur sich selbst und ganz Spanien für Katalonien opfern?[62]

Die Sequenz zeigt, wie wenig der König die emotionale und nationale Identität des Katalanen verstanden hatte. Cambó fühlte sich nicht geehrt, sondern beleidigt. »Diese Worte«, berichtete er in seinen Memoiren, »verletzten mich wie Ohrfeigen«.[63]

Nun muss diesen Darstellungen in den Memoiren mit der gebotenen Vorsicht begegnet werden: Die geschilderten Emotionen wurden nicht nur mit erheblichem Zeitabstand niedergeschrieben, sondern folgen womöglich auch einem retrospektiven Legitimierungskalkül. Sie erscheinen jedoch plausibel, weil Cambó das Angebot tatsächlich ablehnte und sich das Verhältnis zum König massiv abkühlte. Dass der König die Hierarchie der Identitäten des Katalanen einfach nicht zur Kenntnis nehmen wollte, obwohl Cambó an seinem prioritären Engagement für Katalonien nie hatte Zweifel aufkommen lassen, hat den Politiker offenbar tatsächlich tief gekränkt. Musste Cambó doch aus der Haltung des Königs schließen, dass dieser ihn, sein Lebenswerk und ganz Katalonien nicht verstand. Hinter dem Bestechungsversuch sah er folglich eine Missachtung der eigenen Person, seiner nationalen Identität und nicht zuletzt der katalanischen Nation selbst. Damit aber waren die zwei großen Vorhaben Cambós, die spanische Politik und Gesellschaft zu katalanisieren und ein Autonomiestatut für Katalonien zu erwirken, letztlich gescheitert. Nach den Wahlen vom April 1923, bei denen die Lliga zwar mit 20 Sitzen (5 Prozent) ihr bestes Ergebnis erzielte, aber zugleich weit hinter den eigenen Erwartungen zurückblieb, legte Cambó seine Ämter in der Partei nieder.

Die Initiativen Cambós sind für das Verständnis des spanisch-katalanischen Verhältnisses gleichwohl äußerst wichtig, weil sie einige zentrale Strukturmerkmale aufzeigen. So ist erstens erkennbar, wie die von Prat de la Riba geforderte Trennung der Identitäten in der Praxis aussehen konnte. Auch wenn Cambó sich durchaus vorstellen konnte, für ganz Spanien Politik zu machen, so war andersherum eine Politik ohne oder gar gegen die katalanischen Interessen – das heißt ohne oder gegen ein katalanisches Autonomiestatut – für ihn unvorstellbar. Die katalanische Identität war eindeutig prioritär. Zweitens zeigt sich hier die Bereitschaft der Katalanen, sich für gesamtspanische Angelegenheiten zu engagieren, wobei insbeson-

62 Francesc Cambó: Memòries (1876-1936), Barcelona 1981, 3. Auflage, S. 364. Vgl. auch Riquer, Alfonso XIII y Cambó, S. 144f.

63 Ebd.

dere Zeiten der politischen Schwäche attraktiv schienen, weil dann der Gestaltungsspielraum für den katalanischen Einfluss besonders hoch war. Drittens zeigt sich bei den spanischen und katalanischen Akteuren eine signifikante, zu Eskalationen neigende Mixtur aus wechselseitigen Superioritätsgefühlen einerseits und Ängsten, an Prestige und Einfluss zu verlieren, andererseits. Vertreter beider Seiten waren dabei von Konzepten der Ehre beeinflusst, was emotionale Reaktionen begünstigte und Kompromisse erschwerte. Viertens ist die Dialektik von katalanischen Autonomieansprüchen und spanischem Nationalismus schon hier erkennbar. Der spanische Nationalismus, der im 19. Jahrhundert eher schwach ausgeprägt gewesen und nach 1898 in eine große Krise geraten war, nahm erst in der Abwehr gegen das Autonomiestatut der Katalanen, das als Verletzung der Einheit der Nation gewertet wurde, deutlichere Formen an. Und fünftens blieb es nicht folgenlos, dass eine mögliche Radikalisierung des katalanischen Nationalismus regelmäßig als Drohpotential eingesetzt wurde, um die Bereitschaft der spanischen Regierung zur Kooperation mit der *Lliga* zu erzwingen. Dies führte einerseits tatsächlich dazu, den radikaleren Kräften Auftrieb zu verleihen, weil diese sich durch die Empörungsrhetorik ermuntert fühlten und die Drohungen nicht gänzlich im Sande verlaufen durften. Zugleich intensivierte dies Vorbehalte im »kastilischen Lager«, wo die Befürchtungen zunahmen, dass sich die Katalanisten nach dem Scheitern der »piemontesischen Lösung« von Cambó dem irischen Modell – und damit gewaltsamen Mitteln – annähern würden.[64]

Unbeantwortet muss die Frage bleiben, wie sich die spanische Geschichte entwickelt hätte, wenn sich Cambó auf das Angebot des Königs vom November 1922 eingelassen und Spanien einen katalanischen Diktator bekommen hätte.[65] Für die katalanischen Nationalisten hätte es jedenfalls nur besser kommen können. Denn die Diktatur, die 1923 ein anderer übernehmen sollte, entwickelte eine dezidiert antikatalanistische Stoßrichtung.

64 Vgl. den Artikel La retirada de Cambó; in: *El Sol*, 13.6.1923, S. 5.

65 Der Biograph des Königs, Carlos Seco Serrano, sieht in Cambós Verzicht eine vergebene Chance. Vgl. Carlos Seco Serrano: Alfonso XIII y la crisis de la restauración, Madrid 1992, 3. Auflage, S. 170.

## 4. »Hispanisierung Kataloniens«. Die Diktatur von Miguel Primo de Rivera

Fast ein halbes Jahrhundert lebten die Spanier im 20. Jahrhundert in einer Diktatur. Zu den 40 Jahren Franco-Diktatur sind die sieben Jahre von 1923-1930 dazuzuzählen, in denen General Miguel Primo de Rivera (1870-1930) herrschte; es waren Jahre, die in mancherlei Hinsicht Elemente der folgenden Diktatur vorwegnahmen.[66] Was die beiden Diktatoren jedoch grundlegend voneinander unterschied, waren die Umstände zu Anfang und zum Ende ihrer Herrschaft. So ist es nachgerade ein Alleinstellungsmerkmal Primo de Riveras unter den Diktatoren des 20. Jahrhunderts, dass er freiwillig zurücktrat, als die Unzufriedenheit mit seinem Regime überhandnahm, bis schließlich selbst König Alfons XIII. auf Distanz ging, mit dessen Unterstützung Primo de Rivera in den Jahren zuvor stets hatte rechnen können. Auch der Beginn der Diktatur unterschied sich von der Francos. Anders als Franco, der seine Herrschaft erst nach einem dreijährigen Bürgerkrieg sichern konnte, wurde die Diktatur Primo de Riveras zunächst von der überwältigenden Mehrheit der Gesellschaft getragen. Gelang ihm doch das, woran die liberalen Regierungen der letzten Jahre allesamt gescheitert waren: den sozialen Frieden herzustellen. Spanien war im Ersten Weltkrieg neutral geblieben, gleichwohl von massiven Unruhen erfasst worden.[67] Besonders gewalttätig wurden die Konflikte in Katalonien ausgetragen. Gewaltsame Arbeitskonflikte und Attentate, die seit Ende des 19. Jahrhunderts häufiger geworden waren, nahmen in den Jahren nach 1917 nochmals massiv zu. Bis dahin hatte das neutrale Spanien vom Krieg insofern profitiert, als die Aufträge aus beiden Kriegslagern die Auftragsbücher der spanischen Industriellen füllten. Am Ende des Krieges ließ die Nachfrage jedoch stark nach, was die spanische Wirtschaft in eine Krise stürzte und Arbeiterunruhen begünstigte. Forciert auch durch die Orientierung der linken Arbeiterbewegung am revolutionären Russland nahm die Militanz der Auseinandersetzungen zu. Hinzu kam die Gewaltbereitschaft der in Katalonien zahlreich vertretenen Anarchosyndikalisten bzw. Anarchisten. Viele Staaten Europas waren von Nachkriegsunruhen betroffen, aber nirgendwo wurden die Arbeitskämpfe derart gewalttätig ausgetragen wie in Spanien bzw. Ka-

66 Vgl. Alejandro Quiroga: Miguel Primo de Rivera: Overture to Franco; in: ders./ Miguel Ángel del Arco (Hg.): Right-Wing Spain in the Civil War Era. Soldiers of God and Apostles of the Fatherland, 1914-1945, London 2012, S. 27-60.

67 Zu Spanien im Ersten Weltkrieg siehe Maximiliano Fuentes Codera: España en la Primera Guerra Munidal. Una movilización cultural, Madrid 2014.

talonien.[68] Zahllose Streiks lähmten die Wirtschaft und drohten, die sich nach 1922 langsam abzeichnende Konjunkturerholung abzuwürgen. Attentate und Streiks wirkten so, wie es die Urheber beabsichtigten: Sie verbreiteten Angst und Schrecken. Zur Sorge der Unternehmer um ihr Eigentum gesellte sich die Angst vor einer sozialen Revolution, die von den einen propagiert und von den anderen in apokalyptischem Duktus und düstersten Farben prophezeit wurde. Nicht zu unterschätzen war die Angst, selbst Opfer eines Attentats zu werden. Im katalanischen Bürgertum, so heißt es in der Literatur, grassierte die Panik,[69] und die Unternehmer fühlten sich durch eine »monströse Hasskampagne« bedroht.[70] Die Atmosphäre wurde noch dadurch angeheizt, dass die Unternehmerverbände, die sich durch staatliche Institutionen nicht hinreichend geschützt sahen, zur Selbstjustiz griffen, indem sie eigene »Sicherheitskräfte« anheuerten, die ihrerseits vor Gewalt nicht zurückschreckten.[71] In einer von Rachegefühlen angetriebenen Spirale von Gewalt und Gegengewalt verlor der Staat allmählich sein Gewaltmonopol, zumal die Attentate nicht auf Barcelona beschränkt blieben: So töteten 1921 katalanische Anarchisten den spanischen Ministerpräsidenten Eduardo Dato, um die Ermordung eines Anwalts und Politikers zu rächen.[72] In den ersten fünf Monaten des Jahres 1923 waren insgesamt 34 Tote und 76 Verletzte zu beklagen, bis zum September wurden 183 Attentate gezählt.[73]

In dieser Situation war es nicht verwunderlich, dass die Zeitungen der katalanischen Konservativen nach einer starken Hand riefen, die Ordnung und Ruhe stiften konnte. Der Zivilgouverneur Kataloniens stellte dabei keine verlässliche Größe dar. Nachdem im Oktober 1922 ein Gouverneur auf Drängen der *Lliga* abgelöst worden war, der zwar hart durchgegriffen, aber eine antikatalanistische Tendenz hatte erkennen lassen, waren zwei Gouverneure aufeinander gefolgt, die für das Empfinden der *Lliga* zu entgegenkommend gegenüber den Gewerkschaften auftraten und damit deren Aktivitäten anzuheizen schienen. Umso mehr versprachen sich die Vertreter der *Lliga* von Miguel Primo de Riva, der seit März 1922 Generalkapitän und damit der militärische Befehlshaber in Katalonien war. Er hatte den Bürgern der Stadt zu verstehen gegeben, dass er keinerlei Nachsicht gegenüber dem

68 Vgl. u.a. Casanova, Terror and Violence; Baumeister, Arenen, S. 131-133.

69 Vgl. u.a. Shlomo Ben-Ami: El cirujano de hierro. La dictadura de Primo de Rivera (1923-1930), Barcelona 2012, S. 52.

70 Ebd., S. 59.

71 Vgl. Albert Balcells: El Pistolerisme (1917-1923), Barcelona 2009.

72 Vgl. u.a. Canal, Historia mínima, S. 172.

73 Vgl. Ben-Ami, El cirujano, S. 50.

Terrorismus zeigen wolle. Schnell waren die Katalanen von dem General eingenommen: Der von Balkonen aufbrausende Applaus anlässlich seines Erscheinens gab ihm das Gefühl, von der katalanischen Bevölkerung als Retter betrachtet zu werden. Für die konservativen Katalanen schien er die ideale Person, versprach er doch einerseits – auch mit militärischen Mitteln – die Arbeitskämpfe niederzuringen und andererseits die Ansprüche der Katalanen auf Autonomie zu wahren. So hatte es zumindest der Präsident der *Mancomunitat*, Josep Puig i Cadafalch, eingeordnet, der sich im Vorfeld des Putsches mit dem General verständigt hatte.[74]

Primo de Rivera, der sich selbst als den »Eisernen Chirurgen« sah, der von den Intellektuellen Spaniens nach 1898 ersehnt worden war, putschte am 13. September 1923 von Barcelona aus und konnte – nachdem der König ihm offiziell die Regierungsgeschäfte übertragen hatte – seine Diktatur auf das gesamte Land ausweiten. Dabei griff Primo de Rivera auf die *Somatén/Sometent* zurück – paramilitärische, ursprünglich katalanische Einheiten, die auf ganz Spanien ausgedehnt und zu einer Säule seines Herrschaftssystems werden sollten. Auch darüber hinaus schien der Diktator seine Versprechen erfüllen zu wollen: Kurz nach dem Putsch setzte er hohe Schutzzölle durch, die im Interesse der katalanischen Industriellen waren. Die Arbeitskämpfe fielen rasch auf ein spürbar niedrigeres Niveau: Hatte es 1922 noch 429 Streiks gegeben, waren es 1924 nur noch 155.[75]

Nur an Autonomie war nicht zu denken. Unklar bleibt, inwiefern Primo de Rivera je zu solchen Zugeständnissen an die katalanischen Nationalisten bereit gewesen war. Schließlich gehörte er selbst zu jenen Offizieren, die im Umfeld der spanischen Überseekolonien und in Afrika militärisch sozialisiert worden waren. Zwar stellte er insofern eine Ausnahme dar, als er die Präsenz spanischer Soldaten südlich der Meerenge von Gibraltar für wenig nützlich hielt und zwischenzeitlich sogar bereit war, die afrikanischen Territorien aufzugeben. Aber es ist wenig wahrscheinlich, dass er die Einheit der spanischen Nation, die für die Militärs nach 1898 nachgerade zur Obsession geworden war, nicht auch zu seinem Anliegen gemacht hätte. So blieben Überlegungen, die Provinzen zugunsten größerer regionaler Einheiten aufzulösen, nur flüchtige Gedankenspiele.[76] Ohnehin sind Konzepte de-

74 Vgl. ebd., S. 54. Zur anfänglich breiten Akzeptanz auch unter den Katalanisten vgl. das Kapitel »La cuestión catalana«; in: Eduardo González Calleja: La España de Primo de Rivera. La modernización autoritaria 1923-1930, Madrid 2005, S. 100-111.

75 Vgl. Paul Aubert: Hacia la modernización; in: Carlos Serrano/Serge Salaün (Hg.): Los felices años veinte. España, crisis y modernidad, Madrid 2006, S. 35-54, hier S. 49.

76 Vgl. González Calleja, España, S. 100.

zentraler Kompetenzverteilung mit der Räson einer Diktatur grundsätzlich schwer zu vereinbaren. Zu den Charakteristika, die die Diktatur Miguel Primo de Riveras so populär machten, dass von den Unternehmern bis zur sozialistischen Partei Spaniens allesamt zunächst zur Kooperation bereit waren, gehörten die Bestrebungen, Spaltungen jeglicher Art zu überwinden, um Spanien wieder zu alter Größe zu führen. Höchste Priorität genoss dabei für die Offiziere die territoriale Integrität Spaniens. Entsprechend lautete die Devise des Regimes: »Una, grande e indivisible« – einig, groß und unteilbar. So dauerte es nur wenige Tage, bis am 18. September 1923 ein Dekret all denjenigen mit Prozessen vor einem Militärgericht drohte, die die »Sicherheit und Einheit des Vaterlandes« gefährdeten.[77]

Für die Bestrebungen der *Lliga* nach einem autonomen Katalonien gab es schon deshalb jetzt keinerlei Entgegenkommen, weil dies kurzerhand mit Separatismus gleichgesetzt wurde. Die Aversionen, die sich gegen dieses Vorhaben schon im Dezember 1918 offenbart hatten, brachen jetzt erneut auf. Für wie sakrosankt Miguel Primo de Rivera die territoriale Einheit hielt, ergibt sich aus der Wertehierarchie: »Mejor roja que rota« (»lieber rot als zerbrochen«).[78] In Anbetracht der Bedeutung, die der Antikommunismus für die Legitimierung der Diktatur spielte, demonstriert dieses Motto die Unnachgiebigkeit des Regimes in punkto Autonomie. Vielmehr ging es jetzt darum, im Nationalisierungsprozess aus den Völkern der Iberischen Halbinsel »Spanier« zu machen.[79] Nicht länger die Katalanisierung Spaniens, wie sie Cambó vorgeschwebt hatte, war das Ziel, sondern umgekehrt die Hispanisierung Kataloniens.

Folgerichtig untersagte der Diktator alle Symbole, die eine affektive Konkurrenz zum Zentralstaat hätten bedeuten können. So wurden die *Senyera*, die katalanische Flagge, und die Feier der *Diada* als Symbole einer alternativen Nationalität strikt untersagt, und das öffentliche Singen der katalanischen Hymne »Els Segadors« unter Strafe gestellt. Bei offiziellen Gelegenheiten war nur die spanische Sprache erlaubt, in der Schule wurde Katalanisch verboten. Delikte gegen die »Einheit und Sicherheit des Vaterlandes« sowie sämtliche Bestrebungen, diese zu schwächen, konnten vor einem Militärgericht zur Anklage gebracht werden.[80] 1925 wurde die *Mancomunitat* aufgehoben, nachdem sich herausgestellt hatte, dass selbst ein linientreuer Präsident nicht loyal genug war. Den Widerspruch zu sei-

77 Ebd.

78 Ben-Ami, El cirujano, S. 182.

79 Vgl. Alejandro Quiroga: Making Spaniards. Primo de Rivera and the Nationalization of the Masses, 1923-30, Basingstoke 2007.

80 Ben-Ami, El cirujano, S. 183.

nen früheren Positionen begründete Primo de Rivera offensiv mit seiner neuen Einsicht, wonach alles, was den regionalen Stolz fördern könnte, der großen Aufgabe, die nationale Einheit zu stärken, im Wege stehe.[81]

Der größte Widerstand erwuchs der Diktatur im katalanischen Klerus, der sich den staatlichen Versuchen widersetzte, auf die Sprache der Liturgie Einfluss zu nehmen.[82] In den ersten Monaten wurden Dutzende Priester inhaftiert, die sich diesem Sprachregime entgegenstellten.[83] Die größten Schwierigkeiten bereitete der Erzbischof von Tarragona, der Katalane Francesc Vidal i Barraquer (Francisco de Asís Vidal y Barraquer), dem Regime, obwohl er der Diktatur zunächst seinen Segen gegeben hatte. Doch alle Versuche, den widerborstigen Kardinal, der bald als »antispanisch« galt, zu versetzen, erwiesen sich als ebenso vergeblich wie Drohungen dem Vatikan gegenüber, man würde kurzerhand eine nationalspanische Kirche gründen, sollte Rom sich auf die katalanische Seite schlagen.[84] Wer in Katalonien durch Predigten die öffentliche Ordnung gefährde, müsse eben nach Andalusien versetzt werden.[85] Im Vatikan sah man die Politisierung der Pastoral in Katalonien mit großer Skepsis.[86] Ende 1928 wurde Vidal i Barraquer gemahnt, dass kein Druck ausgeübt werden dürfe, auf Katalanisch zu beichten. Dass die Katalanen »mit intensivem Affekt für das eigene Land und die eigene Sprache brennen«,[87] sei nicht verwerflich, sondern ein legitimes und natürliches Gefühl. Aber die Liebe zum »kleinen Vaterland« dürfe nicht zu Aversionen gegenüber dem »großen Vaterland« bzw. der spanischen Sprache und Nation führen. Eine solche »separatistische und revolutionäre« Haltung neige zwangsläufig dazu, Hass zu schüren, die öffentliche Ruhe zu stören und den Gehorsam gegenüber den zivilen Autoritäten zu beeinträchtigen. Ein solches Verhalten schade nicht nur dem Vaterland, sondern auch der Religion, und deshalb habe Vidal i Barraquer Sorge dafür zu tragen, dass in seinem Priesterseminar so wenig auf Katalanisch gelehrt

81 Vgl. ebd.
82 Zur Reaktion von Primo de Rivera auf die Proteste katholischer Studierender in Katalonien vgl. Brief vom 2.4.1925; in: José Manuel y Luis de Armíñan (Hg.): Miguel Primo de Rivera, Epistolario del Dictador, Madrid 1930, S. 71f.
83 Siehe González Calleja, España, S. 102.
84 Ben-Ami, El cirujano, S. 187.
85 Schreiben des Diktators vom 5.6.1925 an den Marqués de Magaz; in: Primo de Rivera, Epistolario, S. 141-144, S. 141.
86 Vgl. im Folgenden den Dokumentenanhang in Ramón Muntanyola: Vidal i Barraquer. El cardenal de la paz, Barcelona 1971.
87 Schreiben von Kardinal Bisletti, Präfekt, und Ernesto Ruffini, Sekretär der »Sagrada Congregación de Seminarios y de la Universidad de Estudios«, an Vidal i Barraquer, Rom, 21.12.1928; in: ebd., S. 452-454, Zitat S. 452.

werde wie möglich, keine antispanischen Schriften zirkulierten und keine Priester geweiht würden, die mit dem »Katalanismus infiziert« seien.[88] In den Katechismus seien Formulierungen aufzunehmen, die den christlichen Bürger zur Liebe des kleinen *und* des großen Vaterlandes anhielten. Keineswegs dürfe zur Rebellion gegen das »große Vaterland« ermuntert werden.[89] Die Maßregelungen waren vermutlich auch politisch motiviert: Papst Pius XI. und sein Kardinalstaatssekretär Gasparri wollten sich nicht mit dem einzigen europäischen Regime überwerfen, das sich dezidiert als ultramontan verstand.[90] Die Bemühungen, den katalanischen Klerus auf Linie zu bringen, hatten jedoch einen doppelt kontraproduktiven Effekt: Erstens entwickelte sich daraufhin gerade im Bereich der Kirche – neben Chören und Wandervereinen – ein Zentrum des Widerstandes gegen die Diktatur. Bis auf den heutigen Tag hegt die katholische Kirche in Katalonien – ähnlich wie im Baskenland – eine besondere Neigung für den katalanischen Nationalismus. Zweitens prognostizierte schon Cambó, dass die eindeutige Positionierung der spanischen Kirchenoberen zugunsten der Diktatur nach deren Ende womöglich eine neue Eruption des katalanischen Antiklerikalismus nach sich ziehen werde.[91]

Allerdings gehörte Cambó mit seiner *Lliga Regionalista* selbst zu denjenigen, die für eine mindestens ambivalente Haltung nach 1930 einen hohen Preis zahlen mussten. Die Diktatur hatte zwiespältige Emotionen bei ihnen ausgelöst. Zwar mussten sie ihre nationalen Gefühle zurückstellen, aber dies wurde zum einen durch ein erhöhtes Sicherheitsniveau und zum anderen durch die Befriedigung wirtschaftlicher Interessen kompensiert. Nirgendwo lässt sich diese Ambivalenz so deutlich erkennen wie im Zusammenhang mit der Internationalen Weltausstellung, der Expo, von 1929 in Barcelona. Die Ausstellung war ein langfristig angelegtes Infrastrukturprojekt, mit dem das moderne Spanien seine Wirtschaftskraft, seine Modernität und sein nationales Selbstverständnis zur Schau stellen wollte.[92] So wurden rund 40.000 Arbeiter eingestellt, die Verkehrssysteme optimiert und Pavillons u.a. von

88 Ebd., S. 453.
89 Schreiben aus Rom vom 4.1.1929; in: ebd., S. 456.
90 Primo de Rivera, Epistolario, S. 189.
91 Vgl. ebd.
92 Die in Erziehungsfragen und im Umgang mit dem Katalanismus repressive Diktatur setzte zugleich in Technik und Wirtschaft auf Modernisierung. Daher der Untertitel der Publikation: Eduardo González Calleja: La España de Primo de Rivera. La modernización autoritaria 1923-1930, Madrid 2005. Vgl. auch Evelyne López Campillo: La Escuela y la enseñanza; in: Carlos Serrano/Serge Salaün (Hg.): Los felices años veinte. España, crisis y modernidad, Madrid 2006, S. 91-112.

prominenten Architekten errichtet, wie zum Beispiel der von Mies van der Rohe, der noch heute zu besichtigen ist. Zugleich diente die Ausstellung der Hispanisierung Kataloniens: Einerseits zog die prosperierende katalanische Metropole Arbeitssuchende aus allen, vor allem aber den ärmeren Regionen Spaniens an. Barcelona überschritt in Folge dieser immensen Migrationswelle die Grenze von einer Million Einwohnern.[93] Darüber hinaus schlug sich das Hispanisierungsprojekt auch symbolisch nieder: So wurden als Fluchtpunkte der zentralen Expo-Achse einerseits eine *Plaza de España* und andererseits ein alles dominierender *Palacio Nacional* errichtet, der heute das Moderne Kunstmuseum Kataloniens beherbergt. Ebenfalls heute noch zu besichtigen ist das auf dem vormaligen Expo-Gelände eröffnete *Pueblo Español*, wo in zahlreichen Ausstellungsräumen die verschiedenen Regionen Spaniens ihre Spezialitäten – von Paella bis Flamenco – präsentierten und so das »spanische Volk« verkörpern sollten.

Das Angebot, das Alfons XIII. Cambó gemacht und welches dieser als entehrend zurückgewiesen hatte, galt jetzt allen Katalanen: Wenn sie nur auf ihre nationale Identität verzichteten, würde es ihnen gutgehen. Dabei wurden durchaus Residuen für kulturelle Ausdrucksformen zugelassen: Viele Bücher erschienen auf Katalanisch, es gab Neugründungen katalanischer Zeitungen, selbst katalanische Radiosender wurden ins Leben gerufen.[94] All dies funktionierte als *emotional refuge*, d.h. als emotionaler Rückzugsort für die Katalanisten, an dem widerständiger Druck abgelassen werden konnte.[95] Zugeständnisse fungierten damit als Ventil und sollten dadurch zur Stabilisierung der Diktatur beitragen. Als Folklore wurde also dem Katalanischen durchaus Raum gegeben, nicht aber als Konkurrenz um das als unteilbar verstandene Nationalgefühl.

Nachdem sich die in der *Lliga Regionalista* organisierten Katalanen nach 1898 lange Zeit als Vertreter der Avantgarde, des Fortschritts und der Modernisierung verstanden hatten, die dem gesamtspanischen Projekt aus der Defensive helfen und die Zukunft hin zu einem modernen Europa öffnen könnten, bedeutete die Entwicklung seit 1918 einen unerwarteten Rückschlag. Die beiden zentralen Projekte Cambós, die Umgestaltung Spaniens und die Autonomie Kataloniens, waren so weit entfernt wie noch nie.

93 Vgl. Canal, Historia mínima, S. 175.

94 Zu den neuen katalanischen Tageszeitungen zählten *La Nau* und *El Matí*, zu den Zeitschriften *Mirador*, *Critèrion*, *Revista de Catalunya* und *L'Opiniò*. 1924 ging Radio Barcelona und 1929 Ràdio Associaciò auf Sendung. Vgl. Canal, Historia mínima, S. 174 f.

95 William M. Reddy: The Navigation of Feeling. A Framework for the History of Emotions, Cambridge 2001, S. 128.

Dass die konservativen Katalanen der *Lliga* die Diktatur mittrugen, führte zu emotionalen Zerreißproben und am Ende der Diktatur zum massiven Reputationsverlust der *Lliga* innerhalb des katalanischen Nationalismus. Der Niedergang wurde beschleunigt durch die ungebrochen monarchistische Gesinnung vieler führender Vertreter der Partei. Als die Monarchie aufgrund der symbiotischen Beziehung Alfons' XIII. mit der Diktatur nach der Abdankung Primo de Riveras immer mehr in Misskredit geriet, war es um die Vorherrschaft der konservativen, monarchistischen *Lliga* unter den Katalanisten geschehen. Bezeichnenderweise verließen sowohl Alfons XIII. als auch Francesc Cambó am 14. April 1931 Spanien und gingen nach Frankreich ins Exil.

## 5. »Sterben für Katalonien«? Die Zweite Republik, ein Autonomiestatut und eine Rebellion

Als sich in Spanien nach den Gemeindewahlen am 12. April 1931 der Sieg der antimonarchistischen Parteien abzeichnete, wurde am 14.4.1931 gleich an zwei Orten die Republik ausgerufen: in Madrid und in Barcelona. In der katalanischen Hauptstadt proklamierte zunächst Lluís Companys, der sich schon als neuen Bürgermeister Barcelonas sah, vom Balkon des Rathauses die Republik.[96] Eine Stunde später legte Francesc Macià i Llussà (Francisco Macià y Llussa) auf dem Balkon des Palastes der *Generalitat* nach, der bei dieser Gelegenheit den souveränen Status Kataloniens bekräftigen wollte, indem er im Namen des Volkes den »katalanischen Staat« ausrief, »den wir in die Föderation iberischer Republiken eingliedern werden«.[97] Er schloss die Proklamation mit einer Drohung Richtung Madrid und einem Appell an die Katalanen: »Diejenigen, die die Regierung Kataloniens bilden, sind entschlossen, die Freiheiten unseres Volkes zu verteidigen, für sie zu sterben. Wir erwarten auch von Euch, dem Volk Kataloniens, dass ihr, wenn es nötig ist, bereit seid, mit uns zu sterben für Katalonien und für die Republik«.[98]

96 Companys wurde dann doch nicht Bürgermeister, weil er zunächst auf Bitte Maciàs das Amt des Zivilgouverneurs übernahm, bevor er in die verfassunggebenden Cortes gewählt wurde und dazu nach Madrid ging. Vgl. Josep Sánchez Cervelló: Lluís Companys i Jover; in: Angel Viñas (Hg.): En el combate por la historia. La República, la guerra civil, el franquismo, Barcelona 2012, S. 759-772, hier S. 762f.
97 Zit. nach Canal, Historia mínima, S. 179.
98 Zitiert in Pere Gabriel: Francesc Macià. Imagen y popularidad de un presidente; in: Géraldine Galeote/Maria Llombart Huesca/Maitane Ostolaza (Hg.): Emoción

Macià und Companys gehörten der Partei *Esquerra Republicana de Catalunya* (ERC) an, die im März 1931 unter Federführung Maciàs aus dem Zusammenschluss verschiedener kleinerer republikanischer Gruppierungen hervorgegangen war. Als hegemoniale Kraft innerhalb des Spektrums der katalanischen Parteien trat die ERC jetzt das Erbe der *Lliga* an, die durch die Kooperation mit Diktatur und Monarchie diskreditiert war. Macià und Companys sollten die führenden Protagonisten des katalanischen Nationalismus während der Zweiten Spanischen Republik werden. Macià forderte martialisch den Einsatz, für die eigene Nation zu sterben, und artikulierte seine Bereitschaft, auch für sie zu töten. Er selbst tötete letztlich niemanden und starb im Krankenbett. Companys war im Bürgerkrieg ein anderes Schicksal beschieden: Er wurde im Oktober 1940 als Präsident der *Generalitat* vom Franco-Regime hingerichtet. Doch dazu später. Wichtig scheint an dieser Stelle der Umstand, dass diskursive Forderungen nach Opferbereitschaft mit konkreten Praktiken in einem Zusammenhang stehen. Die Nationalismusforschung hat stets den hohen Rang der Nation innerhalb der individuellen Wertehierarchie ihrer Mitglieder als wesentlichen Indikator hervorgehoben. Es ist die der Nation zugeschriebene Bedeutung als »Letztwert«, der ausschlaggebend ist. Mit der Einforderung der Bereitschaft, für Katalonien zu sterben, wird genau dieser Letztwert reklamiert.[99]

Francesc Macià verkörperte trotz seines hohen Alters einen Neubeginn. Der 71-jährige Katalane hatte in den 1870er Jahren eine technische Ausbildung beim spanischen Militär erhalten und an verschiedenen Einsatzorten als Ingenieur gedient. Zu seinem politischen Initiationserlebnis wurde der *Cu-Cut!*-Skandal von 1905, als seine Loyalitätsgefühle zugunsten der katalanischen Identität und gegen die Solidarität mit dem Militär ausschlugen. Nachdem er die Übergriffe der Offiziere scharf verurteilt hatte, musste er das Militär verlassen und wandte sich der Politik zu. Als Abgeordneter der *Solidaritat Catalana* vertrat er seit 1907 die Katalanen in den Cortes und befürwortete dort republikanische Lösungen.[100] Nach dem Putsch von Primo de Rivera war er nach Frankreich ins Exil gegangen, um von dort Aufstandspläne zu schmieden, für die er Kontakte zu Anarchisten und Kommunisten

e identidad nacional. Cataluña y el País Vasco en perspectiva comparada, Paris 2015, S. 255-267, hier S. 265.

99 Zur Erhebung der Nation zum »Letztwert« vgl. Dieter Langewiesche: Nation und Religion; in: Hans G. Kippenberg/Jörg Rüpke/Kocku von Stuckrad (Hg.): Europäische Religionsgeschichte. Ein mehrfacher Pluralismus, Bd. 2, Göttingen 2009, S. 525-553, hier S. 526 f.

100 Vgl. Josep Sánchez Cervelló: Francesc Macià y Llusá; in: Diccionario Biográfico Español: http://dbe.rah.es/biografias/12535/francesc-macia-y-llusa (11.12.2020).

suchte. Für seine Pläne, bewaffneten Widerstand zu leisten, orientierte er sich an der *Sinn Féin* in Irland.[101] Sogar nach Moskau war er gereist, in der – vergeblichen – Hoffnung auf finanzielle Unterstützung. Als ein Komplott gegen Primo de Rivera vorzeitig aufgedeckt wurde, geriet Macià 1926 in Haft und wurde anschließend nach Belgien abgeschoben. Nach einigen Monaten Aufenthalt in Brüssel reiste er weiter nach Lateinamerika, wo er mit katalanischen Exilanten in Uruguay, Argentinien, Chile und Kuba Kontakt aufnahm, um schließlich 1928 in Havanna eine revolutionäre Separatistenpartei Kataloniens zu gründen. Nicht nur diese Lebensetappe erinnert an den italienischen Politiker Giuseppe Garibaldi, auch der Populismus, der zur Grundlage seines politischen Erfolgs werden sollte, verband die beiden Politiker. Das Image, das Macià im In- und Ausland vorauseilte, verdankte er vor allem seinem französischen Strafverteidiger, der ihm im Prozess nach Aufdeckung der Putschpläne 1926 zur Seite gestanden hatte. Dieser nutzte das Forum des Gerichtssaals, um das Bild von einem leidenschaftlichen und kompromisslosen Freiheitskämpfer zu zeichnen. Als »Libertador« oder »Ritter, der für die katalanischen Ideale leidenschaftlich brenne«, habe er »eine nachgerade mystische Wirkung auf seine Anhänger«. Ausgerechnet als »katalanischer Don Quijote« wurde er gefeiert.[102] Mit diesen Bildern ließen sich Sympathien generieren – auch über verschiedene Lager hinweg. So gelang es Macià schon kurz nach seiner Rückkehr nach Spanien im Februar 1931 die Lücke zu füllen, die Cambó als Führungsfigur des katalanischen Nationalismus hinterlassen hatte. Unter den neuen Republikanern waren die Sympathien eindeutig verteilt: Die Hochrufe galten am 14. April 1931 in den Straßen Barcelonas Macià; Cambó hingegen wünschte man den Tod.[103] Letzterem stieß es besonders bitter auf, dass dem Republikaner Macià nun das in den Schoß fallen sollte, wofür er zeit seines politischen Lebens vergebens gekämpft hatte: die Autonomie für Katalonien.

Nachdem Macià in Barcelona den »katalanischen Staat innerhalb der Föderation iberischer Republiken« ausgerufen hatte, wurden die Republikaner in Madrid nervös.[104] Eine dreiköpfige Delegation reiste am 17. April 1931 nach Barcelona, um Macià davon zu überzeugen, die Proklamation zurückzunehmen; im Gegenzug genehmigten sie die sofortige Berufung einer katalanischen Regierung unter dem traditionsträchtigen Begriff *Generalitat*. Dieser Regierung sollte unmittelbar die Aufgabe zukommen, ein

101 Vgl. Gabriel, Francesc Macià, S. 261.
102 Ebd., S. 263.
103 Zu den Rufen »Visca Macià, mori Cambó«, vgl. Gabriel, Francesc Macià, S. 264.
104 Zu Folgendem vgl. Canal, Historia mínima, S. 180-187.

Autonomiestatut zu erarbeiten. Macià ging auf diesen Kompromissvorschlag ein. Als vorläufiger Präsident der *Generalitat* beauftragte er umgehend eine Kommission mit der Erarbeitung des Autonomiestatuts, das als »Statut von Nuria« Anfang August 1931 im Zuge einer Volksabstimmung die überwältigende Zustimmung der Katalanen erhielt und daraufhin den Parlamentariern in Madrid vorgelegt wurde. Katalonien wurde in diesem Statut als »autonomer Staat innerhalb der spanischen Republik«[105] definiert, die – so die Präambel – als Föderation strukturiert werden sollte.[106]

Die Madrider Abgeordneten waren über den katalanischen Text alles andere als glücklich, nahm er doch die innere Gestaltung der spanischen Republik vorweg, ehe im Parlament darüber überhaupt hatte debattiert werden können. Schließlich waren die verfassunggebenden Cortes erst am 28. Juli gewählt worden. Ende September widmete sich das Parlament der territorialen Ordnung Spaniens in einer überaus hitzigen Debatte, schließlich war die Frage nach der territorialen Gliederung neben der Religion das Thema, das die meisten Emotionen auslöste.[107] Auf eine Föderation – nach dem nicht realisierten Entwurf der allzu kurzlebigen Ersten Spanischen Republik – konnten sich die Abgeordneten nicht verständigen. Das von der Mehrheit hochgehaltene Prinzip der staatlichen Einheit schien sich in einem solchen Modell nicht abzubilden. Letztlich wurde ein Mittelweg gewählt, ein Kompromiss zwischen Zentralismus und Föderalismus: Die spanische Republik sollte ein »integraler Staat« (*un estado integral*) sein[108] – ohne dass gänzlich klar wurde, was genau darunter verstanden werden sollte.[109] Vermutlich lag dem Begriff eine Anlehnung an die deutsche Integrationslehre des Verfassungsjuristen Rudolf Smend zugrunde, schließlich wurde die Weimarer Verfassung von den spanischen Parlamentariern als Modell herangezogen.[110]

Dieser »integrale Staat« sollte unterhalb der nationalstaatlichen Ebene Autonomiestatute gewähren können. Artikel 11 der neuen Verfassung sah

105 Projecte de l'estatut de Catalunya, Art. 1; in: Butlletí de la Generalitat de Catalunya, 6, 17.7.1931, S. 103-109.

106 Vgl. ebd., S. 103.

107 Vgl. Diario de Sesiones de las Cortes Constituyentes de la República Española, Sesión celebrada el día 25 de septiembre de 1931, 45, S. 1163-1258.

108 »La República constituye un Estado integral, compatible con la autonomía de los Municipios y las Regiones«, hieß es im Artikel 1 der Verfassung von 1931. Siehe Constitución de la República Española, 9 de diciembre de 1931.

109 Vgl. Birgit Aschmann: Die Verfassung von 1978 im Kontext der spanischen Geschichte; in: dies./Christian Waldhoff (Hg.): Die Spanische Verfassung von 1978. Entstehung – Praxis – Krise?, Münster 2020, S. 15-30, 27.

110 Vgl. Varela Suanzes-Carpegna, Política y Constitución, S. 737.

vor, dass aneinandergrenzende Provinzen sich zu einer »autonomen Region« zusammenschließen konnten, um »innerhalb des spanischen Staates« einen »politisch-administrativen Kern« zu bilden.[111] Dabei wurde sorgsam jener Reizbegriff vermieden, der auf konkurrierende Identitäten hätte verweisen können: Nirgendwo taucht der Begriff »Nation« auf.

Nachdem die Verfassung von 1931 im Dezember verabschiedet worden war, konnte im Mai 1932 in den Cortes über das katalanische Autonomiestatut diskutiert werden. Nach heftigen Debatten wurde das katalanische Statut dahingehend geändert, dass Katalonien jetzt nicht mehr als »autonomer Staat innerhalb einer föderalen Republik« definiert wurde, wie der Entwurf es vorgesehen hatte. Stattdessen galt Katalonien fortan als »autonome Region innerhalb des spanischen Staates«.[112] Dieser war nicht föderal organisiert, und das Gefälle zwischen Gesamtstaat und Region blieb deutlich, auch wenn die nüchternen Begrifflichkeiten die dahinterliegenden emotionalen Differenzen verdeckten. Gleichwohl wurde das Autonomiestatut in Katalonien als großer Fortschritt gefeiert. Ende 1932 besaß die Region ein eigenes Parlament, eine eigene Regierung, die *Generalitat*, und einen gewählten Präsidenten: Francesc Macià.

Das Problem beim »integralen« Staat blieb nur, dass er eben kein »integratives« Projekt war. Weder die Cortes in Madrid noch das Parlament in Katalonien bemühten sich darum, der gesellschaftlichen Pluralität gerecht zu werden, sie gestalteten die Dinge immer so, wie es die jeweiligen Mehrheiten gerade zuließen. Das führte dazu, dass ein großer Teil der Bürger schon wegen der säkularen Grundierung der republikanischen Verfassung mit dieser wenig anfangen konnten. Dass die katholische Kirche wie ein gewöhnlicher Verein behandelt wurde und Prozessionen fortan wie Demonstrationen anzumelden sein sollten, machte die Zweite Republik für viele Katholiken unannehmbar.

In Katalonien waren die Mehrheitsverhältnisse noch unausgewogener als in Madrid. Im Parlament stellte die ERC 56 von 85 Abgeordneten, die *Lliga* als zweitgrößte Fraktion kam auf 16 Mandate. Die Regierung setzte sich ausschließlich aus Mitgliedern der ERC zusammen. Diese Parteipolitik führte zur Polarisierung. Bei den vorgezogenen gesamtspanischen Wahlen im November 1933 schlug sich dies insofern nieder, als in Madrid die neue rechte Sammlungspartei *Confederación Española de Derechas Autónomas* (CEDA) und in Katalonien die aus der *Lliga Regionalista* hervorgegangene konservative *Lliga Catalana* die meisten Stimmen gewannen. Nicht nur

111 So Artikel 11 der Verfassung von 1931.
112 Estatut de Catalunya de 1932, Art. 1; in: Gaceta de Madrid, 21.9.1932.

die Konservativen waren unzufrieden mit der Regierung der *Generalitat*: Den Arbeiterorganisationen und allen voran der anarcho-syndikalistischen Gewerkschaft CNT, die immerhin die Hälfte der katalanischen Arbeiter hinter sich wusste, gingen die Reformen nicht weit genug. Ihren Unmut artikulierte die CNT in einer Neuaufnahme der Streikpraxis, die in eine offene Feindschaft zwischen den Anarchisten und der Regierung mündete, als deren Ordnungskräfte 1932 einen Aufstand niederschlugen.[113] Auch andere Konflikte machten der *Generalitat* zu schaffen: Mit der Zentralregierung gab es Loyalitätskonflikte innerhalb der katalanischen Sicherheitsorgane, und in Katalonien stritten Agrarunternehmer und Pächter um die Nutzung von Weinanbauflächen. In dieser Situation, die durch Auseinandersetzungen innerhalb der verschiedenen Strömungen der ERC verschärft wurde, zeichnete sich ein Bedeutungsverlust der Partei ab, zumal deren Vorsitzender Macià im Dezember 1933 an einer Blinddarmentzündung verstorben war. An das Charisma des allgemein beliebten *Avi* (Großvater), wie Macià genannt wurde, konnte sein Nachfolger Lluís Companys i Jover (1882-1940) nicht anschließen.

Im Herbst 1934 entschloss sich Companys zu einem Schritt, der für die Katalanen innerhalb der Zweiten Spanischen Republik zu einer Zäsur wurde und kurz-, mittel- und langfristige Folgen für die Dynamisierung des katalanischen Nationalismus haben sollte: Am 6. Oktober 1934 rief er als Präsident der *Generalitat* abermals den »katalanischen Staat innerhalb der föderalen spanischen Republik« aus. Den Kontext dieser riskanten Aktion bildete eine krisenhafte Zuspitzung in der spanischen Innenpolitik, die ihrerseits eine katalanische Genese hatte: Der innerkatalanische Konflikt über die Nutzung von Rebflächen hatte eine gesamtspanische Dimension angenommen, als die Vertreter der Landeigentümer ein im April 1934 vom katalanischen Parlament erlassenes Gesetz vor das Verfassungsgericht (*Tribunal de Garantías Constitucionales*) brachten, das Enteignungen erleichterte.[114] Tatsächlich wurde das Gesetz hier im Juni als verfassungswidrig eingestuft, woraufhin die Abgeordneten der ERC unter Protest (und demonstrativ von den baskischen Nationalisten unterstützt) das spanische Parlament verließen. Die katalanische Regierung zeigte sich vom Urteilsspruch unbeeindruckt und ratifizierte das inkriminierte Gesetz. Während der Regierungschef Ricardo Samper nun in dieser Verfassungskrise mit Companys nach einer Kompromisslösung suchte, reagierte die als Siegerin aus den letzten Parlamentswahlen hervorgegangene CEDA auf die katalanischen

113 Vgl. Canal, Historia mínima, S. 183.
114 Vgl. u.a. Sánchez Cervelló, Companys, S. 763.

Sonderwegsansprüche empört. Ihr Vorsitzender José María Gil Robles forderte, dass die spanische Rechtsprechung auch von den Katalanen zu respektieren sei, entzog der Regierung von Samper die Unterstützung und forderte eine Regierungsbeteiligung gemäß den Mehrheitsverhältnissen im Parlament. In dem am 4. Oktober vorgestellten neuen Kabinett waren immerhin drei Minister der CEDA dabei. Die Linksrepublikaner sahen darin den Untergang der Republik, schließlich waren die massiven Vorbehalte der Rechten gegenüber der Verfassung von 1931 nicht unbekannt. Sie propagierten einen Aufstand als präventive Maßnahme gegen die »Faschisierung« der spanischen Politik. Gleichwohl war der Aufruf zur Revolution Ausdruck einer mangelnden Bereitschaft der jeweiligen Lager, die Regeln des Parlamentarismus auch dann zu akzeptieren, wenn sie den dämonisierten Gegner begünstigten.[115]

Noch am 4. Oktober riefen die Arbeiterorganisationen zum Generalstreik auf. Der Streik wurde überall schnell unterbunden, außer in Asturien, wo der Aufstand mit Hilfe der von Francisco Franco kommandierten Armee auf überaus brutale Weise niedergeschlagen wurde. Der katalanische Aufstand, den Companys nun durch die Ausrufung des »katalanischen Staates« im Windschatten des Generalstreiks herbeigeführt hatte, war schneller und weit weniger blutig beendet worden, zu einer Massenbewegung war er ohnehin nicht geworden. Eine separatistische Erklärung war die Proklamation allerdings nicht, schließlich war immer noch die Rede von einer Zugehörigkeit Kataloniens zu einem – wenn auch anders konzipierten – spanischen Staatsverband. Unterm Strich bedeutete es die Rückkehr zu den Forderungen von Macià aus dem Jahr 1931. Aber die Emotionalisierung der Öffentlichkeit im Zuge der Debatte um das Autonomiestatut hatte Sensibilitäten geschaffen, von denen Companys gewusst haben musste. Die Zentralregierung ihrerseits ließ jedenfalls keinen Zweifel daran, dass sie die Souveränitätserklärung als »Rebellion« betrachtete. Sie rief den Kriegszustand aus, belagerte und eroberte den Palast der *Generalitat* sowie das Rathaus, da sich Bürgermeister und Stadträte mit Companys' solidarisch erklärt hatten. Keine zehn Stunden nach Companys Erklärung war die Erhebung in Barcelona vorbei. Allerdings hatten 46 Personen in den Kämpfen ihr Leben verloren. In den Provinzen gab es weitere Widerstandsnester, die kurz darauf ausgehoben wurden. Bei Niederschlagung der nationalistischen

115 Siehe das Kapitel: »Octubre de 1934«; in: Julián Casanova: República y guerra civil (Historia de España 8), Madrid 2007, S. 128-137.

Erhebung am 8. Oktober waren mehrere tausend Sympathisanten verhaftet worden.[116]

Das Verhalten Companys' gab schon seinen Zeitgenossen Rätsel auf. Nicht wenige distanzierten sich von ihm und hielten die Unabhängigkeitserklärung für eine »entsetzliche Lächerlichkeit«,[117] zumal die Folgen für die katalanische Autonomie schmerzlich waren: Das Parlament wurde aufgelöst und die Regierung der *Generalitat* von Delegierten übernommen, die von Madrid ernannt wurden: nicht zuletzt durch Vertreter der *Lliga*, die zwar den Aufstand dezidiert verurteilten, aber die Autonomie weitestgehend zu retten versuchten.

Angesichts des hohen Risikos, das Companys' Vorgehen für die katalanische Autonomie barg, sind plausible Erklärungen für das Verhalten des Regierungschefs rar. Jordi Canal sieht darin den Versuch, populistische Qualitäten zu erproben, wobei sich politische und persönliche Gefühle überlagert hätten.[118] Da die Parallelen zu Macià̀s Proklamation von 1931 evident sind, liegt die Vermutung nahe, Companys habe sich auch an die Forderung erinnert, bereit zu sein, für Katalonien zu sterben. Mit der Opferbereitschaft jedenfalls erfuhr ein Element im katalanischen Nationalismus eine erhebliche Verschärfung, das seit der Feier der *Diada* angelegt war: der sogenannte »Viktimismus«, die hohe Wertschätzung der Opfer sowie die Hervorhebung ihrer und eigener Leiden.

Wer sich an der Erhebung beteiligt hatte, wurde wenn möglich verhaftet und vor Gericht gestellt. Die Offiziere, die an der Spitze der autonomen Sicherheitsorgane gestanden und die Erhebung unterstützt hatten, wurden von einem Militärgericht zum Tode verurteilt, schließlich jedoch – wenn auch gegen den energischen Protest der CEDA – vom Präsidenten der Republik begnadigt, der das Urteil in lange Haftstrafen umwandelte. Der Prozess gegen die Politiker vor dem Verfassungsgericht (*Tribunal Supremo*) zog sich bis in den Juni 1935. Companys und die Stadträte an seiner Seite wurden wegen »militärischer Rebellion« zu je 30 Jahren Haft verurteilt.[119]

Urteilssprüche, die als Repressionen wahrgenommen werden, bergen grundsätzlich die Gefahr, die Unterscheidungen zwischen »Tätern« und »Opfern« in der Wahrnehmung der Öffentlichkeit aufzulösen bzw. umzukehren. Das geschah in Katalonien bereits im 19. Jahrhundert, u.a. in den

116 Vgl. Canal, Historia mínima, S. 186f. Canal erwähnt 40 Tote und 7000 Verhaftete, Casanova 46 Tote und 3000 Verhaftungen. Vgl. Casanova, República, S. 129 sowie S. 139.

117 So Ametlla, zit. nach Canal, Historia mínima, S. 190.

118 Vgl. außerdem Casanova, República, S. 129.

119 Ebd., S. 140.

Prozessen gegen Attentäter in den 1890er Jahren, und sollte sich jetzt wiederholen. Aus dem viel kritisierten Präsidenten wurde binnen Kurzem das populäre Opfer einer als maßlos repressiv empfundenen spanischen Justiz. Bilder Companys', die ihn im Gefängnis zeigen, wurden emblematisch und dürften zum Wahlsieg der Linken im Februar 1936 erheblich beigetragen haben. Der tote Macià und der verhaftete Präsident wurden zu Mythen stilisiert, deren emotionale Wirkmächtigkeit in späteren Jahren immer wieder reaktiviert wurde, wenn der Linkskatalanismus Solidarität einforderte.

Wie im gesamten Spanien hatten sich zum Zeitpunkt der Parlamentswahl Anfang 1936 die politischen Lager auch in Katalonien polarisiert. Einer linken »Volksfront« (*Front d'Esquerres de Catalunya*) stand eine rechte »Ordnungsfront« (*Front Català d'Ordre*) gegenüber. Lagen die Linken landesweit nur knapp vorn, war der Sieg in Katalonien überwältigend. Dass dieser Umstand auch der Solidarisierung mit den Gefangenen geschuldet war, lässt der Enthusiasmus vermuten, mit dem Companys begrüßt wurde, als er und die Seinen – von der neuen Volksfrontregierung amnestiert und als Helden gefeiert – nach Barcelona und in ihre alten Ämter zurückkehrten. »Wir werden wieder leiden, wieder kämpfen, wieder siegen!«, so Companys.[120] Der politische Alltag des Präsidenten der *Generalitat* aber gab wenig Anlass für Pathos. Die sozialen Unruhen brachen erneut mit alter Intensität aus: Abermals wurden Repräsentanten von Wirtschaft und Politik Opfer von Attentaten, wieder lähmten zahlreiche Streiks die Produktion. Hinzu kam eine weitere Fragmentarisierung der politischen Landschaft, in der sich verschiedene Flügel des Katalanismus und Sozialismus vehement befehdeten. So machte innerhalb des Katalanismus eine Gruppierung von sich reden, die auf die Zunahme der Binnenmigration aus anderen spanischen Regionen (v.a. aus Andalusien und der Extremadura) in die katalanischen Industrieregionen mit rassistischen Konzepten reagierten, die das »wahre Katalanentum« retten sollten. Im linken Lager wiederum konkurrierten die nichtstalinistische POUM und die noch kleinere kommunistische Partei PCE um die Sympathien der Arbeiterschaft. Dieser Konflikt nahm nach Ausbruch des Bürgerkriegs im Juli 1936 noch heftigere Dimensionen an.

120 Als »berühmte Phrase« zitiert in Canal, Historia mínima, S. 191.

## 6. »Tiefe Zwietracht« der Katalanen. Der Bürgerkrieg (1936-1939)

Der Bürgerkrieg begann in Marokko am 17. Juli 1936 mit dem Aufstand einiger Offiziere gegen die Volksfront-Regierung in Madrid.[121] An der Spitze der Putschisten konnte sich relativ schnell Francisco Franco als unumstrittene Führungsfigur durchsetzen. Er besaß nicht nur bis in weite Kreise der Republik hinein als Offizier einen guten Ruf, sondern kommandierte auch die kriegserfahrene Afrikaarmee. Franco hatte zunächst gezögert, sich der Konspiration anzuschließen, weil er an ihren Erfolgsaussichten zweifelte. Tatsächlich stellte sich nach wenigen Tagen heraus, dass die Aufständischen nur die Hälfte des spanischen Territoriums kontrollieren konnten. Jetzt wurde aus dem Putsch ein drei Jahre währender Bürgerkrieg, den Franco nicht zuletzt deshalb gewinnen konnte, weil Hitler und Mussolini ihn seit Beginn des Krieges mit Soldaten und militärischer Ausrüstung unterstützt hatten. Keineswegs wohlwollend registrierten »Führer« und »Duce« jedoch, dass Franco überhaupt nicht an einem schnellen Ende des Krieges gelegen war. Nachdem im November 1936 der Angriff auf die Hauptstadt Madrid mit Hilfe der Internationalen Brigaden abgewehrt werden konnte, hatte Franco eine Strategie gewählt, die auf eine systematische, langsame Einnahme der einzelnen Regionen hinauslief. Dieses Vorgehen sollte ihm die Gelegenheit geben, durch »Säuberungen« die Weichen für die Zeit nach dem Krieg zu stellen.

Für Katalonien bedeutete dies, dass die franquistischen Truppen erst Ende 1938 auf katalanisches Territorium vordringen sollten; Barcelona wurde erst im Januar 1939 besetzt. Das hieß jedoch keinesfalls, dass die Bevölkerung den Bürgerkrieg nicht zu spüren bekommen hätte, er nahm nur eine andere Form an. Ein Schicksal, das im Übrigen Barcelona mit Madrid verband, die Hauptstadt konnte sogar erst im März 1939 eingenommen werden. Zum einen hatte der Krieg die Städte jedoch in Form von Luftangriffen bereits erreicht: In Barcelona fielen rund 2500 Personen dem Bombenkrieg zum Opfer, mithin fast die Hälfte aller katalanischen Luftkriegstoten.[122] Und zum anderen war der Blutzoll unter den katalani-

121 Zum Spanischen Bürgerkrieg siehe u.a. Enrique Moradiellos: Historia mínima de la Guerra Civil española, Madrid 2016.

122 Vgl. Sören Brinkmann: Katalonien und der Spanische Bürgerkrieg. Geschichte und Erinnerung, Berlin 2007, S. 44. Siehe auch Joan Villarroya: Els bombardejos durant la guerra civil. La historia d'un malson per a la població civil d'arreu de Catalunya; in: Josep M. Solé i Sabaté/Joan Villarroya (Hg.): Breu Història de la Guerra Civil a Catalunya, Barcelona 2005, S. 571-580.

schen Männern schon deshalb hoch, weil sie an der Front auch außerhalb Kataloniens eingesetzt waren. Insgesamt fielen mehr als 40.000 Katalanen, davon etwa 3000 auf der franquistischen Seite. Mehr als acht Prozent der männlichen Bevölkerung Kataloniens sollte den Krieg nicht überleben, viele Familien trauerten um Väter und Söhne.[123]

Eine weitere Besonderheit bestand darin, dass die Großgruppen der territorial gegliederten Lager (also die »republikanische Zone« und die »Zone der Aufständischen«) ihrerseits gespalten waren entlang politischer, sozialer und ideologischer Bruchlinien. Die Region selbst war von »tiefer Zwietracht«[124] geprägt. Die Komplexität der Lage, die es keineswegs einfach machte, die »wahren Feinde« im Inneren zu erkennen, trug dazu bei, die Zugehörigkeit zum eigenen (emotionalen) Lager durch Hassrhetorik und -praktiken zu erzwingen, bis hin zur Ausmerzung des (vermeintlichen) Gegners. Die Hemmschwellen, Feinde zu liquidieren, waren in der Anfangszeit des Bürgerkriegs besonders niedrig, weil Gewalt für unvermeidbar und legitim gehalten wurde. Es gab zudem keine Kraft, die dem mörderischen Treiben Einhalt gebot, waren doch alle daran beteiligt – im fremden wie im eigenen Lager. Alle bekamen die Folgen von Emotionen zu spüren: Kämpften die einen mit der Angst, von wilden Kommandos aus dem Haus gezerrt, verschleppt und erschossen zu werden, verspürten die anderen den Hass auf den politischen Konkurrenten. Machtverhältnisse kehrten sich um: Wer vormals als Arbeitgeber oder Pfarrer soziale Macht ausgeübt hatte, lief jetzt Gefahr, zum willkürlichen Opfer derjenigen zu werden, die angesichts der Ohnmacht ehemaliger Gegner und der plötzlichen Überlegenheit durch den Besitz einer Waffe ihren Rachegefühlen freien Lauf ließen und sich an der eigenen Macht berauschten. Dabei war das Machtgefühl flüchtig, Täter konnten rasend schnell ins Visier anderer Täter gelangen und dadurch selbst zu Opfern werden. »Sieger« und »Verlierer« waren prekäre, fluide Kategorien, und entsprechend heterogen waren die emotionalen Erfahrungen.

Bei den Konflikten und Gewaltpraktiken innerhalb der republikanischen Zone gibt es fünf verschiedene Ebenen, die es zu differenzieren gilt: erstens die wilde Gewalt auf der Straße gerade zu Beginn des Bürgerkriegs;

123 Vgl. Brinkmann, Katalonien, S. 45; Giovanni C. Cattini: El cost humà de la guerra civil. El recompte dels desapareguts catalans, entre morts i exiliats; in: Josep M. Solé i Sabaté/Joan Villarroya (Hg.): Breu Història de la Guerra Civil a Catalunya, Barcelona 2005, S. 829-840.

124 »Discordia profunda«, so beschrieb der Historiker und *Lliga*-Politiker Ferran Valls i Taberner rückblickend die katalanische Situation im Vorfeld des Spanischen Bürgerkriegs. Fernando Valls Taberner: La falsa ruta; in: *La Vanguardia* Española, 15.2.1939, S. 3.

zweitens der Krieg der republikanischen und katalanischen Regierung gegen Anarchisten und alternative Sozialisten wie die POUM; drittens die aus der UdSSR importierten Gewaltpraktiken der Checas, die mit den Praktiken der sowjetischen Geheimpolizei vermeintliche »Konterrevolutionäre« entführten, folterten und verschwinden ließen; viertens die Konflikte zwischen republikanischer Zentralregierung und der *Generalitat*; fünftens schließlich die aufbrechenden Divergenzen innerhalb der katalanischen Regierung.

In beiden Metropolen, Madrid und Barcelona, dominierte während des Bürgerkriegs nicht der rechte, sondern der linke Terror – bis sich das Blatt mit dem Einmarsch der Franquisten wendete. Mit insgesamt 155.000 Toten, die durch Repressionen fern der Front umkamen, lag die Zahl der Opfer im Hinterland nicht allzu weit unter der Zahl der 200.000 Toten auf dem Schlachtfeld. Ein nicht unbedeutender Anteil der 55.000 Repressionsopfer, die auf das Konto der republikanischen Seite gingen, kam in den ersten Monaten in Katalonien ums Leben.[125]

Rechte, Reiche, Katholiken, Konservative, vermeintliche Faschisten – wer auch immer im Verdacht stand, Parteigänger der Gegner zu sein, lief im Sommer 1936 Gefahr, der republikanischen Gewalt zum Opfer zu fallen. Als Feind galt, wer dem ideologischen und politischen Welt- und Menschenbild nicht entsprach. Ob die vermeintlichen Gegner mit den politischen Zielen der Aufständischen tatsächlich sympathisierten (die in der ersten Zeit noch extrem vage waren), spielte kaum eine Rolle. Die extreme Polarisierung und die zunehmende Gewalt in den Auseinandersetzungen der Jahre zuvor senkten zusätzlich die Hemmschwellen. Anarchistische Arbeitergruppen, die Waffenlager geplündert und ihre eigenen Mitglieder bewaffnet hatten, sahen jetzt den Moment gekommen, mit allen Mitteln die soziale Revolution zu erzwingen. Unkoordinierte und unkontrollierte Milizen zogen marodierend durch die Straßen Barcelonas und anderer Städte.

Besonders heftige Aggressionen entluden sich erneut gegenüber dem Klerus. Priester und Ordensleute wurden teils auf barbarische Weise umgebracht.[126] Revolutionärer Furor sattelte auf alte antiklerikale Stereotype auf und brach sich gegenüber denjenigen Bahn, die als ideologische Gegner galten und zudem ein leichtes – da schutz- und wehrloses – Ziel waren. Von den insgesamt 6832 Klerikern, die im Laufe des Bürgerkriegs von republi-

125 Zu den Verlusten im Bürgerkrieg vgl. die Zahlenangaben bei Moradiellos, Historia mínima, S. 275.

126 Julio de la Cueva: Religious Persecution, Anticlerical Tradition and Revolution. On Atrocities against the Clergy during the Spanish Civil War; in: Journal of Contemporary History, 33 (1998), S. 355-369.

kanischen Kräften umgebracht wurden, verloren viele gleich in den ersten Wochen ihr Leben.[127] Persönliche Betroffenheit spielte für die Positionierung auch des höheren Klerus eine erhebliche Rolle. Es wird wohl kein Zufall sein, dass der Bischof von Salamanca, Enrique Pla y Deniel (Enric Pla i Deniel), der den Bürgerkrieg Ende September 1936 zum Kreuzzug verklärte und Franco damit – unaufgefordert – eine entscheidende Legitimationsressource an die Hand gegeben hatte, ein gebürtiger Katalane war.[128] Der Erzbischof von Tarragona hingegen, der Katalane Francesc Vidal i Barraquer, der knapp mit Hilfe von Companys hatte entkommen und das Land verlassen können, gehörte zu den wenigen, die sich in den folgenden Jahren dem Franquismus verweigerten.[129] Seine Repressionserfahrung war offensichtlich nicht intensiv genug gewesen, um Loyalitätsgefühle für die Gegenseite zu entwickeln.

Etwas anderes als Fluchthilfe vermochte der Präsident der *Generalitat* in diesen Tagen nicht zu leisten – er hatte zwischenzeitlich jeglichen Einfluss verloren. Die Macht lag auf der Straße bzw. bei den Komitees der antifaschistischen Milizen der anarcho-syndikalistischen Gewerkschaft CNT. Companys bemühte sich zur Sicherung letzter Handlungsspielräume eine Zeitlang um Kooperation. Erst Ende September konnte die katalanische Regierung ihre Handlungsmacht wieder zurückgewinnen. Die CNT war nunmehr bereit, sich in die Regierung einbinden zu lassen, und die Komitees wurden aufgelöst.

Neben die ungezügelten Morde der Anfangszeit trat zunehmend eine andere Form der Gewalt: die gegen den politischen Gegner im eigenen Lager. Bald brachen auch innerhalb der katalanischen Regierung Konflikte aus: Die Anarcho-Syndikalisten von der CNT, die auf eine sofortige soziale Revolution setzten und die Mehrheit der Arbeiterschaft hinter sich wussten, sahen sich von der Kommunistischen Partei Kataloniens (PSUC) zurückgedrängt, die dank der Unterstützung durch die Sowjetunion an Macht gewann. Dem PSUC lag wenig an einer sofortigen Verwirklichung eines libertären Kommunismus, er setzte vielmehr darauf, diese Revolution auf die Zeit nach dem Sieg zu verschieben. Die CNT und der POUM standen den sowjetisch gesteuerten Kommunisten zum einen als Konkurrenten um

127 Vgl. Antonio Montero Moreno: Historia de la persecución religiosa en España. 1936-1939, Madrid 1961.

128 Zum Verhältnis von Kirche und Franquismus siehe vor allem Hilari Raguer: La pólvora y el incienso. La Iglesia y la Guerra Civil española (1936-1939), Barcelona 2001.

129 Vgl. Muntanyola, Vidal i Barraquer. Zu seinem Weg ins Exil und der Unterstützung durch Companys bei der Flucht vgl. ebd. S. 295-303.

die Sympathien der Arbeiter im Wege, außerdem hielten sie deren Strategie für falsch.

Im Mai 1937 eskalierte die Situation zu einem Bürgerkrieg im Bürgerkrieg, als – ganz im Sinne der Kommunistischen Partei – die Macht der CNT mit polizeilichen und militärischen Mitteln sowohl der katalanischen als auch der zentralen Regierung gebrochen werden sollte. Der Aufstand, den die Anarcho-Syndikalisten daraufhin ausriefen, wurde blutig niedergeschlagen; 280 Tote und zahlreiche Verletzte standen in der Bilanz dieser Gewalteruption.[130] Companys hatte sich den jeweils dominierenden Machtverhältnissen angepasst: Anfangs hatte er mit der CNT kooperiert, sich später auf die Seite der Kommunisten geschlagen, deren Vormacht dank der Unterstützung durch die UdSSR nicht mehr zu brechen war. Die Stalinisten nutzten ihre privilegierte Stellung nach der Niederschlagung der CNT zur Ausmerzung des POUM, wofür auf Praktiken der stalinistischen »Säuberungen« zurückgegriffen wurde. Insbesondere die Parteikader fielen jetzt diesem Wüten zum Opfer; in das Verschwinden des POUM-Führers Andreu Nin war der sowjetische Geheimdienst involviert.

Die Säuberungen sollten die Machtverhältnisse zugunsten der Kommunisten klären, doch sie stärkten auch die Effizienz der Kriegführung aufseiten der Republikaner. Damit kamen die Kommunisten den Interessen der Zentralregierung entgegen. Deren Bemühungen um Zentralisierung gerieten umso stärker mit den Vorstellungen der katalanischen Regierung in Konflikt, je näher sich die Institutionen kamen: Im November 1937 verlegte die republikanische Regierung ihren Sitz von Valencia, wohin sie Ende 1936 geflohen war, nach Barcelona, um sich vor der näherrückenden franquistischen Armee in Sicherheit zu bringen. Mit den Verlusten im Norden, Westen und Süden des Landes wurden die Territorien, über welche die katalanische und die Regierung der Republik herrschten, zunehmend deckungsgleich. Die Kompetenzstreitigkeiten nahmen zu.

Dabei war die *Generalitat* seit dem Beginn des Bürgerkriegs darauf bedacht gewesen, ihre Autonomie zu bewahren. Vorstöße, diese auszudehnen, hatte die Zentralregierung als Zeichen der Illoyalität scharf zurückgewiesen. Letztlich waren die politischen Vertreter des peripheren Nationalismus sogar bereit, Katalonien über die parteipolitischen Bindungen oder die Loyalität zur Zweiten Spanischen Republik zu stellen. Gemeinsam mit dem (konservativ-katholischen) nationalistischen PNV (*Partido Nacionalista Vasco*) im Baskenland hatte die katalanische Regierungspartei ERC schon Ende 1936 Möglichkeiten sondiert, mit dem franquistischen Regime einen

130 Vgl. u.a. Brinkmann, Katalonien, S. 41.

Separatfrieden auszuhandeln.[131] Da im Herbst 1937 nicht nur die Zentralregierung, sondern auch die – seit 1936 autonome – Regierung des Baskenlandes nach Katalonien übergesiedelt war, kooperierten Katalanen und Basken jetzt bei ihren Bemühungen, die britische und die französische Regierung dazu zu bringen, Franquisten und Republikaner zu einem Friedensschluss zu bewegen, der die Selbstbestimmung der historischen Nationalitäten respektierte und eine föderale Struktur für den spanischen Staat ermöglichen sollte.[132] Da aber die spanische Regierung davon umgehend und detailliert unterrichtet wurde, trug dies nur zu einer weiteren Verschlechterung des Verhältnisses zwischen der republikanischen Zentralregierung und den Katalanen bei.

Allerdings spricht einiges dafür, dass diese Annäherungsversuche an den PNV und die franquistische Regierung nicht allen Katalanen gleichermaßen gefielen. So hatten sich auch zwischen der Parteiführung, insbesondere dem Generalsekretär Josep Tarradellas, und dem Regierungschef Companys längst Konflikte abgezeichnet, die im Exil vollends aufbrachen: Am 5. Februar 1939 hatte Companys an der Seite des baskischen Ministerpräsidenten José Antonio Aguirre die französische Grenze überquert. Für Katalonien begann damit die Franco-Diktatur, die in anderen Teilen Spaniens schon drei Jahre zuvor begonnen hatte und bis zum Lebensende Francisco Francos im Jahr 1975 andauern sollte. Die diktatorischen Herrschaftstechniken erstreckten sich auch auf das Feld der Emotionen: Als *emotional regime* versuchte der Franquismus auch die Gefühle der Bevölkerung zu lenken.

## 7. »Richtige Gefühle«. Das *emotional regime* der Franco-Diktatur (1939-1975)

So heterogen wie die Erfahrungen und Emotionen von Katalanen und katalanischen Nationalisten im Bürgerkrieg gewesen waren, so blieben sie es auch in der Zeit danach. Kategorial unterschiedliche Wahrnehmungen und emotionale Konstellationen ergaben sich dadurch, auf welcher Seite man im Bürgerkrieg gekämpft hatte und ob der Franquismus innerhalb Spaniens oder im Exil erlebt wurde. Das Schicksal von Lluís Companys kann dazu dienen, die Konfliktlinien innerhalb des Katalanismus zu verdeutlichen. Andererseits zeigt sich gerade an diesem Politiker die integrative Funktion einer posthumen Mythisierung, die alle Widersprüche überdecken konnte.

131 Vgl. Sánchez Cervelló, Companys, S. 766.

132 Ebd. Siehe auch Ignacio Fontes: 1937, el crimen fue en Guernica. Análisis de una mentira, Madrid 2014.

Unmittelbar nach dem Grenzübertritt Anfang Februar 1939 begab sich Companys nach Paris, wo es über die Frage, wie die Flüchtlingshilfe zu organisieren sei, zum Zerwürfnis mit dem Generalsekretär der ERC, Tarradellas, kam. Dieser hatte schon früher aus seiner Kritik an Companys und seiner Anlehnung an die Kommunisten kein Hehl gemacht und eine stärkere Distanzierung von der republikanischen Regierung gefordert, die immer offensichtlicher bereit war, die Führungsrolle der Kommunisten im Bürgerkrieg zu akzeptieren. Auch das Unvermögen Companys', zu Beginn des Bürgerkriegs die »katalanische Oase« gegenüber der Revolution der Anarcho-Syndikalisten zu verteidigen, war einer der Vorwürfe, die jetzt gegenüber dem Präsidenten der *Generalitat* immer lauter wurden. Der selbst unter linken Katalanen verbreitete Antikommunismus bildete die Basis einer breiten Skepsis gegenüber Companys. Um diesen auch formell zu entmachten, forcierte Tarradellas die Gründung eines katalanischen Nationalrats (*Consell Nacional de Catalunya*), der im Exil an die Stelle der *Generalitat* treten sollte. Dass Companys nicht die katalanischen Interessen vertrat, war für diejenigen klar, die mit dem Slogan »Companys oder Katalonien« für diese Neugründung warben.[133] Angesichts mangelnder Unterstützung fügte sich Companys in seine Entmachtung, bat aber darum, die neue Situation nicht so zu präsentieren, dass man den Wunsch, ihn, Companys, loszuwerden, erkennen und als Sieg feiern könne. Tarradellas versicherte ihm, die Partei hege nicht die Absicht, ihn zu verletzen. Aber das Angebot, alles zurückzunehmen, was Companys bedrücken würde, war kaum mehr als rhetorisch gemeint.[134]

Die neue Institution sollte im Mai 1940 ihre Arbeit aufnehmen – doch der deutsche »Blitzkrieg« gegen Frankreich machte diese Pläne zunichte. Companys, eben noch die Zielscheibe größten Unmuts und von den eigenen Parteimitgliedern entmachtet, geriet durch die veränderten Machtverhältnisse in Frankreich in den Einflussbereich der Franquisten. Rückblickend ermöglichte ihm diese Fügung einen radikalen Imagewandel, wurde er doch nun zu einer Verkörperung katalanistischer Eintracht. Dabei wiederholten sich Dynamiken, die aus der Zeit von 1934 bekannt waren. Auch damals hatten Verhaftung und Prozess gegen Companys die Mythenbildung forciert. Dieses Mal allerdings endete die Entwicklung für Companys tödlich.

Sein Versteck in Frankreich lag in der von den Deutschen besetzten Zone, aus der er nicht fliehen wollte, weil er fürchtete, andernfalls keine

133 Vgl. Sánchez Cervelló, Companys, S. 768.

134 Vgl. Brief von Josep Tarradellas an Pi y Sunyer, Paris, 17.1.1940; in: Sánchez Cervelló, Companys, S. 769.

Nachrichten mehr von seinem psychisch kranken Sohn zu erhalten. So wurde er am 13. August 1940 von einem franquistischen Polizeikommando, das mit Einverständnis der Gestapo handelte, verhaftet. Über Paris und den Grenzort Irún brachte man ihn heimlich nach Madrid, wo er in den Verliesen der franquistischen Sicherheitsorganisation (*Dirección General de Seguridad*) gefoltert und – erneut – der Rebellion angeklagt wurde. Für die Franquisten war Companys in mehrfacher Hinsicht die Verkörperung des idealtypischen Feindbilds: Er hatte mit Kommunisten kooperiert und stand für autonome Sonderwege Kataloniens. »Rojoseparatismo«[135] – zu diesem Straftatbestand wurde die Kombination aus peripherem Nationalismus und linker Parteizugehörigkeit unter den Franquisten zusammengefasst. Zudem war Companys 1922 einer Freimaurerloge beigetreten und hatte sich damit als Mitglied einer Gruppierung zu erkennen gegeben, die die Franquisten neben den Kommunisten am rigidesten verfolgten. Anfang Oktober 1940 wurde Companys nach Barcelona gebracht und dort am 14. Oktober vor ein Kriegsgericht gestellt, das ihn noch am selben Tag wegen »Aufruf zur Rebellion« zum Tode verurteilte. Am Tag danach, am 15. Oktober 1940, wurde Companys in der Festung des Montjuïc erschossen.

Schon fünf Jahre zuvor war er durch den Prozess und das harte Gefängnisurteil (für Anstiftung zur Rebellion) nach dem Aufstand von 1934 zum Helden geworden, dessen Leid als Inhaftierter das Leid der vom spanischen Zentralstaat Unterdrückten repräsentieren sollte. Diese – zwischenzeitlich gänzlich in den Hintergrund getretene – Wahrnehmung erhielt jetzt eine endgültige Bestätigung. In die Rolle des nationalen Märtyrers konnte Companys umso leichter einrücken, als sein heroisches Verhalten am Tag seines Todes diese Stilisierung erleichterte. So wurde berichtet, dass er barfuß zur Hinrichtung geschritten sei, weil er im Moment des Todes katalanische Erde spüren wollte. Sein letzter Ausruf angesichts der auf ihn abgefeuerten Gewehrsalven sei »Per Catalunya!« gewesen. Dass Companys als Präsident der *Generalitat* seinen Tod unter das Motto »Für Katalonien« stellte, führte zur Deutung der Exekution als symbolischen Akt des Widerstands gegen die Auslöschung Kataloniens durch die franquistische Gewalt. Die Forderung von Macià vom April 1931, für Katalonien zu sterben, hatte Companys jedenfalls demonstrativ eingelöst.

Als sich die Berichte über die Hinrichtung von Companys wie ein Lauffeuer verbreiteten, bot der Heldentod des »Märtyrer-Präsidenten« den Katalanen, die sonst in so viele verschiedene politische und emotionale Gemeinschaften zerfallen waren, die Gelegenheit, eine einheitliche emotionale

135 Vgl. Brinkmann, Katalonien, S. 46.

Erschütterung zu erleben. »Wir Katalanen werden seinen Tod nicht vergessen«, beteuerte ein ehemaliger Abgeordneter der *Lliga*, die mit der Politik des lebendigen Companys so gehadert hatte.[136] In unzähligen Gedichten würdigten die Katalanen den »großen Märtyrer Kataloniens«.[137] Selbst in den Kirchen Barcelonas war die Rede vom »christlichen Tod des ehrenwerten Präsidenten der *Generalitat*«.[138] Kaum etwas verband die Katalanen offenbar so sehr wie die Trauer um den toten und bewunderten Companys, obwohl die Gefühlswelt der Katalanen am Ende des Bürgerkriegs so heterogen wie ihre sozialen, politischen und ideologischen Konstellationen war. Sie reichte von tiefer Verzweiflung über die Niederlage bis zu Gefühlen des Triumphs angesichts des franquistischen Sieges.

Während Hunderttausende das Land Richtung Frankreich verlassen wollten, bevölkerten die anderen die Straßen, um das einmarschierende Heer Francos euphorisch zu begrüßen. Fast 60 Jahre später noch erinnerte sich die Intellektuelle Esther Tusquets, wie ihr Vater sie als Kleinkind beim Einzug der Franquisten in Barcelona hochgehalten und mit grenzenloser Begeisterung Franco wie einen Erlöser gefeiert habe. Er war als Mediziner aus dem republikanischen Heer desertiert und hatte aus Furcht, entdeckt zu werden, zwei Jahre das Haus nicht mehr verlassen.[139]

Dem standen die beklemmenden Gefühle derjenigen gegenüber, die von den Franquisten für Feinde gehalten wurden, was Zivilisten ebenso treffen konnte wie Uniformierte. Schon wer in einem nahen Verwandtschaftsverhältnis zu republikanischen Soldaten oder sonstigen »Roten« stand, galt als Gegner. Die repressiven Maßnahmen waren in den ersten sechs Monaten brutal, nahmen aber nach kurzer Zeit eine andere Gestalt an: An die Stelle willkürlicher Gewaltakte im Zuge der Eroberung trat eine Welle militärgerichtlicher Verfahren, die mit rechtsstaatlichen Prinzipien nur wenig zu tun hatten. Die juristischen Maßnahmen wurden flankiert durch Versuche, ein emotionales Regime zu etablieren. Dem Emotionshistoriker William Reddy zufolge ist darunter eine »normative Ordnung von Emotionen« zu verstehen, die in einer Diktatur mit rigideren Mitteln als

136 So Joan Antoni Güell, siehe Brinkmann, Katalonien, S. 102.

137 Vgl. die Gedichtsammlung in: Robert Surroca/Agustí Barrera: Homenatge a Companys, president de Catalunya, Barcelona 1983, S. 69-149. Zur Würdigung von Lluís Companys als »Gran Martir de Catalunya« siehe u.a. S. 129.

138 So der Bericht des Provinzchefs der Falange von Tarragona, José Fontana, zitiert in: Sánchez Cervelló, Companys, S. 771.

139 Esther Tusquets: Habíamos ganado la guerra, Barcelona 2009, S. 9 f. Als ein weiteres Beispiel für diejenigen Katalanen, die den Einzug der franquistischen Truppen begrüßten und Franco verehrten vgl. Valls Taberner, La falsa ruta, S. 3.

in freiheitlichen, pluralen Systemen durchgesetzt werden könne.[140] Danach gibt das Ausmaß an emotionaler Freiheit Auskunft über die Rigidität eines Systems: Wenn an die Stelle von Freiheit ein emotionales Zwangsregime tritt, lassen sich emotionale Zielkonflikte beobachten, die ein »emotionales Leiden«[141] verursachen, das wiederum als Gradmesser für die moralische Bewertung eines politischen Systems tauge: Je illiberaler das System, desto schwerer sei das emotionale Leid.[142]

Schon unter Miguel Primo de Riveras Diktatur gab es einen dominanten Antikommunismus, und während der Kriegsjahre war es in der republikanischen Zone ebenso wenig möglich, emotional frei zu agieren. Zugehörigkeitsgefühle zum Katholizismus oder Bürgertum ebenso wie Angst vor den Republikanern und Kommunisten galt es zu verbergen. Wessen religiöse Gefühle verletzt waren, wenn Sakralfiguren verhöhnt und Gräber geschändet wurden, wird darunter gelitten haben, wenn er oder sie diese Gefühle nicht zu erkennen geben durfte. Unter der Franco-Diktatur wandelte sich auch die emotionale Erfahrungswelt radikal. Viele, die zuvor Ängste ausgestanden hatten, wähnten sich nun in Sicherheit, während diejenigen, die zuvor an den Hebeln der Macht gesessen hatten, um ihr Leben bangen mussten. Eine simple Umkehr von Macht- und Emotionsverhältnissen bedeutete dies gleichwohl nicht, schließlich waren Opfer und Täter nicht so scharf voneinander zu trennen. Es gab Personen, die zu den Verlierern beider Systeme gehörten, oder die ohne irgendeine Einbindung in das frühere System vom franquistischen Terrorregime erfasst wurden. So wurden etwa die Soldaten des republikanischen Heeres völlig unabhängig von ihrer politischen oder weltanschaulichen Orientierung interniert. Doch schon die schiere Masse derer, die am Ende des Krieges in Arbeitslagern eingepfercht wurden, nötigte zu einer neuen Strategie.[143] Für die franquistische Resozialisationsprognose spielten Emotionen eine zentrale Rolle: Die Gefangenen hatten die »richtigen Gefühle« zu zeigen.[144]

140 Reddy, Navigation of Feeling, S. 124. Vgl. ebd., S. 122-130.

141 Ebd., S. 126.

142 Vgl. ebd., S. 126f.

143 Vgl. Javier Rodrigo: Cautivos. Campos de concentración en la España franquista, 1936-1947, Barcelona 2005.

144 Zum Folgenden siehe Birgit Aschmann: Der »Faktor Gefühl« – zum *emotional regime* des Franquismus; in: Hélène Miard-Delacroix/Andreas Wirsching (Hg.): Emotionen und internationale Beziehungen im Kalten Krieg, Berlin/Boston 2020, S. 45-62.

1938 veröffentlichte der führende spanische Militärpsychologe Antonio Vallejo-Nágera die Schrift *Der Faktor Gefühl im Neuen Spanien.*[145] Er argumentierte, dass anhand der »richtigen« Gefühle die Zugehörigkeit zur »nationalen Bewegung« oder zum gegnerischen Lager erkannt werden könne und dass die Bevölkerung nach Möglichkeit zu diesen »richtigen Emotionen« zu erziehen sei. Die »Marxisten« erkenne man an ihren niederen Gefühlen wie Ressentiment, Verbitterung, Groll, Neid, Minderwertigkeitsempfindungen und Rachegelüsten. Dies seien »Gefühle der Zersetzung«, während die Angehörigen des nationalen Lagers »Gefühle der Einheit« empfänden: Religiosität, Patriotismus und ein Gefühl der Verantwortung vor Gott, vor Spanien und vor Franco. Von besonders nützlicher und intensiver »psychoaffektiver Energie« sei das »katholische Gefühl«, dicht gefolgt vom »patriotischen Gefühl«. Beides stand im Vordergrund der affektiven Kontrolle und Umerziehung in den Gefängnissen und Arbeitslagern in der Phase des frühen Franquismus: Spanien müsse »gefühlt, geliebt und respektiert« werden. Wer diese Gefühle zeigte, konnte hoffen, bald nach Hause bzw. in die »kontrollierte Freiheit« entlassen zu werden. Dort behielten franquistische Ordnungskräfte das Verhalten der Entlassenen wachsam im Blick. Wer indes mit Religion und franquistischem Patriotismus wenig anfangen konnte, aber nicht auf unabsehbare Zeit in der Haft verbleiben wollte, litt an einem Zielkonflikt: nach Reddy ein *emotional suffering.*[146]

Um die Lage bzw. das Leid der Katalanen ermessen zu können, gilt es zunächst danach zu fragen, inwiefern die Vorgaben des *emotional regime* die Katalanen betrafen und ob ein spezifisch katalanisches »emotionales Leiden« erkennbar war. Gab es vielleicht besondere »emotionale Zufluchtsorte«, die ein Leid reduzierendes Navigieren innerhalb des Regimes ermöglichten?

Die Frage nach Integration oder Ausschluss aus der franquistischen Gesellschaft wurde vorrangig entlang politischer und weltanschaulicher Fragen verhandelt. Die Frage der Zugehörigkeit zu »Katalonien« spielte gerade keine zentrale Rolle. Es waren kommunistische oder republikanische Überzeugungen, die sich mit dem Franquismus nicht vereinbaren ließen, während das Bekenntnis zur katholischen Religion, konservativer Politik oder monarchischer Regierungsform ein Arrangement mit dem Franquismus und dessen *emotional regime* erheblich erleichterte. Gerade die geringe

145 Antonio Vallejo-Nágera: El factor emoción en la España nueva (1937); in: Res Publica. Revista de Historia de las Ideas Políticas, 18/2 (2015), S. 529-544, hier S. 535-544. Die Schrift stammt aus dem Dezember 1937 und wurde 1938 von der *Federación de Amigos de la Enseñanza* veröffentlicht.

146 Reddy, Navigation of Feeling, S. 123.

Bedeutung der regionalen Zugehörigkeitsgefühle, die es ermöglicht hatte, dass sich Katalanen seit Beginn des Bürgerkriegs bekriegt hatten, führte den Katalanismus nun in eine fundamentale Krise. Das »katalanische Solidaritätsgefühl«, so klagte Francesc Cambó, sei vollkommen erodiert.[147] Er wusste, wovon er sprach, hatte er doch selbst mit Kriegsbeginn für die Franquisten Partei ergriffen und sie umfassend finanziell unterstützt – obwohl abzusehen war, dass das Franco-Regime dem Katalanismus nicht förderlich sein würde. Diese Widersprüche forcierten das Krisenempfinden der katalanischen Nationalisten und machten das Jahr 1939 auch für sie zu einer Zäsur.[148]

So wie sich die Spanier nach der Krise von 1898 mit ihrem Selbstbild auseinandersetzen mussten, so spiegelt die Welle katalanischer Selbstreflexionen in der Dekade nach dem Bürgerkrieg die Irritationen, die dieser für das katalanische Selbstverständnis bedeutete.[149] In Publikationen über »die Formen des katalanischen Lebens«, den »Spirit of Catalonia« oder »Berichte über Katalonien« meldeten sich Philosophen, Mediziner, Theologen und Historiker in Spanien und im Exil zu Wort.[150]

Symptomatisch für den einsetzenden Krisendiskurs sind die Essays, die der vormalige Chefredakteur der in Barcelona erscheinenden Tageszeitung *La Vanguardia*, Agustí Clavet i Pascual, unter dem Pseudonym »Gaziel« zwischen 1938 und 1947 – teils aus dem Pariser Exil, teils nach seiner Rückkehr nach Spanien 1940 – geschrieben hat. Wegen der franquistischen Zensur konnten die Beiträge allerdings erst 1970 unter dem Titel *Welche Art Menschen wir sind. Vier Aufsätze über Katalonien und die Katalanen* publiziert werden.[151] Gaziel ging hier mit dem »katalanistischen Glauben« (»la fe catalanesca«) hart ins Gericht, bezeichnete ihn als blinden Patrio-

147 Vgl. Borja de Riquer: El último Cambó 1936-1947. La tentación autoritaria, Barcelona 1997, S. 254.

148 Zur Zäsur von 1939 für die katalanische Historiographie siehe Miquel Barceló/Borja de Riquer/Enric Ucelay-Da Cal: Sobre la història i la historiografia catalana; in: L'Avenç, 50 (1982), S. 68-73, S. 71.

149 Zu den vielen Schriften, die in Spanien oder im europäischen oder (latein-)amerikanischen Exil zu der Thematik entstanden, siehe u.a. Canal, Historia mínima, S. 9f.

150 Vgl. Josep Ferrater Mora: Les formes de la vida catalana [1944]; in: ders.: Les formes de la vida catalana i altres assaigs, Barcelona 1980, S. 13-104; Carles Cardó: Histoire spirituelle des Espagnes. Étude historico-psychologique du peuple espagnol, Paris 1946; Joseph Trueta: The Spirit of Catalonia, London 1946; Jaime Vicens Vives: Noticia de Cataluña, übers. v. E. Borrás Cubells, Barcelona 1954.

151 Gaziel (Agustí Calvet i Pascual): Quina mena de gent som. Quatre assaigs sobre Catalunya i els catalans (1938-1947), Barcelona 2009, 2. Auflage.

tismus, der eine Geschichtsschreibung hervorgebracht habe, die sich mehr an Wunschvorstellungen als an Fakten orientiert habe, bis man im Jahre 1936 hart aufgewacht sei. Niemals habe »Katalonien« in der Geschichte den Sinn und Inhalt gehabt, den die *Renaixença* in sie hineingelesen habe.[152] Die katalanische Historiographie, die seit dem Ende des 19. Jahrhunderts Narrative entwerfe, die auf eine staatliche Eigenständigkeit zuliefen, müsse realisieren, dass dergleichen eine mythologische Figur sei, schon weil alle derartigen Bemühungen immer wieder gescheitert seien. Wenn etwas aus der Geschichte Kataloniens zu lernen sei, dann das Unvermögen des katalanischen »Nationalgeistes«, sich eine staatliche Form zu geben.[153] »Die Geschichte Kataloniens«, so Gaziel, »ist die trostlose, unvergleichlich bittere Geschichte des wiederholten Scheiterns aller Versuche, eine angeborene Schwäche zu überwinden mit dem Ziel, auf welche Art auch immer, ein Minimum an Freiheit zu erlangen, die ein wirklich autochthoner Geist zum Leben benötigt.«[154]

Der Historiker und einstige Abgeordnete der *Lliga Regionalista*, Fernando Valls Taberner (Ferran Valls i Taberner), rief gar zur völligen Abkehr vom »Irrweg« der vergangenen Epoche auf: Der Katalanismus habe seit dem Ende des 19. Jahrhunderts einen falschen Weg eingeschlagen, sich als »Faktor der Zwietracht« erwiesen und damit politischen Hass geschürt. Dieser sei nicht nur für die nationale Einheit Spaniens schädlich gewesen, sondern auch für den innerkatalanischen Zusammenhalt. Schließlich hätten sich katalanische Nationalisten und Antinationalisten so weit auseinanderentwickelt, dass man darin ein »Präludium des Bürgerkriegs« erkennen könne. Nunmehr sei der Katalanismus nichts als ein »Kadaver«, der schleunigst begraben werden müsse.[155] Nicht die katalanische Größe, sondern katalanische Schwäche waren jetzt das immer wiederkehrende Motiv. Zu stark verstörte die Erinnerung an den katalanischen Beitrag zur Eskalation vor dem Bürgerkrieg, an die Gewaltexzesse der Arbeiterschaft und das Versagen der

152 Vgl. das Kapitel: »Introducció a una nova Història de Catalunya«; in: ebd., S. 71-119, S. 74. Dabei kritisierte Gaziel insbesondere das monumentale Geschichtswerk von Ferran Soldevila: Història de Catalunya, 3 Bde., Barcelona 1934-1935.

153 Gaziel, Quina, S. 116f.

154 Ebd., S. 119. Die deutsche Übersetzung ist weitgehend identisch mit Brinkmann, Katalonien, S. 69.

155 Valls Taberner, La falsa ruta, S. 3. Der unter dem Eindruck des franquistischen Sieges über Katalonien geschriebene Text ist voll des Lobes über den Caudillo, den »Retter unserer traditionellen Zivilisation«.

katalanischen Regierung, die öffentliche Ordnung zu gewährleisten und in Bedrängnis Geratene vor Übergriffen zu schützen.[156]

Mochte das Bewusstsein der Krise noch viele Katalanen einen, so gingen bei der Frage nach Möglichkeiten ihrer Überwindung die Meinungen wieder auseinander. Linksradikale Gruppen und der *Consell Nacional de Catalunya* in London forderten die katalanische Unabhängigkeit, während die *Generalitat* und ERC-Führung unter Tarradellas auf die Treue zur Spanischen Republik setzten. Anhänger der *Lliga* wiederum hielten die Republik und die linken Parteien nach den Bürgerkriegserfahrungen gleichermaßen für völlig diskreditiert. Im Exil dominierten die radikaleren Positionen: Die in Mexiko erscheinende Zeitschrift *Quaderns de l'Exili* forderte einen katalanischen Nationalstaat mit eigenen Streitkräften. Dergleichen war allerdings ebenso realitätsfern wie die These, die Katalanen seien im Bürgerkrieg in ihrer »Liebe für das Vaterland« geeint gewesen.[157] Diese beschworene Eintracht der Katalanen wurde durch essentialistische Zuschreibungen unterstrichen, die eine ethnische Unvereinbarkeit von Katalanen und Spaniern unterstellten: Hinter Franco hätten sich – wie in früheren Jahrhunderten – die Völker keltischer Abstammung versammelt, die gegen die iberisch-tartessischen Völker gekämpft hätten: »Jeder neue Krieg auf der Halbinsel fördert unbewusst diese ethnographische Teilung zutage.«[158] Die Realität sah anders aus. Die Mehrheit der Bevölkerung in Katalonien arrangierte sich bereitwillig oder notgedrungen mit dem Franquismus: Versuche des kommunistischen Untergrunds, einen gewaltsamen Umsturz herbeizuführen, fanden wenig Unterstützung. Nicht zuletzt deshalb scheiterte im Oktober 1944 die Militärinvasion im Vall d'Aran, bei der mehrere tausend Kämpfer die katalanische Pyrenäengrenze überschritten hatten. Auch dem Guerrillakampf gegen den Franquismus in den katalanischen Bergen war wenig Erfolg beschieden.

Angesichts der Zerstrittenheit des Katalanismus in dieser Phase ist die Rückkehr des katalanischen Nationalismus in der zweiten Hälfte des 20.

156 Siehe auch Brinkmann, Katalonien, S. 68f.

157 »[L]'unic que tots teníem de comú era l'amor a la Pàtria«, so der Artikel »1936-1946: Una dècada. Advertiment als bottiflers« in der Ausgabe vom Juli 1946, Quaderns de l'Exili, 21 (1946), S. if., hier S. i.

158 So der Mitherausgeber der Zeitschrift, Raimon Galí: La formació dels pobles de llengua catalana segons Bosch-Gimpera; in: Quaderns de l'Exili, 25 (1947), S. xxi-xxvi, hier S. xxvi. Er bezog sich dabei auf den Ur- und Frühgeschichtler Pere Bosch Gimpera: El poblamiento antiguo y la formación de los pueblos de España, Mexiko 1945. Siehe dazu Hilari Raguer: Las raíces de las dos Españas; in: *El País*, 19.6.2006.

Jahrhunderts ein bemerkenswertes Phänomen. Erste Impulse gingen vom Franco-Regime selbst aus, das mit seinen Maßnahmen die katalanischen Abwehrkräfte aktivierte. Dazu zählten die unmittelbaren Repressionen wie die Hinrichtung Companys' oder das anfangs rigorose Verbot der katalanischen Sprache in Amtsstuben, Kirchen und Klassenzimmern. Auch aus Rundfunk, Printmedien und Verlagen wurde das Katalanische verbannt. Ramón Serrano Suñer, der Schwager Francos und in den ersten Jahren nach dem Spanischen Bürgerkrieg *spiritus rector* des Franquismus, hatte grundsätzlich nichts gegen andere Sprachen einzuwenden, schließlich könne eine Sprache »Ausdruck der Hispanität und der Anti-Hispanität sein« und das Katalanische durchaus zum Ruhm der Nation beitragen. Aber »wenn das Katalanische ein Faktor und Vehikel des Separatismus ist, werden wir es bekämpfen«.[159] Doch alle Versuche, mit Mitteln des emotionalen Regimes eine affirmative Haltung zum spanischen Nationalismus zu erzwingen, erwiesen sich letztlich als kontraproduktiv.

Wie schon unter der Diktatur Primo de Riveras gab es auch in der Welt des Franquismus nur eine Nation. Gemäß dem Programm der späteren Einheitspartei Falange musste es das Ziel aller Spanier sein, Spaniens »Stärke, Größe und Macht zu mehren«. Alles, was die »Schicksalsgemeinschaft« der Spanier gefährde, sei »verwerflich«: »Separatismus«, hieß es unmissverständlich, »ist ein unverzeihliches Verbrechen«.[160] Und weil die Verfassung der Zweiten Republik eine »Zersplitterung« begünstigt habe, gehöre sie abgeschafft. Das Ziel müsse sein, »ein starkes und einheitliches Nationalbewusstsein zu schaffen und in die Herzen der kommenden Generationen die Freude und den Stolz auf das Vaterland zu pflanzen«.[161] Diese Leitsätze lagen nicht nur der Bildungspolitik in den Schulen, sondern auch der nationalen Umerziehung zugrunde, mit der in den Gefängnissen und Arbeitslagern ehemalige Kriegsgegner dem franquistischen Staat gewogen gemacht werden sollten. Wer eine »zweifelhafte emotionale Ausrichtung«

159 So Serrano Suñer in *El Noticiero Universal* (Barcelona), 24.2.1939, S. 2. Zit. nach Josep Benet: Catalunya sota el règim franquista. Informe sobre la persecució de la llengua i la cultura de Catalunya pel règim del general Franco, Bd. 1, Paris 1973, S. 255. Zur kulturellen Repression in Katalonien vgl. ebd.; ders.: L'intent franquista de genocidi cultural contra Catalunya, Barcelona 1995.

160 So Punkt 1 und 2 des 27-Punkte-Programms der Falange; abgedruckt in: Bernd Nellessen (Hg.): José Antonio Primo de Rivera. Der Troubadour der spanischen Falange, Stuttgart 1955, S. 113-117, S. 113. Die Falange wurde 1937 mit der karlistischen Formation zur »Bewegung« fusioniert, die Programmatik blieb verbindlich, auch wenn einzelne Punkte wie die zur Enteignung oder Absage vom Kapitalismus später stillschweigend übergangen werden sollten.

161 So Punkt 23, in: ebd., S. 117.

(*afección dudosa*) an den Tag legte, sollte durch konstante Unterweisung und Teilnahme an religiösen Ritualen für Katholizismus und Patriotismus gewonnen werden.[162] Für Katalonien wurde ein kollektives Umerziehungsprogramm ausgearbeitet: Symbole des katalanischen Nationalismus wurden entfernt und durch franquistische Symbole ersetzt; wie schon unter Primo de Rivera wurden die katalanische Hymne und Flagge, die *Senyera*, verboten; Denkmäler, die die Katalanen an den Widerstand gegen »Spanien« erinnerten, mussten verschwinden. Als eine der ersten Maßnahmen nach Kriegsende verfügten die Franquisten die Entfernung der Statue von Rafael Casanova, der den Widerstand Barcelonas gegen die spanisch-französischen Truppen im Jahre 1714 symbolisierte.[163] Ebenso wanderte die Statue von Pau Claris, der 1640 die Abspaltung Kataloniens herbeigeführt hatte, ins Magazin. Auch die Büste von Enric Prat de la Riba wurde aus dem Gebäude der *Generalitat* verbannt.[164] An die Stelle einer Statue für Francesc Pi i Margall, den Präsidenten der Ersten spanischen Republik, rückte eine franquistische »Victoria«.[165] Die große Querachse Barcelonas, die *Avinguda Diagonal* wurde umbenannt in *Avenida del Generalísimo Franco*. An die Stelle der *Diada*, des katalanischen Nationalfeiertags, der bis September 1938 regelmäßig begangen worden war, traten die franquistischen Feiertage: der 18. Juli als »Tag der glorreichen Erhebung«, der 1. April als »Tag des Sieges« und der 20. November – der Tag, an dem der Gründer der Falange, José Antonio Primo de Rivera, von den Republikanern hingerichtet worden war – als »Nationaler Trauertag«. Der Sohn von Miguel Primo de Rivera wurde als Märtyrer vom Franquismus vereinnahmt und sein Namenszug quer durch Spanien in die Mauern spanischer Kirchen eingraviert: Auch an der Fassade der Kathedrale von Barcelona war seit Oktober 1939 der Name José Antonio zu lesen, der mit allen »für Gott und für Spanien Gefallenen« dort geehrt wurde.

In Katalonien, wie überall in Spanien, sollte außerdem der 12. Oktober als »Tag der Entdeckung Amerikas« gefeiert werden, schließlich setzte sich das franquistische Leitbild aus dem imperialen Selbstverständnis, der Überzeugung von der Überlegenheit der kastilischen Kultur und dem Katholizis-

162 Enrique González Duro: Los psiquiatras de Franco. Los rojos no estaban locos. Barcelona 2008, S. 107 ff., 124.

163 So im *Boletin Oficial de la Provincia de Barcelona*, wo die Maßnahme begründet wurde mit der Absicht, keinen Vorwand für parteiische und antinationale Demonstrationen zu bieten. Vgl. Judit Subirachs i Burgaya: L'escultura commemorativa a Barcelona (1936-1986), Barcelona 1989, S. 23.

164 Ebd.

165 Ebd., S. 25.

mus als Staatsreligion zusammen. Stärker noch als Miguel Primo de Rivera dies getan hatte, verfolgte der Franquismus eine Hispanisierung Kataloniens. Unter anderem wurde eine Integration der Katalanen in die spanische Nationalerzählung durch gezielte Erinnerungen an die antinapoleonischen Kriege forciert.[166] Doch wie schon in der ersten spanischen Diktatur zeigten sich auch in der zweiten bald die Grenzen der Hispanisierung Kataloniens. Es dauerte nicht lange, bis die kontraproduktiven Effekte spürbar wurden und ein neuer Katalanismus entstand.

Ende des 19. Jahrhunderts hatte die konservative *Lliga* dem Katalanismus ihren Stempel aufdrücken können, im Jahr 1931 hatte die linke ERC diese leitende Funktion übernommen. Jetzt wurde der katholische Katalanismus zur hegemonialen Kraft. Dessen Attraktivität lag nicht zuletzt darin, dass die Kirche für die Katalanen einen »emotionalen Zufluchtsort« bot, in dem Emotionsäußerungen bzw. nationale Identitätsbekundungen möglich waren, die anderswo sanktioniert wurden.[167] Diese Aufwertung des katholischen Katalanismus war eine Folge der besonderen Konstellationen in Katalonien, in Spanien und in Europa nach dem Zweiten Weltkrieg. Innerhalb Kataloniens hatte die Diskreditierung des linken Katalanismus durch den Bürgerkrieg ein Vakuum hinterlassen, das der katalanische Katholizismus besonders gut füllen konnte, weil er Schnittmengen mit der antifranquistischen Opposition aufwies. Auch hier konnte an Traditionen seit der Diktatur von Miguel Primo de Rivera angeknüpft werden, denn schon damals war von Staats wegen gegen den Erzbischof von Tarragona, Vidal i Barraquer, agitiert worden. Jetzt, 1937, verweigerte der Erzbischof als einer von wenigen die Unterzeichnung eines Briefes, mit dem sich der spanische Episkopat unter den Augen der Weltöffentlichkeit auf die Seite Francos stellte.[168]

Indem der katalanische Katholizismus Menschen zusammenführte, die sich als Opfer des republikanischen Terrors einerseits und der fran-

166 So wurde jetzt u.a. eine Bronzegruppe fertiggestellt, die an Katalanen erinnerte, die von den Franzosen hingerichtet worden waren. Das Monument war schon zu Zeiten von Primo de Rivera geplant worden. Im Juni 1941 wurde es eingeweiht und ist seitdem in einer Mauernische gegenüber der Kathedrale zu sehen. Vgl. Jaume Fabre/Josep M. Huertas/Pere Bohigas: Monuments de Barcelona, Barcelona 1984, S. 135f.

167 Vgl. u.a. Andrew Dowling: For Christ and Catalonia. Catholic Catalanism and Nationalist Revival in Late Francoism; in: Journal of Contemporary History, 47/3 (2012), S. 594-610; ders.: Catalonia since the Spanish Civil War: Reconstructing the Nation, Brighton 2013.

168 Vgl. Rundschreiben der spanischen Bischöfe an die Bischöfe der ganzen Welt über den Bürgerkrieg in Spanien, Graz/Wien/Leipzig 1937.

quistischen Repressionen andererseits verstanden, entwickelte er sich in den 1940er und 1950er Jahren zu der einzigen Institution, die eine binnenkatalanische Versöhnung ermöglichen konnte. Die Sehnsucht nach einer Versöhnung manifestierte sich eindrucksvoll im Jahr 1947, als in den katalanischen Bergen die »Inthronisierung« der Jungfrau von Montserrat gefeiert wurde.[169]

Dass das Kloster Montserrat zum Katalysator eines gegen den spanischen Nationalismus gerichteten Katalanismus werden würde, hatte sich keineswegs abgezeichnet. Die Mönche waren während des Bürgerkrieges Opfer des republikanischen Terrors geworden. Zwar hatte die *Generalitat* gleich in den ersten Tagen des Bürgerkriegs Polizeikräfte entsandt, um das Kloster vor den zu allem entschlossenen Brandstiftern zu schützen. So konnte die Flucht von ca. 150 Benediktinern organisiert werden, doch 22 Mönchen gelang dies nicht.[170] Erst unter dem Schutz franquistischer Truppen hatten die Benediktiner nach Montserrat zurückkehren können, und Abt Aureli Escarré verhielt sich zunächst loyal gegenüber Franco. Doch schon in den 1940er Jahren gingen die Mönche auf Distanz zum Franquismus und prägten fortan maßgeblich die Entwicklung des katholischen Katalanismus.

Dies gelang umso leichter, als das im Kloster verwahrte Madonnenheiligtum von breiten katalanischen Bevölkerungsschichten verehrt wurde. Durch großzügige Spenden aus der Bevölkerung war es möglich geworden, der Madonnenfigur einen silbernen Thron zu fertigen, auf dem die Skulptur am 27. April 1947 in einem feierlichen Akt angebracht werden konnte. Diese erste große Massenveranstaltung in Katalonien nach dem Krieg führte 60.000 Menschen auf den Klosterberg und wurde als Versöhnung zwischen Siegern und Besiegten gefeiert.[171] Als religiöses *und* nationalistisches Symbol brachte die Madonnenfigur Menschen zusammen, die sich früher bekämpft hatten. Außerhalb Kataloniens war dergleichen im franquistischen Spanien undenkbar. Dort dauerte es bis zur Transition,

169 Vgl. Josep Massot i Muntaner: Les festes de l'entronització de la Mare de Déu de Montserrat (1946-1947). Pròleg de l'abat Sebastià M. Bardolet, Barcelona 1997; ders.: Les festes de l'entronització i la cultura catalana; in: Serra d'Or, XIX/211 (15.4.1977), S. 49-55.

170 Vgl. den Bericht des nach Einsiedeln geflohenen P. Maiolus Baraut: Die Leiden eines Klosters. Ein Tatsachenbericht; in: Josep Massot i Muntaner: La Guerra civil a Montserrat, Montserrat 1984, S. 185-190, S. 189 f.

171 So noch in der Erinnerung nach 70 Jahren, vgl. El abad Soler recuerda que Montserrat reconcilió a dos bandos de guerra civil; in: *El Periódico*, 27.4.2017: https://www.elperiodico.com/es/sociedad/20170427/el-abad-soler-recuerda-que-montserrat-reconcilio-a-dos-bandos-de-guerra-civil-6002126 (13.12.2020).

bis von »Versöhnung« die Rede war. In Katalonien war dies möglich, weil sich Sieger und Besiegte unter dem Dach des katholischen Katalanentums zusammenfanden. So ging die religiöse Zeremonie zugleich als erste Nachkriegsmanifestation des Katalanismus in die Geschichte ein – erkennbar an der erstmals wieder öffentlich gebrauchten katalanischen Sprache und an der weithin sichtbaren katalanischen Flagge, der *Senyera*, die katalanische Bergsteiger oberhalb des Klosters von Montserrat so befestigt hatten, dass die spanische Polizei sie nicht entfernen konnte. Die symbolische Wirkung dieses Ereignisses strahlte bis in das lateinamerikanische Exil hinein. Die Schriftsteller Joan Sales und Raimon Galí, die in Mexico die Zeitschrift *Quaderns de l'Exili* herausgaben, beschlossen daraufhin, nach Katalonien zurückzukehren.[172] Dass während der Feier in Montserrat das Katalanische benutzt worden war, beurteilten sie als »den ersten Schritt auf dem Weg zu einer zweiten Renaixença«.[173]

Als zivilgesellschaftliche Organisation, auf die diese Intellektuellen Einfluss nahmen, bildete sich 1954 die Gruppe *Crist i Catalunya.* Sie mobilisierte die Massen mit einer über 125.000 Personen zählenden Anhängerschaft und verstand sich als Rekrutierungsinstitution neuer Generationen von Katalanisten. So wurde Ende der 1950er Jahre unter der Leitung von *Crist i Catalunya* widerständisches Verhalten eingeübt, wie zum Beispiel die Kennzeichnung der Hauswände mit einem deutlich sichtbaren »P« als Symbol für »Protest«. Die Tageszeitung *La Vanguardia Española* wurde demonstrativ boykottiert, nachdem der Chefredakteur sich despektierlich über die katalanische Sprache geäußert hatte. Der junge christdemokratische Aktivist Jordi Pujol konnte mit dieser Kampagne die Sympathien auch der linken Katalanen gewinnen.[174] Wie kein anderer steht Pujol für die einflussreiche Gruppe katalanischer Politiker, die ihre politische Sozialisation in diesem Umfeld erfuhren. Pujol sollte nach Francos Tod für fast 30 Jahre die dominierende Gestalt in der katalanischen Politik werden.

In irritierender Spiegelbildlichkeit gingen Katholizismus und Nationalismus in Spanien und Katalonien spezifische Allianzen ein. So wie die spanische Kirche und der Franquismus im »Nationalkatholizismus« zusammenfanden, so verbanden sich in dieser Zeit auch katalanischer Nationalismus und katalanische Kirche. Spiegelbildlich waren selbst die Kultorte: Stand die Benediktinerabtei Montserrat für den katalanischen Nationalismus und beherbergte – fern der Städte und in den Bergen gelegen

172 Vgl. Raguer, Las raíces.
173 So zitiert in Massot i Muntaner, Festes, S. 55.
174 Vgl. Brinkmann, Katalonien, S. 86.

– ein Internat mit Knabenchor, so ließ Franco im Valle de los Caídos analog eine Benediktinerabtei errichten – ebenfalls fern der Städte und in den Bergen gelegen, ebenfalls mit Internat und Knabenchor. An beiden Orten gedachte man der Toten des Bürgerkriegs: Im Valle de los Caídos wurden bald die sterblichen Überreste von ca. 30.000 Bürgerkriegsopfern bestattet, und in Montserrat diente eine Krypta der Erinnerung an rund 300 Gefallene der karlistischen Freiwilligenverbände.[175] Es spricht einiges dafür, dass sich Franco, der sich die Planung des zentralen Monuments des franquistischen Nationalkatholizismus nicht aus den Händen nehmen ließ, dabei an Montserrat orientierte. Die Strukturanalogie beider Klosteranlagen und die Verbindung beider Kultorte mit dem jeweiligen Nationalismus bedeutete aber keine inhaltliche Übereinstimmung. Ganz im Gegenteil waren sie Teil alternativer nationaler und religiöser Schwerpunktsetzungen. Stand Montserrat eher für einen liberalen Katholizismus und einen Nationalismus mit europäischen Bezügen, so sollte das Valle de los Caídos einen konservativen Katholizismus mit dezidiert spanischer Orientierung repräsentieren.

Katholizismus und Katalanismus gingen in der zweiten Hälfte des 20. Jahrhunderts eine bemerkenswert symbiotische Beziehung ein. Beide katalanischen Bewegungen wussten um den Vorteil einer solchen Kooperation: Einerseits brachte die Verbindung mit dem Nationalismus den Katholizismus als weltanschaulich hegemoniale Kraft in Katalonien zurück ins Spiel; andererseits bot der Katholizismus dem Nationalismus einen Schutzschild, den andere oppositionelle Formationen schmerzlich entbehrten. Im Kloster Montserrat konnte bedenkenlos Katalanisch gesprochen werden. Als Jordi Pujol 1960 jedoch in einem öffentlichen Konzertsaal in Barcelona eine katalanische Hymne anstimmte, wurde er verhaftet und zu einer siebenjährigen Freiheitsstrafe verurteilt.[176] Diese Rolle als *emotional refuge* bzw. nationalistischer Zufluchtsort konnte die katalanische Kirche deshalb übernehmen, weil sie von dem Gewicht profitierte, das dem Ka-

175 Zu Entstehung und Selbstverständnis der katalanischen Requetés, deren Einheit nach der Virgen von Montserrat benannt wurde, aus der Perspektive eines ehemaligen Mitglieds vgl. Salvador Nonell Brú: Los requetés catalanes del Tercio de nuestra Señora de Montserrat en la cruzada española, 1936-1939, Barcelona 1956. Zur aktuellen Debatte über die 319 dort in der 1961 eingeweihten Krypta bestatteten Requetés vgl. Pau Rodríguez: ¿El Valle de los Caídos catalán? La exhumación de Franco abre el debate sobre la cripta de requetés en Montserra; in: eldiario, 23.8.2018: https://www.eldiario.es/catalunya/exhumacion-franco-debate-requetes-montserrat_1_1970512.html (12.9.2020).

176 Es handelte sich bei dem Lied um *El cant de la senyera*, das anstelle der offiziell verbotenen katalanischen Nationalhymne *El Segadors* alternativ gesungen wurde. Pujol wurde bereits im November 1962 vorzeitig entlassen.

tholizismus in Spanien allgemein zukam. Er diente dem Franquismus seit dem Bürgerkrieg als Legitimationsressource im Inneren, gleichzeitig war der ostentative Katholizismus des Regimes das zentrale Element der franquistischen Außenpolitik nach 1945, mit dem der Diktator um die Anerkennung der westlichen Regierungen warb. Auch im Kalten Krieg verlor der Katholizismus nicht an Bedeutung, zumal der Antikommunismus, mit dem Franco nunmehr Propaganda machte, wiederum auf die katholische Essenz zurückgeführt wurde. Die exzeptionelle Bedeutung der Kirche brachte es mit sich, dass sich in ihrem Inneren Freiräume bilden konnten. Diese wurden in Katalonien genutzt, um eine Versöhnungspolitik zu betreiben, die mit einer Wiedererweckung des Katalanismus einherging. Der dabei nicht immer faktengetreue Umgang mit der Vergangenheit erleichterte die Überwindung alter Gräben.

Dabei war die Ausrichtung des katalanischen Klerus keineswegs einheitlich, hatte doch Franco Sorge getragen, dass wichtige Bischofsstühle Kataloniens mit linientreuen Kirchenmännern besetzt wurden. Der 1952 in Barcelona gefeierte Eucharistische Weltkongress – immerhin der erste seit 1938 – war nicht nur das erste internationale Großereignis, das seit dem Ende des Bürgerkrieges auf spanischem Boden stattfand. Er sollte auch die enge Verbundenheit von Kirche und franquistischem Regime untermauern, u.a. indem Franco ganz Spanien dem »eucharistischen Christus« weihte.[177] Dem Kloster Montserrat kam in diesem Zusammenhang eine besondere Bedeutung zu. Es entwickelte sich in den 1950er und 1960er Jahren zum unangefochtenen spirituellen und intellektuellen Bollwerk des neuen Katalanismus und diente der nationalistischen Selbstvergewisserung und Vernetzung verschiedenster katholischer Gruppierungen.[178]

In den 1950er Jahren gewann neben dem katholischen Katalanismus die Wirtschaft als Integrationselement an Bedeutung. Noch bevor das Wirtschaftswunder der 1960er Jahre in Spanien die Kohäsionskräfte des Franquismus stärkte, führte das industrielle Wachstum in Katalonien nicht nur zu einem im Vergleich zum Landesdurchschnitt höheren Lebensstandard, sondern auch zu einem wachsenden Selbstbewusstsein. Die SEAT-Werke, die 1950 in Katalonien den Betrieb aufnahmen, forcierten diese Entwicklung. Das katalanische Bürgertum, das sich um der eigenen Prosperität willen vor allem Frieden und Ordnung erhoffte, konnte sich in dieser

177 Franz Xaver Bischof: München als Treffpunkt der Kirche. Der 37. Eucharistische Weltkongress 1960; in: Münchener Theologische Zeitschrift (MThZ), 62 (2011), S. 101-118, S. 103.

178 Vgl. Brinkmann, Katalonien, S. 91.

Zeit leicht mit dem Franquismus arrangieren. Die Verbindungen einzelner Katalanen aus dem Wirtschaftssektor mit dem Franquismus intensivierten sich am Ende der 1950er Jahre, als der Katalane Laureano López Rodó zu einer Schlüsselfigur in der spanischen Regierung wurde.[179] Er gehörte zu jener Gruppe katholischer Technokraten, die einerseits als Mitglieder des Opus Dei einer extrem konservativen katholischen Formation angehörten, andererseits als Wirtschafts- und Verwaltungsexperten auf Reformen drangen. Da der Franquismus mit seiner Autarkiepolitik der 1940er Jahre gescheitert war, bedurfte es einer rigorosen Öffnung für den europäischen Markt, um die Lebensfähigkeit der Volkswirtschaft zu sichern. Diesen Bruch mit der bisherigen Politik setzte López Rodó am Ende der 1950er Jahre mit Hilfe von Entwicklungsplänen durch, die sich am französischen System orientierten und der spanischen Wirtschaft den Weg in den europäischen Markt bahnten. Das spanische Wirtschaftswunder war somit nicht zuletzt durch katalanische Expertise in Gang gesetzt worden – ohne dass López Rodó in dieser Zeit einen »Katalanismus« zur Schau getragen hätte. Ein katalanisches Regionalbewusstsein wurde bei ihm erst im Zuge der Transition sichtbar, als er sich noch im letzten franquistischen Parlament einer regionalistischen Abgeordnetengruppe anschloss und 1979 an der Entstehung des katalanischen Autonomiestatuts beteiligt war. Ein Impulsgeber der demokratischen Entwicklung Spaniens war er jedoch zu keiner Zeit, auch wenn die durch ihn angestoßene Öffnung gegenüber Europa die Weichen dafür gestellt hatte. Parallel bzw. in dialektischem Verhältnis zu den wirtschaftlichen Erfolgen hatten in den 1960er Jahren allerdings auch die politischen Krisenerscheinungen im Franquismus zugenommen. Beide Phänomene waren in besonderer Weise mit Katalonien verknüpft.

Im Nordosten Spaniens boomte nicht nur die Wirtschaft. Auch der Protest formierte sich. Schon 1951 hatte eine Erhöhung der Straßenbahntarife spontan zum ersten großen Streik geführt, am Ende der 1950er Jahre riefen Gewerkschaftler zum Generalstreik auf – der aber kaum ein Echo fand. Die einzige politische Kraft im linken Spektrum, die nennenswerten Einfluss auf die katalanischen Arbeiter ausüben konnte, waren die katalanischen Kommunisten der PSUC. Das entsprach einem fundamentalen Strukturbruch: Die großen Gewerkschaften UGT und CNT, aber auch ERC und POUM waren nahezu vollständig von der Bildfläche verschwunden. Dagegen hatten die Kommunisten die franquistischen vertikalen Gewerkschaften infiltriert, in denen Arbeitgeber und Arbeitnehmer gemeinsam organisiert waren. Die Kommunisten bildeten insofern ein Gegengewicht

179 Vgl. Canal, Historia mínima, S. 241f.

gegen den katholischen Nationalismus, als ihrer Interpretation zufolge der Bürgerkrieg ein Klassenkampf gewesen war – und nicht eine Kollision zwischen Spanien und Katalonien. Den katalanischen Nationalismus lehnten sie als eine bürgerliche Ideologie explizit ab. Mit den christlichen Arbeitervereinigungen konkurrierten die Kommunisten um die Gunst der Industriearbeiter, deren regionale Herkunft infolge des Soges der prosperierenden Industrieregion immer heterogener geworden war. Bei den zugewanderten Arbeitern aus Andalusien oder der Extremadura stieß der Katalanismus auf wenig Verständnis. Umso intensiver bemühten sich Katalanen wie Pujol um eine kulturpolitische Strategie, die die katalanische Nation formen sollte, es ging um das »fer país« (»das Land machen«). Im Zentrum standen dabei Bemühungen, das Katalanische im schulischen Alltag, in den Medien und der Öffentlichkeit neu zu platzieren. Diesem Zweck sollte auch die 1961 von katalanischen Unternehmern ins Leben gerufene Kulturstiftung *Òmnium Cultural* dienen. Als die Stiftung zwei Jahre später verboten wurde und nur noch illegal agieren konnte, nahm Pujol das Geld der eigenen Bankiersfamilie in die Hand, um eine ähnliche Stiftung zu gründen.

Ein integrativer Faktor bei Arbeitern, Studenten und katholischen Katalanisten war die Kritik am Franquismus. Als der Abt von Montserrat, Aureli Escarré, in der französischen Zeitung *Le Monde* am 14. November 1963 den Franquismus für die vielen politischen Gefangenen und die Unterdrückung der katalanischen Kultur scharf kritisierte – was schließlich dazu führte, dass er das Land verlassen musste –, wuchsen dem katholischen Katalanismus weitere Sympathien zu.[180] Dieser fühlte sich zudem durch das Zweite Vatikanische Konzil und die Enzyklika *Pacem in terris* von 1963 gestärkt, hatte doch Papst Johannes XXIII. die kulturelle und politische Unterdrückung nationaler Minderheiten als »schwere Verletzung der Gerechtigkeit« verurteilt und gefordert, deren »Sprache, Kultur, Herkunft und Gebräuche« zu achten.[181] Die Solidarisierung des katalanischen Klerus mit anderen Protestgruppen stärkte die gemeinsame antifranquistische Stoßrichtung: Im Mai 1966 etwa demonstrierten ca. 130 Priester vor dem Polizeigebäude Barcelonas gegen die Misshandlung eines Studenten und wurden dafür von der Polizei mit Schlagstöcken auseinandergetrieben.[182] Wie sehr

180 Vgl. Dowling, For Christ and Catalonia. Zum Artikel siehe den Nachdruck in: Montserrat Minobis, Aureli M. Escarré Abat de Montserrat 1946-1968, Barcelona 1986, S. 219-222.

181 Enzyklika Pacem in terris. Rundschreiben unseres Heiligen Vaters Johannes PP. XXIII., 11.4.1963: http://w2.vatican.va/content/john-xxiii/de/encyclicals/documents/hf_j-xxiii_enc_11041963_pacem.html (13.12.2020).

182 Vgl. ebd., S. 93.

der regionale Klerus im katalanischen Nationalismus an Prestige gewinnen konnte, zeigte sich 1968, als zum einen anlässlich des 100. Geburtstags des im Schweizer Exil gestorbenen Kardinals Vidal i Barraquer gedacht und zum anderen Abt Escarré zu Grabe getragen wurde, der kurz vor seinem Tod schwerkrank nach Katalonien zurückgekehrt war.[183] Bei seiner Beisetzung in Montserrat wurde Escarré von den Katalanen als symbolischer Präsident der *Generalitat* und als Symbol des verfolgten und gedemütigten Vaterlandes geehrt.[184]

Es waren vor allem die vergangenen und aktuellen Repressionen, die die verschiedenen gesellschaftlichen Kräfte Kataloniens in der Opposition gegen Franco zusammenbrachten. Auch der Prozess von Burgos, der 1970 mit sechs Todesurteilen gegen ETA-Aktivisten, die später in lebenslange Haftstrafen umgewandelt wurden, endete, brachte die katalanische Opposition wieder zusammen.[185] Im Kloster Montserrat versammelten sich aus Protest gegen die Burgos-Prozesse 300 Künstler, Sänger, Intellektuelle, Akademiker und Politiker, darunter die bildenden Künstler Joan Miró und Antoni Tàpies sowie die Schriftstellerin Esther Tusquets. Während die Polizei das Kloster umstellt hielt, erarbeiteten die Versammelten innerhalb von drei Tagen ein Manifest, in dem sie den repressiven Charakter des Franco-Staates und seine Foltermethoden verurteilten, die Respektierung von Menschenrechten und die Einführung eines demokratischen und sozialen Rechtsstaates forderten und kritisierten, dass die »Völker und Nationen«, aus denen sich der spanische Staat zusammensetze, im Namen einer »angeblichen und falschen nationalen Einheit« unterdrückt würden. Sie forderten die Aufhebung der Urteile von Burgos, eine Amnestie für politische Gefangene, die Abschaffung der Todesstrafe und die Einführung eines »Volksstaates«, der die demokratischen Freiheiten und Rechte der Völker und Nationen schütze, aus denen sich Spanien zusammensetze – inklusive eines Rechts auf Selbststimmung. Abschließend versicherten sie, dass die Forderungen des baskischen Volks auch die ihren seien.[186]

183 Siehe Brinkmann, Katalonien, S. 101 f.

184 Vgl. Dowling, For Christ and Catalonia, S. 608.

185 Zum Prozess von Burgos siehe Moisés Prieto: Der Burgos-Prozess; in: Kurt Groenewold/Alexander Ignor/Arnd Koch (Hg.): Lexikon der Politischen Strafprozesse, 2017: https://www.lexikon-der-politischen-strafprozesse.de/glossar/burgos-prozess-1970/ (13.12.2020).

186 Zum Wortlaut des Manifestes, so wie es auf einem Flugblatt der PCE in Madrid verbreitet wurde, vgl. u.a. Manifiesto de Montserrat, 13 de diciembre de 1970, Servicio Informativo de la O. Universitaria del P.C.E. en Madrid: https://ddd.uab.cat/pub/ppc/serinf/serinf_a1970m12d13.pdf (13.12.2020).

Die nach drei Tagen von der Polizei in Absprache mit den Mönchen aufgelöste Versammlung verstetigte sich ein Jahr später, als in der Kirche von Sant Agustí von Barcelona die *Assemblea de Catalunya* gegründet wurde, ein Zusammenschluss diverser zivilgesellschaftlicher Gruppierungen unter Federführung des kommunistischen PSUC. Diese *Assemblea* entwickelte innerhalb kürzester Zeit eine propagandistische Tätigkeit, die sowohl in die Gruppe nichtkatalanischer Migranten hinein- als auch in die verschiedenen katalanischen Provinzen hinausstrahlte.[187] Wie sehr die politischen Vorstellungen der beteiligten Gruppierungen und Personen auseinandergingen, zeigte sich, als aus der *Assemblea* kurz vor Ende des Franquismus diverse Parteien hervorgingen. Zu den Neugründungen zählte u. a. die *Convergència Democràtica de Catalunya* (CDC) von Jordi Pujol. Diese Parteien standen bereit, als der Diktator Francisco Franco am 20. November 1975 starb.

Der Tod Francos markierte nicht nur eine politische, sondern auch eine emotionsgeschichtliche Zäsur. Auf der einen Seite hatte der Franquismus die Erinnerung an das Chaos der Republik und die Schrecken des Bürgerkriegs wachgehalten, um das eigene Regime im In- und Ausland als Garant für Sicherheit und Ordnung zu legitimieren. Das Schüren von Ängsten vor dem Kommunismus gehörte ebenso zum Herrschaftsinstrumentarium wie das Fördern von Nationalstolz als Mittel gesellschaftlicher Kohäsion. Das verband die Diktatur Francos mit der von Primo de Rivera. Mit Blick auf Katalonien hatte die Politik in beiden Diktaturen sowohl eine rigorose Eindämmung der Arbeitskämpfe als auch eine Diskreditierung des Antiklerikalismus und die Zurückdrängung des peripheren Nationalismus verfolgt. Die Erfolgsbilanz dieser Politik fiel gleichwohl am Ende der zweiten Diktatur höchst ambivalent aus. Die Einhegung gewaltgeprägter sozialer Auseinandersetzungen war von der Mehrheit der Gesellschaft und insbesondere von den Besitzenden und der bürgerlichen Mitte begrüßt worden. Der ostentative Katholizismus des Regimes forcierte jedoch in den Regionen eine eigentümliche Entwicklung, da sich in Reaktion auf den zentralspanischen Nationalkatholizismus quasi periphere Nationalkirchen herausgebildet hatten. Auf diese Weise konnten weite Teile der Katalanen gerade aus ihrer Treue zur Kirche Kraft zur Unterstützung der antifranquistischen Opposition ziehen. Die katalanische Kirche und im Besonderen das Kloster Montserrat bildeten emotionale Zufluchtsorte, in denen sich ein peripherer Nationalismus entfalten konnte, der den Einheitsvorstellungen des Franco-Regimes zuwiderlief. Nicht zuletzt deshalb waren die Versuche

187 Vgl. Borja de Riquer/Joan B. Culla: El franquisme i la transició democràtica (1939-1988) (Història de Catalunya, Bd. 7), Barcelona 2000.

der diktatorischen Regierungen – erst unter Miguel Primo de Rivera und dann unter Franco –, den peripheren Nationalismus zu ersticken, zum Scheitern verurteilt. Ganz im Gegenteil hatten die repressiven Maßnahmen dazu geführt, dass sich die eigentlich zerstrittenen Gruppierungen zu einer Verteidigungsgemeinschaft zusammenfanden, deren Gemeinsamkeit, neben der Überzeugung, für die Demokratie einzutreten, in dem geteilten Gefühl der Unterdrückung bestand. Polizeieinsätze, Schlagstöcke, die Belagerung von Montserrat – diese Erfahrungen hatten die Wahrnehmung verstärkt. Das Ende der Diktatur bedeutete entsprechend die Auflösung dieser emotionalen Gemeinschaft und die Notwendigkeit, sich – sozial, politisch und emotional – in einer nun offenen Situation neu zu formieren. Das barg Chancen und Risiken.

# IV. Vom Nationalismus zum Separatismus. Demokratie und katalanisches Ressentiment (1975-2009)

## 1. Der Kontext: Transition und »Autonomienstaat«

Franco starb am 20. November 1975. Damit war der Weg frei für die »Transition«, den Prozess des Übergangs von der Diktatur in die Demokratie. Diese Phase war dadurch geprägt, dass die Überwindung des diktatorischen Systems von Personen vorangetrieben wurde, die vormals mit dem Franquismus verbunden gewesen waren und nun die neue demokratische Ordnung mit den alten Kräften aushandelten – wie König Juan Carlos und der spätere Regierungschef Adolfo Suárez. Entscheidende Jahre waren 1976 und 1977, als per Gesetz die Abkehr vom Franquismus besiegelt, politische Parteien – selbst die Kommunisten – zugelassen und landesweit in ersten freien Wahlen seit 1936 eine verfassunggebende Versammlung gewählt wurde.

Als Ende der Transition gilt zumeist die Annahme der Verfassung im Dezember 1978 oder auch der 23. Februar 1981, als sich die junge Demokratie gegenüber dem Putschversuch einiger Militärs behauptete. Mitunter wird sogar die friedliche Übertragung der Regierungsgeschäfte an die sozialistische Partei PSOE nach deren Wahlsieg 1982 als Abschluss der Transition bezeichnet. Für die Katalanen wiederum kann das Jahr 1979 als Abschluss gelten. 47 Jahre nach dem ersten Autonomiestatut wurde Katalonien durch ein neues Statut zu einer »autonomen Gemeinschaft« innerhalb eines demokratisch verfassten Spaniens. Wenn es schon schwierig ist, das Ende der Übergangsphase eindeutig festzulegen, so gilt das erst recht für deren Beginn, schließlich hatten entscheidende Veränderungen nicht erst mit Francos Tod eingesetzt. Tatsächlich ist in der Forschung auf Prozesse aufmerksam gemacht worden, die bis in die 1960er Jahre zurückreichen und die Weichen für die Überwindung des Franquismus stellten. Auch in diesem Zusammenhang spielte Katalonien eine besondere Rolle, begannen die antifranquistischen Mobilisierungen dort doch früher und waren weit intensiver als in anderen Landesteilen.

Doch so sehr es richtig ist, den Übergang zur Demokratie in längerfristige Prozesse einzuordnen, so problematisch wäre es, diesen Strukturen eine Zwangsläufigkeit zu unterstellen. So war es eben auch nicht der SEAT 600, der – wie behauptet wurde – die Transition ermöglichte, auch wenn die wirtschaftliche Liberalisierung eine wichtige Rolle für die Formierung des antifranquistischen Widerstands spielte.[1] Als Franco 1970 Katalonien zum letzten Mal besuchte, war keineswegs ausgemacht, wie die Zukunft Spaniens aussehen würde.[2] Zwar war am Ende seines Lebens sein politisches Werk gerade nicht, wie er behauptet hatte, »gut verpackt und zugeschnürt« (*atado y bien atado*). Aber ebenso wenig selbstverständlich war der Weg in die Demokratie vorgezeichnet. Zwar drohten soziale Unruhen, schließlich nahm in Katalonien in den letzten Jahren der Diktatur die Intensität der Streiks wieder massiv zu. Doch stand zu befürchten, dass das Militär und die als »Bunker« bezeichneten Ewiggestrigen eine politische Liberalisierung nicht widerstandslos hinnehmen würden. Die Entwicklung nach 1975 war sicher offener, als sie sich im Rückblick darstellt. Es war eine Zeit der Aushandlungsprozesse, die von zahlreichen Unsicherheiten geprägt war. So schienen sich plötzlich Optionen zu eröffnen, die lange unrealistisch waren. Zugleich aber war das Vorpreschen von der Furcht geprägt, durch allzu forsches Auftreten kontraproduktive Wirkungen zu provozieren.

In Katalonien drohte erschwerend die Auflösung der einheitlichen Front, zu welcher die verschiedenen Strömungen im antifranquistischen Kampf in den 1960er und frühen 1970er Jahren zusammengefunden hatten. Schließlich vertraten die Gruppierungen, die in der *Assemblea de Catalunya* versammelt waren, durchaus unterschiedliche Vorstellungen hinsichtlich der konkreten politischen Ziele, der Mittel, mit denen diese Vorstellungen erreicht werden sollten, und auch der Personen und Gruppierungen, die die Prozesse idealerweise vorantreiben sollten. Bezüglich der Zielvorstellungen stimmten alle Parteien und Gruppierungen darin überein, dass – so auch das Motto der Vereinigung – »Freiheit, Amnestie und Autonomie« unabdingbar seien. Diese Forderungen machte sich schließlich auch die gesamtspanische antifranquistische Plattform *Coordinación Democrática* zu eigen. Konkret forderten die Katalanen die Wiedereinsetzung des Autonomiestatuts von 1932 und eine Amnestie für alle politischen Gefangenen. Fraglich blieb, was genau unter »Freiheit« verstanden wurde, die zumeist implizit mit »Demokratie« gleichgesetzt wurde. Abweichungen ergaben sich jedoch bei den Staatsvorstellungen: Forderten die Linksrepublikaner

1 Vgl. Birgit Aschmann: Spanien in der *transición*. Von der Franco-Diktatur zur Demokratie; in: Mittelweg 36, 25 (2016), S. 29-58; Juliá Santos: En Torno a los Proyectos de Transición y sus imprevistos resultados; in: Carme Molinero (Hg.): La Transición, treinta años después, Barcelona 2006, S. 59-79, hier S. 59.

2 Vgl. Canal, Historia mínima, S. 256.

eine republikanische, bundesstaatliche Ordnung, wollten sich die bürgerlichen Parteien darauf nicht festlegen: Sie konnten sich auch den Fortbestand der Monarchie vorstellen.

Heterogen waren auch die Vorstellungen über die Mittel, mit denen diese Ziele erreicht werden sollten. Wie im gesamten Land wurden einerseits Forderungen nach einem rigorosen Bruch mit dem System laut, andererseits wurde von vielen ein allmählicher, »paktierter« Übergang bevorzugt. Darüber hinaus gab es in den peripheren Nationalismen radikale Kräfte, die nicht auf den Verhandlungsweg setzten, sondern auf Aktionen, die Fakten schafften. Wenn der Historiker Jaume Sobrequés die Erklärung Companys' vom 6. Oktober 1934 im Jahr 1976 als »sehr natürlichen Versuch« darstellte, sich einer antirepublikanischen Zentralgewalt zu widersetzen, konnte dies als Vorschlag gelesen werden, erneut die Eigenstaatlichkeit Kataloniens auszurufen.[3] Selbst Terrorismus erschien als eine Option. Im Baskenland hatte sich 1959 in Gestalt der ETA (»Baskenland und Freiheit«) eine Organisation gegründet, die das Land mit terroristischen Attentaten erschütterte und im Laufe der folgenden 50 Jahre mehr als 800 Personen ermordete. Eine mit Blick auf Langlebigkeit, Anschlagsdichte und Akzeptanz in der Bevölkerung vergleichbare Organisation gab es in Katalonien nicht, wohl aber verschiedene kleinere, sich mehrfach fusionierende und wieder spaltende Gruppen, die auf Gewalt setzten. Terroristische Organisationen wie die »Katalanische Befreiungsfront« (*Front d'Alliberament de Catalunya*), EPOCA (*Exèrcit Popular Català*) oder die Gruppe »Freies Land« (*Terra Lliure*) verübten in den 1970er und 1980er Jahren mehr als 200 Anschläge, die neben Sachschäden viele Verletzte, aber auch Tote hinterließen. Mit gezielten Schüssen ins Knie (*kneecapping*) kopierten katalanische Terroristen Praktiken der IRA und ETA; Bomben, die an den Körpern der Opfer angebracht wurden, zerfetzten diese bei der Explosion.[4]

Derartige Verbrechen – auf die später zurückzukommen sein wird – stießen jedoch bei der katalanischen Bevölkerung auf eine solch einhellige Ablehnung, dass es dem katalanischen Terrorismus letztlich an gesellschaftlichem Rückhalt fehlte, der längerfristig erforderlich gewesen wäre. Die Opferzahlen sind weit von der Dimension der ETA-Opfer entfernt, zeigen aber gleichwohl, dass in den 1970er Jahren der Weg in die Gewalt auch in Katalonien nicht ausgeschlossen war.[5] Die überwältigende Mehrheit der

3 Brinkmann, Katalonien, S. 112.

4 Vgl. Enric Ucelay-Da Cal: Breve historia del separatismo catalán. Del apego a lo catalán al anhelo de la secesión, Barcelona 2018, S. 212-216, zu *Terra Lliure* siehe unten.

5 Vgl. u.a. Brinkmann, Katalonien, S. 133. Zur Anzahl der Todesopfer des katalanischen Terrorismus siehe unten.

Bevölkerung setzte hingegen auf friedliche Aktionen. Auch hier spielten kirchliche Institutionen eine wichtige Rolle: So organisierten die katalanischen Büros der internationalen katholischen Friedensbewegung Pax Christi diverse »Märsche für die Freiheit« in der Region.[6] In der gesellschaftlichen Wertehierarchie dominierte dabei keine Kampfstimmung, sondern der Wunsch nach Versöhnung. Als sich im Mai 1978 rund 15.000 Menschen vor der Kathedrale von Tarragona versammelten, um den sterblichen Überresten des Kardinals Vidal i Barraquer die Ehre zu erweisen, stand die Veranstaltung unter den Leitworten »Frieden« und »Versöhnung«.[7] Dabei kam es zu einer bemerkenswerten Übereinstimmung von Katholiken und Kommunisten. Hatten doch nicht zuletzt die spanischen und katalanischen Kommunisten, die sich nach 1956 vom Stalinismus abgewandt hatten, die »Versöhnung« zum essentiellen Bestandteil ihres politischen Programms gemacht, allen voran der inzwischen als Eurokommunist im In- und Ausland bekannte spanische KP-Vorsitzende Santiago Carrillo.

Es war dieser Wunsch nach Versöhnung, den Josep Tarradellas zum Ausdruck brachte, als er im Oktober 1977 nach fast 40 Jahren aus dem Exil zurückkehrte. Einer der ersten Wege führte den ehemaligen Generalsekretär der ERC, der 1954 im Exil zum Präsident der *Generalitat* gewählt worden war, zum Montjuïc, wo Tarradellas nicht nur die Gräber von Companys und Maciá, sondern auch den Ort besuchte, an dem die Franquisten ihre Gefallenen geehrt hatten.[8] Dass Tarradellas jetzt überhaupt in Barcelona auftreten konnte, war ein Coup des spanischen Regierungschefs Adolfo Suárez. Die »Operation Tarradellas« ist deshalb so symptomatisch, weil sie erstens die Spezifika der katalanischen Gesellschaft in Erinnerung ruft, zweitens die Bedeutung der »katalanischen Frage« für den gesamten Prozess der Transition erhellt und drittens die Rückwirkung der Madrider Entscheidungen auf die Entwicklung der katalanischen Politik erkennen lässt.[9]

Der 43 Jahre alte Adolfo Suárez war von König Juan Carlos im Juli 1976 mit den Regierungsgeschäften betraut worden, nachdem sein Vorgänger Carlos Arías Navarro die Erwartungen nach zügiger Umsetzung der Reformen nicht erfüllt hatte. Wie Arías Navarro war auch Suárez Teil des franquistischen Regimes gewesen. Als Generalsekretär des Movimiento, der

6 Ebd., S. 106.

7 Vgl. den Bericht: Emotivo recibimiento al »Cardenal de la pau«; in: *La Vanguardia*, 16.5.1978, S. 31.

8 Vgl. El president anà a Tarragona; in: *AVUI*, 29.10.1977, S. 5; Brinkmann, Katalonien, S. 121.

9 Dazu siehe vor allem Carme Molinero/Pere Ysàs: La cuestión catalana. Cataluña en la transición española, Barcelona 2014.

von Franco 1937 geschaffenen Einheitspartei aus Falangisten und Karlisten, hatte Suárez keine unbedeutende Position innegehabt. Aber gemeinsam mit Juan Carlos repräsentierte er den Willen zum Wechsel. Entsprechend war es jetzt die Aufgabe von Suárez, die Demokratisierung Spaniens voranzutreiben, wofür er einerseits die reformbereiten Kräfte koordinieren und andererseits die früheren Befürworter der Diktatur einbinden wollte. Die größte Skepsis hegten Letztere gegenüber den Kommunisten und allen Strömungen, die die Einheit Spaniens gefährden konnten. Mit beiden Phänomenen war Adolfo Suárez in Katalonien konfrontiert. Im restlichen Spanien erwies sich die Legalisierung der Kommunisten als risikolos: Bei den ersten freien Wahlen für eine verfassunggebende Versammlung im Juni 1977 erhielten sie nur 9,3 Prozent der Wählerstimmen gegenüber 34,4 Prozent für die von Adolfo Suárez gegründete Mitte-Rechts-Partei *Unión del Centro Democrático* (UCD) und 29 Prozent für die Sozialisten.[10] In Katalonien sah die Lage anders aus: Hier schnitten nicht nur die Sozialisten mit 28 Prozent, sondern auch die Kommunisten mit 18 Prozent bemerkenswert gut ab. Das Ergebnis kam für Suárez überraschend, da seiner Partei, hier nur viertstärkste Kraft, zuvor ein deutlicher Sieg auch in Katalonien vorausgesagt worden war.[11] Der Wahlsieg der katalanischen Linken lässt sich nicht zuletzt mit der breiten Wertschätzung erklären, die die regionale kommunistische Partei PSUC bei den Katalanen genoss. War es dieser doch gelungen, einerseits die heimischen und zugezogenen Arbeiter für sich zu mobilisieren, und andererseits auch Verbindungen zu den Katholiken und den Nationalisten dadurch herzustellen, dass sich die Kommunisten die Forderungen nach Autonomie angeeignet und sich seit 1956 explizit zur Demokratie bekannt hatten. Diese breite Anschlussfähigkeit hatte dem PSUC in der *Assemblea de Catalunya* eine Führungsrolle eingetragen und sollte sich bei der ersten freien Parlamentswahl seit 1936 bezahlt machen. Doch ein »rotes Katalonien«[12] stellte nicht nur für den bürgerlichen Nationalismus, sondern auch für Suárez ein Problem dar, das zum Handeln nötigte. Die »katalanische Frage« rückte daher unmittelbar nach diesen Wahlen im Sommer 1977 ins Zentrum der spanischen Politik.[13] In den folgenden Mo-

10 Gobierno Español Ministerio Interior: Consulta de Resultados Electorales Junio 1977: http://www.infoelectoral.mir.es/infoelectoral/min/busquedaAvanzadaAction.html;jsessionid=B879930404B96D84F09DF8803BAA1A51 (13.12.2020).

11 So in der Zeitung *La Vanguardia*: Constitución: Una palabra común en el debate político; in: *La Vanguardia*, 10.6.1977, S. 10; vgl. auch Molinero/Ysàs, Cuestión, S. 170.

12 Zur Angst vor einem »país catalán rojo« vgl. Molinero/Ysàs, Cuestión, S. 173.

13 Molinero/Ysàs, Cuestión, S. 169, 338.

naten gerieten einige Dinge ins Rollen, die für die Entwicklung des katalanischen Autonomiestatuts, der katalanischen Parteienlandschaft und die territoriale Struktur des künftigen spanischen Staates wegweisend werden sollten.

Offenbar hielt Suárez die Kommunisten für bedrohlicher als den Nationalismus (zumal ja auch die katalanischen Kommunisten nationalistische Forderungen stellten), jedenfalls setzte er nun auf die Rückkehr von Tarradellas. Durch die Rückkehr des einstigen Präsidenten der *Generalitat* sollte einerseits den nationalistischen Forderungen der Wind aus den Segeln genommen werden, zugleich aber der Linksruck in der katalanischen Politik aufgehalten oder gar rückgängig gemacht werden. Mit Jordi Pujol, der mit der von ihm 1974 gegründeten *Convergència Democrática de Catalunya* für eine bürgerlich-linke Politik stand, war sich Suárez einig, dass eine katalanische Volksfront an der Spitze der *Generalitat* nicht wünschenswert sei.[14] Sehr viel lieber hätte die Regierung Suárez mit Pujol selbst verhandelt, aber dessen Partei hatte weniger Stimmen erhalten als erhofft.[15] Inwieweit Tarradellas ein auch für das Projekt der Transition vorteilhafter Präsident der *Generalitat* sein könnte, hatte Suárez im Vorfeld mit Hilfe des Geheimdienstes herauszufinden versucht und sich zudem von Tarradellas versichern lassen, dass dieser im Gegenzug zur sofortigen Wiedereinsetzung der *Generalitat* bereit wäre, die Monarchie und die Einheit Spaniens zu akzeptieren.[16] So wie der Sozialist Felipe González wegen seiner Kompromissbereitschaft gegenüber der Krone das Wohlwollen von Suárez genoss, so profitierte auch Tarradellas von seiner Akzeptanz der Monarchie. Für die Zukunft der Reformen in Spanien sah Adolfo Suárez keine Alternative zu einer engen Zusammenarbeit mit Juan Carlos. Schließlich galt es die Militärs im Zaum zu halten, die in der Übergangszeit de facto die Macht in Händen hielten und sich ausschließlich dem König als ihrem Oberbefehlshaber verpflichtet fühlten. Nur dessen demokratische Haltung schien ihren Unmut gegenüber Kommunisten und peripheren Nationalisten einhegen zu können. Dies erklärt, warum die damalige spanische Regierung alles unternahm, republikanische Tendenzen auszubremsen. So wurde zwar die kommunistische Partei, nicht aber die eindeutig republikanisch gesonnene ERC noch vor den Wahlen von 1977 zugelassen. Anders als Heribert Bar-

14 Vgl. Jordi Pujol: Memorias (1930-1980). Historia de una convicción, Barcelona 2007, S. 305.

15 Zur Hoffnung auf Jordi Pujol siehe Molinero/Ysàs, Cuestión, S. 128.

16 Suárez hatte seinen Vertrauten, den Chef des Geheimdienstes der Regierung, Andrés Cassinello, im November 1976 zu einem Gespräch mit Tarradellas reisen lassen. Vgl. Molinero/Ysàs, Cuestión, S. 127.

rera, der die ERC innerhalb Spaniens vertrat, ließ sich Tarradellas – ähnlich wie Felipe González – auf den Kompromiss einer monarchischen Staatsform ein. So wurde dank Tarradellas aus Juan Carlos auch der »König der Republikaner«.[17] Zudem versprach Tarradellas, dass seine Autorität die verhärteten Fronten auflockern und die *Generalitat* die Kollisionen zwischen Katalonien und dem Rest Spaniens beenden würde.[18] Nachdem Tarradellas Ende Juni zu einem Gespräch mit Adolfo Suárez und Juan Carlos nach Madrid geladen worden war, beruhigte die konservative Zeitung *ABC* ihre Leser: »Die Einheit Spaniens wird nicht durch die katalanische Autonomie gefährdet. Das hat Josep Tarradellas mit seinem Besuch beim König und den Verhandlungen mit dem Regierungschef zeigen wollen.«[19]

Juan Carlos und Adolfo Suárez waren keineswegs sofort bereit, die historische Institution der *Generalitat* zuzulassen, mussten aber in den Gesprächen mit Tarradellas erkennen, dass er diesbezüglich nicht mit sich handeln ließ. Auch setzten die 1,5 Millionen Katalanen ein unübersehbares Zeichen, die zur *Diada* am 11. September 1977 in den Straßen Barcelonas zusammengekommen waren, um für »Freiheit, Amnestie und Autonomie« zu demonstrieren. Keine drei Wochen später, am 29. September 1977, rief die Regierung daraufhin die *Generalitat* wieder provisorisch ins Leben, und im Oktober kehrte Tarradellas als deren Präsident nach Barcelona zurück. Suárez zelebrierte die Rückkehr als Beginn eines neuen Prozesses, in dem erstmals seit Jahrhunderten die »katalanische Tatsache« (*el hecho catalán*) von Regierung, Monarchie und Katalonien gemeinsam behandelt werde, und zwar »ohne Leidenschaften, ohne Zusammenstöße, ohne Gewalt«.[20] Dies war kaum mehr als ein frommer Wunsch: Während die Attentate der ETA in den nächsten Jahren zunahmen, blieben auch die Zusammenstöße mit den katalanischen Nationalisten nicht aus. Gleichwohl drückten diese Worte die Hoffnung aus, die die Regierung in Madrid mit den Zugeständnissen an die Katalanen verknüpfte. Tarradellas feierte seinerseits nach 38 Jahren im Exil den Höhepunkt seiner Macht. Sein vermeintlich lapidarer,

17 Ucelay-Da Cal, Breve historia, S. 187.
18 So das Protokoll des Gespräches zwischen Tarradellas und Cassinello, wiedergegeben in Alfonso Osorio: Trayectoria política de un ministro de la Corona, Barcelona 1980, S. 321 f.
19 José Mario Armero: Mi conversación con Tarradellas; in: ABC, 3.7.1977.
20 Text der Erklärung: Tarradellas: »Prometo por mi conciencia y honor cumplir fielmente las obligaciones de mi cargo«; in: *La Vanguardia*, 25.10.1977, S. 7 f.: http://hemeroteca.lavanguardia.com/preview/1977/10/25/pagina-7/33787070/pdf.html (11.12.2020).

bald legendärer Satz »Ja sóc aquí« (Ich bin wieder da), vom Balkon des Palastes der *Generalitat* in die Menge gerufen, wurde frenetisch bejubelt.

Zurückhaltender reagierten die katalanischen Politiker, hatte doch der Schachzug der Madrider Regierung dazu geführt, dass diejenigen katalanischen Parteien, die durch die Wahlergebnisse eigentlich die Entscheidungen hätten treffen sollen, weitgehend umgangen wurden. Zudem waren die Kompetenzen des Präsidenten vorläufig begrenzt und erinnerten eher an die *Mancomunitat* von 1914 als an das Autonomiestatut von 1932. Doch lag die eigentliche Bedeutung in der Symbolkraft der Wiedereinsetzung der *Generalitat*. Zum einen war es in Katalonien damit zu einem klaren Bruch mit dem franquistischen Regime gekommen. Zum anderen wurde die historische Sonderrolle Kataloniens anerkannt und damit der Weg vorgegeben, den die Debatten über die territoriale Organisation Spaniens in den verfassunggebenden Cortes nach den Wunschvorstellungen der Katalanen nehmen könnten.

Immerhin verliefen die Gespräche um die Wiedereinsetzung der *Generalitat* parallel zum Beginn der Debatten über eine neue Verfassung. Auch wenn Suárez noch so betonen mochte, dass mit der *Generalitat* kein Präjudiz geschaffen worden sei, ließen sich die Erwartungen der Katalanen bezüglich eines neuen Autonomiestatuts nun nicht mehr einhegen. De facto – und das machte die Maßnahme zu einer der »gewagtesten Entscheidungen«[21] der Regierung Suárez – wies dieser Weg in den »Autonomiestaat«. Das lag schon deshalb nahe, weil das Zugeständnis gegenüber Katalonien dazu führte, dass andere Regionen ähnliche Wünsche formulierten. So wurde Anfang Januar 1978 ein baskischer Generalrat eingerichtet. Dass diese beiden Regionen, die schon in den 1930er Jahren Selbstvertretungen gehabt hatten, frühzeitig in den Genuss solcher Zugeständnisse kommen sollten, war bereits Ende 1976 absehbar, als die spanische Regierung erste Gespräche mit Präsidenten bzw. Exilpräsidenten aufgenommen hatte. Aber nun dachten auch Repräsentanten von solchen Landesteilen über die Vorteile einer Autonomielösung nach, die bislang nicht zu den »historischen Regionen« gezählt wurden. Dass die Nationalisten in Katalonien und im Baskenland Privilegien beanspruchten, provozierte einen »induzierten Regionalismus«,[22] indem plötzlich auch

21 So der Rechtswissenschaftler und ehemalige Richter am spanischen Verfassungsgericht (1980-1992) Francisco Rubio Llorente: Der verfassunggebende Prozeß; in: Walther L. Bernecker/Carlos Collado Seidel (Hg.): Spanien nach Franco. Der Übergang von der Diktatur zur Demokratie 1975-1982, München 1993, S. 127-149, S. 136.

22 Andreas Hildenbrand: Das Regionalismusproblem; in: Walther L. Bernecker/Carlos Collado Seidel (Hg.): Spanien nach Franco. Der Übergang von der Diktatur zur Demokratie 1975-1982, München 1993, S. 104-126, S. 106.

andere Regionen eine regionale Autonomie beanspruchten. So gingen rund 800.000 Valencianer an ihrem »Nationaltag«, dem 9. Oktober 1977, für eine Autonomie auf die Straße, hinter denen wiederum die Andalusier nicht zurückbleiben mochten: Am *Día de Andalucía*, dem 4. Dezember 1977, demonstrierte rund eine Million Andalusier für ihre Autonomie. Der andalusische »Regionalismus der Unterentwicklung«[23] speiste sich weniger aus einem historischen Sonderbewusstsein als vielmehr aus der Furcht, wirtschaftlich abgehängt zu werden. Gezielt schürte die sozialistische Partei Andalusiens Ressentiments, wonach die Region von Madrid, Barcelona und Bilbao ausgebeutet werde.[24] Auch Andalusien zählte am Ende zu den insgesamt 13 Präautonomien, die bis zum Oktober 1978, also noch bevor die Spanier über ihre Verfassung abgestimmt hatten, eingerichtet wurden.

Es zeichnete sich also ab, dass das von Katalonien und dem Baskenland präferierte Modell einer Privilegierung der »historischen Regionen« nicht einfach durchzusetzen sein würde, auch wenn die Madrider Regierung kurzfristig damit geliebäugelt hatte. So forderte der von der Madrider Regierung als Minister für die Beziehungen mit den Regionen eingesetzte gebürtige Sevillaner Manuel Clavero Arévalo eine einheitliche Option für alle Regionen – unter dem von ihm geprägten Motto: »Kaffee für alle« (*Café para todos*).[25]

Die Vorstellungen über die künftige spanische Verfassung reichten somit von Optionen für einen Zentralstaat über eine bundesstaatliche Lösung in Gestalt einer Sonderstellung der Regionen, die sich wie Katalonien, das Baskenland und Galizien als eigenständige Nationen verstanden, bis zu Forderungen, Sonderregelungen für alle Regionen einzuführen. Die jeweils damit verbundenen Vorstellungen von der eigenen »Nation« waren nicht zur Deckung zu bringen. Da aber nationale Konzepte stets mit Identitätsfragen verknüpft sind, lassen sich Kompromisse auf diesem Feld schwer herstellen und vermitteln. Dies zeigte sich in den parlamentarischen Debatten über die territoriale Organisation des künftigen spanischen Staates. Rechte Parteien wie die *Alianza Popular* (AP) votierten für einen Zentralstaat. Sozialisten und Kommunisten traten für ein föderales Staatsmodell und die Schaffung flächendeckender autonomer Gemeinschaften mit klaren Kompetenzen ein. Dem widersetzten sich die katalanischen und baskischen

23 Ebd.
24 Ebd., S. 107.
25 Vgl. Francisco Castillo Arenas: El Partido Social Liberal Andaluz, un »toque regionalista« para la Unión de Centro Democrático; in: Ambitos. Revista de Estudios de Ciencias Sociales y Humanidades de Córdoba, 8 (2002), S. 136-142, S. 141.

Nationalisten, die für die »historischen Nationalitäten« eine Sonderstellung verlangten, denn nur diesen stünde eine politische, den anderen Regionen allenfalls eine administrative Autonomie zu. Die konservative Partei von Adolfo Suárez, die UCD, ließ sich schließlich aus machttaktischen Gründen darauf ein, den Forderungen der katalanischen Nationalisten entgegenzukommen.[26] Gerade diese Verbindung aus UCD und Nationalisten führte dazu, dass der ursprünglich föderal angelegte Verfassungsentwurf mit eindeutigen Kompetenzzuweisungen in den weiteren Verfassungsdebatten an Kontur verlor. Prioritär für die spanischen Verfassungsväter war die Suche nach einem Konsens, den die Vertreter aller Parteien mittragen könnten. Entsprechend setzte sich die mit der Redaktion des Verfassungsentwurfs beauftragte Kommission nicht etwa nur aus Vertretern der regierenden Partei, sondern aus sieben Politikern zusammen, die das gesamte Parteienspektrum von den Kommunisten bis zur *Alianza Popular* abbilden sollten. Nur die baskischen Nationalisten waren nicht vertreten, weil der Katalane Miquel Roca i Junyent den Auftrag hatte, sich sowohl für die katalanischen als auch die baskischen Minderheiten einzusetzen. Da sich die drei Vertreter der UCD das Anliegen der Nationalisten zu eigen machten, ließen sich die sozialistischen Vorstellungen einer einheitlichen Föderalisierung nicht durchsetzen. Derartige Zugeständnisse an die Nationalisten aber lösten in der rechten Presse eine Kampagne aus, die sich am Begriff der »Nationalitäten« (*nacionalidades*) entzündete. Ehemalige Franquisten fürchteten einen Angriff auf die Einheit des Staates bzw. eine Förderung des Separatismus, wenn Katalonien oder dem Baskenland eingeräumt würde, »Nationalitäten« zu sein. Dabei wurden Ängste reaktiviert, die bereits in der Debatte des Autonomiestatuts im Jahre 1931/32 eine Rolle gespielt hatten.

Die Konflikte wurden schließlich dadurch gelöst, dass man sich erst in der Redaktionskommission und dann im spanischen Parlament auf einen Verfassungstext einigte, der vage und widersprüchlich blieb. Katalonien, dem Baskenland und Galicien wurde ein privilegierter Weg zur Autonomie zugesagt, allen anderen Regionen ebenfalls ein – wenn auch mühsamerer – Weg zur Autonomie in Aussicht gestellt. Den ehemaligen Franquisten zuliebe wurde der Begriff »Nationalitäten« weitgehend aus dem Text gestrichen. Die Ausnahme bildete der Artikel 2 der Verfassung, der Jahrzehnte später aufgrund seiner Widersprüchlichkeit explosive Kraft entfalten sollte, denn hier wurde einerseits die »unauflösliche Einheit der spanischen Nation« beschworen, zugleich aber anerkannt, dass es innerhalb der spanischen

26 Hildenbrand, Regionalismusproblem, S. 112 f.

»Nation« »Nationalitäten« und »Regionen« gebe, die das Recht auf Autonomie besäßen. Was das eine vom anderen unterschied, blieb offen. Dass es in Spanien verschiedene nationale Zugehörigkeitsempfindungen gab, war allen Beteiligten klar. Auch die meisten Parteien hatten damit keinerlei Schwierigkeiten. Wirklich heikel aber blieb die Frage des Verhältnisses dieser verschiedenen nationalen Konzepte zueinander: Waren die Nationen als gleichwertig zu verstehen, oder war ihr Verhältnis zueinander hierarchisch?

Die Vorstellung der »Nation aus Nationen« wurde zwar eigentlich von der Mehrheit der Abgeordneten der Cortes geteilt.[27] Doch wurde diese Formulierung im Verfassungstext vermieden, um keine Gleichwertigkeit der Nationen zu suggerieren. Einer solchen hätten sich die ehemaligen Franquisten strikt widersetzt, denen die Einheit Spaniens als ebenso »heilig« wie »unzerstörbar« galt. So konnte die sprachliche Unterscheidung zwischen der einen »spanischen Nation« und den »Nationalitäten« von den Verfechtern der nationalen Einheit als Hinweis auf ein hierarchisches Gefälle gelesen werden: Mochten die Katalanen oder Basken ihre regionalen Identitäten pflegen, so blieben diese letztlich der nationalen Bindung an Spanien untergeordnet. Doch selbst die Verfechter des *Café para todos* konnten zufrieden sein, schließlich eröffnete die Verfassung nicht nur den historischen Nationalitäten, sondern auch anderen Provinzen den Weg in eine Autonomie, auch wenn für sie ein kompliziertes Verfahren vorgesehen war. Welche Kompetenzen die Autonomen Gemeinschaften letztlich übernehmen sollten, war in der Verfassung nicht festgelegt und blieb den Bestimmungen der Autonomiestatute vorbehalten. Dies wiederum bot den »historischen Regionen« eine attraktive Perspektive, schließlich setzten sie darauf, in den Aushandlungen der Autonomiestatute möglichst viele Zugeständnisse zu erlangen. Die Vagheit der Formulierungen bot eine Steilvorlage für spätere Neujustierungen. Schon weil die Verfassung diese unterschiedlichsten Lesarten ermöglichte, stieß sie auf breite Resonanz.[28] Darüber hinaus dürfte zu ihrer Popularität beigetragen haben, dass nationale Identitäten nicht immer manifest oder konfliktträchtig sind. Im Alltag bzw. in nichtnationalen Konfliktkonstellationen treten sie als relevante Bezugsgrößen oftmals bis zur Belanglosigkeit zurück. Pieter Judson hat diesen Mechanismus als »national indifference« im Alltag bezeichnet.[29]

27 Vgl. Molinero/Ysàs, Cuestión, S. 341; zum Konzept der »Nation aus Nationen« vgl. auch Nuñez Seixas, Nation, S. 166.
28 Zur Verfassung von 1978 vgl. Birgit Aschmann/Christian Waldhoff (Hg.): Die Spanische Verfassung von 1978. Entstehung – Praxis – Krise?, Münster 2020.
29 Judson, Nationalism and Indifference.

Die enorme Zustimmung, die die Verfassung in Katalonien erfuhr, dürfte auch dadurch zu erklären sein, dass für viele Katalanen in dieser Zeit der Übergang zur Demokratie im Vordergrund stand, während die Frage der katalanischen Nationalität entweder eine geringere Rolle spielte oder durch die Kombination von implementierter *Generalitat* und in Aussicht gestellter Autonomie weitgehend positiv beantwortet schien. Auch die Wahlergebnisse der Parlamentswahl 1977 innerhalb Kataloniens lassen darauf schließen, dass die überwiegende Mehrheit zu diesem Zeitpunkt die nationale Frage nicht für prioritär hielt: Nur die CDC von Jordi Pujol (mit 18 Prozent) und die christdemokratische UDC (5 Prozent) waren katalanistische Parteien, während die Sozialisten und die Kommunisten neben den Verbundenheitsgefühlen mit den Katalanen immer noch alternative landesweite Kooperationen und universale Ziele verfolgten. Die UCD von Suárez (17 Prozent) und die ehemaligen Franquisten der *Alianza Popular* (3 Prozent) standen ohnehin für einen spanischen Nationalismus. Somit hatte weniger als ein Viertel der Katalanen seine Stimme für eine katalanistische Partei gegeben. (Für die ERC konnten deshalb keine Stimmen abgegeben werden, weil sie – als eine Partei, die sich dezidiert für eine Republik einsetzte – noch nicht wieder zugelassen worden war.[30]) Nur wenig später zeigten sich die Katalanen sogar noch überzeugter von der neuen spanischen Verfassung als der Durchschnitt der Spanier. In dem Referendum von 1978 hatten 90,5 Prozent der Katalanen für die Verfassung gestimmt (bei einer Wahlbeteiligung von 68 Prozent), während die Zustimmungsrate im gesamten Land bei 88 Prozent lag.[31]

Gleichwohl barg der anschlussfähige, aber zu widersprüchlichen Lesarten einladende Text Risiken, die allerdings erst Jahrzehnte später deutlich erkennbar wurden. In der Separatismuskrise des Jahres 2017 war – wie weiter unten ausgeführt werden wird – der Artikel 2 der spanischen Verfassung ein Schlüsseltext. Angelegt waren die Spannungen jedoch von Beginn an. Die größte Sprengkraft enthielt die Frage, ob nationale Gefühle sowohl

30 Vgl. Joan B. Culla: Esquerra Republicana de Catalunya 1931-2012: una historia política, Barcelona 2013; José Antonio Castellanos López: Esquerra Republicana de Cataluña durante la Transición democrática: El proceso hacia su legalización como partido político; in: Espacio, Tiempo, Forma, 28 (2016), S. 215-233: http://revistas.uned.es/index.php/ETFV/article/view/15851 (11.12.2020); vgl. Ucelay-Da Cal, Breve historia, S. 192.

31 Abdruck der Ergebnisse des Referendums vom 6.12.1978 in: Andreu Mayayo i Artal: La ruptura con el franquismo; in: Birgit Aschmann/Christian Waldhoff (Hg.): Die Spanische Verfassung von 1978. Entstehung – Praxis – Krise?, Münster 2020, S. 43-56, S. 56.

für die spanische als auch für die katalanische Nation abgerufen werden konnten. Das aber setzte voraus, dass sich im nachfranquistischen Katalonien ein solches »Nationalgefühl« überhaupt entwickeln konnte. Sowohl das politische Engagement einzelner Akteure oder Parteien als auch einiger zivilgesellschaftlicher Institutionen lässt sich als eine »Arbeit am Gefühl« verstehen, deren Ziel es war, ein solches »Nationalgefühl« zu fördern.

## 2. »Opfergemeinschaft«. Katalanisches Selbstbewusstsein in der Transition

Bemühungen einzelner Politiker und zivilgesellschaftlicher Organisationen, ein Nationalgefühl zu schüren, hatten schon in den 1960ern eingesetzt. Besonders aktiv waren Jordi Pujol und das von privaten Unternehmern 1961 gegründete Kulturinstitut *Òmnium Cultural*. Die Initiativen zielten darauf, das Katalanische gegenüber dem Kastilischen zu stärken und in Schule und Alltag sichtbar zu machen. 1976 wurde *Avui* als erste Tageszeitung in katalanischer Sprache zugelassen. Damit erhielt der Katalanismus sein Sprachrohr in die eigene Community hinein. Von besonderer Bedeutung während der Transition war die katalanische Geschichtspolitik: Ein von spanischen Narrativen abweichender Blick auf Republik, Bürgerkrieg und Franquismus sollte der kognitiven und emotionalen Abgrenzung von Spanien dienen. So wurde, anders als im übrigen Spanien, wo die Zweite Republik wegen der Instabilität und Gewaltausbrüchen als weitgehend diskreditiert galt, in Katalonien die Erinnerung an die Jahre zwischen 1931 und 1939 hochgehalten. Schließlich hatten sich in dieser Zeit mit dem Autonomiestatut von 1932 langjährige Forderungen des Katalanismus erfüllt. Darüber hinaus wurde aus der erstmaligen Proklamation der Republik in Barcelona eine Vorreiterrolle Kataloniens im Prozess der Demokratisierung abgeleitet.[32] So pries Taradellas in der ersten Nummer der Geschichtssonderhefte *Documents* im Herbst 1976 das entschlossene Auftreten von Macià und Companys.[33] Diese Zeitschriftenreihe, die in populärer Form die Geschichte der *Generalitat* von 1932 bis 1938 erzählte, war Teil eines breiten Spektrums von Publikationen, die in dieser Umbruchzeit ein spezifisches Geschichtsbild begründeten. Dazu zählten die damaligen Ausgaben der 1959 gegründeten Kulturzeitschrift *Serra d'Or* ebenso wie die 1977 ins Leben gerufene Geschichtszeitschrift *L'Avenç*. Übereinstimmend wurde in diesen Organen das neuerliche Streben nach einem Autonomiestatut mit Verweis auf jenes von

32 Vgl. Brinkmann, Katalonien, S. 110.
33 Siehe ebd.

1932 legitimiert. Insbesondere die Person Macià und sein beherztes Engagement für die »katalanische Republik« wurden als Identifikationsangebote aufbereitet. Ein Spendenaufruf für ein Denkmal Maciàs aus dem Januar 1977 trug innerhalb weniger Monate über fünf Millionen Peseten ein.[34] Der 14. April wurde als Tag der Proklamation der Republik zu einem gern gewählten Datum, um Forderungen nach politischer Eigenständigkeit zu stellen und das mit Tarradellas Erreichte als ungenügend zu kritisieren.[35]

Auch das lange Zeit eher trübe Bild von Companys wurde jetzt poliert und in ein strahlendes Licht getaucht. Besonders elastisch zeigten sich dabei die bürgerlichen katalanistischen Parteien. Hatten die Vertreter der *Lliga* während und nach dem Bürgerkrieg den früheren Präsidenten der *Generalitat* noch hart dafür kritisiert, dass er den Straßenterror gegen Bürgerliche, Katholiken, Unternehmer und Kleriker nicht hatte verhindern können, initiierten CDC und UDC im Oktober 1976 anlässlich seines Todestages eine Zeremonie an seinem Grab und warben mit Flugblättern für die Teilnahme. Es war eine kuriose Kehrtwende in der Erinnerungskultur: Die Opfer der vormals eigenen Formationen traten in den Hintergrund, selbst von Vertretern der Kirche wurde das Schicksal der ermordeten Kleriker weitgehend verdrängt. Stattdessen dominierte der erinnerungspolitische Schulterschluss mit den Erben der ERC zugunsten eines gemeinsamen katalanistischen Opfernarrativs. Es war Companys, der nun partei- und lagerübergreifend die Märtyrerrolle übernehmen sollte.[36] Heroisierende Erzählungen wurden mit emotionalisierenden Elementen angereichert, so etwa in dem Spielfilm »Companys, procés a Catalunya«, der 1979 in die Kinos kam. Diese von Historikern, Filmemachern und Politikern konzertiert geleistete Arbeit am Mythos war zugleich eine Arbeit an der katalanischen *emotional community*.

Eine Schlüsselrolle bei dieser Entwicklung katalanistischer Narrative spielte der Historiker Josep Benet. Der ehemalige Christdemokrat und spätere Kommunist trug mit seinen 1978 publizierten, mit viel Pathos ausgeschmückten Darstellungen des Todes von Companys dazu bei, aus diesem einen katalanischen Märtyrer zu machen.[37] Als sich die CDC dafür recht-

34 Siehe Subirachs, Escultura, S. 103.

35 Vgl. die Artikel in *Avui*, beispielsweise: El 14 d'abril del 1931; in: *Avui*, 14.4.1978, S. 3; siehe auch Brinkmann, Katalonien, S. 111.

36 Vgl. u.a. Lluís Crusellas: Lluís Companys, el seu martiri; in: L'Avenç, 21 (1979), S. 6-16.

37 Josep Benet: La mort de Lluís Companys; in: ders.: Desfeta i redreçament de Catalunya, Barcelona 1978, S. 33-45; später erneut ders.: Exili i mort del president Companys, Barcelona 1990; ders.: El president Companys, afusellat, Barcelona

fertigen musste, dass auch sie sich dieses verkürzte Companys-Bild zu eigen machte, antwortete die Parteileitung, es gelte »die Spuren des Bürgerkriegs positiv zu tilgen«.[38] »Positiv« konnte in diesem Zusammenhang nur heißen: Zugunsten einer katalanistischen Zukunft, die nur gemeinsam erstritten werden könne, müsse alles unterlassen werden, was partikulare Emotionsgemeinschaften generierte. Dafür aber bedurfte es einer Umkodierung von »Freund« und »Feind«. Sämtliche innerkatalanistischen Feindbilder wurden verdrängt, damit Katalonien angesichts eines vermeintlich gemeinsamen äußeren Feindes als homogene Gemeinschaft konstruiert werden konnte. Diese Konstruktion verlief unter Einsatz vermeintlich rationaler Strategien, die Integration und Exklusion anhand klarer Zuweisung von positiven und negativen Emotionen erzeugten: So habe das »böse« Franco-Regime die »guten«, friedfertigen Katalanen unterdrückt, und die »katalanische Oase« sei von außen zerstört worden. Die Schilderung des Kriegsbeginns von Josep Benet entsprach genau dieser Strategie, obwohl sie damit denkbar weit von der historischen Realität entfernt war: »Wir, die Katalanen, können nicht vergessen, daß Katalonien der Krieg von 1936 bis 1939 aufgezwungen worden ist. Im autonomen Katalonien herrschte am Vorabend des 18. Juli 1936 kein Bürgerkriegsklima. Das autonome Katalonien im Frühjahr des Jahres 1936 […] wurde wegen des Friedens und der Ordnung, die dort im Vergleich zum restlichen spanischen Staatsgebiet herrschten, als katalanische Oase, als Oase der Republik bezeichnet.«[39] Diese verharmlosende Darstellung war brüchig und setzte voraus, dass beide vormals gegnerischen Lager bereit waren, die eigenen Opfer der innerkatalanischen Konfrontation zurückzustellen. Als die CNT, die sich in der Transition nur kurzfristig zu erholen schien, 1980 an die Revolution und Repression der eigenen Bewegung erinnerte, kritisierten das die Vertreter der UDC als Grenzüberschreitung, schließlich seien die durch Anarchisten begangenen Morde und Plünderungen eine »Schande« gewesen.[40] Derartige Eruptionen konträrer Erinnerungsnarrative zeigen, dass die Durchsetzung einer weitgehend einheitlichen Sichtweise auf den Bürgerkrieg – als Angriff auf die gesamte katalanische Gesellschaft und Politik – keineswegs selbstverständlich war. Vielmehr stellte diese Interpretation das Resultat gezielter Anstrengungen Einzelner dar, die umso besser wirken konnten, als den Katalanisten eine innerkatalanische Versöhnung wichtiger war als eine gesamtspanische

2005 bzw. die spanische Ausgabe: Lluís Companys, presidente de Cataluña, fusilado, Barcelona 2005.

38 Vgl. CDC Informations, 15.11.1976; zitiert in Brinkmann, Katalonien, S. 113.

39 So Benet, Desfeta, S. 11f; zitiert von Brinkmann, Katalonien, S. 120.

40 Vgl. Nova Veu, Nr. 61, August 1980, so bei Brinkmann, Katalonien, S. 124.

Eintracht. Diese innerkatalanische Versöhnung aber profitierte von der Externalisierung und Diskreditierung »der Franquisten«.

Indem Josep Benet die Herrschaftstechniken der Franquisten als »kulturellen Genozidversuch« bezeichnete, ging es ihm nicht allein um die Vermittlung von Informationen, sondern – anknüpfend an die grundlegenden Debatten über Völkermord im 20. Jahrhundert – auch darum, Emotionen wie Empathie mit den Opfern und Abscheu gegenüber den Tätern zu schüren und dadurch die Menschen zu Positionierungen zu nötigen.[41] Die wiederholten Hinweise auf die »Verfolgung« der Katalanen waren umso brisanter, als dadurch der Schluss nahegelegt wurde, dass sich die Unterdrückung nicht allein auf die Franquisten bezog, sondern als Charakteristikum der spanisch-katalanischen Beziehungen insgesamt verstanden werden konnte. Die geschichtspolitischen Initiativen dieser Zeit sind in einen solchen Kontext einzuordnen. Die Kampagne von Pujols CDC zur Zurückeroberung der eigenen Geschichte (*Recuperem la nostra història*) knüpfte an die schon 1963 laut gewordene Forderung nach Rückkehr der katalanischen Denkmäler (*Volem les nostres estàtues!*) an. Dabei war es insbesondere um das Monument von Rafael Casanova gegangen, der 1714 die Verteidigung Barcelonas gegen das spanisch-französische Heer angeführt hatte. Anlässlich des 250. Jahrestages forderten die Katalanen nun die Statue zurück und riefen zu einer Großkundgebung an der Ronda de Sant Pere auf, wo sich das Monument vor der Entfernung durch die Franquisten befunden hatte. Die Demonstration war untersagt worden, unter anderem weil das Franco-Regime 1964 »25 Jahre Frieden« feiern wollte und das Gedenken an den Kriegszug gegen Barcelona nicht ins Bild passte. Die Katalanisten zeigten sich unbeeindruckt und appellierten an die »Leidenschaft«, die noch nicht besiegt sei. Tatsächlich kamen zu der größten illegalen Demonstration während des Franquismus am 11. September 1964 fast 4000 Menschen zusammen.[42] Damit waren zwei Traditionsstränge zusammengeführt worden: Die frühere Erinnerungstradition an die *Diada* sowie die Bereitschaft vieler Katalanen, den politischen Willen durch performative Inszenierungen auf die Straße zu bringen. Beides erlangte in der Zeit der Transition weichenstellende Bedeutung. Einerseits wurden zügig Maßnahmen ergriffen, um das Stadtbild zu re-katalanisieren. Straßen, die im Franquismus umbenannt worden waren, sollten ihre alten Namen erhalten und die früheren Denkmäler sollten zurückkehren. 1976 verlangte die Führung der CDC die

41 Vgl. Benet, Catalunya sota; ders., L'intent franquista.

42 Vgl. Brinkmann, Katalonien, S. 101; Joan Crexell: El monument a Rafael Casanova, Barcelona 1985, S. 121 f.

Rückgabe des so hoch symbolisch und emotional aufgeladenen Casanova-Denkmals. Der abschlägige Bescheid und die Untersagung einer Kundgebung am 11. September hatten kontraproduktive Wirkung, denn nun wurde Casanova mehr als je zuvor zur Symbolfigur des Kampfes der Katalanen um ihre »Freiheit«. Im September 1977 sammelten sich um das im Mai schließlich doch wieder errichtete Denkmal rund eine Million Katalanen.[43] Noch nie hatte es in Spanien eine solche Massenkundgebung gegeben.

Die Katalanen gaben damit den Forderungen nach der Einsetzung der *Generalitat* den ultimativen Rückhalt. Zugleich aber zeigte sich hier das Mobilisierungspotential des katalanischen Nationalismus, das allen Beteiligten das Gefühl von Zusammengehörigkeit und seinen Organisatoren ein Gefühl der Stärke vermittelte. Diese emotionale Erfahrung wirkte weit über die Einsetzung der *Generalitat*, die spanische Verfassung und die Unterzeichnung des Autonomiestatuts von 1979 hinaus.

## 3. »Construir Catalunya«. Der Pujolismo und die »Sensibilisierungspolitik« (1980-2003)

Im Jahre 2002 erschien in der Zeitschrift *National Identities* ein Aufsatz über den Erfolg der spanischen Transition, den der in England lehrende Italiener Daniele Conversi insbesondere an der postfranquistischen Territorialpolitik festmachte. Er zögere nicht, so schließt der Autor, die territoriale Ordnung als – nach dem »Wirtschaftswunder« der 1960er Jahre – Spaniens »zweites Wunder« zu bezeichnen. Gerade die Einbindung Kataloniens in die spanische Politik sei mustergültig für die Stabilisierung der Demokratie verlaufen.[44] Dieser Beitrag zeigt zunächst einmal, wie wenig sich die spätere Eskalation damals abzeichnete. Er kann zudem als ein Rückblick insbesondere auf diejenige Phase betrachtet werden, in der die Geschicke Kataloniens in besonderer Weise durch Jordi Pujol bestimmt wurden, der von 1980 bis 2003 durchgängig Präsident der *Generalitat* war. Gemäß dem 1978 entworfenen und im Folgejahr erst von den beiden Kammern des spanischen Parlaments und dann von der katalanischen Bevölkerung in einem Referendum am 25.10.1979 angenommenen Autonomiestatut standen der Region fortan eigene politische Körperschaften wie ein Parlament zu. Im März 1980 fanden die ersten Wahlen zum katalanischen Parlament nach der Annahme des Autonomiestatuts statt. Jordi Pujol zog mit dem von ihm an-

43 Siehe Subirach, Escultura, S. 72-81, und Crexell, Monument, S. 122-136.
44 Daniele Conservi: The Smooth Transition: Spain's 1978 Constitution and the Nationalities Question; in: National Identities, 4/3 (2002), S. 223-244, S. 238.

geführten bürgerlichen Parteienbündnis *Convergència i Unió* (CiU) an allen anderen Parteien vorbei, und nach den darauffolgenden Wahlen von 1984 wuchs seine Fraktion sprunghaft von 42 auf 73 Abgeordnete. Damit besaß Pujols Partei die absolute Mehrheit, die sie in den folgenden zehn Jahren nicht mehr verlieren sollte. In den Wahlen von 1996 und 1999 verlor die CiU zwar an Stimmen, konnte aber dank der Unterstützung durch andere Parteien weiter regieren. Erst 2003 war das Ende einer Ära gekommen, als erstmals ein Sozialist, Pasqual Maragall, in den *Palacio de la Generalitat* einzog. Für die Entwicklung des spanischen Nationalismus hin zum Separatismus wurde dieser Regierungswechsel eine Zäsur. Aber auch die 23 Jahre Regierungszeit von Jordi Pujol erscheinen retrospektiv alles andere als unbedeutend. Schließlich wurden in diesen Jahren durch eine Politik, die parallel zum institutionellen Ausbau der Autonomie eine gezielte Emotionspolitik betrieb, die Grundlagen für die späteren Sezessionsbemühungen gelegt, auch wenn Jordi Pujol dezidiert für eine Politik stand, die zwar ein größtmögliches Maß an Autonomie, nicht aber die Unabhängigkeit forderte.

Dass Gefühlen eine eminent politische Bedeutung für die Forcierung eines nationalistischen Projekts zukommt, hat Jordi Pujol schon früh erkannt. In seinen 1978 veröffentlichten Aufzeichnungen, die er in den Jahren 1961/62 in franquistischer Haft zu Papier gebracht hatte, stellt er im Prolog klar, das Buch sei »Zeugnis einer Leidenschaft: der Leidenschaft für Katalonien«.[45] Dieser Ausdruck, »passió de Catalunya«, sollte in den kommenden Jahrzehnten einen appellativen Charakter annehmen, der die politische Realität veränderte – und aus der »Passion« wurde im Urteil mancher eine »Obsession«.[46]

Diese Obsession oder Leidenschaft galt dem Aufbau Kataloniens. »Construir Catalunya« – so lautete nicht nur der Titel des Buches, das Pujol nach der Freilassung aus der Haft geschrieben hatte.[47] Es wurde zum Motto seiner Politik für die nächsten zwei Dekaden. Ganz gezielt kombinierte er dabei Interessen- und Emotionspolitik, wohl wissend, dass »die Gefühle ein wichtiges Element im menschlichen Sein« darstellen. Das Zugehörigkeitsgefühl zu einer Familie, einem Unternehmen, einer Kirche oder einer Nation generiere ein kollektives Zusammengehörigkeitsgefühl, das allein kraft seiner Existenz Teil der Realität sei.[48] Nationale Gefühle seien letzt-

45 Jordi Pujol: Des del turons a l'altra banda del riu (escrits de presó), Barcelona 1979, 4. Auflage, S. 17.
46 Siehe Siscu Baiges/Jaume Reixach: Jordi Pujol: historia de una obsesión, Madrid 1991.
47 Jordi Pujol: Construir Catalunya, Barcelona 1980.
48 Jordi Pujol: Catalunya, Espanya, Madrid 1996, S. 40.

lich »einfach da«, und deshalb könnten sie auch nicht einfach verboten, autorisiert oder geregelt werden.[49] Die Behauptung, diese Gefühle seien »natürlich«, gehört zum regelmäßig strapazierten argumentativen Rüstzeug jener, die mit diesen Gefühlen Politik machen möchten und in deren Interesse daher de facto eine Lenkung dieser Gefühle liegt. Die Differenzierung zwischen »guten« und »schlechten« bzw. »vernünftigen« und »irrationalen« Gefühlen ist gängiger Bestandteil einer solchen Emotionspolitik. Auch Pujol argumentierte, es gebe diese »vollkommen vernünftigen Gefühle«.[50] Die Evozierung nationalistischer Gefühle war erklärtes Ziel einer solchen rationalen Emotionspolitik. Da dem Gefühl für die nationalistische Haltung eine entscheidende Bedeutung zugeschrieben wurde, liegt es auf der Hand, dass die Politik unter dem Präsidenten der *Generalitat* Jordi Pujol in erheblichem Maß auf eine Emotionslenkung setzte, ohne dabei jedoch die Mittel der »klassischen« Politik, etwa Gesetzgebung oder Konjunkturpolitik, zu vernachlässigen.[51]

Im Kern ruhte der Pujolismus, d.h. die Arbeit an der »Konstruktion Kataloniens«, in dieser Zeit auf zwei Säulen. Einerseits galt es, den Institutionalisierungsprozess der politischen Instanzen weiter voranzutreiben, andererseits, katalanische Zugehörigkeitsgefühle zu potenzieren. Der Institutionalisierungsprozess war insofern auch mit dem Erlass des Autonomiestatuts noch nicht abgeschlossen, als – ähnlich wie schon bei der Verfassung – auch bei der Ausformulierung des Statuts bewusst Unklarheiten in Kauf genommen wurden, um einen Abschluss der Verhandlungen zu ermöglichen. Die Regierung Suárez nahm an, dass nach einer Ablösung des zähen Verhandlungspartners Tarradellas ein konzilianterer Präsident der *Generalitat* zu erwarten sei, was ihr den Abschluss erleichterte. Die mangelnden Festlegungen im Autonomiestatut und in der Verfassung brachten ein doppelt dynamisches Moment in die territoriale Tektonik des postdiktatorischen Spanien. Geschwindigkeit und Richtung der Entwicklung waren bestimmt durch multiple Faktoren, die auf die Machtposition a) der Madrider Zentralregierung, b) Kataloniens und c) der anderen Regionen, insbesondere des Baskenlandes, Einfluss nahmen. An diesem komplexen Mobile der Macht hing auch Pujols Aussicht auf Erfolg, der daran gemessen wurde, wie sehr die Autonomie ausgedehnt werden konnte und ob ein angemessener Abstand zu den Kompetenzen anderer Autonomer Ge-

49 Ebd.
50 Ebd., S. 39.
51 Zur Annahme, dass die Gefühle womöglich von entscheidender Bedeutung seien, vgl. ebd., S. 39.

meinschaften gewahrt wurde. Der oben erwähnte argwöhnische Blick der anderen Regionen, die bei der Vergabe von Zuständigkeiten nicht hinter den Privilegien Kataloniens oder des Baskenlandes zurückbleiben wollten, führte zu einer fortgesetzten Verschiebung der Kompetenzen. Mit einer Strategie der kleinen Schritte versuchte Pujol diesen Prozess zugunsten Kataloniens voranzutreiben. »Peix al cove« – Fisch in den Korb, so nannten die Katalanen diese Taktik. Dabei blieb das endgültige Ziel ähnlich vage wie die Bestimmungen von Verfassung und Autonomiestatut: Es ging Pujol um eine »relative Souveränität« (*sobirania relativa*).[52]

Die Strategie der kleinen Schritte ging in der ersten Zeit umso besser auf, als Pujol einen guten Draht zur Zentralregierung pflegte. Deren Bereitschaft, der katalanischen Regierung entgegenzukommen, war zunächst hoch, weil die Dezentralisierung als Bestandteil der demokratischen Umgestaltung wahrgenommen wurde. Später hing sie davon ab, ob für die Regierungsmehrheit die Unterstützung der Nationalisten im Madrider Kongress erforderlich war. Bei den in Spanien üblichen Minderheitsregierungen zählten die baskischen und katalanischen Nationalisten regelmäßig zu den Mehrheitsbeschaffern – unabhängig davon, ob die Regierung in Madrid von den Konservativen oder den Sozialisten gestellt wurde.

Wenn aber die Konzessionen an die Autonomen Gemeinschaften den Interessen der zentralspanischen Parteien zuwiderzulaufen drohten, konnte sich der Wind in Madrid drehen. Dies zeigte sich erstmals noch im Jahr 1980, nachdem die Regierungspartei von Ministerpräsident Adolfo Suárez in den Regionalwahlen im Baskenland und Katalonien weit weniger als den erhofften Stimmenanteil erhalten hatte. Dadurch wuchs der Druck auf Suárez, dessen Autonomiepolitik manchen ehemaligen Franquisten ohnehin ein Dorn im Auge war, zumal auch die Wirtschaftskrise und ein schwindendes Interesse an der Demokratie der Regierung zu schaffen machten. Zur sozialen Unsicherheit durch eine massiv ansteigende Arbeitslosigkeit kam die Bedrohung durch den Terrorismus der ETA hinzu, der in den Jahren nach Francos Tod noch an Intensität zugenommen hatte. Insbesondere das Militär, dessen Repräsentanten oftmals Zielscheibe der baskischen Attentäter waren, reagierte zusehends gereizt auf die Anschläge, auf die die spanische Regierung keine Antwort zu finden schien. Offenkundig wuchs der Wunsch nach Rache; einzelne Offiziere betrachteten die Angriffe auch als persönliche Provokation. »Wenn einer meiner Männer durch die ETA stirbt«, drohte ein Generalleutnant, »werde ich diesen Tod rächen, in einem

52 So Pujol in Construir Catalunya, S. 108.

›Duell‹, nicht aus dem Hinterhalt«.[53] Der geballte Unmut der Hardliner mündete in Putschplänen für das Frühjahr 1981.[54] Diesem »harten« Putsch wollte General Alfonso Armada zuvorkommen, indem er König Juan Carlos für die Bildung einer von ihm selbst geleiteten Regierung der »nationalen Konzentration« zu gewinnen suchte, an der Vertreter aller Parteien beteiligt sein sollten. Selbst der König hatte zusehends das Vertrauen in Adolfo Suárez verloren. Im Januar 1981 nahm der Druck auf diesen derart zu, dass Suárez am Ende des Monats zurücktrat. Als der König nun allerdings Suárez' Vorschlag unterstützte, Leopoldo Calvo Sotelo zum Nachfolger zu ernennen, sah Armada seine Felle davonschwimmen und begann auf eigene Faust seine Putschpläne voranzutreiben. In Absprache mit einem Vertreter der spanischen Geheimdienste und dem Militärkommandeur für Valencia, Jaime Milans del Bosch, stürmte Oberstleutnant Tejero am Nachmittag des 23. Februar 1981 mit rund 400 *Guardia Civiles* das spanische Parlament. Der Putsch scheiterte jedoch, als sich herausstellte, dass die Aufständischen doch nicht die von Armada versprochene Rückendeckung des Königs besaßen. Um sein Ziel noch zu erreichen, bot sich Armada an, als Vermittler in den belagerten Cortes die Abgeordneten für die Bildung einer Regierung der nationalen Konzentration zu gewinnen. Womöglich hätten sowohl der König als auch die Abgeordneten sogar eingewilligt, schließlich hatten sich schon im Januar Delegierte von der Regierungspartei bis hin zu den Sozialisten und Kommunisten auf solche Gedankenspiele eingelassen. In der Situation aber scheiterte das Vorhaben an dem Putschisten Tejero selbst, der Armada aus dem Kongress wies, nachdem er erfahren hatte, welche Personen an der Regierung beteiligt sein sollten: unter anderem Felipe González als stellvertretender Regierungschef und der Katalane Jordi Solé Tura von der Kommunistischen Partei als künftiger Arbeitsminister.[55] Für eine Regierung mit Sozialisten und Kommunisten, entrüstete sich Tejero, hätte er weder die eigene noch die Zukunft seiner Männer riskiert.[56]

So scheiterte der Putsch letztlich an den widersprüchlichen Zielen der Generäle. Die Vorstellungen derjenigen, die sich eine Kooperation mit den Vertretern der Verfassung vorstellen konnten – schließlich sollten vier der

53 So der später in den Putsch vom Februar 1981 involvierte Luis Torres Rojas gegenüber der División Acorazada Brunete, vgl. Pilar Urbano: Con la venia… yo indagué el 23-F, Barcelona 2001, S. 20 f.

54 Zu Folgendem vgl. Alfonso Pinilla García: El laberinto del 23-F. Lo posible, lo probable y lo imprevisto en la trama del golpe, Madrid 2010.

55 Vgl. Francisco Medina: 23-F. La verdad, Barcelona 2006, S. 380.

56 So wiedergegeben von Ricardo Pardo Zancada: 23-F. La pieza que falta, Barcelona 1998, S. 297.

sieben Verfassungsväter in Armadas Regierung mitwirken[57] –, waren nicht in Einklang zu bringen mit denen der altfranquistischen Offiziere. Diese hatten auf eine Militarjunta gesetzt, die die Verfassung »korrigieren«, die ETA effizient bekriegen und vor allem die Einheit Spaniens garantieren sollte.

Evident ist, dass gerade die Entwicklung der Autonomien von den franquistischen Militärs als Bedrohung wahrgenommen wurde. So dürfte beschleunigend auf die Aufstandsvorbereitungen gewirkt haben, dass Juan Carlos nur wenige Tage zuvor im Baskenland Zielscheibe herabsetzender Polemik geworden war. Gegenüber einem seiner Mitstreiter hatte Tejero die Motive für seine Beteiligung am Staatsstreich offengelegt: Ihm gehe es darum, die Schwachstellen der Verfassung auszubessern, den Terrorismus zu beenden, den Marxismus zu stoppen und den »suizidalen Weg der Autonomien« (*la carrera suicida autonómica*) aufzuhalten.[58] Auch das Oberste Gericht Spaniens (*Tribunal Supremo*) kam zu dem Schluss, dass die Putschisten nicht zuletzt von dem Motiv getrieben waren, die Einheit Spaniens durch die Beendigung der Autonomien zu retten.[59]

Über den Putsch, seine Ursachen und seine Folgen ist viel publiziert worden. Für den weiteren Verlauf der Beziehungen zwischen Spanien und Katalonien sind folgende drei Aspekte relevant: Erstens avancierte Juan Carlos für viele Spanier zu einer nachgerade verklärten Heilsgestalt, die die Demokratie sicherte und die Einheit Spaniens symbolisierte. Zweitens lässt sich mit Blick auf die Gefahr weiterer militärischer Interventionen von einer Art »Impfeffekt«[60] sprechen. Die Erfahrung mit dem Putsch setzte unerwartete Abwehrkräfte frei: Wenige Tage später gingen eine Million Menschen in Madrid auf die Straße, um für die Demokratie und die spanische Verfassung zu demonstrieren, deren Attraktivität in den Monaten zuvor fraglich geworden zu sein schien. Damit ging auch der Autonomiestaat prinzipiell gestärkt aus der Krise hervor. Drittens aber war unverkennbar, dass sich die Regierung Calvo Sotelo fortan darum bemühte, die Konfliktfelder zu entschärfen. Dazu gehörte auch die Politik der Autonomien. Um die Zentrifugalkräfte eines Autonomiewettbewerbs der Regionen einzuhegen, brachten Calvo Sotelo und der Oppositionsführer Felipe González noch im

57 Mit Manuel Fraga Iribarne (AP) als Verteidigungsminister, Gregorio Peces-Barba (PSOE) als Justizminister und Miguel Herrero de Miñon (UCD) als Minister für Erziehung und Wissenschaft sollten – zusätzlich zu Jordi Solé Tura – immerhin vier der sieben Mitglieder der Redaktionskommission der spanischen Verfassung in der Regierung vertreten sein. Vgl. Medina, 23-F, S. 380.

58 Pardo Zancada, 23-F, S. 200.

59 Vgl. Sentencia Tribunal Supremo, 22.4.1983, zitiert in Pinilla, Laberinto, S. 102.

60 Pinilla, Laberinto, S. 183.

Sommer 1981 ein Gesetz auf den Weg, welches unter dem Titel »Organisches Gesetz zur Harmonisierung des Autonomieprozesses« (*Ley Orgánica de Armonización del Proceso Autonómico* LOAPA) im Juli 1982 von den Cortes angenommen wurde.[61] Unter »Harmonisierung« wurde Vereinheitlichung, Zügelung der Dynamik und stärkere Gewichtung der Zentrale verstanden.

Die katalanische Regierung betrachtete diese Übereinkunft über die Interessen der peripheren Nationen hinweg als Vertrauens- und Verfassungsbruch und brachte die »Autonomiepakte« gemeinsam mit der baskischen Regierung vor das Verfassungsgericht. Sie sollte dort in weiten Teilen Recht bekommen: Fast die Hälfte der Artikel des Gesetzes wurde zurückgewiesen. Diese juristische Auseinandersetzung hatte zwei bedeutsame Folgen: Zum einen etablierte sich der Gang zum Verfassungsgericht als ein üblicher Modus, die Konflikte zwischen den Autonomen Gemeinschaften und der Madrider Regierung auszutragen, wobei beide Seiten dieses Mittel regelmäßig in Dienst nahmen. Zum anderen führte die als Provokation empfundene Absprache der zentralstaatlichen Parteien zu einer signifikanten Mobilisierung und Solidarisierung innerhalb der katalanischen Gesellschaft, die Jordi Pujol für seinen Katalanisierungsprozess hoch willkommen war.

Dieser Prozess bedurfte neben einer institutionellen Absicherung vor allem einer emotionalen Basis. So ging es Jordi Pujol nicht zuletzt darum, das Zusammengehörigkeitsgefühl der Katalanen zu stärken. Sein *fer país* (»das Land machen«) entsprach dem Motto des italienischen Dichters Massimo d'Azeglio (1861): »Fatta l'Italia, bisogna fare gli italiani« – nachdem der italienische Staat gegründet war, galt es die Italiener zu »erschaffen«. Pujol betrieb also ein klassisches »Nation-Building« am Ende des 20. Jahrhunderts. Zugleich war das *fer país* eine praktische Umsetzung dessen, was in der Nationalismusforschung der damaligen Zeit als »Konstruktionsprozesse des Nationalen« analysiert wurde. Entstanden doch Anfang der 1980er Jahre Arbeiten wie die von Benedict Anderson, die die Nation als »erfundene Gemeinschaft« entmythologisiert. Dabei bezog Jordi Pujol, der auf die deutsche Schule in Barcelona gegangen war, seine Inspirationen nicht zuletzt aus der Lektüre von Johann Gottfried Herder, der die Eigenschaften und Differenzen von Nationen vor allem an ihrer Sprache und Kultur festgemacht hatte. Die Wertschätzung der Sprache als Instrument der Nationalisierung hatte im spanischen Katalanismus Tradition: Schon

61 Dabei hat Leopoldo Calvo Sotelo in seinen Memoiren beteuert, dass dieses Gesetz kein Resultat des Putsches gewesen sei, schließlich habe er die Marschrichtung schon in einer Rede am 18.2.1981 vorgegeben, vgl. Leopoldo Calvo Sotelo: Memoria viva de la Transición, Barcelona 1990, S. 104.

Prat de la Riba hatte sich in seiner Schrift *La nacionalitat catalana* entsprechend geäußert – und war seinerseits stark von Herder geprägt. Dass sich die Politik Pujols in besonderer Weise um die Förderung von Sprache und Kultur drehte, lag somit nicht nur daran, dass die Autonomiestatute in der Kulturpolitik anfangs mehr Freiräume ließen als im fiskalischen oder sicherheitspolitischen Bereich. Die Bildungspolitik bildete tatsächlich das Herzstück einer gezielt nationalen Emotionspolitik. Sowohl die baskischen als auch die katalanischen Nationalisten erkannten hier eine Chance, die andere Parteien sträflich unterschätzt hatten.[62]

Insofern war es für Pujol und seine Regierung eine Steilvorlage, dass gemäß dem Autonomiestatut von 1979 Katalonien im Erziehungswesen noch mehr Kompetenzen zuerkannt worden waren als im Statut von 1932. Es ging bei den Maßnahmen darum, ein »Wir«-Gefühl zu erzeugen, das für die politischen, kulturellen und wirtschaftlichen Projekte des Landes wichtig war, weil es positive Dynamiken forcierte. Diese waren umso leichter zu erzeugen, je stärker diese Gefühle mit der Abgrenzung von einem »Anderen« einhergingen. Sich von »den Spaniern« abzugrenzen, ermöglichte einerseits die Suche nach einer eigenen, distinkten nationalen Identität und erleichterte zugleich die Überwindung von Gräben in einer sozial und politisch stark fraktionierten Gesellschaft. Die Fokussierung auf ein gemeinsames Zukunftsprojekt erübrigte die kritische Auseinandersetzung mit einer Vergangenheit, in der sich Katalanen in Arbeitskonflikten, Bürgerkrieg oder Diktatur gegenseitig bekämpft hatten.

Zum Dreh- und Angelpunkt der nationalistischen Identitäts- und Emotionspolitik wurde die Sprachkompetenz. Pujol war davon überzeugt, dass Kenntnisse der eigenen Sprache wichtig waren, um erstens literarische Kulturgüter überhaupt tradieren zu können und zweitens das je Eigene als etwas Distinktes performieren, demonstrieren und fühlen zu können und damit vor der Auslöschung zu bewahren.[63] Das Nationalbewusstsein war demnach unauflöslich an die Sprachkenntnis geknüpft. Umso bedrückender war für Pujol der Umstand, dass das Katalanische um 1980 nur eine so geringe Rolle spielte. Sowohl die Repressionen der frühen Franco-Ära als auch die Migration aus anderen Landesteilen im Zuge des Wirtschaftsbooms der 1960er Jahre hatten das Katalanische insbesondere in den größeren Städten – allen voran in Barcelona – vielfach zugunsten des Kastilischen

62 Zur baskischen Schulpolitik vgl. den Erfahrungsbericht von Ibon Zubiaur: Wie man Baske wird. Über die Erfindung einer exotischen Nation, Berlin 2015, S. 74.

63 Vgl. Jordi Pujol: La inmigración, problema y esperanza de Cataluña; in: *El País*, 25.3.1977; https://elpais.com/diario/1977/03/25/espana/228092428_850215.html (9.12.2020).

verdrängt. Schon in seinen frühen Schriften hatte Pujol sich mit den Folgen der Einwanderung für die katalanische Nation auseinandergesetzt. Anders als der baskische ist der katalanische Nationalismus weniger ethnisch ausgerichtet. Pujols Definition des Katalanentums war geradezu demonstrativ frei von Herkunftsparametern. »Ein Katalane«, so Pujol, »ist jeder, der in Katalonien lebt und arbeitet und der Katalane sein möchte« bzw. der dazu beitrage, *fer país*, also »Katalonien zu machen«.[64] Entscheidend war – wie Pujol immer wieder betonte –, sich »als Katalane zu fühlen«.[65] Als Beleg dafür, »Katalane sein« zu wollen, zählte letztlich die Bereitschaft, Katalanisch zu lernen. *Fer país* wurde dabei definiert als das Streben danach, »ein Volk« zu schaffen, »mit einer einzigen Kultur, mit einer einzigen Sprache«.[66] So wurde die Sprach- und Kulturpolitik zum Hebel, um aus der katalanischen Gesellschaft ein katalanisches Volk zu machen.

Das waren langfristige Prozesse. Schon in seiner Rede vor der Wahl zum Präsidenten der *Generalitat* 1980 hatte Pujol die drei Schwerpunkte seiner Politik angekündigt: erstens die Wirtschaft anzukurbeln, was in Anbetracht der Wirtschaftskrise ein besonderes Gebot der Stunde war; zweitens die Autonomie auszubauen bzw. die politischen Instrumente des Autonomiestatuts zu institutionalisieren, und drittens galt es, das »Katalanentum« zu verteidigen.[67] Diesem letzten Ziel galten die besonderen Anstrengungen Pujols bis ans Ende seiner Regierungszeit.

Am 28. Oktober 1990 veröffentlichte die Zeitung *El Periódico* ein – vom Katalanischen ins Spanische übersetztes – zwanzigseitiges Arbeitspapier, das zu dieser Zeit im Kabinett der *Generalitat* sowie in den Spitzen der beiden Regierungsparteien *Convergència de Catalunya* (CDC) und *Unió Democrática de Catalunya* (UDC) diskutiert wurde.[68] Es sollte die »Strategie der Rekatalanisierung« für die nächsten Jahre festzurren und wurde als

64 »Català ès tot home que viu i treballa a Catalunya i que am el seu treball, am el seu esforc, ajuda a fer Catalunya. Dit més simplement: Català és tot home que viu i treballa a Catalunya i que en vol ser«. Siehe Pujol, Construir Catalunya, S. 20.

65 »Hay que ser catalán y sentirse catalán«. So die Präzisierung der Definition des Katalanentums von Jordi Pujol in *El País*, 25.3.1977, sowie in *El Confidential*, 2.11.2012; https://www.elconfidencial.com/espana/cataluna/2012-11-02/ciutadans-rescatalos-escritos-racistas-de-jordi-pujol-para-la-campana-del-25-n_215152/ (11.12.2020).

66 Vgl. Jordi Pujol: Una política per Catalunya, Barcelona 1976, S. 252; zitiert in Andrés Vallejo/Isaac López/Juan Pablo Mañueco: La emigración castellana. Crónica de dos genocidios, Madrid 1983, S. 40.

67 Zu den 1980 vorgestellten Zielen vgl. rückblickend Jordi Amat: El país de la Normalización; in: *La Vanguardia*, 4.3.2018.

68 Siehe das auf zwei Seiten zusammengedrängt veröffentlichte Programm: La estrategia de la recatalanización; in: *El Periódico*, 28.10.1990.

*Programa 2000* bekannt. Noch am selben Tag erschien in *El País* darüber ein Bericht, den der Herausgeber der Zeitschrift *La Vanguardia*, José Antich, verfasst hatte. Er hielt das Dokument für den Ausdruck einer »Obsession«, das »nationalistische Gefühl« in der katalanischen Gesellschaft zu verankern.[69] Pujol konnte den Wirbel um das Dokument nicht nachvollziehen. Nicht ohne Spott wies er darauf hin, dass er schließlich eine nationalistische Partei führe und die Katalanisierung das nie verheimlichte Ziel seiner Regierungstätigkeit seit 1980 gewesen sei.[70]

Es ging ihm um die langfristige Lebens- und Zukunftsfähigkeit der Katalanen. Sie sollte in dem Programm einerseits materiell gesichert werden durch eine moderne Wirtschaft, die Katalonien zum südlichen Gravitationszentrum der EWG machen sollte, durch ehrgeizige Bildungskonzepte und eine demografische Perspektive. Insbesondere aber ging es bei der »Katalanisierung« um Bewusstseinsprozesse. Entsprechend zielte das Programm vor allem auf eine »Sensibilisierungskampagne« (kaum ein Wort tauchte so häufig auf wie »Sensibilisierung«). Es sollte ein Bewusstsein von »unserer kollektiven Persönlichkeit« vermittelt werden. Als positive Kennzeichen, auf die man stolz sein könne, standen Arbeitstugenden und christliche Werte im Vordergrund, wobei auch diese sekundären Tugenden durch affektive Einstellungen besonders hervorgehoben wurden: nicht durch nüchternen Fleiß, sondern durch »Liebe zur Arbeit« und die »Freude an gut gemachter Arbeit« zeichne sich der Katalane aus. Diese positiven Gefühle wurden flankiert durch negative Gefühle: Gezielt wurde ein Ressentiment geschürt, das durch den scharfen Kontrast zwischen dem wertorientierten, positiv skizzierten, leistungsbereiten Bild der Katalanen einerseits und die Darstellung einer ungerechtfertigten Herabwürdigung durch »die Spanier« andererseits befeuert wurde. So gelte es, ein »Memorial de Agravios«, also eine Art Mahnmal der Klagen zu errichten, durch welches die Erinnerung an die Diskriminierungen und Zurücksetzungen, die Katalonien erlitten habe, wachgehalten werden sollte. Vollkommen selbstverständlich wurde der Passus eingeleitet mit der Feststellung: »Katalonien ist eine diskriminierte Nation, die ihr kulturelles und wirtschaftliches Potential nicht frei entfalten kann.« Es gehe darum, sich die negativen Folgen für das gesamte katalanische Volk, aber auch für jeden Einzelnen seiner Bürger zu vergegenwärtigen. Ein höheres Maß an Freiheit bringe mehr Wohlstand. Das

69 Vgl. José Antich: El Gobierno catalán debate un documento que propugna la infiltración nacionalista en todos los ámbitos sociales; in: *El País*, 28.10.1990: https://elpais.com/diario/1990/10/28/espana/657068405_850215.html (13.12.2020).

70 Vgl. den Bericht »Pujol insiste en la idea de nacionalizar Cataluña«; in: *El País* 19.11.1990: https://elpais.com/diario/1990/11/19/espana/658969213_850215.html (13.12.2020).

»nationalistische Gefühl« und das Gefühl »nationaler Befreiung« gingen einher mit einer Verbesserung der individuellen und kollektiven sozialen Lage: Das Ziel sei »materieller und spiritueller Reichtum«. Dazu brauche es Menschen mit »starken Überzeugungen«, die die erforderlichen »campañas de sensibilización« lenken könnten. Diese Kampagnen sollten sämtliche Bereiche der katalanischen Gesellschaft erfassen, überall sollten Menschen mit einer zuverlässigen nationalistischen Gesinnung in Schlüsselpositionen gebracht werden, von wo aus sie die »Sensibilisierung« betreiben und das »katalanische Nationalgefühl« fest verankern könnten. Nicht zuletzt die Leitung der katalanischen Universitäten sollte »Persönlichkeiten mit nationalistischer Ideologie« vorbehalten bleiben. Gerade auf Multiplikatoren wie Lehrer und Journalisten kam es bei der Verbreitung von Kenntnissen der katalanischen Geschichte, Geografie und Sprache sowie bei der Vermittlung eines katalanischen Standpunktes an. Lehrer sollten im Sinne der »nationalen Interessen« umgeschult und neue Lehrkräfte nach nationalistischen Kriterien eingestellt werden. Diesen falle dann die Aufgabe einer »Katalanisierung der Lehrpläne« zu. Das Katalanische sollte als Unterrichts-, aber auch als Wissenschaftssprache gefördert werden. Und nicht nur auf die Lehrenden an Schule und Hochschule, sondern auch auf die Elternschaft sollte entsprechend eingewirkt werden. Medien wie Fernsehen, Zeitungen und Radio konnten ebenso wie Musik- und Sportveranstaltungen dazu beitragen, dass der Gebrauch des Katalanischen und die nationalistische Perspektive auch in der Freizeit zur Selbstverständlichkeit würden. Eine entsprechende Förderung durch die katalanische Regierung wurde in Aussicht gestellt.

An den kontroversen Reaktionen, die das Dokument in der spanischen Öffentlichkeit auslöste, lässt sich einmal mehr erkennen, welche emotionalisierenden, mobilisierenden und polarisierenden Folgen eine solche Politik hatte. Schließlich war die integrative Wirkung nicht ohne Exklusionen zu haben. Zwar hat der katalanische Nationalismus in der Tradition von Pujol immer seine Offenheit betont, nicht zuletzt in der Hervorhebung seiner europäischen Bezüge. So hatte auch das *Programa 2000* ein »neues nationales Konzept innerhalb Europas« vertreten und sich zum Ziel gesetzt, das »europäische Gefühl« zu forcieren. Solche Äußerungen dürfen jedoch nicht darüber hinwegtäuschen, dass die Betonung des Europäischen auch eine exkludierende Funktion hatte, denn damit wurde zwar die Grenze zwischen Katalonien und Europa fluide, aber die Abgrenzung von Spanien umso deutlicher markiert. Die Reklamierung einer Zugehörigkeit zu einem Kulturraum, der eher nördlich der Pyrenäen in den *mental maps* verankert ist, bedeutet zugleich eine Distanzierung von der Iberischen Halbinsel. Vor diesem Hintergrund ist die Beschwörung des »karolingischen Ursprungs« Kataloniens Teil eines Differenzdiskurses gegenüber Spanien.[71] Die Eigenschaften, die dem idealtypischen Katalanen zugesprochen wurden, standen diametral im Gegensatz zu dem Bild des vermeintlich typischen Andalusiers, wie er von Pujol geschildert wurde: ungebildet, mental und materiell verarmt, unsozial und anarchistisch.[72]

Pujol konzipierte die besondere Rolle Kataloniens vorzugsweise als Brücke, die »Spanien« und »Europa« durch seine Zwischenstellung besonders gut verbinden könne.[73] In diesem Zusammenhang stehen auch die Ambitionen, Katalonien zum Wirtschaftszentrum des europäischen Südens zu gestalten. Aber durch die Betonung von Ursprungsmythen, die mit »Spanien« nichts zu tun hatten, und durch die symbolische Betonung von Ereignissen der Vergangenheit, in denen »Spanien« und »Katalonien« als Gegner frontal aufeinandergestoßen waren, wurden ganz andere Deutungsmuster verbreitet, die letztlich weniger das Bild einer Brücke als das einer Grenze vermittelten. Damit waren spätere Sollbruchstellen vorgezeichnet.

Um ihrem Ziel der Katalanisierung näher zu kommen, investierte die Regierung Pujol schon früh viel Energie in eine Schulpolitik, die Katalanisch als einzige Unterrichtssprache für die gesamte schulische Ausbildung festschrieb. Die Durchsetzung des Katalanischen als Umgangssprache war Teil der von Pujol so bezeichneten »sprachlichen Normalisierung«, die seine Regierung seit Juni 1980 per Dekret vorantrieb. Diese Politik stieß innerhalb der spanischsprachigen katalanischen Gesellschaft auf massive Bedenken. Der Widerstand schlug sich im »Manifest für die Gleichheit der sprachlichen Rechte in Katalonien« nieder, das von 2300 Lehrerinnen und Lehrern und Intellektuellen im Januar 1981 unterzeichnet wurde – weshalb es auch als »Manifest der 2300«[74] bekannt geworden ist. Das Dokument

71 Vgl. u.a. das Kapitel: »Els orígins: Catalunya és carolíngia«; in: Pujol, Catalunya, S. 91-96.

72 So das später vielfach reproduzierte Zitat aus Jordi Pujol: La inmigración, problema y esperanza de Cataluña, Barcelona 1958. Als Beispiel des Wiederabdrucks siehe u.a. »El andaluz vive en la ignorancia y la miseria mental, es la muestra de menor valor social de España«; in: *El Plural*, 19.9.2012: https://www.elplural.com/autonomias/cataluna/el-andaluz-vive-en-la-ignorancia-y-la-miseria-mental-es-la-muestra-de-menor-valor-social-de-espana_53432102 (9.12.2020).

73 Vgl. insbesondere das Kapitel: »Catalunya/Espanya/Europa«; in: Pujol, Catalunya, S. 247-261; hier werden Vorträge abgedruckt, die Pujol an europäischen Bildungsstätten gehalten hat, u.a. zum Thema »La vocació europea de Catalunya« an der Sorbonne in Paris am 28.1.1986.

74 Siehe das Manifiesto de los 2.300, Barcelona 25.1.1981; nochmals veröffentlicht am 02.03.1981 in *La Vanguardia*: http://hemeroteca.lavanguardia.com/pre-

zeigt, wie sehr sich hier bereits eine spiegelbildliche Emotionsgemeinschaft herausgebildet hatte, die – mit Verweis auf die gleichen Werte wie »Freiheit« und »Demokratie« – auf Konfrontationskurs zu Pujol ging. Auch die Unterzeichner dieses Manifests beanspruchten für sich, Katalanen zu sein, was schon in der ersten Zeile des Textes deutlich wird, in der sie die Definition Pujols übernahmen: Sie lebten und arbeiteten in Katalonien. So wie die Anhänger Pujols sich besorgt zeigten über die Diskriminierung des Katalanischen, so brachten die Unterzeichner ihrerseits eine »tiefe Sorge« über die kulturelle und sprachliche Situation in Katalonien zum Ausdruck, denn diese missachte das Recht auf eine schulische Erziehung in der Muttersprache: Die Hälfte der katalanischen Bevölkerung, deren Muttersprache das Kastilische war, müsse sich durch die neue Sprachpolitik diskriminiert fühlen. Auch die regelmäßig geäußerte Unterstellung, die in Katalonien ansässigen innerspanischen Emigranten hätten »keine Kultur«, sei Ausdruck einer bösartigen Ignoranz. Sie, die Unterzeichner des Manifestes, setzten sich für Pluralismus, Demokratie und Zweisprachigkeit ein. Der These, dass bei einer Koexistenz zweier Sprachen zwangsläufig die eine die andere verdränge, widersprachen sie. Eine Politik, die dazu führe, dass sich ein Arbeiter aus Spaniens Süden womöglich seiner Herkunft und Sprache gegenüber den eigenen Kindern schäme, sei demütigend. Selbstverständlich könne man Katalane sein, Katalonien lieben und dabei Kastilisch sprechen. Eine Unterdrückung des Kastilischen würde gar einen »kulturellen Genozid« für drei Millionen Menschen in Katalonien bedeuten. Diese These war für die Katalanen eine besondere Provokation, schließlich galt die Repressionspolitik in Katalonien während des Franquismus als »kultureller Genozid«.

Das im März 1981 in der Madrider Zeitschrift *Diario 16* veröffentlichte Manifest löste einen Sturm der Entrüstung aus. Die *Generalitat* wiegelte ab mit dem Hinweis darauf, dass wichtige Repräsentanten des Spanischen in Katalonien nicht unterschrieben hätten, und wurde durch den Schriftsteller Manuel Vazquez Montalbán unterstützt, der das Manifest als inopportun verurteilte – schließlich war es in einer allgemeinen Destabilisierungsphase, nach dem Putschversuch vom 23. Februar, erschienen. Außerdem mute es an wie ein makabrer Scherz, wenn nach den Jahren der franquistischen Repression und dem aktuellen Übergewicht des Kastilischen auf dessen Unterdrückung verwiesen werde.[75]

view/1981/02/03/pagina-7/32927391/pdf.html?search=manifestoProzent202300 (13.12.2020), S. 7.

75 Vgl. Alfons Quinta: Reacciones en Cataluña a un manifiesto de intelectuales sobre marginación del castellano; in: *El País*, 15.3.1981: https://elpais.com/diario/1981/03/15/cultura/353458804_850215.html (13.12.2020).

Der Unmut über das Manifest war in manchen Kreisen der katalanischen Bevölkerung zumindest so groß, dass unmittelbar danach ein Gegenmanifest veröffentlicht wurde: der »Aufruf zur Solidarität in der Verteidigung der katalanischen Sprache, Kultur und Nation«. Die Annahme, dass mit dem Manifest nur die Hegemonie des Kastilischen gesichert werden sollte, brachte einige Katalanen derart auf, dass sie als Gegenmaßnahme das Aktionsbündnis »Aufruf zur Solidarität« (*Crida a la Solidaritat*) gründeten. Diejenigen, die das »Manifest der 2300« unterschrieben hatten, mussten Verunglimpfungen über sich ergehen lassen. Einen von ihnen, den jungen Intellektuellen Federico Jiménez Losanto, traf es schlimmer. Der 30-Jährige, der sich kritisch zum katalanischen Nationalismus geäußert und bei der katalanischen Wahl ostentativ als Delegierter der andalusischen Sozialisten kandidiert hatte, wurde im Mai 1981 von dem katalanischen Terrorkommando *Terra Lluire* entführt. Gemäß einem Flugblatt, das einen Monat später auftauchte, kämpfte die »revolutionäre Organisation« für die »totale Unabhängigkeit der Katalanischen Länder« sowie gegen den politischen, sozialen, ökologischen und militärischen »Prozess der systematischen Zerstörung [...] unserer Nation«.[76] Bevor das Flugblatt mit dem Motto »Una sola nació« endete und damit auf das Leitmotiv der katalanischen Demonstrationen gegen das LOAPA-Gesetz (*Som una nació*) Bezug nahm, proklamierte es martialisch: »Independència o mort!«[77]

Der Entführte Jiménez Losanto blieb immerhin am Leben. Die Terroristen schossen ihm ins Knie und ließen ihn gefesselt an einem Baum zurück. Wie manch andere, die das Manifest unterschrieben hatten, verließ er anschließend Katalonien. Der Druck aus den Kreisen der mobilisierten nationalistischen Zivilgesellschaft war zu groß geworden.

Dass dieser Druck in den folgenden Jahren hoch blieb, lag nicht zuletzt an der *Crida*. Sie drohte im September 1984 mit nicht näher spezifizierten »direkten Aktionen«, wenn öffentliche Einrichtungen oder private Kaufhäuser dem Sprachregime nicht freiwillig Folge leisten würden.[78] Um die Durchsetzung ihrer Forderungen zu erzwingen, wurde u.a. ein Bahnhof besetzt, und an der Fassade des Großkaufhauses *Corte Inglés* ließen sich Aktivisten mit großformatigen Transparenten abseilen, die Katalanisch als Werbesprache forderten. Die Vorführungen zweier überaus populärer

76 Ein Abdruck des Aufrufs »Crida de Terra Lliure« findet sich in: http://webs.xadica.cat/historiatll/crida.htm (13.12.2020).

77 Ebd.

78 So die Erklärungen des Sprechers Àngel Colom: La Crida anuncia »acciones directas« contra los almacenes que no se catalanicen; in: *El País*, 8.9.1984: https://elpais.com/diario/1984/09/08/espana/463442417_850215.html (13.12.2020).

spanischer Komödianten, Tip y Coll, wurden nach einer Bombendrohung abgebrochen: Coll hatte in der Woche zuvor ein Interview im katalanischen Radio eskalieren lassen: Dass sein Gesprächspartner ihm seine Fragen auf Katalanisch stellte, obwohl er genauso gut hätte Spanisch mit ihm sprechen können, empfand der Komödiant, der selbst kein Katalanisch sprach, als Provokation. Die Weigerung, sich auf das Sprachregime einzulassen – ein eigens angeheuerter Übersetzer stand zur Verfügung –, wurde wiederum unter den katalanischen Nationalisten als Provokation wahrgenommen: *La Crida* rief zum Boykott der ausgebuchten Vorstellungen auf.[79]

Die Bombendrohung war wohl durchaus ernst zu nehmen. In den 1980er Jahren gab es, so der Historiker Ucelay-Da Cal, in Katalonien eine »gewisse Faszination für Bomben«, und zumindest Sachbeschädigungen zugunsten des nationalistischen Projekts wurden in der Öffentlichkeit – im Gegensatz zu Attentaten auf Menschen – nicht ohne Wohlwollen registriert.[80] Die Dekade war geprägt von Bombendetonationen und anderen Zerstörungsakten: Mindestens 85 (und möglicherweise bis rund 200) Attentate gingen auf das Konto der marxistischen Terrororganisation *Terra Lliure*.[81] Einen traurigen Höhepunkt erreichten die Aktionen im Jahr 1987, als sich zu den übrigen 29 Attentaten durch *Terra Lliure* der blutigste Anschlag gesellte, den die ETA in Katalonien verüben sollte: Beim Anschlag auf den Supermarkt Hipercor in Barcelona am 16. Juni 1987 kamen 21 Menschen ums Leben. Es gelang der ETA allerdings nicht, einen mit dem Baskenland vergleichbaren blutigen Kampf nach Katalonien zu tragen. 54 Leben kosteten die insgesamt 75 Anschläge der ETA in Katalonien; durch *Terra Liure* starben fünf Personen, vier davon waren eigene Aktivisten.[82]

Diese Ereignisse illustrieren die hohe Emotionalität und den Mobilisierungsgrad, den die katalanische Politik schon zu Beginn der 1980er Jahre besaß. Das Attentat auf Jiménez Losanto und damit der Weg in den gewaltsamen Kampf wurde von der katalanischen Bevölkerung zwar rundum abgelehnt. Doch die innerkatalanische Infragestellung der nationalistischen Sprachpolitik hatte die Anhänger des katalanischen Nationalismus dauerhaft mobilisiert. So war es die – offenbar von der *Generalitat* auch finanziell unterstützte – *Crida*, die im März 1982 die Massendemonstration in Barcelona

79 So der Bericht: Tip y Coll suspenden sus actuaciones en Scala Barcelona; in: *El País*, 4.2.1986: https://elpais.com/diario/1986/02/04/cultura/507855608_850215.html (13.12.2020).

80 Ucelay-Da Cal, Breve historia, S. 214.

81 Je nachdem, wer die Attentate zählte, käme man – so Ucelay-Da Cal – auf 85 bis 196 Attentate, ebd., S. 216.

82 Ebd., S. 212-223.

gegen die zentralstaatlichen Gesetze zur Harmonisierung des Autonomieprozesses (LOAPA) organisierte. Der Rückhalt für Pujols Politik war insgesamt enorm. Nachdem 1983 das »Gesetz zur sprachlichen Normalisierung« erlassen worden war, das den Schulunterricht auf Katalanisch anordnete, konnte Pujol im Jahr darauf einen überwältigenden Wahlsieg feiern.

Das trug ihm nicht nur die Bewunderung der Katalanen ein – auch in Madrid wuchs der Respekt, insbesondere bei den Konservativen, hatte Pujol die Sozialisten doch an der Wahlurne nachgerade düpiert. Dieser Triumph der bürgerlichen Partei trug dazu bei, dass die Redaktion der konservativen Zeitung *ABC* Pujol zum »Spanier des Jahres 1984« kürte. Zudem würdigte die Zeitung die Beiträge Pujols zur Stabilisierung der spanischen Demokratie und seine Loyalität zur Monarchie.[83] Aus Pujols Verlautbarungen war man gerne bereit, nur die Solidarisierung mit dem spanischen Gesamtstaat herauszuhören. Für die weitreichende Bedeutung der Sprachpolitik in Katalonien gab es in dieser Zeit bei den Konservativen Madrids noch keinen Resonanzraum.

Die allgemeine Akzeptanz Jordi Pujols wuchs noch zusätzlich in dem Maße, wie sich die katalanische Wirtschaft nach den beiden Öl(preis)krisen der 1970er Jahre erholte. In den zehn Jahren nach Francos Tod verblieb das wirtschaftliche Wachstum in Katalonien auf geringem Niveau und lag mit durchschnittlich 1,7 Prozent noch unter dem gesamtspanischen von 2,0 Prozent. In dieser Zeit stieg die Arbeitslosigkeit massiv an: von 50.000 Arbeitslosen (1973) bis auf 450.000 im Jahr 1985.[84] Doch danach ging es steil bergauf, und die katalanische Wirtschaft verzeichnete bis in die 1990er Jahre Wachstumsraten von jährlich rund 5,3 Prozent. Von der Aufnahme Spaniens in die Europäische Gemeinschaft profitierte insbesondere Katalonien, nicht zuletzt, weil ausländische Unternehmen nun bereitwillig investierten. Die katalanische Industrie, die immerhin ein Viertel der gesamten spanischen industriellen Produktion stemmte, expandierte – ebenso wie die Tourismusbranche. Zwar betrug die Arbeitslosigkeit Mitte der 1990er Jahre noch 19 Prozent, was aber im Vergleich zum spanischen Durchschnitt

83 Zum Bericht über ein Abendessen zur Ehrung des von der Redaktion zum »Spanier des Jahres« gewählten Pujol vgl. Pujol. El Español del año: in: *ABC*, 30.12.1984: https://www.abc.es/archivo/periodicos/abc-madrid-19841230-99.html (7.12.2020); ABC 18.4.1985.

84 Vgl. Patrick Eser: Fragmentierte Nation – globalisierte Region? Der baskische und katalanische Nationalismus im Kontext von Globalisierung und europäischer Integration, Bielefeld 2013, S. 315.

von 23 Prozent deutlich niedriger war. Zudem ging sie bis Anfang 2000 auf 9 Prozent zurück.[85]

Diese Wirtschaftsentwicklung erklärt den nahezu kraftstrotzenden Optimismus, mit dem Pujol im *Programa 2000* von 1990 eine Zukunft Kataloniens als ökonomisches Schwergewicht innerhalb der Europäischen Gemeinschaft voraussagte. Dabei wurden allen internationalen Kontakten immer auch eine politische Dimension zugesprochen, sollten doch die akademischen, kulturellen, politischen oder wirtschaftlichen Begegnungen immer auch dazu genutzt werden, ein bestimmtes Bild von Katalonien zu prägen bzw. auch das Ausland für die Wahrnehmung Kataloniens als »Nation« zu sensibilisieren. Sportereignisse waren dabei schon wegen der großen Sichtbarkeit von immenser Bedeutung. Der katalanische Fußball war seit der Gründung des FC Barcelona ein Markenzeichen für die Verquickung mit der Politik. So war es auch kein Zufall, dass der Höhepunkt der Gründungsfeiern der *Crida* am 24. Juni 1981 mit rund 100.000 Teilnehmern im Fußballstadion des FC Barcelona stattgefunden hatte und dass auch *Terra Lliure* in diesen Tagen erstmals offiziell im Camp Nou in Erscheinung getreten war.

## 4. »Freedom for Catalonia«. Die Olympischen Spiele von 1992

Kaum ein anderes Ereignis aber lenkte die Aufmerksamkeit der Weltöffentlichkeit so stark auf Katalonien wie die Olympischen Sommerspiele, die 1992 in Barcelona stattfanden und für Spanien, Katalonien und den katalanischen Nationalismus von fundamentaler Bedeutung waren.[86] Zunächst einmal hatten die Spiele immense Auswirkungen auf die Entwicklung der katalanischen Wirtschaft. Zudem lässt sich an ihnen das komplexe Ineinandergreifen von zentralspanischen und katalanischen Interessen erkennen. So können die Auseinandersetzungen im Vorfeld des sportlichen Großereignisses sowie die Inszenierung der Symbole von Stadt, Staat und autonomer Gemeinschaft als Sonde gesehen werden, um das damalige Verhältnis zueinander und den Umgang miteinander zu analysieren. Dabei wird erkennbar, dass sowohl in Katalonien als auch im restlichen Spanien divergierende Verhaltensmuster und Wahrnehmungen geprägt wurden, deren Kollisionspotential sich erst in den nächsten Dekaden offenbarte.

85 Vgl. ebd., S. 316.
86 Die folgenden Ausführungen zu den Olympischen Spielen basieren auf John Hargreaves: Freedom for Catalonia? Catalan Nationalism, Spanish Identity and the Barcelona Olympic Games, Cambridge 2000.

Die Genese der Olympischen Spiele 1992 ist eng mit dem politischen Gesamtkontext Spaniens Anfang der 1980er Jahre verknüpft. Dass Barcelona daran interessiert war, die Spiele von 1992 auszurichten, trug der damalige Bürgermeister Narcís Serra im Frühjahr 1981 an den Präsidenten des Internationalen Olympischen Komitees (IOC), Juan Antonio Samaranch, heran. Spanien lag nach dem Putschversuch vom Februar 1981 an einer Gelegenheit, der Weltöffentlichkeit die Stabilität der Demokratie, die Effizienz des Staates und die Modernität seiner Gesellschaft zu beweisen. Deshalb waren sowohl der – ohnehin sportbegeisterte – König Juan Carlos als auch die spanische Regierung schnell für das Vorhaben zu gewinnen und sagten Narcís Serra ihre Unterstützung zu. Katalonien wiederum benötigte vor allem nach den Konflikten um das Manifest der 2300 und der Formierung der *Crida* ein Projekt, das die innerkatalanische Gesellschaft einen und die Wirtschaft ankurbeln würde. Diese Argumente fielen wiederum beim IOC schon deshalb auf fruchtbaren Boden, weil Barcelona die Geburtsstadt von Samaranch war, der seit 1980 an der Spitze des IOC stand. Als er am 17. Oktober 1986 verkündete, dass Barcelona der Austragungsort der Olympischen Spiele von 1992 sein werde, brach in der Stadt Jubel aus. Doch die Vorbereitungen verliefen alles andere als konfliktfrei. Ganz im Gegenteil: Bis unmittelbar vor der Eröffnungsfeier am 25. Juli 1992 mussten die Veranstalter damit rechnen, dass nationalistische Gruppierungen den Ablauf der Spiele massiv stören würden.

Sogar terroristische Attentate waren nicht auszuschließen, die sowohl von der ETA als auch von ehemaligen Mitgliedern von *Terra Lliure* ausgehen konnten. Noch Ende Mai 1992 hatten sie zwei Bomben in Barcelona gelegt, bei deren Explosion 16 Personen verletzt wurden.[87] Um die Gefahr zu minimieren, hatte die spanische Polizei auf Anweisung des Richters Baltasar Garzón in den vier Wochen vor Beginn der Spiele 45 mutmaßliche Terroristen prophylaktisch inhaftiert.[88] Noch wahrscheinlicher aber waren Störungen der Olympischen Spiele durch katalanische Nationalisten, deren Strategie nicht auf physische Gewalt, sondern auf spektakuläre Aktionen mit Massenbeteiligung zielte. Seit Barcelona den Zuschlag für die Spiele erhalten hatte, wollten die Nationalisten verhindern, dass der spanische Staat die Spiele nutzte, um die Machtverhältnisse in Katalonien zu Lasten der Autonomen Region zu verschieben. Gegenüber einer solchen »Espa-

87 Siehe: Una bomba atribuida a un grupúsculo de Terra Lliure causa 16 heridos en una oficina del Inem en Barcelona; in: *El País*, 26.5.1992: https://elpais.com/diario/1992/05/26/espana/706831201_850215.html (7.12.2020).

88 Zur Polizeiaktion und ihren Folgen vgl. David Bassa: L'Operació Garzón. Un balanç de Barcelona '92, Barcelona 1997.

ñolización« forderten diverse nationalistische Organisationen, in Übereinstimmung mit Pujol als dem Präsidenten der *Generalitat*, eine signifikante »Katalanisierung« der Olympischen Spiele.

Die Aushandlung der verschiedenen Interessen von Sportfunktionären, dem spanischen Staat, der Stadt und der autonomen Gemeinschaft oblag dem Organisationskomitee der Olympischen Spiele in Barcelona, das im März 1987 gegründet worden war. Die Übereinkunft war vom späteren NATO-Generalsekretär Javier Solana als damaligem Bildungsminister der spanischen sozialistischen Regierung, Jordi Pujol als Präsidenten der *Generalitat*, Carles Ferrer als Vorsitzendem des Spanischen Olympischen Komitees und Pasqual Maragall unterzeichnet worden, dem als Bürgermeister Barcelonas die Leitung des Gremiums zukam. Alle waren sich darin einig, dass die Spiele ein Erfolg werden müssten. Auch kamen sie schnell darin überein, dass der katalanischen Kultur hinreichend Platz einzuräumen sei. Aber darüber, was das genau bedeuten sollte, entzündeten sich bald heftige Auseinandersetzungen. Besonders spannungsreich war dabei das Verhältnis zwischen dem Konservativen Pujol und dem Sozialisten Maragall, die um die Vormacht in Katalonien und die Sympathien der katalanischen Nationalisten konkurrierten. Dass Barcelona als wichtigste Stadt Kataloniens während der Regierungszeit Pujols zumeist von Sozialisten regiert wurde, war ein andauerndes Ärgernis für die CiU.

Während der Vorbereitung der Olympischen Spiele setzte Pujol auf eine Doppelstrategie: Im Organisationskomitee kooperierte er mit Maragall, unterstützte aber zugleich jene Gruppierungen, die mit nationalistischen Forderungen den Bürgermeister in die Enge zu treiben versuchten. So wurde offenbar mit Geldern der *Generalitat* und von *Òmnium Cultural* das Aktionsbündnis *Acció Olímpica* unterstützt, das offiziell im Februar 1992 ins Leben gerufen worden war. Dieses blieb eng mit zivilgesellschaftlichen Gruppierungen Kataloniens verbunden, die für einen radikaleren Nationalismus bzw. Separatismus eintraten: der *Crida* mit dem damaligen Sprecher Jordi Sànchez und der ERC mit dem Generalsekretär Àngel Colom i Colom.

Colom trat noch selbstbewusster auf, nachdem die ERC in den Regionalwahlen vom März 1992 ihre Mandate hatte verdoppeln können. Unverhohlen drohten die *Crida* und Colom mit dem Mobilisierungspotential der nationalistischen Bewegung Kataloniens, falls ihren Forderungen nach größtmöglicher Präsenz katalanischer Symbole nicht entsprochen werden sollte. Welche verheerenden Folgen eine solche Präsenz für das Image Spaniens haben konnte, hatte sich bereits am 8. September 1989 gezeigt, als das renovierte Olympiastadion in Barcelona eingeweiht worden war. Unter den

Augen der städtischen und staatlichen Politprominenz und live gefilmt von in- und ausländischen Kamerateams hatten hunderte Aktivisten im Stadion plötzlich katalanische Fahnen entrollt und den König während seiner Ansprache ausgepfiffen. Für das Bild eines stabilen demokratischen Staates waren diese Szenen ebenso problematisch wie die von der *Acció Olímpica* im Februar 1992 eröffnete Kampagne »Freedom for Catalonia«.[89] Auf den Slogan hatte man sich in Anlehnung an die damals verbreiteten gleichlautenden Forderungen der ehemaligen Ostblockstaaten verständigt. Die englische Sprache sollte sicherstellen, dass die katalanischen Forderungen weltweit verstanden wurden. Spruchbänder mit diesem Aufdruck wurden von *Acció Olímpica* stets so platziert, dass die internationale olympische Gemeinde nicht umhinkam, zur Kenntnis zu nehmen, dass es um die Freiheit in Katalonien offenbar nicht zum Besten stehe. Gezielt nutzten die Aktivisten zwei Momente, die besonders im Fokus der Medienöffentlichkeit standen: die Entzündung des Olympischen Feuers in Griechenland und die Ankunft der Flamme in Spanien.

Per Schiff erreichte die Fackel am 13. Juni in Empúries (Ampurias), dem antiken Emporion, spanischen Boden. Von dort aus wurde sie neun Tage lang quer durch Katalonien, dann durch andere Regionen Spaniens getragen, bis sie von Mallorca aus am 18. Juli 1992 in Barcelona eintreffen sollte. Entlang der Route wurde die Fackel begleitet von Läufern, die das »Freedom for Catalonia«-Plakat trugen – unter ihnen auch der Sohn von Jordi Pujol. Insbesondere die Willkommensfeier in Empúries diente der Inszenierung Kataloniens als Nation mit eigener Sprache und Kultur. Die nationalistischen Aktivisten dominierten mit ihren Spruchbändern und T-Shirts, die »Freedom for Catalonia« reklamierten, das für die Festivität vorgesehene Areal. Juan Carlos soll aus Sicherheitsgründen von einer Anreise abgeraten worden sein.[90] Von der Menge akzeptiert wurden nur katalanische Ansprachen; allerdings wurde Javier Solana von Beginn an so niedergeschrien, dass man nicht verstehen konnte, ob er überhaupt Spanisch oder Katalanisch sprach. Als eine spanische Fahne entrollt wurde – was sofort als franquistische Provokation verstanden wurde –, flogen Steine, die Fahne wurde schließlich von einer aufgebrachten Menge verbrannt. Dies ist nur ein Beispiel dafür, wie schmal der Grat zwischen einer nationalistischen Feststimmung und offener Gewalt zuweilen war.

89 Vgl. Nicolás Tomás: Freedom for Catalonia. La Barcelona olímpica también quería ser catalana; in: *El Nacional*, 30.7.2017: https://www.elnacional.cat/es/politica/25-anos-freedom-for-catalonia_178812_102.html (13.12.2020).

90 Vgl. Hargreaves, Freedom, S. 80.

Die spanische Regierung war entsetzt über die feindliche Stimmung und das Unvermögen der Sicherheitskräfte, einen störungsfreien Verlauf der Zeremonie zu gewährleisten. Mit dem warnenden Hinweis, dass Sicherheit immer verletzlich sei, erhöhten *Crida* und ERC ihren Druck auf die Organisatoren, für eine Gleichrangigkeit katalanischer und spanischer Symbole während der Spiele zu sorgen. Zugleich forderten sie die Bevölkerung Kataloniens auf, während der Spiele nur die katalanische *Senyera* von den Balkonen wehen zu lassen. Als die Fackel mit dem Olympischen Feuer am 18. Juli unter den Klängen der spanischen Nationalhymne in das Olympiastadion von Barcelona getragen wurde, stellte sich heraus, dass sich unter den tausenden Freiwilligen zahlreiche junge Aktivisten befanden, die auf die Nationalhymne mit einem Pfeifkonzert antworteten.

Noch unmittelbar vor der Eröffnungsfeier erwogen die Aktivisten Möglichkeiten, die Spiele zu torpedieren. So gab es Überlegungen, mit einem Flugzeug im Stadion zu landen oder die Fernsehübertragung just in dem Moment zu unterbrechen, in dem Juan Carlos die Spiele für eröffnet erklären würde. Erst in letzter Minute, am Tag vor der Eröffnungsfeier, gab die *Crida* Entwarnung. Zwar sollten so viele katalanische Fahnen und Spruchbänder verteilt werden wie irgend möglich, aber auf einen Boykott oder sonstige demonstrative Störungen wurde verzichtet, solange sich die Veranstalter an ihre Zusagen hielten.[91]

Dabei hatten die extremen Nationalisten nicht alle ihre Forderungen durchsetzen können. So wurde bis zum Schluss das katalanische Olympische Komitee nicht als gleichwertig neben dem spanischen Olympischen Komitee anerkannt. Die katalanischen Sportler blieben damit Teil des spanischen Kaders und wurden bei Siegen mit der spanischen Fahne und Hymne geehrt. Hingegen hatten die Nationalisten erreicht, dass Katalanisch als offizielle Sprache neben Englisch, Französisch und Spanisch zugelassen und die katalanische Fahne und Hymne bei der Eröffnungs- und Abschlussfeier feierlich inszeniert wurden. So wehten nicht nur die Fahnen von Barcelona, Spanien, Europa und dem Olympischen Komitee im Wind, sondern auch die *Senyera*. Noch bevor die spanische Nationalhymne erscholl und dabei die Kameras auf die spanische Nationalfahne gerichtet waren, wurde zu den Klängen von »Els Segadors« die katalanische Flagge groß in Szene gesetzt. Bezeichnenderweise betrat der König während dieser Melodie die Bühne, sodass die katalanischen Nationalisten schon deshalb nicht gut pfeifen oder buhen konnten. Juan Carlos gelang sogar ein uner-

91 Ebd, S. 87. Der Autor bezog seine Informationen nicht zuletzt aus Gesprächen mit führenden *Crida*-Mitgliedern, u.a. Jordi Sánchez.

warteter Prestigeerfolg: Als er die ersten Begrüßungsworte auf Katalanisch sprach, hatte er die Sympathien vieler Katalanen für sich gewonnen. Ein donnernder Jubel ging durchs Stadion. Tatsächlich gehörten – wie die Meinungsumfragen im Anschluss ergaben – die Monarchie und der spanische Staat zu den eindeutigen Gewinnern dieser Spiele.

Nach den immensen Spannungen im Vorfeld verlief das Sportereignis selbst überraschend friedlich. Das massive Aufgebot an Sicherheitskräften wurde nicht als störend wahrgenommen, weil die Polizisten in Zivil gekleidet waren und entsprechend unbemerkt agierten. Als erfolgreich erwiesen sich die Spiele aus der Sicht Spaniens *und* aus der Sicht Kataloniens. Beide, vor allem aber Katalonien, profitierten wirtschaftlich von der Olympiade. Barcelona wurde einer radikalen Modernisierungskur unterzogen, die dazu beitrug, in den kommenden Jahren die Touristenströme in die katalanische Hauptstadt zu lenken. Investitionen in die Infrastruktur führten zu ökonomischen Rückkopplungseffekten, die den Wirtschaftsaufschwung der Region beschleunigten. Zudem war es gelungen, Kenntnisse über Katalonien einem breiten Publikum zu vermitteln.

Aber nicht nur das Selbstverständnis der Katalanen, sondern auch das der Spanier ging gestärkt aus den Spielen hervor. So waren die Zustimmungswerte für den König als Staatsoberhaupt auch in Katalonien deutlich gestiegen.[92] Nicht zu unterschätzen waren für den Prestigezuwachs die kontingenten Faktoren: Niemand hatte damit gerechnet, dass die spanischen Athleten so viele Medaillen gewinnen würden. So konnte sich das Gastgeberland nicht nur als demokratisch, modern und effizient, sondern auch als sportlich erfolgreich präsentieren – was nach dem Misserfolg der vorangegangenen, in Spanien ausgetragenen Fußballweltmeisterschaft wie Balsam auf wunde Seelen wirkte. Dass Spanien mit insgesamt 22 Medaillen den sechsten Platz im Medaillenspiegel erringen konnte, versetzte das Land in eine euphorische Stimmung.[93] Vermutlich trugen die Olympischen Spiele dazu bei, dass zwischen 1990 und 1996 die Gruppe derjenigen Katalanen wuchs, die sich in erster Linie als Spanier fühlten (von 16 auf 24 Prozent), während der Anteil derjenigen, die sich vorzugsweise als Katalanen empfanden, von 45 Prozent (1989) auf 37 Prozent zurückging. Unverändert bei 36 Prozent blieb die Gruppe derjenigen, die sich gleichermaßen als Spanier und als Katalanen fühlten.[94]

92 Gemäß der Umfragen waren 89 Prozent der Katalanen der Ansicht, dass die Rolle des Königs bzw. des Königshauses während der Olympischen Spiele »sehr gut« oder »gut« gewesen sei, vgl. Hargreaves, Freedom, S. 144.

93 Ebd., S. 112; vgl. *El País*, 10.8.1992.

94 Zur Statistik vgl. Hargreaves, Freedom, S. 32.

Doch diese Erfolgsbilanz darf nicht den Blick dafür verdecken, dass sich bereits neue Konflikte abzeichneten. Die hohe Konfliktbereitschaft des katalanischen Nationalismus, der seine Aktions- und Mobilisierungspotentiale vor der Olympiade erneut unter Beweis gestellt hatte, verhieß kommende Auseinandersetzungen, zumal die Forderungen nach mehr Autonomie durch das gewachsene katalanische Selbstbewusstsein nunmehr forciert vorgetragen werden sollten. Zudem formierte sich jenseits der spanischen Regierung, die eher mit Gelassenheit auf die Wünsche der katalanischen Nationalisten reagiert hatte, ein neues Akteurskollektiv: Die Umfragen, die im Anschluss der Spiele durchgeführt wurden, zeigen, dass weite Teile der spanischen Bevölkerung mit Unverständnis auf die Demonstrationen des katalanischen Nationalismus reagierten. Nirgendwo ging die Schere zwischen den Befragten in Katalonien und anderen Teilen Spaniens so auseinander wie bei der Beurteilung der Präsenz des Katalanischen oder der katalanischen Nationalsymbole. Die »Katalanisierung« der Spiele hatte offensichtlich Vorbehalte im restlichen Spanien gegen weitere Forderungen der Katalanen nach Ausdehnung der Autonomie geschürt.[95] Wie leicht diese Vorbehalte reaktiviert und von Politikern der konservativen Partei Partido Popular (PP) instrumentalisiert werden konnten, zeigte sich in den Auseinandersetzungen über ein neues Autonomiestatut in der folgenden Dekade.

Der zentrale Akteur bei der Initiierung eines neuen Autonomiestatuts war Pasqual Maragall. Als Bürgermeister Barcelonas während der Olympischen Spiele hatte er so viel Popularität gewonnen, dass er in den Umfragen an seinem Konkurrenten Pujol vorbeizog. Es dürfte nicht zuletzt an dem Erfolg der Spiele gelegen haben, dass dem Sozialisten das scheinbar Unmögliche im Jahr 2003 gelang: Nach 23 Jahren Regierung durch die CiU wählten die Katalanen Pasqual Maragall und damit einen Sozialisten zum Präsidenten der *Generalitat*. Das kam nicht nur in der politischen Tektonik der Region einem Erdbeben gleich. Die veränderte Konstellation brachte eine gänzlich neue Dynamik in den katalanischen Nationalismus: Nunmehr wurden die Weichen gestellt für den Separatismus des 21. Jahrhunderts.

95 Ebd., S. 158 f.

## 5. Erwartung, Enttäuschung, Empörung. Das Ringen um ein neues Autonomiestatut

Wenn sich heute Historiker, die sich über Jahrzehnte mit dem katalanischen Nationalismus auseinandergesetzt haben, zur jüngeren Entwicklung in Katalonien äußern, ist ihnen anzumerken, wie sehr sie darum ringen, die Dynamik der letzten Jahre zu verstehen. Katalonien – so die allgemeine Diagnose – hatte sich seit Beginn des neuen Jahrtausends grundlegend verändert. »Wie konnte es zum Wandel in der katalanischen Politik kommen?«, fragte sich etwa Ucelay-Da Cal. »Wie kam es zum Umschlag eines hegemonial in Konzepten der Autonomie denkenden Nationalismus in eine die Massen mobilisierende Unabhängigkeitsbewegung?«[96] Eine überzeugende Antwort wird nicht präsentiert, es bleibt das Staunen über eine Entwicklung, die offenbar niemand für möglich gehalten hatte.

Dabei lässt sich die Entwicklung ab 2012 am besten erklären, wenn man ein ganzes Bündel an Faktoren berücksichtigt, in dem die Emotionen von entscheidender Bedeutung waren. Die verschiedenen emotionalen Aspekte werden im folgenden Kapitel zu analysieren sein. Vorerst gilt es darauf hinzuweisen, dass ein zentraler Bedingungsfaktor in der komplexen Interaktion zeitgenössischer Erwartungen, Empörungen und Enttäuschungen lag. Auf die seit 2003 massiv geschürten immensen Erwartungen innerhalb des katalanischen Nationalismus reagierten deren Gegner mit Empörung. Rasch schlugen die besonders weitreichenden Erwartungen infolge der Realisierungsprobleme in Enttäuschungen um, die wiederum zu einer breiten Empörung über jene führten, denen das Scheitern angelastet wurde. Erwartungen, Empörungen und Enttäuschungen waren eng miteinander verflochten und führten zu einer wachsenden Emotionalisierung der politischen Sachverhalte. Für die Geschichte der Bundesrepublik etwa ist unlängst nachgewiesen worden, dass ein erfolgreiches Enttäuschungsmanagement (mit) ursächlich für die politische und gesellschaftliche Stabilität der 1970er und 1980er Jahre war.[97] Die hochfliegenden Erwartungen aus den Reformjahren der 1960er Jahre führten trotz der Desillusionierungen in den anschließenden Dekaden nicht zu einer grundlegenden Hinterfragung der politischen Ordnung. Für das Katalonien der Jahre 2000 bis 2017 lässt sich ganz im Gegenteil konstatieren, dass das forcierte Enttäuschungsmanagement durch katalanische Nationalisten in eine Staatskrise Spaniens und eine

96 Vgl. Ucelay-Da Cal, Breve historia, S. 252.

97 Vgl. die Habilitationsschrift von Bernhard Gotto: Enttäuschung in der Demokratie. Erfahrung und Deutung von politischem Engagement in der Bundesrepublik Deutschland während der 1970er und 1980er Jahre, Berlin 2018.

massive Polarisierung innerhalb der katalanischen Gesellschaft mündete. Die Voraussetzungen dafür wurden in den sieben Jahren der Regierungszeit von Maragall gelegt. In dieser Zeit begann der »große Meinungswandel«.[98] Jordi Canal stellte das Kapitel zu diesem Zeitabschnitt in seiner Untersuchung des Unabhängigkeitsprozesses unter die Überschrift: »Die Büchse der Pandora öffnen«.[99]

Diese Büchse war das Autonomiestatut. Schon in Pujols *Programa 2000* hatte das Vorhaben, das Autonomiestatut zu reformieren, einen festen Platz eingenommen. In der Praxis hatte sich Pujols Politik jedoch darauf beschränkt, die Kompetenzen scheibchenweise – wann immer es sich ergab – auszudehnen. Diese unsystematische Strategie wollte Maragall hinter sich lassen. Mit dem Projekt, ein ganz neues, »definitives« Autonomiestatut auszuarbeiten, ließen sich gleich mehrere Ziele verbinden: Erstens sollte Spanien als »Espanya plural« in einen Vielvölkerstaat umgewandelt werden, zweitens sollte dabei im Zuge eines asymmetrischen Föderalismus der Abstand zu den anderen Autonomen Gemeinschaften und damit der Sonderstatus Kataloniens wiederhergestellt und dauerhaft gesichert werden, der durch die Dynamik des Autonomieprozesses in anderen Regionen aufgeweicht worden war. Katalonien sollte einen besonderen Einfluss auf die Geschicke Spaniens ausüben können – womit Maragall an einstige Ambitionen von Francesc Cambó anschloss. Drittens konnten sich auf diese Weise die katalanischen Sozialisten von dem Makel befreien, keine »richtigen« Katalanen zu sein, der ihnen seit den Konfrontationen Pujols mit der Madrider PSOE-Regierung anhaftete. Viertens strebte Maragall nach einem persönlichen Prestigegewinn, um sich gegenüber seinem langjährigen Vorgänger Pujol zu profilieren, den er genauso verachtete wie dieser ihn.[100] Der eigentliche Kern des Projektes lag in dem Versuch, die Uneindeutigkeiten von Verfassung und Autonomiestatut zu beseitigen. Katalonien sollte als »Nation« klar benannt werden – und nicht mehr in den nebulösen Zwischenstatus einer »Nationalität« verwiesen bleiben. Zugleich sollte die ebenso wenig explizit definierte territoriale Ordnung auf einen asymmetrischen Föderalismus festgeschrieben werden. Damit aber waren überaus heikle Bereiche der spanischen Verfassung tangiert.

98 Ucelay-Da Cal, Breve historia, S. 252.

99 Canal, Permiso, S. 133-160.

100 Zur wechselseitigen Verachtung vgl. Enric Ucelay-Da Cal/Arnau González i Vilalta/Steven Forti: Conclusiones: un proceso de contradicción suficiente; in: dies. (Hg.): El proceso separatista en Cataluña. Análisis de un pasado reciente (2006-2017), Barcelona 2017, S. 265-312, S. 301.

Die hochfliegenden Pläne waren gleichwohl plötzlich im Bereich des Möglichen, als sich durch den unerwarteten Regierungswechsel in Madrid im Jahr 2004 völlig überraschend ein *window of opportunity* zu öffnen schien. Kurz vor der Wahl 2004 hatte der seit 1996 in Madrid regierende Ministerpräsident José María Aznar (PP) einen kapitalen Fehler begangen: Obwohl alles schon früh auf einen islamistischen Hintergrund hindeutete, lastete Aznar die Attentate vom 11. März 2004 in Atocha, denen rund 200 Personen zum Opfer fielen, der ETA an. Die Empörung über die politisch motivierte Fehlinformation trugen die Spanier an die Wahlurnen, sodass bei den spanischen Parlamentswahlen am 14. März 2004 ganz gegen alle Prognosen die spanische Sozialdemokratie, also der PSOE, den Sieg davontragen und José Luis Rodríguez Zapatero als neuer Ministerpräsident in den Moncloa-Palast einziehen konnte. Dadurch aber ergab sich eine völlig neue Konstellation: Sowohl die Zentralregierung in Madrid als auch die *Generalitat* und nicht zuletzt das Rathaus von Barcelona wurden von Sozialisten regiert. Für das Projekt eines neuen Autonomiestatuts war diese Konkordanz schon deshalb günstig, weil Zapatero im Wahlkampf den katalanischen Parteikollegen äußerst weit entgegengekommen war. Am 13. November 2003 hatte Zapatero während einer Wahlkampfveranstaltung im *Palau Sant Jordi* versprochen, er werde jeden Text, den das katalanische Parlament als Entwurf eines neuen Autonomiestatuts beschließen würde, in Madrid durchbringen. 20.000 Zuhörer brachen daraufhin in ekstatischen Jubel aus.[101]

Möglicherweise war Zapatero dieses Versprechen so leichtgefallen, weil er selbst nicht an seinen Wahlsieg glaubte. Nun aber, nach der unerwarteten Regierungsübernahme, sahen ihn die katalanischen Nationalisten in der Pflicht und wollten sich die Chance des zugesagten Blanko-Schecks nicht entgehen lassen. Die Dynamik wurde noch dadurch angeheizt, dass sich Sozialisten, CiU und die Linksrepublikaner der ERC wechselseitig in nationalistischen Forderungen überboten. Gerade die ERC spielte eine Schlüsselrolle. Die Regierung Maragall setzte sich aus drei Parteien zusammen, es war der erste sogenannte *Tripartito* aus katalanischen Sozialisten (PSC), ERC und den katalanischen Grünen (*Iniciativa per Catalunya-Verds ICV*).[102] Die ERC hatte schon vorher die Minderheitsregierung von Pujol unterstützt, aber noch keine Regierungsverantwortung getragen. In dem

101 Ucelay-Da Cal, Breve historia, S. 243.

102 Auch diese Parteien waren insgesamt sehr heterogen. Im P*artit dels Socialistes de Catalunya* (PSC) hatten sich verschiedene sozialistische Strömungen zusammengeschlossen, in der *Iniciativa per Catalunya Verds y Esquerra Unida i Alternativa* (ICV y de EUiA) hatten ehemalige Kommunisten und Vertreter der linken Um-

jetzigen *Tripartito* war sie die Partei, die die entschiedenste nationalistische Agenda einbrachte. Anders als Pujol, der – ungeachtet allen Strebens nach Autonomieerweiterung – letztlich für ein Verbleiben im spanischen Gesamtstaatsverband eingetreten war, standen die »Neonationalisten«[103] der ERC für das Streben nach einer unabhängigen Republik. Damit war die Partei für viele anschlussfähig, die mit radikalen Maßnahmen geliebäugelt hatten. Als sich *Terra Lliure* 1991 aufgelöst hatte, fanden einige ihrer Mitglieder bei der ERC eine neue Heimat. Dort wurden sie bereitwillig aufgenommen, nachdem sie der Gewalt abgeschworen hatten. Auch aus der *Crida* hatten Ende der 1980er Jahre mit dem charismatischen Àngel Colom zahlreiche Aktivisten den Weg in die ERC gefunden, mit dem erklärten Ziel, aus dieser eine Säule der Unabhängigkeitsbewegung zu machen. Während diejenigen, die sich in der *Crida* eher für ökologische Ziele eingesetzt hatten, zu den Grünen abgewandert waren. Es war nicht zuletzt der Zulauf zu der »neonationalistischen« ERC, der den Regierungswechsel 2003 herbeigeführt hatte: Gegenüber den Wahlen von 1999 hatte sie im Jahr 2003 ihren Stimmenanteil verdoppeln können und war mit 16 Prozent nach CiU und Sozialisten zur drittstärksten Fraktion geworden. Dass sie nun nicht mehr mit der CiU, sondern den Linken ein Bündnis einging, gab den Ausschlag für das Ende der Ära der katalanischen Bürgerlichen und den Auftakt für eine neue nationalistische Ausrichtung.

Doch die Debatten im katalanischen Parlament über das neue Autonomieprojekt waren nicht einfach, zumal die oppositionelle CiU mit eigenen Forderungen die regierenden Parteien in die Enge treiben wollte. Die Erwartungen an das neue Autonomiestatut wurden immer höher geschraubt. Schließlich stimmten im September 2005 immerhin 90 Prozent der Abgeordneten im katalanischen Parlament dem Entwurf zu.

Wenn die katalanischen Politiker aber geglaubt haben sollten, dass ihr Entwurf in den Madrider Cortes durchgewinkt werden würde, hatten sie sich schwer getäuscht. Nicht nur, dass sie den Einfluss Zapateros überschätzt hatten, der im Sinne Maragalls für ein »plurales Spanien« warb. Sie hatten vor allem nicht damit gerechnet, dass der neue Oppositionsführer Mariano Rajoy mit der Autonomiefrage ein Thema gefunden hatte, mit dem er in Spanien punkten zu können glaubte. Im Jahr 2004 war Rajoy als Parteivorsitzender des PP an die Stelle von Aznar getreten. Nun griff er begierig zwecks eigener Profilierung die Autonomiedebatte auf – wohl wis-

weltbewegung zusammengefunden. Aus diesem Parteienbündnis entwickelte sich später *Catalunya en Comú*.

103 Ucelay-Da Cal u.a., Conclusiones, S. 290.

send, wie emotional besetzt das Thema in ganz Spanien war. Tatsächlich war es ein Leichtes, Emotionen wachzurufen, die sich gegen die katalanischen Bestrebungen richteten, sich als eigene Nation zu definieren: Sei es, weil sie die Einheit Spaniens gefährdeten, sei es, weil der Abgrenzungswunsch als provozierende Arroganz der Katalanen zurückgewiesen wurde, sei es, weil der Anspruch Kataloniens, die gesamtspanischen Verhältnisse zu verändern, als Hybris betrachtet wurde, oder sei es, weil in den anderen Autonomen Gemeinschaften ein latenter Neid angesichts der Privilegien der historischen Nationalitäten schlummerte. Da Zapatero vorgeworfen wurde, das Attentat von 2004 politisch instrumentalisiert zu haben, waren die Politiker des PP jetzt nicht von Skrupeln gebremst, die antikatalanischen Emotionen angesichts der Autonomiestatut-Debatte anzuheizen. Schnell wuchsen die Vorbehalte gegenüber einer Renaissance des »roten Separatismus« in Katalonien. Mit »den Roten« und »den Separatisten« wurden Feindbilder reaktiviert, die aus der Zeit des Bürgerkriegs stammten, aber die seit dem Ende des Franquismus – zumindest an der Oberfläche – verschwunden waren. Die jetzige antikatalanistische Kampagne gedieh umso leichter, als unter Ministerpräsident Aznar, der von 1996-2004 (und in den letzten vier Jahren mit absoluter Mehrheit) regiert hatte, ein neuer Umgang mit dem spanischen Selbstverständnis auf den Weg gebracht worden war. Anstelle einer vorwiegend distanzierten Einstellung gegenüber der Vergangenheit von Bürgerkrieg und Diktatur förderte Aznar einen neuen Nationalstolz. Gestärkt durch Wohlstand und Wirtschaftswachstum zeigte die Regierung in der Außenpolitik, aber auch in der innenpolitischen Symbolpolitik ein neues Selbstbewusstsein – erkennbar nicht zuletzt an der megalomanen spanischen Flagge von 294 Quadratmetern, die seit 2001 als »größter spanischer Stolz«[104] auf der Plaza Colón weht. Dieser zentralspanische Nationalismus fühlte sich durch den katalanischen Nationalismus herausgefordert. Im Januar 2006 schienen sich Episoden von 1981 zu wiederholen, als der ranghohe spanische Militär José Mena Aguado »die Gefühle, die Unruhe, die Sorgen« seiner Untergebenen um die Einheit Spaniens zu Gehör brachte.[105] Am Ende seiner Rede betonte er noch einmal die Liebe zu Spanien und machte deutlich, dass der Entwurf des katalanischen Autonomiestatuts nicht angenommen werden könne. Die Selbstbezeichnung als Nation, die

104 Vgl. Las cinco banderas más grandes de Madrid; in: *ABC*, 17.3.2013: https://www.abc.es/local-madrid/20130714/abci-banderas-grandes-madrid-201307101635_1.html (13.12.2020).

105 Vgl. den Abdruck der Rede von Generalleutnant (Teniente General) José Mena Aguado vom Januar 2006; in: *El Mundo*, 9.1.2006: https://www.elmundo.es/elmundo/2006/01/06/espana/1136570580.html (13.12.2020).

Beanspruchung von Kompetenzen im Justizbereich und die Anmaßung, die Kenntnisse des Katalanischen verpflichtend zu machen, verunmöglichten dies. Der Generalleutnant hielt es offenbar für nötig, daran zu erinnern, dass die spanischen Streitkräfte alles tun würden, um die Verfassung und Einheit des spanischen Staates zu schützen. Zwar reagierte die Regierung umgehend und verordnete zunächst Hausarrest, bevor sie den Generalleutnant in den Ruhestand versetzte. Aber in konservativen Kreisen fand diese Auffassung durchaus Unterstützung.

Auch unter den Sozialisten Spaniens traf das Selbstverständnis Kataloniens als »Nation« auf Unverständnis. Dies führte dazu, dass das vom katalanischen Parlament auf den Weg gebrachte Statut nun doch – entgegen des früheren vollmundigen Versprechens von Zapatero – abgeschwächt werden musste. Um die erforderliche Zustimmung der Abgeordneten im spanischen Parlament zu erhalten, nahm eine Kommission, in der Delegierte des spanischen und des katalanischen Parlaments zusammen berieten, Änderungen an rund zwei Dritteln der Artikel vor.[106] Diese Eingriffe wiederum waren der katalanischen Regierung nicht zu vermitteln, die unter dem Druck der von ihr selbst in der katalanischen Bevölkerung geweckten Erwartungen stand. Der Durchbruch in der festgefahrenen Situation wurde schließlich an Präsident Maragall vorbei erzielt, indem sich Zapatero mit Artur Mas, dem neuen Parteivorsitzenden der CiU, im Januar 2006 auf einen Kompromiss verständigte: Zwar sollte Katalonien in der Präambel als Nation erwähnt werden, aber ohne dass daraus juristische Folgen abgeleitet werden könnten.

Die Vertreter der ERC fanden weder das Vorgehen noch das Ergebnis akzeptabel. Es kam darüber zum Bruch der Koalition und dadurch Ende 2006 zu Neuwahlen, die zwar die Regierungskoalition von PSC, ERC und ICV bestätigten, aber nun unter dem neuen Ministerpräsidenten José Montilla (PSC). Zuvor hatte die ERC ihre Ablehnung des abgeschwächten Statuts bei der Abstimmung des Autonomiestatuts im Mai 2006 im spanischen Parlament zum Ausdruck gebracht, das gleichwohl mit den Stimmen der CiU, des PSOE und der *Izquierda Unida* (54 Prozent) angenommen wurde. Im Juni 2006 entschieden die Bürger und Bürgerinnen Kataloniens über die Annahme des Statuts: 73 Prozent votierten für »Ja«, wobei sich nur 49 Prozent der Katalanen an der Wahl beteiligt hatten.

106 Vgl. Xavier Arzoz: Das Autonomiestatut für Katalonien von 2006 als erneuter Vorstoß für die Entwicklung des spanischen Autonomiestaates; in: Zeitschrift für ausländisches öffentliches Recht und Völkerrecht (ZaöRV), 69 (2009), S. 155-193, S. 169: https://www.zaoerv.de/69_2009/69_2009_1_b_155_194.pdf. (7.12.2020).

Der Streit über das Statut war damit nicht beigelegt. Er ging nur in die nächste Runde: Wenige Tage, nachdem es der König im Juli 2006 unterschrieben hatte, brachten der PP und einige (vom PP regierte) Autonome Gemeinschaften das Autonomiestatut vor das Verfassungsgericht. Von den insgesamt 223 Artikeln (zum Vergleich: das Statut von 1979 hatte nur 57 Artikel gehabt) wurden schließlich im Urteilsspruch von 2010 nur 14 als in Gänze oder in Teilen verfassungswidrig beanstandet. Nüchtern betrachtet – so der Historiker Ucelay-Da Cal –, seien die Beanstandungen »keine große Sache«[107] gewesen, weshalb auch die Sozialisten das Ergebnis als Sieg gegenüber dem PP feierten, schließlich hatten die Konservativen gegen insgesamt 113 Artikel und die Präambel geklagt. Aber infolge der massiven Emotionalisierung im Vorfeld war in Katalonien kaum jemand bereit, die Sache noch nüchtern zu betrachten.

Zudem zeigte sich nun die eigentliche Räson des neuen Autonomiestatuts: Das Hauptgewicht hatte eben nicht auf jenen Artikeln gelegen, die u.a. die sozialen Rechte der Katalanen (wie den Anspruch auf ein angemessenes Leben bzw. Lebensende, auf Sicherheit oder Selbstverwirklichung) oder Prinzipien der Verwaltung festlegten. Vielmehr war es das zentrale Anliegen gewesen, den privilegierten Status Kataloniens als »Nation« festzuschreiben. Die – falsche, aber immer wiederholte – Darstellung, wonach das Statut als solches gescheitert sei, ergibt nur dann einen Sinn, wenn man in Rechnung stellt, dass genau jene Passagen verändert wurden, die für die Katalanen von entscheidender Relevanz waren. Tatsächlich betrafen die Inkriminierungen die Selbstbezeichnung Kataloniens: Der Begriff »Nation« wurde aus dem Text entfernt. Nur in der Präambel blieb eine (nicht rechtswirksame) Formulierung, die die divergierenden Auffassungen zum nationalen Charakter zusammenführt, wohlweislich ohne sie aufzulösen. Hier steht, dass das katalanische Parlament »mit überwiegender Mehrheit Katalonien als Nation definiert« und damit dem »Fühlen und Wollen« (*sentiment i volutat*) seiner Bürger entsprochen habe. Unmittelbar darauf folgt der Hinweis, dass die spanische Verfassung in ihrem Artikel 2 die »nationale Wirklichkeit Kataloniens« als die einer »Nationalität« anerkenne. Dieses Zugeständnis an die katalanische Selbstwahrnehmung war insofern nicht einmal mehr von symbolischem Wert, als gegenüber dem Statut von 1979 mit Blick auf den privilegierten Charakter Kataloniens kein signifikanter Fortschritt zu erkennen war, schon gar keiner, der den Aufwand der letzten Jahre gerechtfertigt hätte.

107 Vgl. Ucelay-Da Cal, Breve historia, S. 261.

Die Emotionen wurden dadurch noch weiter angeheizt, dass der PP bei der Vorlage anderer Autonomiestatute, die sich am katalanischen Vorbild orientierten, keine Schwierigkeiten hatte, solchen Bestimmungen zuzustimmen, gegen die er bei dem katalanischen Statut geklagt hatte.[108] Hatten die Vertreter des PP in Spanien die Empörung gegenüber dem als Anmaßung empfundenen Statut geschürt, so reagierten die Katalanen ihrerseits mit Empörung auf das Verhalten des PP. Wie wenig beide Seiten dem Verfassungsgericht zutrauten, ein unparteiisches Urteil zu fällen, zeigte sich daran, dass mehrfach Richter wegen Befangenheit abgelehnt wurden – einer der Gründe, warum sich das Verfahren vor dem Verfassungsgericht über vier Jahre hinzog. Vier Jahre, in denen Erwartungen und Empörungen wuchsen und schließlich durch eine subjektiv wahrgenommene massive Enttäuschung eine emotionale Melange ergaben, die dazu beitrug, dass nun die rote Linie überschritten wurde, die den früheren Nationalismus vom neuen Separatismus trennte.

108 Arzoz, Autonomiestatut, S. 190f.

# V. *Procés* und Leidenschaft. Die Hochphase des Separatismus (2010-2017)

## 1. »Triumph der Gefühle«. Emotionalität und Krise als Kontext der Eskalation

»Die Emotionen haben definitiv die Schlacht gegenüber der Rationalität gewonnen« – so fasste der katalanische Historiker Jordi Canal die Geschehnisse der Jahre nach 2010 zusammen.[1] Mit Gefühlen und Gefühlszuständen wie »Leidenschaft«, »Obsession« oder gar »Ekstase« versuchen Zeitzeugen die Dynamik dieser Dekade zu beschreiben. Immer wieder greifen auch Wissenschaftler, die nicht nur Beobachter, sondern auch Akteure des »Prozesses« waren, auf Emotionen zurück, wenn sie den katalanischen *Procés* in jener Zeit analysieren, also die Eskalation des katalanischen Separatismus bis hin zur Unabhängigkeitserklärung im Oktober 2017. Ein ganzer Strauß an Gefühlen, so Canal, habe diese Zeit geprägt: Wut, Verliebtheit, Angst, Selbstbetrug und Hass.[2]

Dass sich mit Blick auf die nationale Identität genau in dieser Zeit massive Veränderungen ergaben, bestätigt die Statistik. Im Jahr 1976, also kurz nach Francos Tod, sprachen sich nur magere zwei Prozent der Katalanen für eine Unabhängigkeit aus. Bis 2006 stieg der Anteil der Separatisten gemäß den Umfragen des katalanischen Meinungsforschungsinstituts auf 14 Prozent an.[3] Dieser Anstieg dürfte einerseits ein Indiz für den Erfolg der Katalanisierungs- bzw. »Sensibilisierungspolitik« von Jordi Pujol gewesen sein. Vor allem aber war er auf die Polarisierung im Zuge der Verhandlungen mit der spanischen Zentralregierung über ein neues Autonomiestatut für Katalonien zurückzuführen. Auch hatte die *Esquerra Republicana de*

1 Canal, Permiso, S. 17.

2 Ebd., S. 160.

3 Centre d'Estudis d'Opinió (CEO): Baròmetre d'opinió política Març 2006: https://ceo.gencat.cat/ca/barometre/detall/index.html?id=345, S. 36 (11.12.2020); Klaus-Jürgen Nagel: Katalonien – vom Autonomismus zum Separatismus?; in: europa-ethnica, 72/Sonderausgabe: Katalonien 2015, S. 17-30.

*Catalunya* (ERC), deren Anhänger in viel größerem Maße für eine Unabhängigkeit eintraten als die Vertreter der von Pujol geführten CiU, seit ihrem Eintritt in die katalanische Regionalregierung im Jahr 2003 erheblich an Einfluss gewonnen.[4]

Doch erst nach 2006 kam Bewegung in die Sache: Bis zum Jahr 2014 stieg die Zustimmung zur Unabhängigkeit unter der katalanischen Bevölkerung auf 49 Prozent. Aus der Haltung einer verschwindenden Minderheit war die Überzeugung von annähernd der Hälfte aller Katalanen geworden. Das Scheitern des Versuches, Katalonien offiziell den Status einer »Nation« zuzuschreiben, bildete den Ausgangspunkt einer politischen Kehrtwende. Symptomatisch dafür war der Auffassungswandel bei Jordi Pujol. In den 23 Jahren, die er an der Spitze der *Generalitat* gestanden hatte, hatte sein Einsatz dem Ausbau der Autonomie innerhalb des spanischen Staatsverbandes gegolten. Jetzt griff er plötzlich zu einer Rhetorik, die auf einen Abbruch der Beziehungen hinauslief: »Wenn Brücken brechen«, lautete der Untertitel seines 2011 veröffentlichten Buches.[5] Zwar war Pujol inzwischen nicht mehr derjenige, der die katalanische Politik maßgeblich prägte. Gleichwohl kann sein Buch als Ausdruck von Verschiebungen innerhalb der nationalistischen Anhängerschaft herangezogen werden.

Mit der Radikalisierung des katalanischen Nationalismus war eine Neujustierung des emotionalen Managements einhergegangen. Rückblickend erscheinen Emotionen nicht allein als Spiegel, um auf Einstellungen und Befindlichkeiten von Individuen und Kollektiven rückschließen zu können. Vielmehr entpuppen sie sich auch in dem katalanischen »Prozess« als zentrale Faktoren der Dynamisierung. Auch die zahlreichen Verweise von Beteiligten – sowohl aus dem Lager der Unabhängigkeitsbefürworter als auch dem ihrer Gegner – auf die Rolle von Emotionen legen nahe, die Bedeutung nicht zu unterschätzen. Entsprechend kann eine emotionsgeschichtliche Perspektive dabei helfen, die Spezifika dieser Entwicklung, die auf den ersten Blick so viele Rätsel aufgibt, besser zu verstehen. So kann erstens eine Analyse der Stimulierung und des Managements von Emotionen die Dynamik des Prozesses bis zur Eskalation im Oktober 2017 erhellen, zweitens kann die Polarisierung der katalanischen Gesellschaft damit präziser nachvollzogen werden und drittens dürfte die Emotionsgeschichte auch einen Schlüssel zum Verständnis des Scheiterns der katalanischen Revolution im Oktober 2017 bieten. Der katalanische *Procés* erweist sich als ein Vorgang, der die erhebliche zeitgeschichtliche Relevanz von Emotionen für

4 Zur ERC vgl. Culla, Esquerra.

5 Jordi Pujol: Residuals o independents? Quan es trenquen els ponts, Barcelona 2011.

politisches Handeln zu Beginn des 21. Jahrhunderts geradezu idealtypisch illustriert. Das macht ihn auch über die iberische Geschichte hinaus so interessant.

Dass Emotionen und Nationalismus eine solche Virulenz entfalten konnten, lag an der spezifischen Konstellation in der zweiten Dekade des 21. Jahrhunderts. Neue Forderungen konnten auf alte Diskurs- und Handlungsmuster aufsatteln – verschiedene lose Enden, deren Vorgeschichte in den vorangegangenen Kapiteln erzählt worden ist, scheinen sich jetzt miteinander verknotet und damit an Gewicht gewonnen zu haben. Die große Bedeutung, die die Nationalisten der Geschichte zuschrieben, führte dazu, dass Versatzstücke der katalanischen Vergangenheit in emotionalisierender Weise zusammengefügt und immer wieder in Erinnerung gerufen wurden. Zur emotionalen Verdichtung aber trugen sowohl der internationale politik- und mentalitätsgeschichtliche Kontext als auch der spezifisch spanische Pfad mit bei. Zudem bedurfte es neuer Akteure bzw. Akteursgruppen, die in besonderer Weise die emotionale Klaviatur zu bedienen verstanden. Schließlich etablierte sich im hegemonial gewordenen Separatismus ein emotionales Regime, das von allen, die zur *in-group* zählen wollten, ein spezifisch emotionales Verhalten verlangte. Die Zugehörigkeit sollte sich insbesondere in historischen Diskursen und Praktiken, einem *doing nation* und *telling nation*, erweisen. Diese wiederum trugen gerade durch die Verbindung von kognitiven Sinnzuschreibungen, körperlichen Erfahrungen von Ritualen und einer intensiven Emotionalität zu Sakralisierungsprozessen bei, die von Soziologen als ein Spezifikum der Spätmoderne bezeichnet worden sind.[6]

Der internationale Kontext war durch eine allgemeine Krisenerfahrung geprägt. Nach optimistischen Jahren der positiven Wirtschaftsentwicklung und Erfahrung weltweiter Vernetzung entpuppte sich mit der Finanzkrise 2008 die Hoffnung, die Aufwärtsbewegung könne noch lange so weitergehen, als Illusion. War die Globalisierung zuvor zum goldenen Pfad hin zu Wohlstand und Wachstum verklärt worden, schlug dies jetzt in Dämonisierung um. Aus den Verheißungen der Globalisierung wurden die »Terrors of the Global«.[7] Mit besonderer Heftigkeit manifestierte sich dieser Paradigmenwechsel in Spanien. Der ökonomische Aufwärtstrend, mit dem Spanien seit den 1990er Jahren endlich den Anschluss an die wirtschaftsstärkeren europäischen Staaten gefunden zu haben schien und daraus ein neues

6 Vgl. Moebius, Sakralität.
7 Vgl. das Kapitel: »Terrors of the Global«; in: Zygmunt Bauman: Liquid Fear, Cambridge 2006, S. 96-128.

nationales Selbstbewusstsein ableiten zu können glaubte, geriet mit dem Platzen der Immobilienblase in Spanien und der europäischen Finanzkrise seit 2008 abrupt an ein Ende. Die Arbeitslosenquote schnellte auch in Katalonien wieder jäh in die Höhe: von 9 Prozent im Jahr 2008 auf 16 Prozent im folgenden Jahr bis zu 23 Prozent im Jahr 2013 – bei einer gesamtspanischen Arbeitslosenquote von 26 Prozent.[8]

Zu der wirtschaftlichen gesellte sich eine gesellschaftliche Orientierungskrise, die Spanien ebenfalls mit anderen europäischen Gesellschaften teilte. Nicht mehr »das Globale«, sondern »das Lokale« geriet ins Zentrum des Interesses. Während sich in der Bundesrepublik eine neue Sehnsucht nach »Heimat« Bahn brach, äußerte sich die regionale Rückwende in Katalonien – aber auch in Schottland, Quebec oder Flandern – in einem verstärkten peripheren Nationalismus. Sowohl die lokale »Heimat« als auch die (nicht zuletzt staatenlosen kleineren) Nationen waren wegen ihrer emotionalen Ressourcen von besonderem Interesse, versprachen sie als räumliche Bezugspunkte doch eine klarere Form von Übersichtlichkeit, Zugehörigkeit, Identität und emotionaler Geborgenheit bzw. Gemeinschaft. Hatte der Nationalismus in den Zeiten der Postmoderne mit ihrer herausfordernden Ambivalenz und Offenheit immer schon ein alternatives Kontrastprogramm geboten, so war er durch die Globalisierungskritik und weltweite Finanzkrise noch einmal attraktiver geworden. Den einen bot die nationalistische Perspektive vermeintlich Halt und Orientierung in »Liquid Times«, wie Zygmunt Bauman die Zumutungen der Postmoderne genannt hatte.[9] Den anderen schien sie als Ausweg aus ökonomisch schwierigen Zeiten. Letzteres funktionierte bei Euroskeptikern in wohlhabenden EU-Ländern genauso gut wie bei katalanischen Nationalisten, die von einer Trennung von Spanien wirtschaftlich zu profitieren hofften. Immer gingen derartige Perspektiven mit einer Komplexitätsreduktion einher, die ein gängiger Bestandteil populistischer Diskurse war. So kann es nicht verwundern, dass sich der neue Aufschwung nationalistischer Denk- und Handlungsmuster vor dem Hintergrund eines globalen Auftretens populistischer Akteure bzw. eines »Populist Moment«[10] vollzog.

8 Vgl. die Angaben beim Instituto Nacional de Estadística (INE): https://www.ine.es/dyngs/INEbase/es/categoria.htm?c=Estadistica_P&cid=1254735976595 (7.12.2020).

9 Zygmunt Bauman: Liquid Times. Living in an Age of Uncertainty, Cambridge 2007.

10 Ivan Krastev: The Populist Moment; in: Eurozine, 18.9.2017: https://www.eurozine.com/the-populist-moment/ (7.12.2020).

»Populismus« zu definieren ist bekanntermaßen schwierig. Ein Merkmal aber ist evident: Populisten berufen sich auf »das Volk«. Zugleich behaupten sie, so Jan-Werner Müller, dieses »Volk« besser als die gewählten Politiker repräsentieren zu können. Indem sie diesen Anspruch nicht durch Mehrheitsentscheidungen an den Wahlurnen überprüfen würden, seien sie jedoch antiplural und antidemokratisch.[11] Mit Blick auf Katalonien ist eine solche Argumentation nicht unkompliziert, denn gerade die katalanischen Nationalisten untermauerten ihr Selbstverständnis als durch und durch demokratische Bewegung mit dem Ruf nach Wahlen bzw. einem Referendum.

Dem bulgarischen Intellektuellen Ivan Krastev zufolge zeichnet sich der neue Populismus gerade nicht durch eine antidemokratische, sondern vielmehr durch eine antiliberale Haltung aus. Wie auch immer der Antiliberalismus festgemacht wird: Verfassungen und Gesetzgebung sind das Arkanum des Liberalismus seit dem 19. Jahrhundert. Tatsächlich lässt sich mit Blick auf Katalonien genau hier eine Kollision der Argumentationsformen erkennen: Die zentralspanischen Konstitutionalisten argumentieren mit der Verbindlichkeit der Verfassung, der die Katalanen schließlich mit überwältigender Mehrheit Ende der 1970er Jahre zugestimmt hatten. Dagegen führen die katalanischen Nationalisten die höhere Wertigkeit von Demokratie und Partizipation ins Feld. Wenn es der Wunsch der Bevölkerung sei, die Verfassung zu verändern oder sich eine neue zu geben, sei es nur demokratisch, diesem Wunsch auch zu entsprechen. So erklärte die Vorsitzende von *Òmnium Cultural*, einer der großen zivilgesellschaftlichen Vereinigungen, Muriel Casals, dass »die Stimme des Volkes über dem steht, was einige Richter des Verfassungsgerichtes denken«.[12]

Die Argumentation mit »dem Volk« ist ein zentrales Element gerade in den außerparlamentarischen Manifestationen des katalanischen Nationalismus. Ohnehin ereignen sich die »großen Momente« des katalanischen Nationalismus nicht im Parlament, sondern auf der Straße. Der unablässige Verweis auf »das Volk« hat dabei eine doppelte Stoßrichtung: Er richtet sich gegen die zentralspanischen Vertreter einer nationalen Einheit Spaniens, indem das katalanische Volk strikt von »Spanien« abgegrenzt wird. Zugleich impliziert der Anspruch, »das Volk« zu vertreten, eine innerkatalanische Provokation, indem er denjenigen, die sich dem separatistischen Projekt

11 Siehe Jan-Werner Müller: Was ist Populismus? Ein Essay, Berlin 2016, vgl. u.a. S. 18f.

12 Zitiert bei Canal, Permiso, S. 195. Zur hohen Relevanz von partizipativen Elementen in den Debatten aus zeitgeschichtlichen sozialen Bewegungen vgl. della Porta, Demokratie, S. 19.

nicht anschließen wollen, abspricht, »richtige« Katalanen zu sein. Gerade in den Jahren 2010 und 2011, als die Anhänger des Separatismus nicht mehr als 25 Prozent der katalanischen Bevölkerung stellten, war die Behauptung, »das Volk« zu vertreten, eine populistische Hybris.[13] Immerhin gelang in den drei folgenden Jahren ein Durchbruch mit Zustimmungsraten (zur Unabhängigkeit Kataloniens) von bis zu 49 Prozent. Gleichwohl war auch damit noch nicht einmal die Hälfte der Bevölkerung gewonnen, weshalb der Anspruch, »das Volk« zu repräsentieren, prekär blieb. Das aber ändert nichts daran, dass das rapide Wachstum der Unabhängigkeitsbewegung bemerkenswert war.

Ohne Emotionen lässt er sich nicht erklären. Zum populistischen Agieren gehört das gezielte Ansprechen von Emotionen. Dass die Emotionen auch in Katalonien so durchschlagend wirken konnten, dürfte wiederum mit der allgemeinen Konjunktur von Emotionen in Politik und Gesellschaft in Europa (und darüber hinaus) in den Jahren seit der Jahrhundertwende zu tun haben. Als eine globale Zäsur wird in der Emotionsgeschichte der 11. September 2001 betrachtet, mit dem sowohl in der politischen Praxis als auch in der wissenschaftlichen Analyse die Rolle der Emotionen zugenommen hatte.[14] Unstrittig ist der immense Anstieg von Emotionsäußerungen in Politik, Gesellschaft und Öffentlichkeit, forciert durch die Resonanzverstärkung im Internet. Insofern ist die starke Emotionalisierung der katalanischen Unabhängigkeitsbewegung kein Einzelfall, obwohl sie einige Spezifika aufweist: Gegenüber den Versuchen anderer populistischer Bewegungen in Europa, Hass und Angst zu schüren, demonstrierte der katalanische Separatismus mit seiner »Revolution des Lächelns« (*revolució dels somriures*) ein geradezu konträres Emotionsregime. Gleichwohl standen diese bewusst inszenierten affirmativen und integrativen Emotionen in einem spannungsreichen Verhältnis zu den aversiven, ablehnenden Emotionen.

Beide Gefühlsspektren waren zentrale Elemente der Entwicklung in Katalonien von 2010 bis 2014. Sie lassen sich mit zwei Praktiken in Beziehung setzen, die für den Separatismus dieser Zeit konstitutiv wurden: mit den subversiven Urnengängen und den performativen Inszenierungen auf der Straße.

13 Zu den Zahlen vgl. die Graphiken bei Cristian Rodríguez Mesa: Discurso y prácticas políticas del Catalanismo. Del nacionalismo al independentismo instrumental; in: Steven Forti/Arnau Gonzàlez i Vilalta, Enric Ucelay-Da Cal (Hg.): El proceso separatista en Cataluña. Análisis de un pasado reciente (2006-2017), Granada 2017, S. 27-50, S. 36.

14 Vgl. Jan Plamper: Geschichte und Gefühl. Grundlagen der Emotionsgeschichte, München 2012, S. 72-75.

## 2. *Doing nation.* Subversive Urnengänge als Demokratie der Empörten

Zwischen der »Empörung« und den »Urnengängen« bestand ein enger Zusammenhang. Dabei ist in Rechnung zu stellen, dass »Empörung« eine emotionale Haltung darstellte, die unter den Intellektuellen und Jugendlichen Europas in dieser Zeit hoch im Kurs stand: Der in Deutschland geborene, französische Widerstandskämpfer und ehemalige Diplomat Stéphane Hessel hatte 2010 unter dem Titel *Indignez-vous!* einen Appell zur Empörung veröffentlicht, der sich in Windeseile in Europa verbreitete.[15] Er war Ausdruck einer Emotionalisierung der Zeit: die Empörung als Antrieb zum Widerstand.[16]

Sein Appell zum Widerstand gegen den Finanzkapitalismus traf gerade in Spanien auf fruchtbaren Boden, wo die Generation der 20- bis 30-Jährigen angesichts der rigiden Austeritätsmaßnahmen zur Rettung der spanischen Wirtschaft zur *lost generation* zu werden drohte. So wie Hessel die »herben Enttäuschungen« der ersten Dekade des 21. Jahrhunderts beschrieb, sahen sich auch diese Jugendlichen von den Wohlstandsversprechungen früherer Regierungen enttäuscht. Das Empörungspotential dieser Generation zeigte sich, als am 15. Mai 2011 eine »Bewegung« (»15-M«) entstand, die sich durch ihren Protest gegen den Finanzkapitalismus einerseits und die spanische Politik andererseits definierte. Ihre Selbstbezeichnung: *Indignados*, die Empörten. Sie sollten bald Nachahmer in Paris, Athen und Berlin finden, aber im Mai 2011 prägten sie vor allem das Straßenbild spanischer Städte. Die größten Ansammlungen gab es auf der Madrider Puerta del Sol, wo die *Indignados* über mehrere Wochen campierten, und in Barcelona. Dort allerdings schritt bald die regionale Polizei (die *Mossos d'escuadra*) ein, um die Plaça de Catalunya – auch unter Einsatz von Gewalt – von den Jugendlichen zu räumen.

Die *Generalitat* hatte gute Gründe, die Demonstrationen auch als Kampfansage gegen die von der neuen Regierung durchgesetzten Sanierungsmaßnahmen zu verstehen. Unter dem Eindruck der Finanzkrise und nach der Verwerfung des Autonomiestatuts war im Jahr 2010 in Katalonien der linke *Tripartito* abgewählt und eine CiU-Regierung unter der Führung von Artur Mas gebildet worden. Der aus einer großbürgerlichen Unternehmerfamilie stammende Mas verstand die Jugendbewegung als unmittelbar

15 Im folgenden Jahr erschien die Schrift gleich in mehreren Auflagen auch in Deutschland, vgl. Stéphane Hessel: Empört Euch!, Berlin 2011, 8. Auflage.

16 Zu den Ängsten, von denen sich die Besitzenden hätten leiten lassen, vgl. ebd., S. 10.

gegen seine Politik gerichtet. Die katalanischen *Mossos* setzten bei der Räumung des Platzes Schlagstöcke und Gummigeschosse ein, am Ende wurden mehr als 120 Verletzte gemeldet.[17]

Bezeichnenderweise forderten die Demonstrierenden nicht die »real existierende«, sondern die »wahre« Demokratie ein und verlangten eine »neue Transition« bzw. eine »spanische Revolution«.[18] Solche Forderungen machte sich nicht zuletzt Pablo Iglesias zu eigen, der mit seiner 2014 gegründeten linkspopulistischen Partei *Podemos* als ein Erbe der Bewegung »15-M« betrachtet wird. Ein Manifest von spanischen Intellektuellen, für welches die späteren *Podemos*-Gründer im Januar 2014 Unterschriften sammelten, trug den programmatischen Titel: »Die Empörung in politische Veränderung umwandeln« (*Mover ficha: conventir la indignación en cambio político*).[19]

Schneller wiederum waren die Katalanen, die mit eben diesen Forderungen nach einer »wahren Demokratie« und »neuen Transition« seit Beginn der zweiten Dekade verstärkt gegen den spanischen Staat vorgingen. Stéphane Hessel hatte in seiner Schrift eingeräumt, dass »die Gründe, sich zu empören […] heutzutage oft nicht so klar auszumachen« seien. Umso mehr hatte er »jedem Einzelnen […] einen Grund zur Empörung« gewünscht und schließlich versichert: »Seht euch um, dann werdet ihr die Themen finden, für die Empörung sich lohnt […]. Suchet, und ihr werdet finden!«[20] Dieser Aufforderung bedurften die katalanischen Nationalisten ebenso wenig wie des Appells, in den der Text von Hessel mündete, indem

17 Vgl. u.a.: Mehr als 120 Verletzte. Polizei in Barcelona geht gewaltsam gegen Proteste vor; in: Der Spiegel, 27.5.2011: https://www.spiegel.de/politik/ausland/mehr-als-120-verletzte-polizei-in-barcelona-geht-gewaltsam-gegen-proteste-vor-a-765387.html (11.12.2020).

18 Der Protest gegen die parlamentarische Demokratie äußerte sich unter anderem in Aufrufen, an den anstehenden Regional- und Kommunalwahlen nicht teilzunehmen. Dass unter »Demokratie« etwas anderes als Parlamentarismus verstanden wurde, indiziert die Gründung der Bewegung »Democracia Real Ya« (Wirkliche Demokratie jetzt). Zum Konzept der »real existierenden« Demokratie und der verbreiteten Kritik an dieser siehe u.a. della Porta, Demokratie, S. 13. Zur Forderung nach einer »neuen Transition« vgl. Pablo Iglesias: Una nueva transición. Materiales del año del cambio, Madrid 2015.

19 Vgl. »Intelectuales y activistas llaman a ›recuperar la soberanía popular‹ con una candidatura para las europeas«; in: *El público*, 14.1.2014: https://www.publico.es/politica/intelectuales-y-activistas-llaman-recuperar.html (7.12.2020). Zum Text des Manifestes: Mover ficha: convertir la indignación en cambio político: http://tratarde.org/wp-content/uploads/2014/01/Manifiesto-Mover-Ficha-enero-de-2014.pdf (7.12.2020).

20 Zu den Zitaten vgl. Hessel, Empört Euch!, S. 10, 13, 15.

**Abb. 1:** Der Bürgermeister von Arenys de Munt, Carles Móra, gibt beim ersten »subversiven Urnengang« am 13.9.2009 seine Stimme ab. Die Bevölkerung war aufgerufen worden zu entscheiden, ob Katalonien ein »unabhängiger und demokratischer Sozialstaat innerhalb der Europäischen Union« werden sollte.

er den »Männern und Frauen, die das 21. Jahrhundert gestalten werden«, zurief: »Neues schaffen heißt Widerstand leisten. Widerstand leisten heißt Neues schaffen«.[21] Längst hatten einige Katalanen mit ungemein weitreichender Wirkung ihre Empörung in Widerstand transformiert.

Die Empörung artikulierte sich nicht erst, nachdem das spanische Verfassungsgericht im Juni 2010 das Urteil über das katalanische Autonomiestatut gefällt hatte. Schon in den Jahren zuvor, während im Zuge der Debatte über das Statut auch die antikatalanischen Stereotype zunahmen, waren in Katalonien der Unmut und damit auch die Entschlossenheit gewachsen, sich – im Namen der Demokratie – über die zentralstaatlichen Restriktionen hinwegzusetzen. Bezeichnenderweise gingen die Initiativen nun nicht von der katalanischen Regierung aus, sondern wurden dezentral von einzelnen Gemeinden und zivilgesellschaftlichen Organisationen organisiert. Die Machtverhältnisse verschoben sich, *agency* ging in dieser Zeit von der *Generalitat* auf die Zivilgesellschaft über.

Hatten die zivilgesellschaftlichen Institutionen wie *Òmnium Cultural* in der Zeit von Jordi Pujol nur eine nachgeordnete Rolle gespielt und waren,

21 Ebd., S. 21.

wie z.B. bei den Olympischen Spielen, nur dann zum Einsatz gekommen, wenn und solange es Pujol nützlich erschien, setzten jetzt die Initiativen »von unten« den Ministerpräsidenten unter Druck. Diese Gruppen hatten in der Debatte um das Autonomiestatut besonders sensibel auf die Infragestellung des nationalen Charakters Kataloniens reagiert – offenbar auch ein Erfolg der Sensibilisierungspolitik Pujols in den 1990er Jahren. Das »Recht zu entscheiden« (*Dret a decidir*) wurde zum Leitmotiv nicht nur dieser ersten Aktionen, sondern des gesamten Prozesses bis zum Oktober 2017 (und darüber hinaus). Es wurde als unveräußerliches Menschenrecht zelebriert, das man sich auch durch die höchsten juristischen Instanzen nicht nehmen lassen wollte. So war es noch vor dem Entscheid des Verfassungsgerichts zu ersten subversiven Urnengängen gekommen: Auf die Initiative eines Stadtrats der linken Antisystempartei *Candidatura d'Unitat Popular* (CUP) hin beschloss die Gemeinde Arenys de Munt im Juni 2009, am 13. September ein lokales Referendum abzuhalten. Die Bürger sollten darüber abstimmen, ob Katalonien ein »unabhängiger und demokratischer Sozialstaat innerhalb der Europäischen Union« werden solle.[22]

Diese Aktion war in mehrfacher Hinsicht bemerkenswert. Erstens war den Befürwortern dieser Aktion sehr wohl klar, dass sie damit die Konfrontation mit dem Zentralstaat und seinen juristischen Organen provozierten. Schließlich hatte kurz zuvor das Baskenland (erfolglos) den Weg eines Unabhängigkeitsreferendums einschlagen wollen. Der konservative Ministerpräsident Aznar hatte daraufhin schon im November 2003 derartigen Ambitionen durch eine Verschärfung des Strafrechts einen Riegel vorschieben lassen. Die Gesetzesänderung lief darauf hinaus, dass mit Gefängnisstrafe bedroht wurde, wer Wahlen oder Plebiszite ohne Zustimmung der Cortes anberaumte.[23] Die Volksbefragung in der katalanischen Gemeinde war daher illegal und ihre Ansetzung ein bewusster Akt des Widerstands gegen die Politik und Justiz des Zentralstaates.

Zweitens sollte das Kalkül des Stadtrats, der den Vorschlag gemacht hatte, vollkommen aufgehen: Arenys de Munt wurde zum Vorbild für viele weitere Gemeinden. Drei Monate nach dem Modell-Referendum fand am 13. Dezember 2009 in weiteren 167 Gemeinden ein analoges Referendum statt. Aber dabei blieb es nicht: Als die Aktion im April 2011 an ein Ende kam, hatten 552 von 947 und damit fast 60 Prozent aller katalanischen

22 Vgl. Jordi Muñoz/Marc Guinjoan: Accounting for internal variation in nationalist mobilization: unofficial referendums for independence in Catalonia (2009-11); in: Nations and Nationalism, 19/1 (2013), S. 44-67, S. 45.

23 Vgl. Ucelay-Da Cal, Breve Historia, S. 258.

Gemeinden ihre Bürger über eine Unabhängigkeit Kataloniens abstimmen lassen.[24] Diese Gemeinden repräsentierten 77 Prozent der Gesamtbevölkerung – so war aus der Initiative eines einzelnen Ortes eine Massenbewegung geworden.

Drittens entwickelte sich aus der Aktion heraus ein gestärktes Selbstbewusstsein der Gemeinden, welches in eine neue Institutionalisierung mündete: Im Dezember 2011 wurde in der katalanischen Stadt Vic, in der der katalanische Nationalismus stark verwurzelt war, die Vereinigung der Gemeinden für die Unabhängigkeit (*Associació de Municipis per la Independència* AMI) gegründet. Dieser Zusammenschluss diente nicht zuletzt als Sprachrohr der ländlichen Gemeinden, die der Unabhängigkeitsbewegung grundsätzlich gewogener waren als die Einwohner der Metropole Barcelona. So hatte auch die Beteiligung an der Abstimmungsaktion eine spezifisch regionale Differenz zutage treten lassen: Neben nationalistischen städtischen Hochburgen wie Girona im Nordosten Kataloniens waren es vor allem die Gemeinden im Landesinneren, die sich – anders als die Küstengebiete – überproportional für das Unabhängigkeitsvotum mobilisieren ließen. Es dürfte für den späteren Verlauf der Unabhängigkeitsbewegung keineswegs unbedeutend sein, dass zum zweiten Vorsitzenden dieser AMI im Jahr 2015 der Bürgermeister von Girona gewählt wurde: Carles Puigdemont.

Viertens bewirkten die Abstimmungen auch eine emotionale Dynamisierung. Dass Emotionen eine große Rolle spielten, belegen die Beteiligungsquoten an dem Referendum. Gemeinden waren umso eher bereit, den Aufwand einer solchen Abstimmung auf sich zu nehmen, wenn sie nicht nur auf finanzielle Mittel und Freiwillige zurückgreifen konnten, sondern auch vom Erfolg – also einer hohen Beteiligung – ausgehen konnten. Maßstab dafür war der »sentiment pool«[25] der Bevölkerung, in dem die nationalistische Überzeugung eine wichtige Rolle spielte. Diese wiederum äußerte sich in parteipolitischen Präferenzen, vor allem für die ERC. Die Kontrolle über das Gefühlsmanagement funktionierte grundsätzlich in kleineren Ortschaften besser: War der Entschluss zur Abhaltung einer Volksabstimmung gefallen, konnten weit mehr Einwohner mobilisiert werden als in größeren Städten. Der soziale Druck entwickelte sich zu einem *emotional regime*: Die Loyalität mit der Bewegung wurde in der Teilnahme am Referendum zum Ausdruck gebracht. So entfalteten die Referenden eine performative Wirkung: einerseits auf das Verhältnis zwischen Spanien und Katalonien, andererseits auf die Nachbargemeinden, die sich ihrerseits

24 Zu den Zahlen und ihrer Analyse vgl. Muñoz/Guinjoan, Accounting.
25 Ebd., S. 55.

zu einer Positionierung genötigt fühlten. So kam es zur signifikanten Verbreitung oder »Ansteckung« bzw. einer »Osmose des *sentiment pools*« über die Grenzen der Gemeinden hinweg.

Demjenigen, der 2009 die Aktion in Arenys de Munt initiiert hatte, waren die Effekte einer emotionalen Infektion von Beginn an bewusst gewesen: Seine politische »Pädagogik« ziele darauf, so der CUP-Stadtrat Josep Manel Ximenis, »die Angst vor der Durchführung von Referenden zur Unabhängigkeit« zu nehmen.[26] Für diejenigen, die sich an der Abstimmung beteiligten, grub sich der Tag in die Erinnerung ein. Noch acht Jahre später geriet der damalige Bürgermeister von Arenys de Munt über »die Stimmung« von einst ins Schwärmen, als ihn ein deutscher Journalist darauf ansprach: »Sie können es sich nicht vorstellen, bewegend, mitreißend! [...] Da waren 90-Jährige, die haben geweint.«[27] Dem ehemaligen Bürgermeister stiegen noch bei der Vergegenwärtigung der früheren Emotionen die Tränen in die Augen.[28]

Rückblickend trug diese emotionale Erfahrung bei der Performance der (wegen der fehlenden Rechtsverbindlichkeit) noch spielerischen Insubordination wesentlich dazu bei, die Bindung an das Separationsprojekt zu verfestigen: Binnen fünf Jahren, zwischen 2006 und 2011, stieg in Katalonien der Anteil der Unabhängigkeitsbefürworter von elf auf 28 Prozent.[29] Das Ergebnis der Abstimmung in Arenys de Munt kann dabei als repräsentativ gelten: Mehr als 96 Prozent der Teilnehmer an dem Referendum sprachen sich für das Unabhängigkeitsprojekt aus. Allerdings betrug die Wahlbeteiligung nur 41 Prozent. Mehr als die Hälfte der Wahlberechtigten war damit dieser ersten Abstimmung ferngeblieben.[30] Aus den Ergebnissen den »Willen des Volkes« abzuleiten, blieb damit eine problematische Angelegenheit.

Diejenigen aber, die sich an dem Referendum beteiligt hatten, legten den Grundstein für die weitere Dynamisierung – schließlich hatten sie eines eindrucksvoll erneut bewiesen: Durch Events und Kampagnen ließ sich

26 Vgl. Silvia Colomé: Arenys de Munt convoca un referéndum sobre la independencia de Catalunya; in: *La Vanguardia*, 9.6.2009: https://www.lavanguardia.com/politica/20090609/53720380773/arenys-de-munt-convoca-un-referendum-sobre-la-independencia-de-catalunya.html (13.12.2020).

27 Zitiert in Sebastian Schoepp: Oben bleiben; in: *Süddeutsche Zeitung*, 27.10.2017.

28 Ebd.

29 So die Ergebnisse des katalanischen Meinungsforschungsinstituts Centre d'Estudis d'Opinió; siehe auch Muñoz/Guinjoan, Accounting, S. 48.

30 Diese hohe Zustimmungsquote sollte in den späteren Referenden nicht mehr erreicht werden, doch selbst die niedrigste lag mit rund 88,5 Prozent recht hoch, vgl. die Tabelle in ebd., S. 52.

ein signifikanter Anteil der Bevölkerung für die Unabhängigkeitsbewegung mobilisieren. All dies machte aus den subversiven Urnengängen der Jahre 2009 bis 2011 einen »turning point«[31] für die Unabhängigkeitsbewegung. Nicht zu unterschätzen ist dabei der Effekt der Strategie, sich auf einige emotionale Kernelemente zu konzentrieren. Dieses Vorgehen hatte den entscheidenden Vorteil, dass die zahlreichen inhaltlichen Differenzen zwischen den verschiedenen Gruppen des katalanischen Nationalismus in den Hintergrund traten – eine Erfolgsbedingung nicht nur für die Kampagnen auf der Ebene der lokalen Referenden, sondern vor allem für die Demonstrationen, die aus der Zivilgesellschaft heraus seit 2010 organisiert wurden.

## 3. *Doing emotions*. Die *Diada* als Straßenpolitik der Liebe seit 2012

Diejenige Institution, die das Prinzip eines integrativen Emotionsmanagements für die Massendemonstrationen perfektionieren sollte, war die 2011/2012 gegründete *Assemblea Nacional Catalana* (ANC). Wenn die Urnengänge von 2009 bis 2011 einen »Wendepunkt« darstellten, erreichte die Unabhängigkeitsbewegung mit der von der ANC veranstalteten Demonstration anlässlich der *Diada* am 11. September 2012 einen Höhepunkt. Je nach Schätzung kamen zwischen 600.000 und 2.000.000 Menschen zusammen, wobei die niedrigeren Zahlen charakteristischerweise grundsätzlich von zentralspanischen Institutionen stammten, die höheren von der katalanischen Regierung bzw. der städtischen Polizei. Selbst wenn man nur der zurückhaltenden Zählung Glauben schenkt – es bleibt eine gewaltige Mobilisierungsleistung, mit der nicht einmal die Veranstalter gerechnet hatten. Die ANC fühlte sich ermutigt, in dieser Richtung weiterzuarbeiten. In den folgenden Jahren, insbesondere zwischen 2012 und 2014, entwickelte sie sich vom Organisator spektakulärer Inszenierungen zum zentralen Motor des *Procés*. Die Zusammenhänge zwischen den Kampagnen der ANC und dem Erstarken der Unabhängigkeitsbewegung lassen sich nicht leugnen. Die ersten Aktionen der ANC fielen zusammen mit einem schlagartigen Anstieg der Zustimmungsquoten zur Unabhängigkeit in der katalanischen Bevölkerung vom Februar bis September 2012. Hatten bis 2011 die Katalanen mehrheitlich gewünscht, dass Katalonien eine Autonome Gemeinschaft innerhalb des spanischen Staatsverbandes bleiben sollte, kam es im Laufe des Jahres 2012 zum Paradigmenwechsel: Nun sprachen sich

31 Ebd., S. 46.

durchgängig mehr Katalanen für eine staatliche Unabhängigkeit als für den Verbleib Kataloniens als Autonome Gemeinschaft aus. Zu keinem anderen Zeitpunkt hat es einen solch steilen Zuwachs der Zustimmung zur Unabhängigkeit gegeben wie im Kontext der *Diada* von 2012.[32] Im Oktober 2012, also einen Monat nach der *Diada*, befürworteten schließlich über 44 Prozent der Bevölkerung eine staatliche Unabhängigkeit gegenüber nur noch 19 Prozent der Katalanen, die an die Zukunft als Autonome Gemeinschaft glaubten. Innerhalb des gleichen Zeitraums fühlten sich plötzlich signifikant mehr Katalanen »ausschließlich« als Katalanen – auch wenn die Anzahl derjenigen, die sich genauso spanisch wie katalanisch fühlten, in allen Umfragen größer blieb.[33] Insofern gilt die ANC zu Recht als der entscheidende zivilgesellschaftliche Akteur in einem Prozess, der seit den Abstimmungen in den Gemeinden immer stärker »von unten« vorangetrieben wurde.

Dass es der ANC gelang, in einem solchen Ausmaß die katalanische Bevölkerung zu mobilisieren, lag daran, dass hier viele Ströme zusammenflossen. Die ANC konnte das Erbe zahlreicher Vorläuferorganisationen antreten, von deren Prestige, sozialen Netzwerken und etablierten Praktiken sie profitierte. So verdeutlicht schon die Namensgebung das Bestreben, an die *Assemblea de Catalunya* anzuschließen. In der 1971 gegründeten Dachorganisation hatte sich – sämtliche politische Lager übergreifend – seinerzeit die antifranquistische Opposition zusammengetan und eine demokratische Geschlossenheit demonstriert, die in ganz Spanien ihresgleichen suchte. Daran wollte die ANC anknüpfen: am Bekenntnis zur Demokratie, der breit aufgestellten sozialen Basis und der antifranquistischen (nun »antispanischen«) Stoßrichtung. Zehn Jahre nach der *Assemblea*, die noch keinerlei separatistische Ausrichtung gehabt hatte, war 1981 – wie oben näher ausgeführt – die dezidiert nationalistische bzw. separatistische Bewegung *La Crida* entstanden, die für das Katalanische kämpfte, sich aber zugleich aus Protestformen und inhaltlichen Schnittmengen mit der europäischen

32 Vgl. die Zahlen des katalanischen Meinungsforschungsinstituts *Centre d'Estudis d'Opinió* (CEO) über die Entwicklung seit März 2006: http://upceo.ceo.gencat.cat/wsceop/7008/ResumenProzent20enProzent20EspañolProzent20-919.pdf, S. 12 (11.12.2020). Innerhalb von sieben Monaten war es zu einem Zuwachs von 15 Prozent gekommen. Vgl. Fernando Yécora: ¿Cuando creció el independentismo en Catalunya?; in: Debate 21, 16.11.2015.

33 Zur Kurve siehe Rodríguez Mesa, Discurso, S. 47.

Friedens- und Umweltbewegung speiste.[34] Auf den »banal nationalism«[35] des Spanischen in Katalonien reagierte sie mit einer Kampagne für mehr Präsenzanteile im katalanischen Alltag. Nicht zuletzt durch ihre Aktionen kam es erstmals zu einer sichtbaren Nationalisierung in den Straßen, auf den Bahnhöfen, in den Schaufenstern, im Fußball- und Olympiastadion. Die ANC war mit dieser Vorläuferorganisation auch ganz konkret durch personelle Kontinuitäten verbunden. Viele, die sich in den Reihen der ANC engagierten, waren schon zuvor bei der *Crida* aktiv gewesen. Der Sprecher der *Crida* während der 1990er Jahre, Jordi Sànchez, wurde 2015 zum Präsidenten der ANC.

Die ANC profitierte von der Hochkonjunktur der Empörung, die Katalonien in ihren zwei Spielarten prägte: So gab es einerseits die allgemein europäische, kapitalismuskritische Empörung der Globalisierungsgegner, die sich bei der Bewegung »15-M« zusammengefunden hatten, und andererseits den »katalanisch-nationalistischen Pfad« der Empörung über das Urteil des spanischen Verfassungsgerichts zum Autonomiestatut von 2006. Die empörten Nationalisten empfanden durchaus Aversionen gegenüber den Indignados, weil sie die Sprache des Protests – die Transparente in Barcelona waren mit spanischen Sprüchen bemalt – für den Ausdruck eines »kastilischen Imperialismus« hielten. Und die bürgerlichen CiU-Anhänger konnten mit dem gewaltbereiten antikapitalistischen Protest ohnehin wenig anfangen. Gleichwohl verband diese beiden »Empörungsgruppen« die Bereitschaft zu zivilem Ungehorsam, der Anspruch, »das Volk« zu repräsentieren, die Ablehnung der etablierten spanischen Parteien und die Forderung nach »wahrer Demokratie«. Der ANC gelang es, diese Schnittmenge starkzumachen: das Verbindende zu betonen und das Trennende außen vor zu lassen.[36] Dadurch bot sie zahlreiche Anschlussmöglichkeiten und konnte als beeindruckend große emotionale Gemeinschaft auftreten.

Dass viele Katalanen über diese Brücke gingen, lag auch an den neuen Gesichtern, die die zentralen zivilgesellschaftlichen Organisationen repräsentierten. Zwei Frauen standen erstmals an der Spitze der (außerparteilichen)

34 Vgl. Andrew Dowling: La calle como plataforma de comunicación. De la Crida a la Assemblea Nacional Catalana; in: Steven Forti/Arnau Gonzàlez i Vilalta/Enric Ucelay-Da Cal (Hg.): El proceso separatista en Cataluña. Análisis de un pasado reciente (2006-2017), Barcelona 2017, S. 171-187.

35 Vgl. Michael Billig: Banal nationalism, London 1995.

36 Zur Verbindung von ANC und 15-M vgl. Diego Díaz Alonso: Tan lejos y tan cerca. España y Cataluña: entre la indignación y el independentismo; in: Steven Forti/Arnau Gonzàlez i Vilalta/Enric Ucelay-Da Cal (Hg.): El proceso separatista en Cataluña. Análisis de un pasado reciente (2006-2017), Barcelona 2017, S. 189-203.

Unabhängigkeitsbewegung: Muriel Casals wurde 2010 zur Präsidentin von *Òmnium Cultural* und trug erheblich zur Politisierung der Kulturorganisation bei. Im Sommer 2015 übergab sie die Leitung an Quim Torra, um selbst für das katalanistische Parteienbündnis aus CDC und ERC, *Junts pel Sí* (»Gemeinsam für das Ja«), in den Katalonienwahlen im September 2015 zu kandidieren. 2016 kam die 70-jährige Abgeordnete bei einem Verkehrsunfall ums Leben.[37] Carme Forcadell war die Gründungsvorsitzende der ANC. Von 2012 bis 2015 stand die ERC-Politikerin an der Spitze der Organisation. Auch sie wechselte 2015 als Abgeordnete von *Junts pel Sí* in die Politik und wurde im Oktober 2015 Präsidentin des katalanischen Parlaments. Die Führung der ANC hatte sie an Jordi Sànchez übergeben.

Casals und Forcadell sind zum einen repräsentativ für die enorm verbreiterte soziale Basis der Unabhängigkeitsbewegung. Schon in der *Crida* der 1980er Jahre hatten Frauen erstmals eine nennenswerte Rolle in der Geschichte des bis dahin rein männlich dominierten katalanischen Nationalismus gespielt. Nun bekam der Separatismus ein spezifisch weibliches Gesicht. Das ist deshalb bemerkenswert, weil dadurch das nationalistische Engagement quantitativ und qualitativ eine neue Gestalt annahm. Eine andere Qualität gewann die Unabhängigkeitsbewegung insofern, als Casals und Forcadell auf eine stärkere Politisierung, aber auch auf einen neuen Stil setzten. Ihr Erfolgsgeheimnis lag in einer Umstrukturierung des emotionalen Regimes. Schon in der *Crida* hatte der erhöhte Anteil von Frauen zu einer Abkehr von den von Männern verfolgten Terrorpraktiken der extremen Linken beigetragen. Jetzt kam es unter der Leitung von Casals und Forcadell wiederum zu einer Neujustierung der emotionalen Performance. Zwar war die erste große Demonstration zur *Diada* 2012 noch vom Habitus der Empörung geprägt. Anschließend aber setzte sich das von Muriel Casals geprägte Konzept durch, das zum Label der katalanischen Bewegung werden sollte: die »Revolution des Lächelns« (*revolució dels somriures*).[38] Dabei handelt es sich keineswegs um ein vermeintlich essentiell »weibliches« Verhalten, sondern um eine gezielte Strategie dieser Frauen, anhand eines spezifischen Emotionsmanagements dem katalanischen Nationalismus im In- und Ausland erhebliche Sympathiegewinne zu ermöglichen. Das erforderte eine strikte Abgrenzung von aggressiven Emotionen und Praktiken,

37 Vgl. Un atropello de bicicleta en el centro de Barcelona con consecuencias fatales para Muriel Casals; in: *La Vanguardia*, 14.2.2016: https://www.lavanguardia.com/politica/20160213/302136068863/accidente-bicicleta-muriel-casals.html (7.12.2020).

38 Da sich der Plural nicht gut übersetzen lässt, verwende ich hier die Singularform: »Revolution des Lächelns« (statt »der Lächeln«).

wie sie die Bewegung »15-M« oder den radikalen, terroristischen Separatismus der 1970er Jahre geprägt hatten. Selbst die *Diada* war bis in die erste Dekade des 21. Jahrhunderts hinein eine Veranstaltung des aus- und abgrenzenden Nationalismus, bei der es immer wieder zu Hasstiraden oder der Verbrennung von spanischen Fahnen gekommen war.[39] Anstelle eines gewaltbereiten Habitus der aversiven Gefühle entfalteten Casals und Forcadell ein Gegenprogramm der emotionalen Integration.

Dies bedeutete zugleich die Totalumkehr der katalanischen Straßenpolitik seit dem 19. Jahrhundert, als die bedrohliche und aggressive Präsenz einer gewaltbereiten Arbeiterbewegung in den Straßen zur *moral panic* beim Bürgertum Barcelonas geführt hatte.[40] Anstelle einer Straßenpolitik der Drohung inszenierte die katalanische Zivilgesellschaft jetzt ein emotionales Kontrastprogramm durch eine »Straßenpolitik der Liebe«. Demokratische, europäische und humanistische Werte sollten durch den ostentativen Gestus einer freundlichen Mimik zu einer unwiderstehlichen Einladung werden – der tatsächlich viele Folge leisteten. Aus einem Nationalfeiertag, der in verschiedene, separat voneinander stattfindende offizielle Gesten politischer Repräsentanten, Provokationen von radikaleren Unabhängigkeitsverfechtern und ein Volksfest zerfallen war, wurde die Performance eines nationalen Familienhappenings. So traten die diskursiven Elemente, an denen sich ein politischer Dissens hätte entzünden können, gänzlich zurück gegenüber einer ritualisierten körperbasierten Choreografie, die weniger das Kognitive als die Emotionen ansprach. Vor allem das Zusammengehörigkeitsgefühl wurde durch eine Vielzahl von Zeichen inszeniert und produziert.

Politische Plakate verschwanden und an ihre Stelle trat ein Meer von homogen gestalteten *Estelades*: Fahnen, die mit ihrem weißen Stern im blauen Dreieck auf der katalanischen Flagge fortan zum Symbol der Unabhängigkeitsbewegung wurden. In Anbetracht der Tatsache, dass nur wenige Jahre zuvor die Farbvarianten dieser *Estelade*s ebenso vielfältig gewesen waren wie die zersplitterte Landschaft der politischen Unabhängigkeitsgruppen, war die Vereinheitlichung dieser Fahne eine beachtliche Leistung.[41] Ebenso wie die Durchsetzung des weißen Sternes im blauen Dreieck, mit dem sich die bürgerlichen Kräfte leichter identifizieren konnten als mit dem roten Stern (im gelben Dreieck), der seit den 1960er Jahren mit dem

39 Vgl. u.a. Canal, Permiso, S. 368-370.

40 Vgl. Baumeister, Arenen, S. 126; zum Konzept der »Straßenpolitik« siehe Thomas Lindenberger: Straßenpolitik. Zur Sozialgeschichte der öffentlichen Ordnung in Berlin 1910 bis 1914, Bonn 1995.

41 Ucelay-Da Cal, Breve historia, S. 208 f.

**Abb. 2:** Der 11. September ist der katalanische Nationalfeiertag (*Diada*), an dem an die Niederlage gegen spanische Truppen im Jahr 1714 erinnert wird. Seit 2012 organisiert die zivilgesellschaftliche Organisation *Assemblea Nacional Catalana* (ANC) Massendemonstrationen für die Unabhängigkeit.

linken Spektrum assoziiert wurde. Die fortan jährlichen Großveranstaltungen anlässlich der *Diada*, zu denen national Bewegte aus ganz Katalonien anreisten, wurden als überdimensionierte Prozessionen minutiös geplant: Zu diesem Zweck wurden zum einen repetitive, ritualisierte Elemente eingesetzt, um einen Wiedererkennungseffekt zu sichern, zum anderen aber bedurfte es genauso regelmäßiger Innovationen, damit das Event attraktiv blieb.[42] So wurde die *Diada* von 2013 als *Via Catalana cap a la Independència* inszeniert: Rund 800.000 Katalanen und Katalaninnen bildeten um Punkt 17.14 Uhr am 11. September eine Menschenkette, die auf einer Länge von 400 km von der nördlichen Grenze entlang der Küste auf der alten »Via Augusta« in den Süden reichte.[43] Explizit erinnerten die Veranstalter dabei an den »baltischen Weg«, der 1989 den Wunsch Estlands, Lettlands und Litauens nach Unabhängigkeit zum Ausdruck gebracht hatte. Die ANC

42 Zu Aufbau und Funktionen des Rituals im Allgemeinen vgl. Victor Turner: Das Ritual. Struktur und Antistruktur, Frankfurt a.M. 2005.

43 Zwischen den 400.000 von der spanischen Regierung und den 1,6 Millionen von katalanischen Instanzen geschätzten Teilnehmern kam eine wissenschaftliche Rekonstruktion auf der Basis des umfangreich entstandenen Bildmaterials zur Annahme von 793.683 Teilnehmern. Vgl. u.a. Canal, Permiso, S. 371.

**Abb. 3:** Während der *Diada* 2013 bilden Katalanen eine 400 km lange Menschenkette. Jugendliche unterstützen die Forderung nach Unabhängigkeit mit Plakaten, die betonen, dass Katalonien kein Teil Spaniens sei. Die fröhlichen Gesichter der Demonstrantinnen sind Programm: Sie setzen auf eine »Revolution des Lächelns«.

sorgte mit Bussen, die die Demonstranten an Ort und Stelle brachten, und 30.000 Freiwilligen, die ihnen die Plätze anwiesen, nicht nur für die nötige Infrastruktur. Mehr als 800 Fotografen waren beauftragt, das Ereignis für das In- und Ausland und das kulturelle Gedächtnis in Szene zu setzen. So dokumentieren zahllose Fotos fröhliche Menschen jeden Alters, die in einem gelben T-Shirt Hand in Hand die gemeinsame Marschbereitschaft hin zur Unabhängigkeit zum Ausdruck bringen sollten. Die bei YouTube zu findenden Videoclips des nationalistischen Fernsehsenders TV3 zeigen bei entsprechender Musikuntermalung viele ineinandergreifende Hände, zahlreiche entzückende kleine Kinder und immer wieder in Bewegung gesetzte Körper, die Zusammengehörigkeit, Eintracht und Kooperation symbolisieren: durch synchrone Bewegungen, durch Tanzen im Kreis, durch den Bau von Menschentürmen. *Estelades*, von jungen Menschen als Umhänge getragen, und die in den Farben Kataloniens bemalten Gesichter illustrieren die Verflechtung von Körper und Politik. Im Jahr darauf ließen die Organisatoren die Katalanen so in den Straßen Barcelonas anordnen, dass die 500.000 bis 1,8 Millionen – diesmal rot gekleideten – Menschen aus der Luftperspektive ein großes »V« formten: für »Via«, für »Victoria« und für »Votar« wie »Abstimmen«. Das offizielle Video zeigt fröhliche und heitere

**Abb. 4:** Die *Diada* von 2015 steht unter dem Motto »freier Weg« (Via lliure). Hunderttausende säumen den fünf Kilometer langen Weg, auf dem eine Pfeilspitze bis zum katalanischen Parlament getragen wird. Deutlich wird die Bereitschaft von Massen, eine »Choreographie der Unabhängigkeit« mitzugestalten.

Jugendliche, Symbol für die Modernität und Zukunftsgewandtheit der katalanischen Unabhängigkeitsbewegung, unterstrichen durch die unterlegte Musik. Die *Diada* von 2015 performte den *Via lliure*, den »freien Weg«, indem auf einer Länge von mehr als fünf Kilometern eine riesige Pfeilspitze von einer Gruppe Weißgekleideter im dynamischen Laufschritt bis vor das katalanische Parlament getragen wurde. Gesäumt wurde die Strecke von Hunderttausenden Katalanen, die ihrerseits – gruppenweise nach Farben sortiert – verschiedenfarbige Pfeilspitzen aus Pappe in die Höhe hielten. Den Organisatoren von *Òmnium Cultural* und ANC dankte der katalanische Ministerpräsident Artur Mas mit einer kurzen Ansprache, die um drei Elemente kreiste: Stolz, Vertrauen und »il·lusió«, was mit Hoffnung oder Enthusiasmus zu übersetzen ist. Die Menschen, so Mas, seien von der Vision fasziniert, etwas Neues zu schaffen.[44]

Damit waren die zentralen Emotionen angesprochen, die für die beeindruckende Massenmobilisierung in den fünf Jahren zwischen 2012 und 2017 eine Rolle spielten: Stolz auf das, was den Katalanen durch die

44 So Mas in den katalanischen Nachrichten: »Mas: ›Al carrer s'influeix, però a les urnes es decideix‹«, 11.9.2015: https://www.ccma.cat/324/mas-al-carrer-sinflueix-pero-a-les-urnes-es-decideix/noticia/2684716/ (11.12.2020).

Mobilisierung der Vorjahre gelungen war, und auf den weltoffenen, demokratischen, europäischen Habitus, der sie vermeintlich von »den Spaniern« unterschied; Vertrauen darauf, dass sich durch die Loslösung aus dem spanischen Staat alles zum Guten wenden werde; und das berauschende Gefühl, etwas Neues zu schaffen, Geschichte schreiben zu können. All dies trug dazu bei, dass der Glaube an die Segnungen der Unabhängigkeit in weiten Kreisen nachgerade religiöse Züge annahm. Die ritualhaften, an Prozessionen erinnernden Kulthandlungen bei der Inszenierung der *Diada* verstärkten diesen Eindruck ebenso wie das ewige Licht, das seit 2001 am *Fossar de les Moreres* brennt, jenem Platz im historischen Zentrum Barcelonas, auf dem der »Märtyrer« von 1714 gedacht wird.[45] Dabei verband der Akt der Partizipation an den Aktivitäten der *Diada* – analog zur Beteiligung an den subversiven Referenden – die Teilnehmenden subjektiv und objektiv mit dem Unabhängigkeitsprozess, auch weil die Organisatoren keinen Zweifel daran ließen, dass sie in jedem, der sich an den Aktionen beteiligte, einen Befürworter der Unabhängigkeit sahen. Indem man seinen Namen in Listen eintrug, schrieb man sich zugleich in den *Procés* ein.

Die Motivation für einen solchen Bekenntnisakt ergab sich nicht zuletzt aus dem sinnstiftenden Moment der Unabhängigkeitsbewegung. Schließlich entbrannte in der Öffentlichkeit die Debatte darüber, ob es sich wohl beim katalanischen Nationalismus um die »letzte verfügbare Religion« oder um die »letzte verfügbare Utopie« handele.[46] In einem viel beachteten Beitrag hatte die Soziologin Marina Subirats im Sommer 2014 »das Fieber« der katalanischen Unabhängigkeitsbewegung damit erklärt, dass diese eine »verfügbare Utopie« anbieten könne. Nach den Lähmungen der Finanz- und Wirtschaftskrise sei durch die Perspektive, die die Unabhängigkeitsbewegung bot, plötzlich eine Form von Erregung, Hoffnung und Spannung nach Katalonien zurückgekehrt.[47] Die Finanzkrise habe nur eine tiefere

45 Zur Gestaltung des Platzes in den 1980er Jahren und der Ergänzung durch die Flammenschale vgl. Jaume Fabre/Josep M. Huertas/Antoni Remesar: El Fossar de les Moreres; in: Art Public: http://w10.bcn.cat/APPS/gmocataleg_monum/FitxaMonumentAc.do?idioma=ES&codiMonumIntern=188 (15.4.2020).

46 Manuel Cruz: »Mani« o misa de 12 (sobre la última religión disponible); in: *El Confidencial*, 16.12.2017: https://blogs.elconfidencial.com/espana/filosofo-de-guardia/2017-12-16/mani-misa-de-12-sobre-la-ultima-religion-disponible_1493574/ (11.12.2020). Zum religiösen Aspekt der Unabhängigkeitsbewegung vgl. auch Canal, Permiso, S. 131.

47 Marina Subirats: Una utopía disponible. La Cataluña independiente; in: La Maleta de Portbou, Juli/August 2014: https://lamaletadeportbou.com/articulos/una-utopia-sostenible/ (7.12.2020).

Krise offenbart: die einer Gesellschaft ohne politische Visionen, ohne Projekte und Ziele. Dadurch, dass sowohl die sozialdemokratische als auch die konservative Partei Spaniens in Korruptionsfälle verwickelt waren, kam noch eine moralische Krise hinzu, die dem politischen System den letzten Rest an Glaubwürdigkeit genommen habe. All dies habe den Boden bestens bereitet für die Verheißungen der Unabhängigkeitsbewegung, zumal auch die Linke keine attraktive Alternative anzubieten gehabt habe. Waren doch auch aus katalanischen Arbeitern in den prosperierenden Zeiten der 1980er und 1990er Jahre längst Hausbesitzer und Angehörige der Mittelschicht geworden, die nun ihrerseits um unlängst erworbenen Wohlstand fürchteten. Die Wähler hatten nicht mehr das Gefühl, durch ihre Stimmen noch etwas bewirken zu können, junge Menschen zeigten sich an der (»real existierenden«) Demokratie desinteressiert und nahmen ihr Wahlrecht nicht wahr. In dieser Situation bot sich in Katalonien mit der Unabhängigkeitsoption die Chance auf einen Wandel. Die eigentlich treibende Kraft, so Subirats, sei »das aktuelle Bedürfnis nach Hoffnung« gewesen.[48]

Aber nicht nur Glaube und Hoffnung, auch die Liebe spielte eine essentielle Rolle. Dabei verband auch der Anspruch, Repräsentanten einer neuen affektiven Einstellung zu sein, die Unabhängigkeitsbewegung mit *Podemos*. Der Vorsitzende Pablo Iglesias hatte im März 2016 vor laufenden Kameras einen Parteigenossen im spanischen Parlament auf den Mund geküsst und anschließend der Presse erklärt: »Wir sind eine Fabrik der Liebe.«[49] Neben der Inszenierung eines neuen politischen Stils der »Liebe« bedürfen soziale Bewegungen auch einer neuen Leidenschaftlichkeit, wie der Professor für Psychiatrie und medizinische Psychologie an der Autonomen Universität Barcelona, Adolf Tobeña, mit Blick auf den katalanischen Unabhängigkeitsprozess betonte. In seinem Buch über die »sezessionistische Leidenschaft«[50] verglich er die Unabhängigkeitsverfechter mit Verliebten. So wie diese den Partner idealisierten, imaginierten auch die Independentisten ein Gelobtes Land paradiesischer Unabhängigkeit. Liebe aber, so der Historiker Ucelay-Da Cal, mache bekanntermaßen blind. Erstaunt registrierte er die Wiederkehr eines säkularen Milleniarismus, also eines quasireligiösen Glaubens an den baldigen Anbruch einer utopisch-heilen Welt.[51] Die Zukunft wurde

48 Ebd.

49 Zum Interview sowie der Videosequenz, die den Kuss zeigt, vgl. https://www.lasexta.com/programas/al-rojo-vivo/entrevistas/pablo-iglesias-besos-preparan-somos-fabrica-amor_201603025723a9676584a81fd881fe62.html (7.12.2020).

50 Adolf Tobeña: La pasión secesionista. Psicobiología del independentismo, Barcelona 2016.

51 Ucelay-Da Cal, Breve historia, S. 253.

umso rosiger ausgemalt, als skeptische Stimmen, wonach etwa die EU ein unabhängiges Katalonien nicht so schnell aufnehmen würde, ausgeblendet wurden.

Offensichtlich ging die enorme Mobilisierungsdynamik von einem ganzen Bündel positiver, affirmativer Emotionen aus. Sie waren von erheblichem sozialem und politischem Einfluss. Gemäß der Emotionstheorie von William Reddy haben Emotionsäußerungen als *emotives* eine performative Wirkung: Sie verändern das eigene Erleben ebenso wie die Gefühle und das Verhalten anderer.[52] In diesem Fall sind die bestärkenden Rückkopplungsprozesse unter den Befürwortern der Unabhängigkeit insbesondere seit 2009/10 als solche *emotives* innerhalb der *in-group* zu verstehen. Das Performen von Kollektivinszenierungen diente der Erzeugung bzw. Verfestigung von Zusammengehörigkeitsgefühlen. Zugleich entstanden bei den Teilnehmenden rauschhafte Hochgefühle, die durch mediale Weitergabe, u.a. die Produktion von musikalisch unterlegten Filmen, perpetuiert wurden. Darüber hinaus beeinflussten die Manifestationen auch die Denk-, Wahrnehmungs- und Fühlmuster politischer Akteure.

Ministerpräsident Artur Mas brachte den Zusammenhang von zivilgesellschaftlicher Mobilisierung und Politik auf den Punkt: Auf den Straßen werde beeinflusst, an den Urnen jedoch entschieden.[53] Da aber an den Urnen auch über seine eigene Zukunft entschieden wurde, hatten die Beeinflussungen auf den Straßen unmittelbare Folgen für seine Agenda. Artur Mas war als politischer Ziehsohn von Jordi Pujol erstmals 2003 als Kandidat der CiU angetreten. Damals konnten sich – ebenso wie 2006 – die drei früheren Oppositionsparteien PSC, ERC und ICV auf einen Sozialisten als katalanischen Regierungschef einigen. Erst nach der Wahl von 2010 gelangte der Ökonom und Unternehmersohn an die Spitze der *Generalitat*. Um die Finanz- und Wirtschaftskrise in den Griff zu bekommen, setzte Mas auf Austeritätsmaßnahmen, die seine Umfragewerte innerhalb kurzer Zeit in den Keller sinken ließen. Sein Popularitätstief war während der Demonstrationen der »15-M«-Bewegung in Barcelona erreicht. Als am 15. Juni 2011 im katalanischen Parlament über Sparmaßnahmen diskutiert werden sollte, blockierten Tausende Jugendliche die Zufahrtswege. Abgeordnete wurden beschimpft, bespuckt, geschubst, und Artur Mas selbst

52 Zur Definition der *emotives* vgl. Reddy, Navigation of Feeling, S. 128.

53 Mas: »Al carrer s'influeix, però a les urnes es decideix«; in: Notícies, 11.9.2015: https://www.ccma.cat/324/mas-al-carrer-sinflueix-pero-a-les-urnes-es-decideix/noticia/2684716/ (15.4.2020).

musste mit dem Hubschrauber eingeflogen werden.[54] In dieser Situation bot der Schulterschluss mit dem radikaleren Nationalismus einen Ausweg für den in Bedrängnis geratenen CiU-Politiker. Als Verhandlungen mit Madrid über einen Fiskalpakt scheiterten, der Katalonien ähnliche finanzielle Privilegien hätte sichern können, wie sie das Baskenland besitzt, vollzog Artur Mas die entscheidende Kehrtwende: Anstatt auf mehr Rechte Kataloniens innerhalb des spanischen Autonomiestaates zu dringen, wurde Mas zu einem Vorkämpfer der Unabhängigkeit. Dies ermöglichte ihm einen Schulterschluss mit der katalanischen Linken, symbolisiert durch die 2014 öffentlichkeitswirksam vollzogene Umarmung mit David Fernàndez, der 2011 bei der Räumung der Plaça Catalunya von der katalanischen Polizei verprügelt worden war.[55] Doch diese neue emotionale und politische Gemeinschaft war erkauft durch einen Bruch mit der bisherigen CiU-Politik, dem freilich – wie oben beschrieben – Jordi Pujol mit seiner Publikation »Wenn Brücken brechen« aus dem Jahr 2011 den Weg bereitet hatte.

Für Mas und die Politik der *Generalitat* wurde die *Diada* von 2012, die unter dem Motto »Katalonien, ein neuer Staat in Europa« stattgefunden hatte, zur Wasserscheide: Unmittelbar nach dem überraschenden Mobilisierungserfolg verhieß der Präsident staatliche Strukturen für Katalonien und initiierte damit den eigentlichen *Procés*, indem er sich an die Spitze der Bewegung stellte. Den Weg zu einem eigenen Staat bereitete er durch die Schaffung von Institutionen vor, die später nötig werden könnten. So wurde im November 2012 *Diplocat* ins Leben gerufen: der »Diplomatische Dienst« Kataloniens, dessen Aufbau und Aufgaben darauf schließen ließen, dass hier der Keim eines Außenministeriums angelegt war.

Politisch wollte Mas zudem die Hochstimmung nach der *Diada* von 2012 nutzen und kündigte für das Ende des Jahres Neuwahlen an. Es war die erste einer Serie von Wahlen (2012, 2015 und 2017), bei denen die Bevölkerung aufgerufen wurde, weniger über die Politik in der Region abzustimmen als vielmehr dem politischen Führungspersonal ein Mandat

54 Vgl. u.a. Leo Wieland: »Indignados« belagern Parlament in Barcelona; in: *FAZ*, 15.6.2011: https://www.faz.net/aktuell/politik/europaeische-union/spanien-indignados-belagern-parlament-in-barcelona-1653026.html (7.12.2020).

55 Zu den Ereignissen von 2011 und der Verurteilung des Polizisten im Jahr 2014 vgl. *El Diario*, 17.7.2014: https://www.eldiario.es/catalunya/Mossos-David-Fernandez-Placa-Catalunya_0_282422390.html (13.12.2020). Zur Umarmung nach dem illegalen Referendum am 9. November 2014 vgl. »El emotivo abrazo de David Fernàndez y Artur Mas«; in: *El Periódico*, 10.11.2014: https://www.elperiodico.com/es/politica/20141110/emotivo-abrazo-artur-mas-david-fernandez-consulta9n-3675953 (13.12.2020).

für die Unabhängigkeit zu geben. Mas verkalkulierte sich hier insofern, als die CiU zwar stärkste Kraft wurde, aber weit hinter seinen Erwartungen zurückblieb. Von der Mobilisierungswelle profitierte nicht die CiU, sondern die ERC. Hätte diese die Anzahl der Sitze nicht verdoppeln können, wäre das Lager der Unabhängigkeitsbefürworter sogar geschwächt aus den Wahlen hervorgegangen.

Dieser Rückschlag hielt die Regierung nicht davon ab, weiter den Kurs Richtung Unabhängigkeit zu verfolgen, zumal die gestärkte ERC den Druck erhöhte. Nunmehr galt das Engagement der katalanischen Nationalisten der Abhaltung eines Plebiszits. Als das Parlament in Barcelona mit knapper Mehrheit im Januar 2013 die »Souveränität« des katalanischen Volkes proklamierte und damit das »Recht zur Abstimmung« für sich beanspruchte, begann der unausweichliche Machtkampf mit dem spanischen Verfassungsgericht: Der Beschluss der *Generalitat* wurde – was auf der Hand lag – im Mai 2013 als mit der spanischen Konstitution unvereinbar und damit für nichtig erklärt. Daraufhin nahmen die katalanischen Politiker das Projekt – mit gewissen Nuancierungen – erneut in Angriff, was abermals eine Ablehnung des Verfassungsgerichts provozierte.

In diesem Zusammenhang ist die im Dezember 2013 angekündigte Volksabstimmung für das Folgejahr einzuordnen. Die Vorbereitungen für dieses Referendum verliefen auf zwei Ebenen, sollten sie doch einerseits die Legalität und andererseits die Legitimität des Vorhabens sichern. Im katalanischen Parlament wurden Gesetze auf den Weg gebracht, die Rechtssicherheit herstellen sollten, auch wenn absehbar war, dass das spanische Verfassungsgericht sie wieder annullieren würde. Umso wichtiger waren die Initiativen zur Stärkung der moralischen Legitimität des Vorgehens, ein wesentlicher Faktor für die öffentliche Akzeptanz in den Verhandlungen mit der spanischen Justiz. Innerhalb dieser Kampagnen kam dem Umgang mit der Geschichte eine eminente Bedeutung zu.

## 4. *Telling nation*. Geschichte und Ressentiment im Jahr 2014

Am 11. September 2013 wurde in Barcelona ein neues Kulturzentrum eröffnet: *El Born*. Sowohl der Ort als auch der Zeitpunkt waren mit Symbolik durchtränkt. Alles erinnerte an die Ereignisse des Jahres 1714, als Barcelona im Spanischen Erbfolgekrieg unterlag und Katalonien seine Privilegien verlor.

Die Eröffnung des *Born* kann als Höhepunkt einer langfristig angelegten Kampagne gewertet werden, die darauf zielte, die Bedeutung dieses Datums in das kulturelle Gedächtnis der katalanischen Nation einzuschreiben.

Längst hatte sich der 11. September als Feiertag etabliert; seit der großen Demonstration im Jahr 1977 hatte er einen festen Platz im Kalender des katalanischen Nationalismus, und seit der von der ANC organisierten Massenzusammenkunft des Jahres 2012 war er der jährliche Kulminationspunkt des katalanischen Selbstbewusstseins. Die Mega-Events zeugten von einem nationalistischen Emotionsregime, das den Stolz und das Zusammengehörigkeitsgefühl der *in-group* inszenierte.

Von den historischen Bezügen hatte sich das Ereignis derweil weitgehend gelöst. Dass die Zusammenhänge nicht vergessen wurden, sollte anderweitig sichergestellt werden, zunächst durch die Omnipräsenz der Zahl 1714 im katalanistischen Alltag: So wurde die Menschenkette der *Diada* 2013 exakt um 17.14 Uhr geschlossen. Jeder Fußballfan des FC Barcelona wird seit dem Jahr 2012 regelmäßig pünktlich um 17 Minuten und 14 Sekunden nach Halbzeitbeginn durch die Rufe nach Unabhängigkeit im Stadion an das Jahr 1714 erinnert. Die vor dem Kulturzentrum *El Born* gehisste Fahne misst 17,14 qm und hängt an einem 17,14 Meter hohen Mast.[56] Dabei ist der Hintergrund dieses Datums alles andere als spielerisch gemeint, wie im Inneren des Kulturzentrums deutlich wurde. Unter dem mächtigen Eisengerüst einer Markthalle aus dem 19. Jahrhundert beherbergt es eine Ausgrabungsstätte, in der Grundmauern aus dem 18. Jahrhunderts freigelegt werden. Mit der Sichtbarmachung dieser Materie soll in Erinnerung gerufen werden, was durch militärische Gewalt »der Spanier« im Jahr 1714 (und danach) vernichtet wurde: Das Viertel wurde zerstört, um Platz zu schaffen für die Festung *Ciutadela*, die zum Symbol der kastilischen Unterdrückungsherrschaft wurde. Das Kulturzentrum umfasst darüber hinaus vier Säle, die nach katalanischen Heroen aus dem Erbfolgekrieg benannt sind. Der Namensgeber eines der Säle ist Rafael Casanova, der Ratspräsident der Stadt (*Conseller en Cap*), der die Verteidigung Barcelonas 1714 befehligte und dabei verletzt wurde. Ihm zu Ehren wurde 1888 eine Statue errichtet, und seither avancierte Rafael Casanova zur Symbolfigur des heroischen Widerstands, an den jährlich mit Blumengebinden während der *Diada* erinnert wird. In dem nach ihm benannten Saal im *Born* wurde im September 2013 eine Ausstellung eröffnet, die Teil der pompösen Inszenierungen war, mit denen die Dreihundertjahrfeier begangen wurde. Die Koinzidenz dieses Jubiläums mit dem Jahr, in dem die Katalanen über die Unabhängigkeit abstimmen sollten, bedeutete für die Separatisten ein

56 Vgl. Quim Monzó: 17,14; in: *La Vanguardia*, 10.4.2013: https://www.lavanguardia.com/opinion/articulos/20130410/54371087600/17-14.html (7.12.2020). Siehe auch Canal, Permiso, S. 256.

symbolisches Geschenk, das sie nicht ungenutzt lassen wollten. Während die *Diada* in den Straßen die integrativen, affirmativen Emotionen in den Vordergrund stellte, waren die Erinnerungen an die historischen Ereignisse so komponiert, dass sie die korrespondierenden aversiven Gefühle provozierten, die für die rigorose Abkehr vom »Anderen«, von »den Spaniern«, nötig sind. Die Vergangenheit wurde dadurch in den Dienst gegenwärtiger Politik genommen.

Schon Jordi Pujol hatte auf die Bedeutung der Vergangenheit für den katalanischen Nationalismus aufmerksam gemacht und ihr eine ähnlich hohe Relevanz wie der Sprache beigemessen. Das unterscheidet den katalanischen Nationalismus nicht von anderen Nationalismen. Aber die Intensität, mit der einzelne Geschichtsfragmente massiv und erfolgreich instrumentalisiert wurden, ist in der jüngeren Zeitgeschichte der westlichen Welt singulär. Wie erfolgreich diese Strategie war, ist an der weiten Verbreitung der »Mytheme« zu erkennen, jener narrativen Versatzstücke, aus denen sich ein Mythos zusammensetzt. Im katalanischen Fall sind dies der Einsatz für »die Freiheit«, der »heroische Widerstand« gegen »die Spanier« und die maßlose Unterdrückung durch Letztere. Entsprechend begann die Ausstellung mit »Freiheit und Verfassungen« und endete mit »Unter dem Stiefel« (*sota la bota*).[57] Dass es nicht um Aufklärung und Information, sondern um Eintauchen und Mitfühlen ging, wurde schon am Medieneinsatz deutlich: Visuelle Inszenierung und musikalische Untermalung setzten auf Emotionen, nicht Wissenserwerb. Der Titel der Ausstellung, »Bis es erreicht ist!« (*Fins a Aconseguir-ho!*), ließ sich zwar noch als Zitat rechtfertigen, weil sich der Spruch auf die Devise einer militärischen Einheit bezog. Doch gelesen werden sollte er als Appell für die Gegenwart. So impliziert auch die Wahl des Tags der Kapitulation von 1714 zum nationalen Feiertag Kataloniens einen Appell, das Trauma der Vergangenheit künftig zu überwinden. Grundsätzlich erinnern Ereignisse, die zu nationalen Feiertagen gekürt werden, entweder an nationale Triumphe oder Traumata.[58] Letztere gehören, darauf hatte schon Ernest Renan in seiner Definition einer »Nation« von 1882 hingewiesen, zu den besonders wirkmächtigen Elementen des kollektiven Gedächtnisses: »Das gemeinsame Leiden verbindet mehr als

57 Schon durch die sprachliche Äquivalenz von »sota la bota« und »Catalunya sota Espanya« war die Deutung der asymmetrischen Beziehung vorgegeben, vgl. Alfons López Tena: Catalunya sota Espanya. L'opressió nacional en democràcia, Barcelona 2007.

58 Vgl. Bernhard Giesen: Triumph and trauma, Boulder 2004; Aleida Assmann: Der lange Schatten der Vergangenheit. Erinnerungskultur und Geschichtspolitik, München 2006, S. 14.

die Freude. In den gemeinsamen Erinnerungen wiegt die Trauer mehr als die Triumphe, denn sie erlegt Pflichten auf, sie gebietet gemeinschaftliche Anstrengungen.«[59]

Pflichten und Anstrengungen ergeben sich aus einem nationalen Trauma, weil es der Heilung bedarf. Eine Reinszenierung von solchen Feiertagen geht zwangsläufig mit Appellen zur Überwindung der als Unrecht empfundenen Situation einher. Entsprechend betonte der Verweis der Separatisten auf die katalanische Geschichte die einstige kulturelle, zivilisatorische und politische Größe, die durch die Gewalt der Spanier 1714 verloren gegangen sei und jetzt zurückerlangt werden müsse. Die mit Stolz empfundene »Größe« verbinden die Katalanen mit dem Mittelalter, so erzählt es nicht zuletzt die Dauerausstellung des 1996 in Barcelona eröffneten Museums für katalanische Geschichte: Diese verortet im Mittelalter nicht nur die Geburtsstunde Kataloniens (im 10. Jahrhundert) und die machtpolitische Expansion (im 13. Jahrhundert). Auch lag der erinnerungspolitische Schwerpunkt im 21. Jahrhundert auf der mittelalterlichen Tradition der katalanischen Stände, über die Aushandlungen von »Pakten« Politik zu machen – ein Prinzip, das kurzerhand mit »Demokratie« gleichgesetzt wurde. Infolge dieser Gleichsetzung wurde aus Katalonien eines der »fortschrittlichsten und demokratischsten« Regierungssysteme des mittelalterlichen Europas. Weil es bereits lange vor England über ein Parlament verfügt habe, so folgerte der Weltklasse-Cellist Pau Casals 1971 anlässlich seiner Auszeichnung mit dem Friedenspreis der Vereinten Nationen, sei Katalonien einst »the greatest Nation in the world« gewesen.[60] Umso beeindruckender ließ sich die Fallhöhe nach 1714 darstellen. Dass die Separatisten nun, im 21. Jahrhundert, nach einem eigenen Staat strebten, musste umso plausibler wirken, wenn 1714 der Staat verloren gegangen war. Nicht etwas Neues, Unrechtmäßiges wurde 2014 angestrebt, nur das Altbewährte in sein Recht gesetzt, das Geraubte wieder zurückgeholt. Dem im Museum ausliegenden Gästebuch konnte man entnehmen, dass das Konzept der Ausstellung aufging: Die Besucher äußerten sowohl antispanische Emotionen als auch ihre Überzeugung, dass der aktuelle Zustand überwunden werden müsse.[61]

59 Ernest Renan: Was ist eine Nation? Vortrag, gehalten an der Sorbonne am 11. März 1882; in: Michael Jeismann/Henning Ritter (Hg.): Grenzfälle – über neuen und alten Nationalismus, Leipzig 1993, S. 290-311, S. 309.

60 Zur kurzen Ansprache von Pau Casals vor den Vereinten Nationen: https://www.youtube.com/watch?v=38FcnytTMCI (7.12.2020).

61 Dieses Gästebuch habe ich selbst während eines Besuchs im Januar 2014 in der Hand gehabt. Der Verbleib dieses Dokuments ist unklar.

Die Handlungsnotwendigkeit gilt grundsätzlich als umso dringlicher, je unhaltbarer der Zustand erscheint. Spätestens seitdem der Liberalismus den Freiheitsbegriff mit Pathos aufgeladen hat, liefert das Wort »Sklaverei« einen zuverlässigen Indikator für vermeintlich dringenden Handlungsbedarf. Die Beziehungen zwischen Katalonien und Spanien wurden immer wieder mit dieser Metapher umschrieben: Sklavenketten gehören gesprengt, und ungerechte Gewalt sei nicht zu dulden. »Wir haben immer nur in die Fresse gekriegt«, so rechtfertigte der damalige Bürgermeister von Arenys de Munt die subversiven Referenden, die 2009 in seiner Gemeinde begonnen hatten.[62]

Die Bereitschaft, die kontinuierliche Unterdrückung durch »Spanien« für eine Tatsache zu halten, war umso größer, als professionelle Historiker das ihre dazu beitrugen, die Thesen zu plausibilisieren. Zwei Monate nach Eröffnung des Kulturzentrums *El Born* veranstalteten im Dezember 2013 katalanische Geschichtsinstitutionen unter der Schirmherrschaft der *Generalitat* eine Tagung zum Thema »Espanya contra Catalunya: una mirada històrica«. Schon die Ankündigung verdeutlichte, dass es darum gehen würde, die Repressionen zu rekonstruieren, denen Katalonien im Laufe dreier Jahrhunderte auf politischem, wirtschaftlichem, sozialem und kulturellem Gebiet ausgesetzt gewesen sei.[63] Renommierte spanische Historiker wie José Álvarez Junco bezweifelten den wissenschaftlichen Wert einer solchen Tagung, die aus einer klaren politischen Position heraus organisiert werde. Der Veranstalter, der Politiker (und Mediävist) Jaume Sobrequés, schloss nach drei Tagen Auseinandersetzung mit den verschiedensten Manifestationen spanischer Repression die Veranstaltung tatsächlich mit einem Hoch auf die Wissenschaft, »die uns unterstützt und uns den Weg weist hin zur Unabhängigkeit«.[64]

Politik und Historiographie haben heuristisch gesehen einen fundamental anderen Blick auf Sachverhalte: Während die Politik an Narrativen interessiert ist, die handlungsleitend auf Gesellschaften wirken, widmet

62 So Carles Móra zitiert in: Schoepp, Oben bleiben, in: *Süddeutsche Zeitung*, 27.10.2017.

63 Zur Ankündigung der Tagung siehe »Espanya contra Catalunya: una mirada històrica«: https://www.sapiens.cat/espanya-contra-catalunya-una-mirada-historica_153915_151.html (11.12.2020).

64 Die Vorträge sowie die Abschlussworte sind bei Youtube nachzuhören; vgl. »Cloenda del simposi ›Espanya contra Catalunya. Una mirada històrica 1714 – 2014‹«: https://www.youtube.com/watch?v=eXQS6IbWlzk&list=PLJPVNzVlFt_CMCLojfmBIoddj3I88M6mP&index=27&t=0s (11.12.2020). Die Vorträge wurden auf über 850 Seiten veröffentlicht unter Jaume Sobrequés (Hg.): Vàrem mirar ben al lluny del desert: actes del simposi »Espanya contra Catalunya: una mirada històrica (1714-2014)«, celebrat a Barcelona el 12, 13 i 14 de desembre de 2013, Barcelona 2014.

sich die Geschichtswissenschaft vor allem der Dekonstruktion von Mythen. Wenn ein Historiker in die Politik geht, kommt es zwangsläufig zu Zielkonflikten. Sobrequés, der in den Jahren 2000 bis 2008 das Museum für katalanische Geschichte geleitet hatte, gehört zu jener Gruppe von Historikern, die nicht am Falsifizierungspotential der Wissenschaft interessiert sind, sondern an ihrer Plausibilisierungsfunktion für politische Zwecke.

Die unentwegte Beschwörung der Unterdrückung ist der zentrale Bestandteil des katalanischen »Viktimismus«, der Selbstbeschreibung als Opfer. Die Reklamierung eines kollektiven Opferstatus ist bei marginalisierten Gruppen weit verbreitet, wenn es gilt, Aufmerksamkeit für unrechtes Handeln anderer zu generieren.[65] Für Katalonien wurde dies durch zwei weitere Erfahrungskomplexe plausibilisiert: Zunächst spielen die Studien zum Franquismus eine erhebliche Rolle, dessen Repressionen gerade auch gegenüber Kindern und Frauen von katalanischen Wissenschaftlern in den jüngeren Jahren herausgearbeitet worden sind. Eine besondere Bedeutung kommt dabei dem Historiker Ricard Vinyes zu, der die Leitlinien des im Jahr 2007 in Barcelona eröffneten *Memorial Democràtic* mitentworfen hatte, welches dem Kampf »für Freiheit, Menschenrechte und Demokratie« eine neue Sichtbarkeit verleihen sollte und dabei die Repressionen durch den Franquismus in besonderer Weise hervorhob. Von 2015 bis 2019 amtierte Vinyes unter der (grün-alternativen) Bürgermeisterin Ada Colau als Beauftragter für Erinnerungspolitik in Barcelona.[66] Die wissenschaftliche Qualität seiner Bücher ist unstrittig. Aber das Thema der franquistischen Repression fügte sich in die Wahrnehmungs- und Deutungsmuster der Unabhängigkeitsverfechter, denen die Unterdrückungserzählungen zur Delegitimierung der Einbindung in den spanischen Staatsverband willkommen waren. In der katalanischen Öffentlichkeit und Historiographie wurde die Komplexität der gesellschaftlichen Situation Kataloniens in Bürgerkrieg und Franquismus weitgehend ausgeblendet und auf die Frontstellung des franquistischen Spaniens gegen ein oppositionelles Katalonien reduziert. Zugleich wurde »Spanien« unterstellt, infolge der Defizite in der Transition franquistische Überreste zu konservieren, was durch parallel stattfindende Debatten in Historiographie und Politik über den Übergang zur Demokratie und den Reformbedarf der Verfassung von 1978 angeheizt wurde. Umso größer war die Versuchung für einen »Demokraten«, den politischen Kon-

65 Vgl. das Kapitel: »Trauma und Moral« in Svenja Goltermann: Opfer. Die Wahrnehmung von Krieg und Gewalt in der Moderne, Frankfurt a.M. 2017, S. 171-235.

66 Ricard Vinyes: Irredentas. Las presas políticas y sus hijos en las cárceles Franquistas, Madrid 2010; ders./Montse Armengou/Ricard Belis: Los niños perdidos del franquismo, Barcelona 2002.

trahenten als »Franquisten« zu bezeichnen und damit als »Faschisten« zu desavouieren. Auch dies lässt sich als zentraler Bestandteil einer Strategie der Delegitimierung begreifen, zumal die Zuweisung von »Faschismus« und »Demokratie« in Europa mit einer moralischen Bewertung verbunden ist.

Als Beleg für eine kontinuierliche Unterdrückung bis in die Gegenwart hinein galten vor allem die Bestimmungen, die die Finanztransfers zwischen dem spanischen Staat und Katalonien regelten. Die komplexen Regelungen wurden dabei auf einprägsame Ergebnisse reduziert: Man beklagte eine Benachteiligung gegenüber dem Baskenland, das seit der Transition von einer weitgehenden Steuerautonomie profitierte. Das Baskenland hatte bis ins späte 19. Jahrhundert hinein Sonderrechte (*Fueros*) genossen, deren historische Ursprünge sich bis ins Mittelalter zurückverfolgen lassen. Dass die Region diese Sonderrechte auch nach 1714 behalten durfte, war eine Konzession an die Basken, die seinerzeit im Spanischen Erbfolgekrieg den siegreichen Philipp V. unterstützt hatten. Nach den Niederlagen in den Karlistenkriegen wurden diese Sonderrechte 1878 nicht gänzlich aufgehoben, sondern dahingehend beschnitten, dass fortan ein fester Betrag *(el Cupo)* aus den im Baskenland eingezogenen Steuern nach Madrid ging. Franco hob dieses System auf, aber die Verfassung von 1978 führte es wieder ein.[67] Seither verantwortet die baskische Regierung die Erhebung und Nutzung der Steuern eigenständig und handelt in regelmäßigen Abständen die Höhe der finanziellen Transfers an Madrid aus. Das System ist in mehrfacher Hinsicht konfliktanfällig: Zum einen bestehen im Baskenland und in Madrid unterschiedliche Vorstellungen über die angemessene Höhe des *Cupo*, zum anderen ist die Sonderregelung Anlass für Neiddebatten in anderen Autonomen Gemeinschaften. Dass sich Katalonien hier besonders anfällig gezeigt hat, ergibt sich aus dem Selbstverständnis, aufgrund der eigenen nationalen Tradition ebenfalls einen Ausnahmestatus innerhalb des spanischen Staatsverbandes beanspruchen zu dürfen. In der Wirtschaftskrise nach 2008 drängte die katalanische Regierung darauf, Katalonien müsse mindestens ein analoger Fiskalpakt zugestanden werden.

Doch auch die »Steuerunabhängigkeitserklärung«[68] des katalanischen Parlaments vom Juli 2012 beeindruckte die Madrider Regierung nicht. Dass

67 Die Privilegien gelten im Übrigen auch für Navarra. Eine verständliche Erklärung des komplexen Systems findet sich bei J.S. González: ¿Qué es el Cupo vasco? Este concierto, clave para los Presupuestos de 2017; in: *El País*, 23.11.2017: https://elpais.com/economia/2017/05/03/actualidad/1493797530_788542.html (7.12.2020).

68 So Leo Wieland: Katalonien will volle Steuerhoheit; in: *FAZ*, 26.7.2012: https://www.faz.net/aktuell/politik/europaeische-union/spanien-katalonien-will-volle-steuerhoheit-11832900.html (11.12.2020).

Katalonien in dieser Zeit die mit 42 Milliarden Euro am höchsten verschuldete Autonome Gemeinschaft war, erklärte die katalanische Regierung mit den Ungerechtigkeiten des Steuersystems: Katalonien musste als Nettozahler mehr in die Kassen Madrids einzahlen, als es zurückerhielt. Dieses Missverhältnis wurde zudem emotional und moralisch aufgeladen, indem es auf die simple Formel gebracht wurde: »Spanien raubt uns aus« (*Espanya ens roba*).[69] Dieser Slogan war ungemein erfolgreich, wie Umfrageergebnisse belegen, wonach ein erheblicher Teil der Zuwächse im Lager der Unabhängigkeitsbefürworter sozial motiviert war. In der Hoffnung, dass es den Katalanen ohne Madrid wirtschaftlich besser gehen werde, lag ein zentraler Stimulus für das Wachstum der Zustimmungsquoten zur Unabhängigkeit bis 2014.[70]

Doch appellierte der Slogan keineswegs nur an ein rationalistisches Nutzenkalkül. Die Argumentation, die auf dem Deutungsmuster permanenter Unterdrückung aufbaute, barg auch einen brisanten emotionalen Kern, der sich schließlich zu einem allgemeinen Ressentiment, dem Gefühl einer kollektiven Verletzung, auswuchs.[71] Friedrich Nietzsche zufolge gleicht das Ressentiment einer »Vergiftung an Leib und Seele«, die entstehe, wenn der Mensch Rachegedanken hege, sich aber nicht in der Lage sehe, diese auszuführen.[72] Dieses Ohnmachtsgefühl ist keineswegs untypisch für moderne Gesellschaften. »Moderne Gesellschaften« – und insbesondere Demokratien – neigen, so der Emotionshistoriker Uffa Jensen, zum Ressentiment, »weil sie ihre Partizipationsversprechen niemals vollständig einlösen können«.[73] Das katalanische antispanische Ressentiment lässt sich vor diesem Hintergrund als eine Kombination aus gesamteuropäischer zeitgeschichtlicher Demokratiekritik und einer spezifischen iberischen Pfadabhängigkeit verstehen. Dabei gehört es zu den Strukturphänomenen des Ressentiments, dass das Gefühl von Ohnmacht zwei Entwicklungen begünstigt: die Suche nach einfachen Erklärungen und die damit einhergehende Überführung des ohnmächtigen Grolls in andere Emotionen, die als befreiend empfunden werden, weil sie Handlungen ermächtigen. Diese

69 Urheber dieser Parole war der Jurist Alfons López Tena, der zusammen mit dem ehemaligen Präsidenten des FC Barcelona, Joan Laporta, die separatistische Gruppierung Solidaritat Catalana per la Independència (SI) gegründet hatte, mit der er 2010 in das katalanische Parlament einzog.

70 Dass die entscheidenden Motive, sich dem Unabhängigkeitslager anzuschließen, nicht nationale Identitätsfragen waren, sondern ihren Ursprung in den durch die Finanzkrise forcierten sozialen Problemen hatten, ist das Ergebnis der Studie von Rodríguez Mesa, Discurso, hier S. 44-50.

71 Vgl. Uffa Jensen: Zornpolitik, Berlin 2017, S. 40.

72 Friedrich Nietzsche: Werke in drei Bänden, Band 1, München 1954, S. 491-492.

73 Jensen, Zornpolitik, S. 35.

doppelte Dynamik lässt sich idealtypisch im katalanischen Separatismus beobachten: Vormals heftige politische Auseinandersetzungen über die »richtige« spanische, europäische und katalanische Innen- oder Wirtschaftspolitik traten in der Hochphase des Separatismus in Katalonien hinter der Forderung nach Unabhängigkeit zurück. Ein eigenständiger Staat, so waren viele plötzlich überzeugt, wäre die Lösung auch für alle anderen Probleme.[74]

## 5. Ernüchterung und Polarisierung. Die Dynamik der Eskalation 2014-2016

Für das Unabhängigkeitsreferendum, welches für den 9. November 2014 in Katalonien angesetzt war, bedurfte es dieser Emotionen, damit die (kognitiven) Überlegungen an der Wahlurne in eine Entscheidung für die Unabhängigkeit mündeten. Der entscheidende Mechanismus war dabei die Transformation von Ressentiment. Die Emotionen, in die das diffuse Ressentiment häufig übergeht, sind Hass und Zorn, beides Emotionen, die mit klaren Schuldzuweisungen einhergehen und zu Handlungen motivieren. Die Aussage »Spanien raubt uns aus« bot nicht nur eine simple Erklärung für die wirtschaftlich prekäre Lage, sondern benannte auch gleich den Schuldigen, gegen den sich die aversiven Emotionen richten konnten. Zusammen mit den affirmativen Emotionen, die das Wir-Gefühl verstärkten, gehörten diese aversiven Gefühle zum *emotional regime* des katalanischen Separatismus.

Dass für das Unabhängigkeitsreferendum ausgerechnet der 9. November ausgesucht wurde, dürfte kein Zufall gewesen sein. Die Vertreter der Unabhängigkeitsbewegung waren zu international orientiert, als dass ihnen nicht die Symbolik des Mauerfalls vom 9. November 1989 in Berlin in den Sinn gekommen wäre. Das Freiheitspathos der Separatisten, das immer wieder betonte Bestreben, eine Unterdrückungsherrschaft beenden zu wollen, sowie der Gestus der Selbstermächtigung eines Volkes drängten sich als Parallelen mit der friedlichen Revolution von 1989 nachgerade auf. So wie der Mauerfall als ein »Wunder« betrachtet werden konnte, das ein Volk in die »Freiheit« führte, so galt es für die Separatisten, auch in Katalonien Fesseln zu sprengen. Dass die Analogie insofern falsch war, als durch einen katalanischen Staat keine Mauer fallen sollte, sondern eine Grenze errichtet würde, wurde intern nicht thematisiert, zumal die Illusion von einer offenen Gesellschaft ohne Grenzmarkierungen dominierte. Ganz anders

74 Zu diesem naiven Glauben vgl. u.a. Schopp, Oben bleiben, in: *SZ*, 27.10.2017.

verlief die Wahrnehmung im Ausland. Hier stieß die Entschlossenheit der Katalanen, eine neue mentale, emotionale und politische Grenze zwischen »Spanien« und Katalonien zu errichten, auf Besorgnis und Unverständnis.[75] Doch die skeptischen Stimmen wurden von den Protagonisten des *Procés* bereitwillig überhört. Dies war Teil eines Verdrängungsprozesses, der gerade im kritischen Jahr 2014 all die Probleme ignorierte, die den Erfolg zu gefährden drohten. Dazu zählten zum einen die desillusionierenden Erfahrungen innerhalb der Bewegung und zum anderen das Phänomen einer wachsenden Polarisierung innerhalb der katalanischen Gesellschaft.

Das Jahr 2014 hatte in den Vorstellungen der katalanischen Nationalisten eigentlich zum Jahr des Durchbruchs werden sollen. Stattdessen wurde es zum Jahr der Ernüchterung. Dazu trug die spanische Rechtsprechung bei, die das Abhalten eines Referendums als Verstoß gegen die Verfassung untersagte. Da die Mittelschichten, die sich durch die *Diadas* hatten mobilisieren lassen, mit einem revolutionären Gestus wenig anfangen konnten und auf eine legale, wirtschaftsfreundliche Transition setzten, nötigten diese Gerichtsurteile die katalanische Regierung zur Suche nach Kompromissen. So hielt man zwar am Referendum als solchem fest, kündigte es nunmehr aber nur noch nebulös als »partizipativen Prozess« an. Dabei belegt die Begrifflichkeit, dass die Katalanen mit dem Referendum anschließen wollten an die Debatte um neue Formen einer »partizipativen Demokratie«, die in Madrid seit Beginn der Bewegung vom »15-M« geführt wurde. Im Januar 2014 hatten spanische Intellektuelle in einem – oben erwähnten – Manifest gefordert, die Empörung möge zu politischem Wandel führen, das politische System von 1978 überwinden und zur »Volkssouveränität« zurückfinden.[76]

Doch der katalanische Enthusiasmus erhielt bald weitere Dämpfer. So wurde der Elan zusätzlich dadurch gelähmt, dass das mit großer Aufmerksamkeit verfolgte Unabhängigkeitsreferendum in Schottland scheiterte; am 18. September 2014 votierten die Schotten mehrheitlich für den Verbleib im britischen Staatsverband. Noch dramatischer wirkte sich die Entzauberung eines Mythos aus: Jordi Pujol, Ministerpräsident von 1980 bis 2003 und Lichtgestalt des katalanischen Nationalismus, gestand im Juli 2014 öffentlich ein, millionenschwere Konten in europäischen Steuerparadiesen zu

75 So wies u.a. der Spanienkorrespondent der *Frankfurter Rundschau*, Martin Dahms, darauf hin, dass eine weitere territorialstaatliche Zersplitterung Europas keine gute Antwort auf die Herausforderungen der Globalisierung wäre, vgl. Martin Dahms: Die Katalanen wollen es wissen; in: *Frankfurter Rundschau*, 17.8.2017: https://www.fr.de/politik/katalanen-wollen-wissen-11022116.html (7.12.2020).

76 Vgl. Mover ficha: convertir la indignación en cambio político: http://tratarde.org/wp-content/uploads/2014/01/Manifiesto-Mover-Ficha-enero-de-2014.pdf (7.12.2020).

besitzen. Dass die Gelder aus dem Besitz seines Vaters stammten und der Versorgung seiner Frau und der sieben Kinder dienen sollten, klang nicht sonderlich glaubhaft. Die Methode »Drei Prozent«, wonach öffentliche Aufträge in Katalonien nur an Baufirmen vergeben wurden, die drei Prozent der Summe an Schmiergeldern zahlten, von denen der Großteil der Partei, der Rest aber dem verantwortlichen Politiker zugutekamen, war längst ein offenes Geheimnis.[77]

In der Öffentlichkeit aber wirkte das Geständnis und das, was im Anschluss daran ans Tageslicht kommen sollte, wie ein Erdbeben. Pujol hatte sich – gerade auch in Abgrenzung zu den Politikern in Madrid – immer wieder als moralische Instanz inszeniert. Gegenüber dem »korrupten Spanien« sollten die Katalanen als personifizierte moralische Integrität erscheinen, zumal Spanien 2014 von zahlreichen Korruptionsskandalen erschüttert wurde: Die Korruption, die nicht nur den Vertretern des PP, sondern auch denen des PSOE vorgeworfen wurde, stellte nach der im Zuge der Wirtschaftskrise massiv angestiegenen Arbeitslosigkeit das »zweitgrößte Problem des Landes«[78] dar. Doch dass gerade die Vorbild-Familie Kataloniens, die Pujols mit ihren sieben Kindern, an diesen Machenschaften beteiligt war, erschütterte den katalanischen Nationalismus schwer. Die megalomanen Profitinteressen dieses Clans, dessen Millionen auf verschiedenen Konten in der Schweiz, auf den Bahamas und Madeira, in Uruguay, Panama und Andorra verteilt waren und deren Höhe bis heute nicht gänzlich geklärt ist, beendeten nicht nur abrupt den Mythos Pujol.[79] Sie entlarvten zudem das katalanische Glaubwürdigkeitsnarrativ als Fiktion. In Zeitungskommentaren wurde umgehend gemutmaßt, dass die Enthüllungen dem Unabhängigkeitsprozess einen »vermutlich tödlichen Stoß« verleihen würden.[80] Letal war der Skandal allerdings zunächst nur für die CiU: Das Bündnis aus CDC und UDC, das mehr als 40 Jahre lang unter der unumstrittenen Führung Pujols die Zeit nach Franco in Katalonien geprägt hatte, zerbrach 2015. Unstimmigkeiten über die separatistische Ausrichtung kamen hinzu, der

77 Fèlix Martínez: Así fue la reunión en la que el clan Pujol decidió confesar; in: *El Diario*, 14.8.2014: https://www.eldiario.es/politica/Pujol-conyuges-abogados-aparecio-andorrana_0_291871480.html (7.12.2020).

78 Vgl. Ute Müller: Korrupter spanischer Clan schockt die Katalanen; in: *Die Welt*, 28.10.2014: https://www.welt.de/wirtschaft/article133728270/Korrupter-spanischer-Clan-schockt-die-Katalanen.html (7.12.2020).

79 Joaquín Manso/Fernando Lázaro: Así saquearon Cataluña los Pujol; in: *El Mundo*, 1.11.2015: https://www.elmundo.es/cataluna/2015/10/31/56351497ca474110218b462b.html (7.12.2020).

80 Martínez, Así fue la reunión.

die konservativere UDC skeptisch gegenüberstand. Für die UDC bedeutete dies das Ende: 2017 löste sich die Partei auf. Die CDC setzte sich jetzt erst recht für die Unabhängigkeit ein, gab sich allerdings 2016 einen neuen Namen, der die Distanz zur Pujol-Ära verdeutlichen und das europäische Erbe betonen sollte: *Partit Demòcrata europeu Català* (PDeCat).

Insgesamt überlebte der Unabhängigkeitsprozess die Affäre Pujol, verlor aber an Fahrt. So wurde auch das Referendum, bzw. der »partizipative Prozess«, im November 2014 nicht zu dem Erfolg, den sich die Separatisten erhofft hatten. Zwar bejahten von denjenigen, die am 9. November zu den Wahlurnen kamen, 80 Prozent die zwei Fragen, ob (erstens) Katalonien ein Staat und wenn ja, (zweitens) ob dieser Staat unabhängig sein sollte. Aber nur ein Drittel der Bürger hatte an dem illegalen Referendum teilgenommen, dem zudem keinerlei Verbindlichkeit zugesprochen wurde. Für Artur Mas hatte das Vorgehen gleichwohl langfristige Konsequenzen: Drei Jahre später wurde er vom Obersten Gericht Kataloniens (*Tribunal Supremo de Justicia de Cataluña*) für die Durchführung dieses Referendums mit dem Vorwurf des Ungehorsams gegen Verfassungsbestimmungen und Veruntreuung von Steuergeldern zu einer Geldstrafe und zum Ausschluss von politischen Ämtern bis 2020 verurteilt.[81]

Das aber lag 2014 noch in weiter Ferne. Vorerst verfolgte Mas konsequent den Weg Richtung Unabhängigkeit und kündigte für den September 2015 eine Neuwahl der *Generalitat* an, die den Charakter eines Plebiszits haben sollte. Der Weg war riskant, wie schon der Verlauf des nach dem damaligen baskischen Ministerpräsidenten Juan José Ibarretxe benannten »Ibarretxe-Plans« gezeigt hatte, den die Katalanen in dieser Zeit weitgehend kopierten. Auch hier zeigt sich die Verflechtung mit dem baskischen Nationalismus.[82] In Zeiten des ETA-Terrors waren die Übereinstimmungen zwischen beiden zwar begrenzt. Aber zu Beginn des 21. Jahrhunderts verfolgten beide Autonomen Gemeinschaften zwischenzeitlich sehr ähnliche Strategien – und hatten den Erfolg oder Misserfolg der jeweils anderen aufmerksam im Blick.

Zunächst war der *Lehendakari*, der Ministerpräsident des Baskenlandes, 2001 vorangegangen. Sein Plan sah ein neues Autonomiestatut vor, das den Basken eine eigene Identität und Souveränität zubilligen und das Recht sichern sollte, ihre Zukunft selbst zu bestimmen. Explizit stand

81 Vgl. Jesús García: Artur Mas podrá optar a cargos públicos a partir de febrero de 2020; in: *El País*, 5.2.2017.

82 Zur Geschichte des baskischen Nationalismus vgl. Ludger Mees: The Basque Contention. Ethnicity, Politics, Violence, New York 2020.

es nirgendwo, aber hier sollten die Weichen für die Unabhängigkeit des Baskenlandes gestellt werden. Spanien wurde nicht als »Nation«, sondern als »zusammengesetzter, plurinationaler, asymmetrischer Staat« bezeichnet, mit dem das Baskenland nach der Erlangung der Souveränität nur noch in einer losen Verbindung (*libre asociación*) stehen sollte. Der Entwurf wurde Ende 2004 im baskischen Parlament mit knapper Mehrheit angenommen – und im folgenden Jahr in den Cortes mit überwältigender Mehrheit abgelehnt. Weder die Konservativen noch die regierenden Sozialisten waren bereit, den Basken das Recht zuzugestehen, Referenden abzuhalten, die zu einer grundsätzlichen Veränderung des Verhältnisses zwischen Spanien und dem Baskenland führen konnten. Bezeichnenderweise waren unter den 29 Befürwortern des Entwurfs die Stimmen der Katalanen.

Was dann geschah, sieht rückblickend wie eine Blaupause für das Vorgehen der katalanischen Separatisten im Jahr 2014/15 aus: Ibarrexte plante nun ein Referendum über die Unabhängigkeit im Baskenland. Dieses wurde von der Zentralregierung untersagt. Daraufhin sollten die nächsten Regionalwahlen im Jahr 2009 den Charakter eines Plebiszits annehmen und die Zentralregierung unter Druck setzen. Dieser Schachzug entpuppte sich allerdings als kontraproduktiv: Aus der Wahl gingen nicht etwa die baskischen Nationalisten als Sieger hervor, sondern Sozialisten und Konservative, die gegen die Unabhängigkeit waren. Daraufhin wurde das Separatismus-Projekt vorerst von der offiziellen Agenda der baskischen Nationalisten heruntergenommen, zu deutlich war die Botschaft, dass es von der baskischen Gesellschaft (noch) nicht hinreichend getragen wurde.

Die katalanischen Unabhängigkeitsbefürworter zeigten sich selbstbewusster. Zum einen schien es für den einmal in Gang gesetzten *Procés* ohnehin kein Zurück mehr zu geben. Zum anderen hatte das Meinungsforschungsinstitut der katalanischen Regierung, das *Centre d'Estudis d'Opinió*, zwischen 2010 und 2013 ein beeindruckendes Wachstum der Zustimmungsraten zur Unabhängigkeitsbewegung gemessen.[83] Bei einer Fortsetzung dieser Entwicklung wären die Unabhängigkeitsbefürworter bald in der Mehrzahl. Allerdings zeigte sich später, dass 2014 mit 48,5 Prozent der Gipfel erreicht war. Die ungebremst weitergeführten Kampagnen für den Separatismus führten in dieser Zeit gerade nicht zu einer Expansion des Unabhängigkeitslagers, sondern nur zu verhärteten Positionen innerhalb der Separatisten und zum Erstarken einer Gegenbewegung.

83 Vgl. Centre d'Estudis d'Opinió (CEO): Barometro de Opinión Política 1a ola 2019: http://upceo.ceo.gencat.cat/wsceop/7008/ResumenProzent20enProzent20-EspañolProzent20-919.pdf, S. 12 (7.12.2020).

An dieser Stelle manifestiert sich erneut die unvorhersehbare Eigendynamik von Emotionsäußerungen (*emotives*), die insofern performativ sind, als sie die Realitäten verändern – aber eben in einer nicht prognostizierbaren Form.[84] Hatten die integrativen Emotionen des katalanischen Nationalismus von 2010 bis 2012 vor allem zu einer Expansion der Akzeptanz geführt, die einen massiven Anstieg der Sympathien für das Separatismusprojekt zur Folge hatte, machten sich ab 2014 verstärkt die polarisierenden Effekte bemerkbar.

Beides schlug sich im Auftritt von parteipolitischen Formationen nieder, wiederum mit eigenen, spezifischen Emotionsmanagements. In einer Zeit, in der sich in Deutschland plötzlich massiv rechtspopulistische Gruppierungen wie 2013 die AfD oder 2014 Pegida formierten, traten in Spanien neue, dezidiert linkspopulistische Gruppen in Erscheinung. In dieses Bild gehört die 2014 gegründete gesamtspanische Partei *Podemos*, die das Erbe der Bewegung »15-M« antrat. Im Lager der Separatisten wiederum hatte plötzlich die CUP das Sagen. Diese Formation ist deshalb schwer auf einen Begriff zu bringen, weil sich die zahlreichen kleineren Gruppierungen, die eine radikal linke, antikapitalistische, ökologische und europaskeptische Agenda vertraten, erst allmählich zusammenfügten. Einzelne Organisationen lassen sich bis in die 1960er oder 1980er zurückverfolgen, aber erst 2008 schlossen sich die heterogenen, zumeist auf lokaler Ebene aktiven Einzelinitiativen unter dem Namen *La CUP, l'alternativa necessària* (die notwendige Alternative) zu einer landesweiten Partei zusammen. In dieser Zeit gingen die lokalen Gemeindereferenden für die Unabhängigkeit vielfach von Initiativen der CUP aus. Im Jahr 2004 trat die Partei erstmals bei Europawahlen und 2012 bei den katalanischen Regionalwahlen an.[85] Die bereits lokal in vielen Gemeinden verankerte Partei konnte auf Anhieb mit rund drei Prozent der Stimmen drei Abgeordnete stellen. Der Zusammenschluss vormals sich gegenseitig neutralisierender Fraktionen zu einem Lager ermöglichte und beförderte die Polarisierung innerhalb

84 Siehe Reddy, Navigation of Feeling, S. 128.

85 Zur Geschichte der Partei vgl. Toni Bolaño: Extremo nordeste. La CUP: los últimos bolcheviques de Occidente, Barcelona 2016; Joan B. Culla: El Tsunami. Com i per què el sistema de partits català ha esdivingut irreconeixible, Barcelona 2017; Oscar Barberà: La Candidatura d'Unitat Popular (CUP). El auge del independentismo de izquierda radical en Cataluña; in: Steven Forti/Arnau Gonzàlez i Vilalta/Enric Ucelay-Da Cal (Hg.): El proceso separatista en Cataluña. Análisis de un pasado reciente (2006-2017), Barcelona 2017, S. 205-224. Zur Darstellung auf der Homepage »Història i naixement de la CUP«: http://cup.cat/historia (7.12.2020); zur geringen Bedeutung in der Ära Pujol und dem neuen Gewicht im 21. Jahrhundert siehe Ucelay-Da Cal, Breve historia, S. 210 f.

der katalanischen Politik. Dies zeigte sich nicht zuletzt darin, dass diese Formation am äußersten linken Rand der Separatisten bei den nächsten Wahlen im September 2015 ihren Stimmenanteil massiv ausbauen konnte und fortan mit zehn Abgeordneten im katalanischen Parlament vertreten war. Für die als Plebiszit über die Unabhängigkeit gedachten Katalonien-Wahlen hatten sich die Unabhängigkeitsbefürworter, also ERC und CDC, zu einem Wahlbündnis unter dem Namen *Junts pel Sí* (Gemeinsam für das Ja) zusammengeschlossen – die CUP jedoch ließ sich für eine gemeinsame Wahlliste mit den bürgerlichen Kräften nicht gewinnen.

Die Hoffnungen, dass der Unabhängigkeitsprozess gestärkt aus den Wahlen hervorgehen würde, hatten getrogen. Wegen der nur knappen Mehrheit des separatistischen Lagers waren plötzlich die Abgeordneten der CUP das Zünglein an der Waage. Dies gab ihnen die Macht, dem *Procés* in den Jahren 2015 bis 2017 den Stempel aufzudrücken, angefangen damit, dass sie die Wahl von Artur Mas zum Ministerpräsidenten torpedierten. Die »emotionale Umarmung« von David Fernàndez und Artur Mas am 9. November 2014 war nur eine flüchtige Verbindung gewesen. Fernàndez war 2012 der parlamentarische Sprecher der CUP geworden. Dass der ehemalige »15-M«-Kämpfer ausgerechnet Artur Mas am Tag des illegalen Referendums so herzlich umarmt hatte, war in seiner Partei übel aufgestoßen. Für seine Emotionen wollte er sich später nicht entschuldigen, aber er machte deutlich, dass diese persönliche Geste keine politische Bedeutung haben werde.[86] Dies zeigte sich vor allem zum Jahreswechsel 2015/2016, als sich die CUP weigerte, Artur Mas ihre Stimmen zu geben. Erst als ein Ersatzkandidat gefunden wurde, signalisierte die CUP ihr Einverständnis, und im Januar 2016 wurde der Bürgermeister von Girona, Carles Puigdemont (CiU), zum 130. Präsidenten der *Generalitat* gewählt.

Anders als Jordi Pujol und Artur Mas war Carles Puigdemont keiner, der erst vor kurzem zum Separatismus konvertiert war. Vielmehr hatte er schon als Jugendlicher für die Unabhängigkeit gekämpft. Politisch sozialisiert wurde er erst in der CiU, dann in der *Crida*, jener zivilgesellschaftlichen Organisation, die sich in den 1980ern mit spektakulären und zuweilen militanten Aktionen für die katalanische Sprache als Medium der Nationalisierung eingesetzt hatte.[87] Das Interesse am Katalanischen schlug sich auch bei der Berufswahl nieder: Puigdemont schrieb sich für ein Studium

86 Vgl. El emotivo abrazo; in: *El Periódico*, 10.11.2014.

87 Zur Biographie vgl. u.a. der Eintrag zu »Carles Puigdemont i Casamajó«; in: Gran Enciclopèdia Catalana: https://www.enciclopedia.cat/ec-gec-0520804.xml (7.12.2020).

der katalanischen Philologie ein und widmete sich bald dem (katalanischen) Journalismus. Für seine späteren Auftritte im Ausland dürften die früh gesammelten Erfahrungen eine Rolle gespielt haben: Seine Beobachtungen über die ausländische Presseberichterstattung über Katalonien hatte er 1994 in einem Buch veröffentlicht.[88] Um die öffentliche Meinung im In- und Ausland zugunsten Kataloniens zu beeinflussen, gründete er 1998 die Nachrichtenagentur *Agència Catalana de Notícies*. 2004 konnte er den Spanien-Korrespondenten der Londoner *Times,* Stephen Burgen, zur gemeinsamen Gründung einer – von der *Generalitat* finanziell unterstützten – katalanischen Tageszeitung in englischer Sprache gewinnen: *Catalonia Today*.[89] In modernem Design berichtet die Zeitung, die heute von Puigdemonts Ehefrau geleitet wird, seit mehr als 15 Jahren der englischsprachigen Welt über das Leben in Katalonien aus einer dezidiert katalanisch-nationalistischen Perspektive.

Im Jahr 2011 war Puigdemont Bürgermeister der Stadt Girona geworden, einer Hochburg der katalanischen Nationalisten. Die Zusammenarbeit mit ERC und CUP war ihm aus der Arbeit mit den katalanischen Gemeinden vertraut. Seit 2015 war er der Vorsitzende der AMI, jenes Zusammenschlusses der für die Unabhängigkeit engagierten katalanischen Gemeinden. Diese Verbindungen zahlten sich aus, als im katalanischen Parlament im Januar 2016 fieberhaft nach einem neuen Kandidaten für das Amt des Ministerpräsidenten gesucht wurde. Schließlich hatte das Veto der CUP gegen Artur Mas die Wahl eines Regierungschefs seit September verhindert. Konfliktfrei blieb auch das Verhältnis zu Puigdemont nicht. Dieser stand unter dem Druck, die Weichen für die Unabhängigkeit zu stellen, wie dies von Mas vor den Wahlen von 2015 versprochen worden war. Im Juni 2016 erhöhte die CUP den Druck auf Puigdemont, indem sie die Zustimmung zum Haushalt verweigerte. Puigdemont stellte daraufhin die Vertrauensfrage, die zu seinen Gunsten ausging. Hilfreich war vermutlich, dass er sich die Forderung von CUP und ANC zu eigen machte, ein bindendes Referendum über die Unabhängigkeit anzuberaumen.

Die Befürworter der Unabhängigkeit gingen davon aus, dass sie dieses Referendum gewinnen würden, doch was die »Mehrheit« der Katalanen wirklich wollte, war nicht klar. Die als Plebiszit verstandenen Wahlen von 2015 hatten keine Antwort gegeben: Zwar verfügte das Separatistenlager

88 Carles Puigdemont: Cata… què? Catalunya vista per la premsa internacional, Barcelona 1994.

89 *Catalonia Today* ist heute ein Monatsmagazin, geleitet von der rumänischen Anglistin und Ehefrau von Carles Puigdemont, Marcela Topor.

über eine knappe Mehrheit der Abgeordneten, aber nur 47,8 Prozent der Wähler hatte ihnen ihre Stimme gegeben. Wie die Katalanen in einem Referendum abstimmen würden, war offen. Umso heftiger entbrannte der Kampf zwischen den Lagern, die sich in den letzten Jahren herausgebildet hatten, und die sich immer unerbittlicher gegenüberstanden.

Zu den Auswirkungen der separatistischen Kampagne zählte eben nicht nur die gestärkte Überzeugung der Befürworter, sondern ebenso die abwehrende Haltung der Andersdenkenden. Dabei kam es zu einem doppelten Spaltungsprozess. Zum einen vertieften sich die Gräben zwischen Katalonien und dem restlichen Spanien. Symbolisch zeigte sich das an der Reaktion zahlreicher Spanier auf die von Katalanen vermehrt auf den Balkonen drapierten *Estelades*. Nie zuvor waren an spanischen Balkonen so viele spanische Fahnen befestigt worden, ob in Madrid oder in Andalusien. So wie sich die Katalanen durch das Verhalten der spanischen Politiker und der im Internet kursierenden Polemik provoziert fühlten, so empfanden nun ihrerseits viele Spanier das katalanische Distinktionsgebaren als Herausforderung. In der spanischen Historiographie hatte – forciert durch den wachsenden peripheren Nationalismus – eine neue Auseinandersetzung über die »spanische Nation« eingesetzt, die über Jahrzehnte kein besonderes Interesse in der spanischen Wissenschaft gefunden hatte. Dass in rechten Kreisen eine Anfälligkeit für nationalistische Denkmuster überdauert hatte, zeigte sich, als mit *Vox* plötzlich eine rechtsextreme Partei entstand, die sorgsam darüber wachte, dass die spanischen Parteien die zentralstaatliche Einheit nicht gefährdeten. Die 2013/14 gegründete und bald danach von dem gebürtigen Basken Santiago Abascal geführte Partei konnte mit ihrer antiseparatistischen und populistischen Rhetorik in den spanischen Parlamentswahlen 2015 zunächst nur 0,2 Prozent der Stimmen gewinnen, ihren Anteil aber seit 2018 in regionalen und nationalen Wahlen auf über 10 Prozent erhöhen. Die katalanischen Separatisten sahen darin keine Überraschung, sondern eher eine willkommene Bestätigung. Schließlich hatten sie den vermeintlich faschistischen Charakter der spanischen Politik stets angeprangert.

Problematischer für die Nationalisten wurden die Bruchlinien innerhalb der katalanischen Gesellschaft. Diese hatte es entlang des nationalen Selbstverständnisses schon seit dem 19. Jahrhundert gegeben. In den 1960er Jahren hatten sie zugenommen. Damals grenzten sich die Einheimischen von den als Arbeitsmigranten aus den ärmeren Regionen Spaniens eingewanderten »anderen Katalanen«[90] ab. Die Neuankömmlinge (*Nouvinguts*) wurden gedrängt, Katalanisch zu lernen, und waren als *Xarnegos*, wie der

90 Vgl. Francesc Candel: Els altres catalans, Barcelona 1964.

despektierliche Begriff für die »Neuen« lautete, immer wieder Zielscheibe von herabwürdigenden Kommentaren. Auch José Montilla, der als 16-Jähriger im Jahr 1971 mit seiner Familie aus Andalusien nach Katalonien gekommen war, traute man anfangs nicht zu, das Amt des Ministerpräsidenten zu führen, das er schließlich von 2006 bis 2010 innehatte. Er ist bislang der erste und einzige Regierungschef, der nicht in Katalonien geboren wurde.

Im Prozess der katalanistischen Selbstverständigung war es zu einer Verflechtung primordialer, also ethnisch-sprachlicher, und voluntaristischer Elemente des katalanischen Nationalismus gekommen: Die Zugehörigkeit wurde einerseits über die Nutzung der »richtigen« Sprache (als einem der Charakteristika eines traditionalen Nationalismus, der sich auf essentialistische Zuschreibungen beruft) bestimmt. Andererseits definierte sich die Nationalität über das voluntaristische Element, also die Bereitschaft, sich bewusst für diese Nation zu entscheiden. Waren die primordialen Elemente klassische Bestandteile einer konservativen, »rechten« Argumentation, so zählte die voluntaristische Bekenntnisnotwendigkeit eher zu den Motiven des »linken« Spektrums. Im Laufe der Jahrzehnte kam es zu einer eigentümlichen Fusionierung beider Bereiche. Über das gemeinsame Zugehörigkeitsgefühl zur »Nation« kam es zu einer Verflechtung der sonst so konträren sozialen Trägerschichten des »linken« und »rechten« Nationalismus. Zwischen diesen beiden politischen Spektren entwickelte sich zudem der wirtschaftliche und soziale Ziele verfolgende Nationalismus der Mittelschichten. Angesichts dieser breiten Formation des katalanischen Nationalismus zogen es Andersdenkende vor, sich zurückzuhalten. Lange Zeit tauchten sie nur in Umfragewerten auf. Dass es nicht wenige waren, zeigten die von den Meinungsforschungsinstituten veröffentlichten Statistiken, die deutlich machten, wie viele Katalanen offenbar weiterhin eine doppelte Zugehörigkeit, zur katalanischen *und* zur spanischen Nation, empfanden. Die massive Mobilisierung gegen diejenigen, die 1981 das Manifest der 2300 unterschrieben hatten, dürfte den Rückzug in die innere Emigration noch lange begünstigt haben. Die Entführung von Jiménez Losanto hatte dessen Gesinnungsgenossen nachhaltig eingeschüchtert, auch wenn sich die katalanische Gesellschaft als Ganze von dieser Form von Gewalt distanzierte. Doch wenn auch die physische Gewalt in den 1980er Jahren verschwand, blieb ein hoher psychischer Druck, sich dem *emotional regime* des katalanischen Nationalismus anzupassen. Im *emotional regime* der Pujol-Ära schien es opportun, sich unauffällig zu verhalten – zumal diese Zurückhaltung die eigenen Interessen nicht wirklich gefährdete. Man konnte sich arrangieren.

Dies begann sich zu Beginn des 21. Jahrhunderts zu ändern. Mit der Radikalisierung des Nationalismus wuchs zunächst die Angst aufseiten der Andersdenkenden. Zeitzeugen berichten von dem Reflex, die eigene Ansicht zu verbergen, Diskussionen zu vermeiden und sich bei offenen Äußerungen zu vergewissern, dass kein Dritter mithörte.[91] Letztlich führte dies zur reaktiven Institutionalisierung einer Gegenbewegung, die sich 2006 in der Gründung der Partei *Ciutadans* (C's) niederschlug, eine dedizierte Antwort auf das neue katalanische Autonomiestatut.[92] Nach der Wahl im selben Jahr zog die Partei mit drei Abgeordneten ins katalanische Parlament ein. Dabei startete sie als eine eher linke Partei, die davon profitierte, dass der Anschluss von katalanischen Sozialisten und ERC an die Unabhängigkeitsbewegung das Feld der linksorientierten und gesamtspanisch denkenden Katalanen verwaist hinterlassen hatte. Bei der Wahl von 2012 gelang C's ein bemerkenswerter Erfolg: die Partei konnte die Anzahl der Mandate verdreifachen. Damit etablierte sich erstmals eine nennenswerte politische Kraft gegen die Unabhängigkeitsbewegung. In den Jahren von 2012 bis 2014, in denen die Separatisten erhebliche Zuwächse verzeichnen konnten, wuchs parallel die Fraktion ihrer Gegner: Nach der Wahl von 2015 stellte die Vorsitzende von C's, Inés Arrimadas, mit fast 18 Prozent der Stimmen und 25 Abgeordneten die stärkste Oppositionspartei.

Dass der Aufschwung dieser Partei und dieser Frau von den katalanischen Separatisten als Gefahr wahrgenommen wurde, zeigt die Verhärtung der Auseinandersetzung, die ohnehin das nach außen vertretene Selbstbild der Bewegung als friedlich-familiäre, europa- und menschenfreundliche Bewegung zu konterkarieren drohte. Katalanen, die sich gegen die Unabhängigkeit positionierten, wurden als »Feinde eines freien Katalonien« diffamiert.[93] In Regierungskreisen wurden Dossiers von »Freunden« und »Feinden« der Unabhängigkeit erstellt.[94] Der Historiker Sobrequés stellte die Gegner sogar in die angebliche Tradition einer »fünften Kolonne«, die traditionell den Feinden Kataloniens bei ihrem Vernichtungswerk geholfen habe.[95]

91 Vgl. Canal, Permiso, S. 223.

92 Astrid Barrio: El partido anticatalanista que hizo las Españas; in: Steven Forti/Arnau Gonzàlez i Vilalta/Enric Ucelay-Da Cal (Hg.): El proceso separatista en Cataluña. Análisis de un pasado reciente (2006-2017), Barcelona 2017, S. 225-243.

93 Vgl. Hèctor Lòpez Bofill: La trama contra Catalunya. Poders catalans que frenen la independència, Barcelona 2013, S. 204.

94 Zur entsprechenden Liste von Francesc Homs, dem Regierungssprecher unter Artur Mas, vgl. Canal, Permiso, S. 192.

95 Jaume Sobrequés i Callicó: Història de Catalunya, Barcelona 2012, S. 144, auch zitiert in Canal, Permiso, S. 264.

Insofern verwundert es nicht, dass die Gründung einer ersten zivilgesellschaftlichen Organisation gegen den Separatismus im Jahre 2014 bald in das Schussfeld des katalanischen Nationalismus geriet. Die *Sociedad Civil Catalana* (SCC) wurde 2014 als Verein ins Leben gerufen, der sich für ein »offenes Katalonien« einsetzte. Noch im selben Jahr wurde der SCC der Bürgerpreis der Europäischen Union zugesprochen: für ihren Einsatz zugunsten von Werten wie »Eintracht, Zusammenleben, Respekt, Toleranz, Meinungsfreiheit und Dialog«.[96] Bei der Preisverleihung bedauerte die Vizepräsidentin, dass der Ministerpräsident Artur Mas es versäumt habe, der Organisation zu gratulieren. Doch als führender Repräsentant der Unabhängigkeitsbewegung dürfte Mas sich über die Auszeichnung einer Institution, deren Räson der Kampf gegen die Unabhängigkeit war, wenig gefreut haben. Auch die Bemühungen aus dem Kreis der Separatisten, Spuren zu finden, die den Gründer von SCC, Josep Ramon Bosch, mit dem Franquismus in Verbindung bringen konnten, waren nicht allein einem aufklärerischen Interesse verpflichtet.[97] Als Bosch sein Amt niederlegte, nachdem Rechercheure behaupteten, anonyme faschistische Netzbeiträge auf ihn zurückführen zu können, ließ sich aus dem zeitlichen leicht ein kausaler Zusammenhang ableiten. Seitdem standen die Auftritte der SCC beim gegnerischen Lager unter Beobachtung und grundsätzlich unter Faschismusverdacht, der wiederholt mit dem Hinweis auf die Unterstützung durch Vertreter der extremen Rechten begründet wurde. Tatsächlich nahm an der Gründungsveranstaltung in Barcelona am 23.4.2014 auch der (spätere) Vorsitzende der rechtsextremen Partei *Vox*, Santiago Abascal, teil.[98] Dass ebenso Vertreter auch der katalanischen Sozialisten dabei waren, wurde gemeinhin verschwiegen. Letztlich spiegelt die SCC mit ihrer parteiübergreifenden Anhängerschaft den Befund auch des gegnerischen Lagers: eine »Rechts-Links«-Differenzierung führt hier wie dort nicht weiter. Gleiches gilt für

96 Vgl. die Verlautbarung des europäischen Parlaments: La Sociedad Civil Catalana, la Orden Hospitalaria San Juan de Dios y la Cocina Económica de Logroño logran el Premio Ciudadano Europeo 2014, 19.11.2014: https://www.europarl.europa.eu/spain/es/prensa/communicados_de_prensa/pr-2014/pr-2014-noviembre/ciudadano.html (7.12.2020).

97 Vgl. Jordi Borràs: El president de SCC penja vídeos de propaganda feixista amb la seva pròpia veu a Youtube; in: El Mon. 18.9.2015: https://web.archive.org/web/20170921070505/http://elmon.cat/noticia/150576/un_canal_de_youtube_d_apologia_nazifeixista_estaria_vinculat_al_president_de_societat_civil_catalana_150576 (11.12.2020).

98 Abascal wurde im September 2014 Vorsitzender von *Vox*. Bezeichnenderweise kommt er aus dem Baskenland, war dort zunächst Mitglied des PP und hatte sich dezidiert gegen den Ibarrexte-Plan positioniert.

andere soziale Bewegungen, die das Europa des 21. Jahrhunderts prägen. Wer dem einen oder anderen Lager Links- oder Rechtsextremismus unterstellte, verfolgte in der Regel politische Ziele. Insbesondere der Faschismusvorwurf diente beiden Seiten der moralisch-emotionalen Diskreditierung und trug zur Polarisierung bei.

Dass es dabei vorerst nicht gelang, mindestens die Hälfte der Bevölkerung für die Unabhängigkeit zu gewinnen, brachte die Separatisten nicht von ihrem Weg ab, und die Entscheidung der britischen Bevölkerung für den Brexit im Juni 2016 bestärkte sie darin. Dass die Katalanen über den Brexit jubelten, irritiert insofern, als eine Entscheidung gegen die EU mit der starken Europa-Orientierung der Katalanen nicht in Einklang zu bringen ist. Aber der Umstand, dass die Briten ein Plebiszit ermöglicht hatten, das von bindender Kraft war, auch wenn die Mehrheit der Bevölkerung vermutlich anders gesonnen war, beflügelte die Hoffnungen der Katalanen.[99] Plötzlich schien die Unabhängigkeit Kataloniens in Reichweite, auch wenn sich in Umfragen nur 48 Prozent der Bevölkerung dafür ausgesprochen hatten. Dass die Separatisten die Auswirkungen der Polarisierung innerhalb der katalanischen Gesellschaft deutlich unterschätzt hatten, zeigte sich im »revolutionären Herbst« 2017.

## 6. Erwartung, Hoffnung, Anspannung und Angst. Die »nationale Revolution« zwischen Recht und Rebellion im Herbst 2017

In den Monaten September und Oktober 2017 kam es zu den entscheidenden Höhepunkten des *Procés*: Nach weichenstellenden Gesetzen im September erfolgte am 1. Oktober 2017 das (von Spaniens Juristen untersagte) Referendum, woran sich die Proklamation der Unabhängigkeit schloss, die die Madrider Regierung mit Verweis auf Artikel 155 der Verfassung – und damit der Übernahme der Regierungsgeschäfte in Katalonien – beantwortete.

Um diese Konfrontation im Oktober 2017 zu beschreiben, wird immer wieder die Metapher von aufeinander zurasenden Zügen bemüht. Doch führt dieses Bild in die Irre. Es war eher ein einzelner Zug, der sich allmählich in Bewegung gesetzt hatte, nämlich der katalanische Nationalismus. Dieser nahm Kurs auf eine in relativ kurzer Zeit stärker befestigte Barriere

99 Vgl. u.a. Ucelay-Da Cal, Breve historia, S. 266.

in Gestalt der spanischen Politik und Justiz als Hüterin der Verfassung und des politischen Systems von 1978.

Seit der Transition hatte Katalonien seine Kompetenzen stetig ausbauen können. Doch die Forderung nach einer Anerkennung Kataloniens als Nation, die seit 2006 im Raum stand, barg die Gefahr, das gesamte spanische System der Autonomen Gemeinschaften zu sprengen. Die Konfliktdynamik 2017 ergab sich nun daraus, dass – um im Bild zu bleiben – diejenigen, die im katalanischen Zug saßen, fest davon überzeugt waren, dass »die Spanier« die Barrieren vor dem Aufprall vernünftigerweise aus dem Weg räumen würden. Hingegen setzten diejenigen, die den Grenzwall befestigten, darauf, dass die katalanischen Nationalisten klug genug sein würden, vor dem Aufprall zu bremsen – wie unmittelbar vor der Eröffnung der Olympischen Spiele 1992 geschehen. Beide Seiten reklamierten »die Vernunft« zur Legitimation des eigenen Verhaltens und bei der Einforderung der jeweils »richtigen« Reaktion der »Anderen«. Zugleich setzten beide Seiten bei ihrer Politik auf ein festes Ensemble von Emotionen. Dabei bedurfte es auf der katalanischen Seite intensiverer Emotionen, schließlich war es das erklärte Ziel der Separatisten, die alte Ordnung zu überwinden. Doch die Emotionen ließen sich nur bedingt lenken, und es zeigte sich jene Eigendynamik emotionaler Empfindungen und Äußerungen, auf die Reddy mit dem Konzept der *emotives* verwiesen hat.

Um sich einer Antwort auf die Frage zu nähern, welche Rolle die Emotionen im September/Oktober 2017 spielten, soll hier pars pro toto neben repräsentativen, öffentlich zugänglichen Quellen auf Egodokumente zurückgegriffen werden, die in einer Publikation aus dem »Revolutionsjahr« 2017 vorliegen. In dieser veröffentlichten zwei Historiker und ein Journalist ihre Tagebuchaufzeichnungen aus diesen Wochen,[100] die dem Separatismus durchaus divers gegenüberstanden. Zudem war einem der Historiker daran gelegen, die Meinungen von Kollegen sowie von Journalisten und auswärtigen Diplomaten einzufangen, und so vermitteln diese Aufzeichnungen eine gewisse, wenn auch natürlich begrenzte Repräsentativität. Sie sind gleichwohl aufschlussreich, weil es das dezidierte Anliegen der Beteiligten war, ihre Erfahrungen und Empfindungen festzuhalten, sodass die Lektüre Einblicke in ihre Denk- und Argumentationsmuster, aber eben auch in ihre Gefühlswelt ermöglicht.[101]

Die Äußerungen von Arnau Gonzàlez i Vilalta (geb. 1980) sind besonders bemerkenswert: Als Historiker bemühte er sich konsequent nicht nur

100 Vgl. Gonzàlez i Vilalta/Ucelay-Da Cal/Garcia-Planas, Tumulto.
101 Vgl. das Vorwort in ebd., S. 20.

um eine historische Einordnung, sondern auch um Selbstreflexion. Dabei gibt er sich als im linken politischen Spektrum beheimatet und Mitglied der Unabhängigkeitsbewegung zu erkennen. Seine Wahrnehmungen, Urteile und Emotionen weichen dabei signifikant von denen Enric Ucelay-Da Cals (geb. 1949 in New York) ab. Dieser Historiker war in den 1970ern aus den Vereinigten Staaten nach Barcelona gekommen und hatte sich auch nach 40 Jahren intensiver Beschäftigung mit dem katalanischen Nationalismus seine kritische Distanz bewahrt. Die dritte, wenn auch weniger prominente Perspektive im Buch wird von Plàcid Garcia-Planas vertreten: einem renommierten Kriegsberichterstatter, der für die katalanische Zeitung *La Vanguardia* aus den Balkankriegen, dem Irak-Krieg sowie Afghanistan berichtet hatte und 2016 zum Direktor des *Memorial Democràtic* ernannt worden war.

Deutlich wird aus den Berichten die extrem hohe Intensität von Gefühlen in dieser Zeit. So sind die Wochen von Anfang September bis Ende Oktober 2017 einerseits geprägt von einer kontinuierlichen Anspannung, die sich schließlich gar psychosomatisch bemerkbar machte. So berichtete Enric Ucelay-Da Cal nicht nur von der eigenen Schlaflosigkeit, sondern auch von der Klage des Apothekers, dass die hohe Nachfrage nach Schlafmitteln dazu geführt habe, dass die Medikamente ausverkauft seien.[102] Zum insgesamt hohen Anspannungslevel kam in dieser Zeit das extreme Wechselbad intensiver Gefühle. Anfangs gab es so etwas wie einen revolutionären Rausch. Die euphorisierten Separatisten hatten das Gefühl, endlich zur Tat schreiten und Geschichte schreiben zu können. Die Euphorie war durch das Bewusstsein, für die »Freiheit« zu kämpfen, besonders positiv moralisch aufgeladen. Zugleich lässt sich eine hohe Risikobereitschaft beobachten, forciert durch eine dichotomische Suggestion von Alternativlosigkeit: »Jetzt oder nie« (*ara o mai*) gelte es »alles oder nichts« (*tot o res*). Auch die Annahme, dass es auf dem einmal eingeschlagenen Weg kein Zurück mehr gebe, ließ die Bereitschaft wachsen, Risiken einzugehen.

Einige emotionale Elemente wurden beständig reaktiviert, als würde immer wieder Kohle in einen Heizkessel geschoben, um nicht an Energie zu verlieren. Diese Rolle spielten die bekannten Ressentiments: der Hinweis darauf, dass »die Spanier« »die Katalanen« ohnehin nicht verstehen würden, was der Legitimierung des Kampfs um Unabhängigkeit diente. Die tiefe Verankerung der Überzeugung, dass nur die Unabhängigkeit die katalanische Sprache und Kultur retten könne, die andernfalls dem Untergang geweiht sei, zeigt sich daran, dass Gonzàlez i Vilalta immer wieder auf diese

102 Ebd., S. 215.

Punkte zu sprechen kam. Wenn die eigene Identität mit dem Tod bedroht scheint, erhalten die als notwendig erachteten Rettungsmaßnahmen, in diesem Fall die Unabhängigkeitserklärung, zwangsläufig eine hohe emotionale Dringlichkeit.

Die von Jordi Canal beschriebenen Glaubenssätze des katalanischen Nationalismus, zu denen auch das Diktum zählte, dass »Spanien« die Katalanen nicht liebe, waren in den Denkvorstellungen der Nationalisten fest verankert. Dabei spielte das Ehrgefühl eine besondere Rolle. Die »Würde« der Katalanen war in den Auseinandersetzungen mit der spanischen Regierung immer wieder als Maßstab eingefordert worden.[103] Katalanen seien wiederkehrend Demütigungen und Beleidigungen ausgesetzt gewesen, weshalb Gonzàlez i Vilalta als eine Voraussetzung für eine Versöhnung mit Spanien die Abkehr von der weitverbreiteten »Katalanophobie« und eine Entschuldigung der spanischen Regierung für die langjährige Unterdrückung der katalanischen Kultur forderte. Da dies aber im Bereich des Unwahrscheinlichen lag, brauchte es die Unabhängigkeit.

Emotional wurden die politischen Forderungen flankiert und legitimiert durch die kollektive Empörung über die Gewaltanwendung spanischer Polizisten. Wie hoch jedoch das Risiko eingeschätzt wurde, dass die Entwicklung letztlich doch nicht reibungslos ins Glück führen würde, verrät diejenige Emotion, die generationen- und genderübergreifend am häufigsten von den Zeitzeugen erwähnt wurde: die Angst. Ucelay-Da Cal verwendete dabei das deutsche Wort »Angst« und lud es so mit einer dem angloamerikanischen Sprachgebrauch entspringenden Bedeutung noch zusätzlich auf. Die Unsicherheit wurde auch dadurch hervorgerufen, dass eine Einordnung dessen, was gerade passierte, unmöglich schien. Während Emotionen des revolutionären Rausches dazu beitrugen, die Dynamik zu beschleunigen, hemmten Ängste vor unabsehbaren Folgen die Entwicklung. Tatsächlich dürften einerseits die Angst und andererseits das emotionale Regime der »Revolution des Lächelns« eine entscheidende Rolle dabei gespielt haben, dass erstens die Revolution im Herbst 2017 scheiterte und zweitens eine Eskalation der Gewalt unterblieb.

Um den Verlauf dieser gescheiterten Revolution besser zu verstehen, sollen die Aktionen im Folgenden in einzelne Sequenzen zerlegt werden, wobei jede einzelne Sequenz ihre eigene rational-emotionale Balance aufweist. Die

103 Rodríguez Mesa, Discurso, S. 35; La dignidad de Cataluña; in: *La Vanguardia*, 26.11.2009: https://www.lavanguardia.com/politica/20091126/53831123016/la-dignidad-de-catalunya.html (11.12.2020); in den Auseinandersetzungen um die *Papeles de Salamanca* war eine »*Comisión de la Dignidad*« gegründet worden. Vgl. Canal, Permiso, S. 170.

erste Sequenz fand am 6./7. September im katalanischen Parlament statt: Die Revolution begann mit einem Akt der Gesetzgebung.[104] Gemäß dem demokratischen Selbstverständnis der katalanischen Separatisten sollte der Weg zur Unabhängigkeit über ein Referendum führen. Doch weder die Unabhängigkeit noch ein Referendum darüber waren mit der spanischen Verfassung in Einklang zu bringen. Den katalanischen Politikern war das sehr wohl bewusst. Immer wieder hatte die katalanische Regierung seit 2012 Initiativen ergriffen, die einer Unabhängigkeit über ein Referendum den Weg bereiten sollten – und immer wieder waren die entsprechenden Deklarationen oder Gesetze vom spanischen Verfassungsgericht aufgehoben worden. Das hatte u.a. die Resolution 5/X vom Januar 2013 betroffen, die dem »katalanischen Volk« die »Souveränität« und damit das »Recht zu entscheiden« zusprechen sollte.[105] Schon aus der Erklärung des Urteils über das Autonomiestatut von 2006 war die Auffassung der spanischen Juristen zweifelsfrei hervorgegangen, über die sich das katalanische Parlament bewusst hinweggesetzt hatte. Als ebenso verfassungswidrig wurde das von Artur Mas für den November 2014 angekündigte Referendum untersagt, wie auch jene Resolution vom November 2015, in der sich das katalanische Parlament erneut anmaßte, aus der »Souveränität« des katalanischen Volkes das Recht abzuleiten, sich über Entscheidungen des Verfassungsgerichts hinwegzusetzen. Stets wies das spanische Verfassungsgericht auf die Verfassung und damit auf die alleinige Souveränität der gesamtspanischen Nation hin – ebenso wie auf die Unzulässigkeit eines einseitig anberaumten Referendums, das Auswirkungen auf die territoriale Dimension Spaniens haben konnte. Veränderungen der Verfassung waren nicht grundsätzlich ausgeschlossen. Aber angesichts der hohen Hürden, die die Verfassungsväter 1978 zum Schutz der Verfassung eingebaut hatten, bedürfen Verfassungsänderungen einer überaus breiten Basis der gesamtspanischen Gesellschaft und Politik.[106] Die katalanischen Nationalisten zogen diesen Weg nicht in Betracht, weil sie ihn schon wegen der so empfundenen »Katalanophobie« und der Bedeutung der nationalen Einheit in Spanien – nicht ohne Grund – für ohnehin ausgeschlossen hielten. Darüber hinaus hatte sich in weiten

104 Zur Interpretation als »revolutionärer Schritt« vgl. Ucelay-Da Cal, Breve historia, S. 272.

105 Zur Resolution vgl.: 5/X del Parlamento de Cataluña, por la que se aprueba la Declaración de soberanía y del derecho a decidir del pueblo de Cataluña: https://www.parlament.cat/document/intrade/7217 (11.12.2020).

106 Zur spanischen Verfassung und den Hürden für Veränderungen vgl. Aschmann/Waldhoff, Verfassung.

Kreisen der Separatisten die Ansicht durchgesetzt, dass über katalanische Angelegenheiten nur die Katalanen selbst entscheiden sollten.

Auf diesen Überzeugungen beruhten jetzt die sogenannten »Trennungsgesetze«, mit denen die katalanische Regierung der Loslösung von Spanien einen legalen Anstrich geben wollte. Gemeint sind damit die am 6. und 7. September 2017 verabschiedeten Gesetze zum Referendum und zur »juristischen Transition«. Bemerkenswert daran waren erstens die Begründung, zweitens der juristische Inhalt und drittens das Prozedere. Das Gesetz 19/2017 vom 6. September 2017 über das »Referendum« berief sich – neben dem Recht auf Selbstbestimmung, welches die Vereinten Nationen zum ersten Menschenrecht erklärt hätten – auf die »historische Legitimität« der juristischen Tradition des katalanischen Volkes. Interessanterweise aber legitimierte es sich vor allem mit einem Gefühl: Es konstatierte eine allgemeine »Frustration« über das Urteil des spanischen Verfassungsgerichts, welches das Autonomiestatut »vollkommen denaturalisiert« habe. Das neue Gesetz sei eine »demokratische Antwort« darauf, die ein Leben »ohne jede Diskriminierung« ermögliche.[107]

Inhaltlich regelte das Gesetz vor allem die Durchführung des Referendums sowie die konkrete Formulierung und bindende Kraft: Überstiege die Anzahl der Ja-Stimmen die der Nein-Stimmen, wäre zwei Tage nach Bekanntgabe des Ergebnisses die katalanische Republik auszurufen (Art. 1 und 4). Die Kompetenz für die Einberufung eines solchen Referendums wurde dem Parlament im zweiten Artikel zugesprochen, wonach »das katalanische Volk ein politisch souveränes Subjekt« sei, das vom katalanischen Parlament vertreten werde. Es dürfte allen Beteiligten klar gewesen sein, dass dieser Artikel verfassungswidrig war und vor dem Verfassungsgericht keinen Bestand haben würde. Aus diesem Umstand erklärt sich Artikel 3, Abs. 2, wo festgehalten wird, dass hier ein »juristisches Ausnahmeregime« errichtet werde, das über allen anderen Normen stehe, mit denen es womöglich kollidiere. Dass dieser Passus Sprengkraft barg, zeigte sich nicht nur an der massiven Kritik, die sich im In- und Ausland daran in Bälde entzünden sollte, sondern auch an dem Verfahren, mit dem die Fraktionen der regierenden Parteien dieses Gesetz nachgerade handstreichartig durchdrückten.

Das Gesetz stand nicht auf der Tagesordnung für den 6. September, sondern wurde gegen vehementen Widerspruch der Oppositionsparteien flugs zu Beginn der Sitzung nachgeschoben. Die turbulente Debatte, in der

107 Ley 19/2017, de 6 de septiembre, del referéndum de autodeterminación; in: Diari Oficial de la Generalitat de Catalunya: https://www.boe.es/ccaa/dogc/2017/7449/f00001-00012.pdf (11.12.2020).

die Sezessionsgegner ein Gutachten des Rechtsausschusses des Parlaments einforderten, wurde abgebrochen. Die Eile lag darin begründet, dass ein Einspruch des spanischen Verfassungsgerichtes zu erwarten stand, dem es zuvorzukommen galt. Aus Protest gegen die Verletzung parlamentarischer Regeln verließen schließlich die Abgeordneten von C's, die katalanischen Sozialisten und die Konservativen vor der Abstimmung den Saal, sodass das Gesetz schließlich mit 72 Ja-Stimmen (bei insgesamt 135 Abgeordneten im Parlament) angenommen wurde. Die elf Vertreter der Liste *Catalunya Sí que es Pot* aus Linken und Grünen hatten sich enthalten. Am Tag danach wiederholte sich das Spiel: Abermals wurde erst zu Sitzungsbeginn das Gesetz zur »juristischen Transition« auf die Tagesordnung gesetzt, das – im erwarteten Fall der Proklamation der Unabhängigkeit – den Übergang in eine neue Rechtsordnung regeln sollte.[108] Auch hier war evident, dass dieses Gesetz weder mit dem Autonomiestatut noch mit der Verfassung von 1978 in Einklang zu bringen war. Als über das Gesetz abermals nicht diskutiert werden konnte, die Rufe nach den Juristen im Parlament übergangen und schließlich in Abwesenheit rund der Hälfte der Abgeordneten Fakten geschaffen wurden, kritisierte der Fraktionsführer von *Sí que es Pot*, der linke Gewerkschaftler und Jurist Joan Coscubiela, die Missachtung der Rechte der Opposition aufs Schärfste. Damit trete man die Rechte aller Bürger mit Füßen. Offenbar seien sich die Vertreter der Regierungsparteien über die Reichweite dessen, was sie täten, nicht im Klaren: Sie beförderten »Antidemokratie« und »Autoritarismus«.[109] Außerhalb Kataloniens war die Kritik nicht minder scharf. Die spanische Vizepräsidentin Soraya Sáenz de Santamaría (PP) sprach von einer »Schande« für die Demokratie und verglich das Verhalten der Separatisten mit dem Gebaren von totalitären Regimen.[110] Auch auswärtige Beobachter bezeichneten das Verfahren als demokratischen Sündenfall. So ließ ein mit Gonzàlez i Vilalta befreundeter ausländischer Diplomat seinen Korrespondenzpartner wissen, dass er diese

108 Vgl. Ley 20/2017, de 8 de septiembre, de transitoriedad jurícida y fundacional de la República; aus dem Diari Oficial de la Generalitat de Cataluña: https://dogc.gencat.cat/es/pdogc_canals_interns/pdogc_resultats_fitxa/?action=fitxa&documentId=796643&language=es_ES (11.12.2020).

109 Vgl. *El Diario*, 8.9.2017: https://www.eldiario.es/catalunya/politica/Catalunya-hacia-1-O_13_683611633_11676.html; hier auch das Video von seinem Auftritt (7.12.2020).

110 Vgl. Marta Molina: Soraya Sáenz de Santamaría: »No he pasado más vergüenza democrática en mi vida«; in: *Huffpost*, 6.9.2017: https://www.huffingtonpost.es/2017/09/06/soraya-saenz-de-santa-maria-respecto-de-la-votacion-en-el-pleno-del-parlament-no-he-pasado-mas-verguenza-democratica-en-mi-vida_a_23198663/ (11.12.2020).

Vorgänge für beschämend hielt. Die katalanischen Politiker hätten – da stimme er mit der Vizepräsidentin überein – sich verhalten wie eine zentralasiatische Diktatur.[111]

Dass das spanische Verfassungsgericht diese Gesetze und das einberufene Referendum als nicht verfassungskonform ablehnte, war keine Überraschung. Offen war jedoch, wer sich in Katalonien auf den Boden der spanischen Verfassung stellen und wer sich die Interpretation zu eigen machen würde, wonach das katalanische Gesetz höherrangig sei. Jedenfalls bereitete die katalanische Regierung unverdrossen das Referendum weiter vor. Um Unklarheiten zu beseitigen, erhielten sämtliche 948 katalanische Bürgermeister und 62 höhere Beamte der *Generalitat* von der spanischen Justiz die Mitteilung, dass eine Beteiligung an der Vorbereitung oder Durchführung des Referendums rechtswidrig sei. Eine Schlüsselrolle spielte die Parlamentspräsidentin Carme Forcadell, von der die spanische Justiz erwartete, dass sie keine Anträge zur Abstimmung im katalanischen Parlament zulassen würde, die mit den spanischen Gesetzen kollidierten. Doch an der Entschlossenheit der ehemaligen Vorsitzenden der ANC, auch in ihrer Position als Parlamentspräsidentin alles zu tun, um Katalonien in die Unabhängigkeit zu führen, bestand kein Zweifel. Schon mit ihrer ersten Rede nach der Wahl in ihr Amt am 26. Oktober 2015 hatte sie die Weichen gestellt, als sie ihre Ansprache schloss mit den Worten: »Es lebe die Demokratie, es lebe das souveräne Volk, es lebe die katalanische Republik!«[112] Dass ein »souveränes Volk« legitimiert sei, über die eigene Zukunft frei zu entscheiden, stand für sie außer Frage. Insofern sah sie als Parlamentspräsidentin keinerlei Anlass, die Abstimmungen am 6. und 7. September zu verhindern.

Mit diesen Weichenstellungen waren Konflikte vorprogrammiert. Die erste nichtdiskursive Kollision ereignete sich am 20. September 2017, der zweiten Sequenz des »Revolutionsgeschehens«. Auf Anordnung aus Madrid sollten die Büros einiger Ministerien nach Unterlagen durchsucht werden, die im Zusammenhang mit der Vorbereitung des Referendums stehen könnten. Nachdem Polizisten der *Guardia Civil* gegen 8.00 Uhr am Morgen die Büros des von Oriol Junqueras, dem Vizepräsidenten und Vorsitzenden der ERC, geleiteten Wirtschaftsministeriums betreten hatten, umstellten Aktivisten der Unabhängigkeitsbewegung das Gebäude. Über soziale Netze

111 Zitiert in Gonzàlez i Vilalta u.a., S. 78.

112 Eröffnungsansprache von Carme Forcadell am 26.10.2015: https://www.youtube.com/watch?v=-kr1_zwa1YM (11.12.2020). Zum katalanischen Text der Ansprache vgl. das Protokoll der Sitzung https://www.parlament.cat/document/dspcp/152867.pdf (11.12.2020).

**Abb. 5:** Am 20. September 2017 blockieren Katalanen das Gebäude des Wirtschaftsministeriums in Barcelona, in dem spanische Polizisten nach Unterlagen über das geplante Referendum am 1. Oktober suchen. Es kommt zur ersten Machtprobe zwischen den spanischen Ordnungskräften und der katalanischen Zivilgesellschaft. Der Historiker Ucelay-Da Cal beschreibt die angespannte Situation als »pazifistische Aggression«.

konnten binnen Kurzem tausende Personen mobilisiert werden, die den Ausgang blockierten.[113] Auch der Sitz der CUP sollte durchsucht werden, allerdings wurde den Polizisten der Zugang verwehrt. Die Stimmung, die bis zum Nachmittag noch den Charakter eines Volksfests gehabt hatte, schlug in den Abendstunden um. Es hatte sich herumgesprochen, dass die spanische Justiz mehrere ranghohe Beamte hatte festnehmen lassen. Zudem empörte die Dreistigkeit, mit der sich spanische Amtsträger Zugang zu Büros in Barcelona verschafften, obgleich sich doch Katalonien wenige Tage zuvor für souverän erklärt hatte.[114] Bei dieser ersten Machtprobe zwischen Ordnungskräften des spanischen Staates und der katalanischen Zivilgesellschaft war keineswegs ausgemacht, dass diese Begegnungen friedlich bleiben würden. In den Fahrzeugen der spanischen Polizei befanden sich – wie sich später herausstellte – offenbar auch Schusswaffen, und aufseiten der Demonstranten flackerte zuweilen Aggressivität auf. Eine von dem bekann-

113 Canal spricht von 40.000 Menschen, Gonzàlez i Vilalta von 250.000, vgl. Canal, Permiso, S. 235; Gonzàlez i Vilalta u.a., Tumulto, S. 81.

114 Vgl. die Darstellung von Enric Ucelay-Da Cal; in: Gonzàlez i Vilalta u.a., Tumulto, S. 50f.

ten katalanischen Filmemacher Jaume Roures produzierte Dokumentation des »20-S« zeigt, wie die später wegen Rebellion verurteilten Vorsitzenden von ANC und *Òmnium*, Jordi Sànchez und Jordi Cuixart (»die Jordis«), in den Abendstunden immer wieder zum friedlichen Widerstand aufriefen.[115] Doch schon die Vehemenz, mit der nachgerade verzweifelt auf Gewaltfreiheit gepocht wurde, lässt darauf schließen, für wie brüchig der Frieden gehalten wurde. Das Emotionsregime der »Revolution des Lächelns« musste die gewaltaffinen Emotionen der Empörung in Schach halten. Das Triumphgeschrei und die kollektiven Rufe beim Abzug einiger Polizeifahrzeuge: »Die Straßen werden immer uns gehören« (»Els carreres serán sempre nostres«) wirkten durchaus bedrohlich.

Als nur friedlich beschrieb auch Ucelay-Da Cal diese Ansammlungen nicht. Der Historiker sprach von einer »pazifistischen Aggression«. Im verbalen Schlagabtausch hätten manche Demonstranten zudem alle Hemmungen verloren.[116] Nicht nur Polizisten, auch Journalisten aus anderen Landesteilen wurden angepöbelt: »Prensa Española, manipuladora!« Im Morgengrauen war der Spuk vorbei: Die Durchsuchung war beendet, der damit beauftragte Trupp hatte das Ministerium über zum Teil abenteuerliche Wege und unbemerkt von den Demonstranten verlassen. Auf den Appell der Jordis, nach Hause zu gehen, hatte die Menge zwar mit wütenden Pfiffen reagiert, war ihm aber doch gefolgt. Nur wenige Demonstranten gerieten tatsächlich mit der Polizei aneinander. Die Dokumentation von Jaume Roures endet mit den Straßenkehrern, die am nächsten Morgen Unmengen von Müll beseitigen.

Das erste Kräftemessen war unentschieden ausgegangen: Die Durchsuchung im Wirtschaftsministerium hatte stattgefunden, aber Tausende von katalanischen Bürgerinnen und Bürgern hatten ihre Bereitschaft zum Widerstand dokumentiert. Immer wieder hatten sie im Chor gerufen: »Votarem« – wir werden abstimmen. Das war eine Provokation gegenüber der spanischen Regierung, weil diese das Referendum untersagt und Ministerpräsident Mariano Rajoy (PP) vollmundig der nationalen und internationalen Öffentlichkeit versichert hatte, es werde keine Abstimmung geben.

115 Siehe die Dokumentation »20-S« des renommierten Filmproduzenten Jaume Roures: https://www.youtube.com/watch?v=s5WU3mYP6DE (11.12.2020). Der Katalane Roures, der ursprünglich Jaime Robles Lobo hieß, trat seit langem für die Selbstbestimmung Kataloniens ein und unterstützte daher das Referendum zum 1. Oktober, wobei seine eigenen Präferenzen nicht der Unabhängigkeit, sondern einem spanischen Föderalismus gelten.

116 Gonzàlez i Vilalta u.a., Tumulto, S. 50f.

**Abb. 6:** Selbstbewusst stellen sich Bürger aus Girona, einer Hochburg der Unabhängigkeitsbefürworter, am 1. Oktober 2017 (1-O) der Guardia Civil entgegen. Bei dem Versuch, die Urnen für das vom Verfassungsgericht für illegal erklärte Referendum zu beschlagnahmen, kommt es in Katalonien zur Gewaltanwendung durch spanische Polizisten.

Das Referendum entwickelte sich zum Machtkampf zwischen Katalonien und der spanischen Regierung. Weder rhetorische Einschüchterungsversuche noch Interventionen wie vom 20. September hatten die katalanische Regierung und die Unabhängigkeitsbefürworter davon abgehalten, das Referendum weiter vorzubereiten. Die Suche nach Wahlurnen, die im Vorfeld hätten konfisziert werden können, wurde zu einem Wettkampf zwischen Hase und Igel, aus dem die Katalanen als Gewinner hervorgingen. Früh am Morgen des 1. Oktober 2017 wurden die zuvor in vielen privaten Haushalten versteckten Urnen in die Schulen gebracht, die als Wahllokale dienen sollten. Der Polizei war aus Madrid der Auftrag erteilt worden, die Wahlen zu verhindern. Dies aber gelang ihr nur in begrenztem Maß: In 73 Prozent der 2315 Wahllokale gelang es den Katalanen, ihre Stimmen abzugeben.[117]

Dieser Tag, der katalanische »1-O«, war der politische, performative und emotionale Höhepunkt in der Dynamik des katalanischen Nationalismus,

117 In nur 319 Wahllokalen konnte doch nicht abgestimmt werden. Vgl. Chronik in der *Neuen Zürcher Zeitung* (NZZ), 3.10.2017: https://www.nzz.ch/international/spanien-katalonien-referendum-ld.1315982 (11.12.2020).

der in den vergangenen zehn Jahren immer mehr zum Separatismus mutiert war. Das an diesem Tag durchgeführte Referendum stellte die dritte, zentrale Sequenz der »katalanischen Revolution« dar. Hier liefen all die Entwicklungen zusammen, die die Unabhängigkeitsbewegung seit den 1980er Jahren, aber vor allem seit der letzten Dekade geprägt hatten: Dass – erstens – gerade die Schulen zum Austragungsort des Machtkampfes mit »Madrid« geworden waren, kann in Anbetracht der Rolle des Erziehungssystems im Prozess der nationalen Identitätsbildung nicht wundern. Viele Eltern, Lehrer und (ehemalige) Schüler hatten die Schulen noch am Vorabend besetzt, um einer Schließung durch spanische Sicherheitskräfte zuvorzukommen. Zweitens zeigte sich am Tag des Referendums die Mobilisierungsfähigkeit des katalanischen Nationalismus, der in den alljährlichen Großveranstaltungen zum 11. September erprobt worden war. Auch jetzt wurde skandiert: »Die Straßen werden immer unsere sein.« Dieses Mal hatte dieses Verhalten allerdings noch – drittens – eine andere Bedeutung, die in der Erfahrung des 20. September vorgeprägt worden war: Die Menschen leisteten passiven Widerstand, indem sie sich in Gruppen den Ordnungskräften und ihren Fahrzeugen entgegenstellten. Der Legitimation für dieses Verhalten hatte das Referendumsgesetz vom 9. September vorgearbeitet: Alle juristischen Hindernisse, die dem Referendum entgegenstehen könnten, waren als nichtig deklariert worden. Vor allem aber konnte der Wahlakt – viertens – anknüpfen an das seit Jahren immer wieder reklamierte »Recht zu entscheiden« und die subversiven Urnengänge zwischen 2009 und 2011. So kam dem Wahlakt eine mehrfache Bedeutung zu, welche die hohe emotionale Aufladung erklärt: Es war ein körperbezogener, performativer und individueller Bekenntnisakt, der vom Kollektiv erwartet, begleitet und honoriert wurde. Es war zugleich ein Akt des Widerstands, weil mit der Teilhabe an dem von offizieller Seite verbotenen Referendum die Loyalität zum spanischen Rechtssystem aufgekündigt wurde. Dadurch forderte die Wahl den Körpern mehr ab als eine gewöhnliche Wahlbeteiligung in Demokratien. Nicht nur, dass viele Katalanen bereit waren, auf Schlaf zu verzichten oder lange vor den Wahllokalen anzustehen. An zahlreichen Orten kam es auch zu physischen Auseinandersetzungen mit der Polizei. Hier ereignete sich der erwartbare »Zusammenstoß der Züge«, bzw. der Aufprall auf die Barriere: Viele Katalanen hatten damit gerechnet, dass die Polizei von einer Gewaltanwendung absehen würde, und die Ordnungskräfte waren davon ausgegangen, dass bereits die Androhung von Gewalt eine ausreichend abschreckende Wirkung haben würde. Beide Annahmen stellten sich als irrig heraus. So zögerten einige Polizisten der *Guardia Civil* oder *Policía national* nicht, Schlagstöcke einzusetzen, um das Referendum zu verhindern. Türen wurden aufgebrochen, um sich Zugang zu Wahllokalen zu erzwingen. Zudem bezeugen Bilder, dass auch auf Menschen eingeprügelt wurde, die den Weg zu den Urnen versperrten.

Für die katalanischen Nationalisten wurde durch diese Ereignisse die Loslösung von »Spanien« nur umso plausibler: Mit dem Kreuz an der entsprechenden Stelle wollten sie den Bruch besiegeln. Gemäß dem Referendumsgesetz vom 6. September sollten die Katalanen mit »Ja« oder »Nein« auf die Frage antworten: »Möchten Sie, dass Katalonien ein unabhängiger Staat in Form einer Republik ist?«[118] Diese Frage unterschied sich von denen, die in den Referenden zuvor zur Abstimmung gestanden hatten: War in den subversiven Urnengängen zwischen 2009 und 2011 nach der Zustimmung zu einem sozialen, demokratischen Rechtsstaat innerhalb der Europäischen Gemeinschaft gefragt worden, so konnten die Wähler im »partizipativen Prozess« von 2014 zweimal mit »Ja« antworten: erstens auf die Frage, ob Katalonien ein Staat sein solle, und zweitens, ob dieser unabhängig sein möge. Als »Nation« war ein Arrangement mit der spanischen parlamentarischen Monarchie ebenso möglich wie als »Staat« innerhalb einer föderalen Konstruktion. Nun aber markierte das explizite Bekenntnis zur Republik als Staatsform die definitive Trennungslinie.

Die Auszählung der Stimmzettel ergab, dass insgesamt 2,3 Millionen Katalanen, also 43 Prozent der (nach Lesart der Separatisten) Abstimmungsberechtigten ihre Stimme abgegeben und davon 90 Prozent mit »Ja« gestimmt hatten. Diese 90 Prozent hatten damit entschieden, dass – wie im Referendumsgesetz vorgesehen – zwei Tage nach offizieller Bekanntgabe des Ergebnisses die Unabhängigkeit Kataloniens proklamiert werden sollte.

Die Legitimation des Verfahrens blieb problematisch: Erstens hatte weniger als die Hälfte der Wahlberechtigten an der Abstimmung teilgenommen, zweitens war es zu Formfehlern gekommen, weil der Zugriff auf das digitale Wählerverzeichnis nicht immer reibungslos funktioniert hatte, und drittens hatten schon deshalb nicht alle Stimmen ausgezählt werden können, weil einige Wahlurnen von der Polizei beschlagnahmt worden waren. All das führte zu einer weiteren Schwächung der ohnehin problematischen Legitimität des Referendums. Auch die Akzeptanz in der europäischen Staatengemeinschaft blieb ungewiss: Die Regierungen der großen europäischen Staaten hatten sich nach der Abstimmung beeilt, der

118 Art. 4, Abs. 2 des Gesetzes zum Referendum der Selbstbestimmung 19/2017: http://noticias.juridicas.com/base_datos/CCAA/604479-l-19-2017-de-6-sep-ca-cataluna-referendum-de-autodeterminacion.html (11.12.2020).

katalanischen Regierung zu bedeuten, dass eine Unabhängigkeitserklärung nicht automatisch zu einer EU-Mitgliedschaft Kataloniens führen würde.

Gerade weil die rechtliche Legitimation der Unabhängigkeit so prekär war, lag es nahe, vor allem auf eine moralische Legitimation zu setzen. Die Stärkung dieser moralischen Legitimität konnte nicht zuletzt durch die Verbreitung von Bildern erreicht werden, die von den Ereignissen des »1-O« Zeugnis geben sollten. Schon anlässlich der Zusammenstöße vom 20. September hatte sich Arnau Gonzàlez i Vilalta gefragt, was wohl mehr ausrichten könne: die spanische Repression oder der Druck von unten – mit Twitter und Fotos.[119] Das galt erst recht für den 1. Oktober. Der Ausgang ist evident: Am Tag des Referendums verlor die spanische Regierung den Kampf um die Bilder, offenbar, weil sie deren Bedeutung unterschätzte. Sie waren das entscheidende Kommunikationsmedium, mit dem die katalanische Unabhängigkeitsbewegung das eigene Tun vor sich selbst sowie vor der nationalen und internationalen Öffentlichkeit legitimierte. Seit den Mega-Demonstrationen der *Diada* manifestierte, legitimierte und reproduzierte sich der katalanische Independentismus im Modus der Performanz. Auch die »wilden Referenden« der Jahre 2009 bis 2011 waren diesem Modus gefolgt. Weniger das Kreuz auf dem Stimmzettel als die Symbolkraft der Urne war wirklich entscheidend. Die Bilder des »1-O« zeigten, evozierten und legitimierten nun Emotionen des Bruchs: Sichtbar wurden zwei Akteursgruppen, die in zwei konträr konturierte soziale und emotionale Gemeinschaften zerfielen. Sie konturierten einerseits die friedlich und demokratisch agierenden »katalanischen Bürger« und andererseits den gewaltsamen, gnaden- und empathielosen »spanischen Staat«, der von seinen Ordnungskräften repräsentiert wurde. Ein weiteres Beispiel für dieses Bildprogramm ist ein anderer Dokumentarfilm, der ebenfalls von Jaume Roures gedreht wurde.[120] Dessen Medienunternehmen Promedia hatte sich zum »1-O« bereits eingebracht, indem es das internationale Pressezentrum koordinierte. Dass es Roures dabei insbesondere um die Außendarstellung der katalanischen Revolution ging, liegt daher nahe. Dafür spricht auch, dass der Beitrag (ebenso wie der Film zum »20-S«) nicht nur auf Spanisch oder Katalanisch, sondern auch auf Englisch bei YouTube hochgeladen wurde.

Die Hauptdarsteller in diesem Film waren »die Katalanen«. Anders als in dem Film zum »20-S«, wo zentrale Führungsfiguren der Unabhängigkeits-

119 Gonzàlez i Vilalta u.a., Tumulto, S. 69.

120 Zur Abstimmung in den verschiedenen Wahllokalen vgl. die Dokumentation von Jaume Roures: 1-O: https://www.youtube.com/watch?v=tKQ4NDN-G7A (11.12.2020).

bewegung im Vordergrund stehen und namentlich erwähnt werden, ging es hier um das Kollektiv. So erschien die Unabhängigkeitsbewegung als eine horizontale Bürgerbewegung, in der aus rein organisatorischen Gründen mal der eine, mal der andere die Ansagen machte, denen unmittelbar Folge geleistet wurde. In der Regel ging es dabei um das Abstimmungsgeschehen, und es wurde an die Friedfertigkeit appelliert, mit der auf Provokationen der spanischen Ordnungskräfte zu reagieren sei. »Die Katalanen« verkörperten also die »Zivilisation« und die »Demokratie« und traten als große Familie auf, wenn etwa die Alten zu dramatischer Musik in ihren Rollstühlen über Treppen getragen wurden. Angesichts der inszenierten Solidarität, des Engagements, des Familiensinns und der demonstrativen Risikobereitschaft sollte der Zuschauer Gänsehaut bekommen. Die Vereinnahmung für den großen demokratischen Moment vollzog sich auch in der Inszenierung der Urne. Mit ihrer Enthüllung aus einem Müllsack beginnt der Film, bevor er die Verehrung für diesen Gegenstand zeigt, als sei die Urne die Reliquie einer nationalen Religion. Applaus erschallt dort, wo die Urne erscheint, Euphorie bricht sich Bahn, wenn sie in die Wahllokale getragen wird, die Dramatik spitzt sich zu, wenn sie gegen die »bösen« spanischen Polizisten verteidigt werden muss, und Jubel erschallt, wenn Polizisten unverrichteter Dinge abziehen.

Tatsächlich lieferte der Film ein getreuliches Bild von der Sakralisierung der Urne. Eine symbolische Aufladung dieses in China produzierten und über Frankreich heimlich nach Katalonien gebrachten 4-Euro-Produktes schlug sich auch in den Aufzeichnungen von Arnau Gonzàlez i Vilalta nieder. Auf einer der Illustrationen, die seine Texte begleiteten, ist seine Mutter zu erkennen: in den Händen eine Wahlurne. Am Tag nach der Abstimmung brachte der Historiker die Urne, für die er in dem ihm zugewiesenen Wahllokal verantwortlich gewesen war, als Anschauungsobjekt mit in die Universität, um mit den Studierenden über die Unabhängigkeit Kataloniens zu diskutieren.

Im Film wurden die Katalanen als große kollektive Familie inszeniert, deren Mitglieder sich nach der Verkündung der Ergebnisse in den Armen lagen. Es war der Moment für ganz große Emotionen, für ein erhabenes, siegreiches Zusammengehörigkeitsgefühl und für das Bewusstsein, an unvergesslichen Ereignissen teilzuhaben. Zeitzeuginnen beteuerten am Ende des Films: Dieser Tag teile die Geschichte Kataloniens in ein »Vorher« und ein »Danach«.

Den Kontrast zu dieser so positiv und demokratisch gezeichneten katalanischen Gesellschaft bildeten die Repräsentanten des »spanischen Staates«. Schon optisch erschienen die uniformierten Männer mit ihren gepolsterten Oberkörpern und anonymisierenden Helmen als nachgerade entmenschlicht. Diese Entmenschlichung wurde performativ unterstrichen durch erschreckende Gewalthandlungen. Katalanen, die mit ihren Körpern Autos an der Weiterfahrt hindern wollten, werden von der Straße gezerrt. Andere, die in Wahllokalen den Treppenaufgang zu den Räumen besetzt hatten, in denen die Urnen standen, wurden mit Schlagstöcken traktiert oder brutal die Treppenstufen hinuntergezerrt. Diese Gewalthandlungen wirken abstoßend.

Zweifellos wurde an diesem Tag Gewalt gegenüber Frauen und Männern, Jungen und Alten ausgeübt. Ebenso unstrittig ist, dass die Verbreitung dieser Bilder von Intentionen geleitet war, und dass diesen zuweilen auch mit Verzerrungen nachgeholfen wurde. Die Rolle der Gewalt war zentral: Sie war das ultimative Mittel, um die Gegner, denen die Anwendung von Gewalt angelastet wurde, zu delegitimieren und das eigene Verhalten als rein defensiv zu rechtfertigen. Unter den Separatisten zirkulierte das Gerücht, der spanischen Regierung sei am 20. September an einem gewaltsamen Zusammenstoß mit den Demonstranten gelegen gewesen, um im Vorfeld des Referendums vehementer zu intervenieren. Jetzt, am 1. Oktober, war nicht zu leugnen, dass die Gewalt, der die Unabhängigkeitsbefürworter ausgesetzt waren, ihnen zugleich neue Spielräume der Legitimation eröffnete. Unter diesen Bedingungen ließen sich physische Ohnmacht und Herabwürdigung der Katalanen in deren symbolisch-moralischen Sieg umdeuten. Ohne die erlittene Gewalt herunterspielen zu wollen, ist doch erkennbar, dass es eine eigentümliche Bereitschaft dazu gab, Gewalt zu erleiden: »Wir sind friedlich wie Gandhi«, hatte der frühere Bürgermeister von Arenys, de Munt, einem deutschen Journalisten Ende Oktober 2017 erklärt. Die Konfrontation mit der spanischen Polizei hätte er am 1. Oktober gerne gesucht. »Glauben Sie mir«, beteuerte er, »ich hätte mich sogar gerne schlagen lassen.«[121]

Die Möglichkeiten, aus der Gewaltausübung des Gegners Kapital zu schlagen, verführte zuweilen dazu, die Situation zu dramatisieren. »Wirkliche« von »falschen« Tatsachen zu unterscheiden war angesichts der schnellen Verbreitung in den sozialen Netzwerken keineswegs einfach. Schon die quantitative Bemessung des Ausmaßes von Gewalt ist umstritten: Sprachen die einen von 1066 Verletzten – wie auch Roures in seinem Dokumentarfilm –, so betonten andere, dass es nur vier Verletzte gab, die im Krankenhaus behandelt werden mussten. Von diesen seien nur zwei schwer verletzt gewesen, wobei einer der beiden einen Herzinfarkt erlitten habe. Der andere hatte durch ein Gummigeschoss der Polizei ein Auge

121 Schoepp, Oben bleiben, in: *SZ*, 27.10.2017.

verloren. Besonderen Skandalwert erlangte die Schilderung einer Frau, die berichtete, dass Polizisten, die sie noch dazu unsittlich berührt hätten, ihr sämtliche Finger einer Hand gebrochen hätten.[122] Die Polizisten wurden so mit den Folterpraktiken des Franquismus in Verbindung gebracht. Doch der delegitimierende Effekt schlug letztlich in die Gegenrichtung aus, als sie sich korrigieren musste: Kein einziger Finger war gebrochen, der Arzt hatte lediglich nach einer Stauchung ein paar Tage Schonung verordnet.

Auch das am 16. Oktober von der Organisation *Òmnium Cultural* auf Englisch verbreitete Video »Help Cataluña. Save Europe«[123] wirkte durch die überzogene Emotionalisierung insofern kontraproduktiv, als es zwar zunächst eine Solidarisierungswoge, anschließend allerdings eine Welle von Hass und Häme auslöste, die sich gegen *Òmnium* und die Hauptdarstellerin richtete: Die Schauspielerin Anna Maruny wandte sich in der Produktion, die ästhetisch und inhaltlich einen Film aus der Ukraine von 2014 kopierte, mit verzweifeltem Gestus an das europäische Publikum. Mit tränenerstickter Stimme berichtete sie von einer wahren Welle der Repression, die die demokratische und pazifistische katalanische Gesellschaft am 1. Oktober heimgesucht habe. Ein solches Maß an Gewalt habe es nie zuvor in der Europäischen Union gegeben. Noch sei es nicht zu spät, Europa dürfe nicht wegschauen, es gelte Katalonien und Europa zu retten. Sowohl die Szenen im Hintergrund als auch die Musik sollten darauf schließen lassen, dass Katalonien am Rand eines Bürgerkrieges stand.

Das vielfach geteilte Video löste unmittelbar Kontroversen aus. Unter anderem mühte sich *El País* nachzuweisen, dass hier Fake News verbreitet wurden. Die Redaktion verwies auf den Hamburger G-20-Gipfel, der wenige Monate zuvor zu Gewaltszenen viel größeren Ausmaßes geführt habe.

Die Emotionalisierung, die durch die klare Zuweisung von »gut« und »böse« den politischen Bruch mit Spanien moralisch-emotional flankieren sollte, hatte zu einer weiteren Polarisierung zwischen den katalanischen Separatisten und den Unabhängigkeitsgegnern geführt. Diese Polarisierung offenbarte sich in den Tagen nach dem Referendum, als sich plötzlich auch

122 Zu den kontroversen Berichten von und über das ERC-Mitglied Marta Torrecillas vgl. Oriol Bäbler/Albert Salamé: Marta Torrecillas: ›He pensat d'esborrar-me de tot arreu i desaparèixer‹; in vilaweb, 12.7.2019: https://www.vilaweb.cat/noticies/entrevista-marta-torrecillas-pau-claris/ (11.12.2020); Leyre Iglesias: Marta »dedos-rotos« y la gran mentira del 1-O; in: *El Mundo*, 8.10.2017: https://www.elmundo.es/cronica/2017/10/08/59d90f6046163ff9248b45b0.html (11.12.2020).

123 Vgl. zum Film »Help Catalonia. Save Europe.« von *Òmnium Cultural*, 16.10.2017: https://www.youtube.com/watch?v=wouNL14tAks (11.12.2020).

die bislang »schweigende Mehrheit« formierte. Dieser Formierungsprozess der Unabhängigkeitsgegner ist die vierte Sequenz im »revolutionären Herbst«.

Roures hatte die Gemeinschaft der Katalanen als ein geeintes Volk von friedlichem Widerstand leistenden Unabhängigkeitsbefürwortern inszeniert, die die Plätze füllten und sich in den Armen lagen. Dabei trat vollkommen in den Hintergrund, dass die Mehrheit der Katalanen zu Hause geblieben war. Überhaupt spielten diese »anderen« Katalanen in dem Film keine Rolle. Doch acht Tage nach dem Referendum meldeten sich diese lautstark in einer Performance zu Wort, die die Auftritte der Unabhängigkeitsbefürworter kopierte – nur unter umgekehrten Vorzeichen.

Ermutigt fühlten sich diese Katalanen durch Impulse aus der spanischen Zivilgesellschaft sowie durch die Ansprache des Königs vom 3. Oktober. Zwei Wochen zuvor, am 17. September 2017, hatten rund 700 spanische Professoren und Professorinnen ein Manifest veröffentlicht, in dem sie die Regierung aufforderten, Maßnahmen zu ergreifen, um die rechtsstaatliche Ordnung in Spanien wiederherzustellen und das Referendum in Katalonien zu verhindern. Ganz oben auf der Liste standen renommierte Historiker, die sich bei der Aufarbeitung des Franquismus einen Namen gemacht hatten, wie Angel Viñas oder Juan Pablo Fusi. Mit ähnlichen Argumenten rief auch König Felipe VI. die Katalanen zur Räson.[124] In seiner Ansprache an »alle Spanier« vom 3. Oktober 2017 reagierte er auf die massive Krise, in die Spanien durch den katalanischen Separatismus geraten war.[125] Er verwies auf »die sehr ernsten Momente«, schließlich sei die spanische Demokratie durch den Bruch rechtsstaatlicher Prinzipien in Gefahr geraten. Die Katalanen hätten, so der König, nicht nur den Rechtsstaat verletzt, sondern auch die wirtschaftliche und gesellschaftliche Stabilität in ganz Spanien gefährdet.

Allerdings dominierten in der Rede nicht die »rationalen« oder materiellen Interessen. Auch hier sticht die Verwendung von Emotionsbegriffen heraus. So beobachte er, der König, große »Sorge«, »Unruhe« und »Traurigkeit«. Er warf den katalanischen Politikern vor, »Gefühle der Solidarität« zu verachten, die alle Spanier miteinander verbinde, und die katalanische Gesellschaft zu spalten. Er appellierte in der Ansprache an die »Harmonie«,

124 Zum Text vgl. u.a. Discurso completo del Rey sobre Cataluña (3.10.2017); in: *El País*, 5.10.2017: https://elpais.com/politica/2017/10/03/actualidad/1507058161_929296.html (11.12.2020).

125 Die Aufzeichnung der Ansprache ist im Internet u.a. beim spanischen Fernsehen abzurufen unter http://www.rtve.es/alacarta/videos/telediario/mensaje-integro-del-rey-tras-referendum-cataluna/4247341 (11.12.2020).

die »Eintracht« und das gute Zusammenleben (*convivencia*) der Spanier und Katalanen und warb um »Vertrauen« und »Hoffnung«. Katalonien sei ein integratives Element des spanischen Zukunftsprojektes. Zuversicht sei angebracht, denn: »Wir glauben an unser Land und sind stolz auf das, was wir sind.« Ebenso wenig wie sein Vater in seiner Ansprache im Jahr 1981 den Begriff »Demokratie« verwendet hatte, um die Demokratie zu retten, benutzte Felipe VI. auch nur ein einziges Mal den Begriff »Nation«.

Gegenüber den Vertretern der Regierung, die den Vorschlag des Königs, eine Rede an die Spanier zu halten, zunächst mit Skepsis aufgenommen hatten, war erklärt worden: Es handele sich um eine Botschaft des Königs an eine »verletzte Nation«.[126] Die in Spanien und Katalonien überaus divergierenden Reaktionen auf die Ansprache hängen damit zusammen, dass in Katalonien seit dem 1. Oktober ganz andere Bilder einer »verletzten Nation« im Netz verbreitet wurden. Dass der König den an diesem Tag Verletzten in der Ansprache keinerlei Empathie entgegenbrachte, forcierte die Polarisierung unter den Katalanen. Die Separatisten reagierten mit Abwehr und Empörung. Ein Teil der Katalanen hörte gar nicht mehr hin: Durch *Cassoladas*, also Lärmen mit Töpfen und Pfannen, übertönten die *Independentistas* die Stimme des Königs und demonstrierten, was sie von der Monarchie und der spanischen Staatsform hielten.

Wer für eine Republik kämpft, braucht antimonarchische Gefühle. Die ließen sich schon durch die langjährige Geschichtspolitik leicht aktivieren: Bot doch der Name des aktuellen Königs eine Steilvorlage, um eine Verbindung zum verhassten Philipp V. zu ziehen, der die Katalanen 1714 besiegt und ihrer politischen Privilegien beraubt hatte. Dass das Königshaus durch die Korruptionsfälle und die Affären von Felipes Vater Juan Carlos in eine schwere Krise geraten war und der König ausgerechnet im Jahr 2014, also zur Dreihundertjahrfeier der Ereignisse von 1714, hatte zurücktreten müssen, war weiteres Wasser auf die Mühlen katalanischer Republikaner. Die Macht des Mythos, wonach Juan Carlos weiland die Demokratie gerettet hatte und dadurch zum Symbol des demokratischen Spanien geworden war, erodierte nach den Skandalen von 2012: So wurde publik, dass der König sich eine Luxussafari gegönnt, einen Elefanten geschossen und sich dabei von der 26 Jahre jüngeren »Amiga« Corinna zu Sayn-Wittgenstein hatte begleiten lassen. Damit hatte Juan Carlos nahezu sämtliche gesellschaftlichen Erwartungen an vorbildliches Verhalten ver-

126 So die retrospektive Berichterstattung am Jahrestag der Ansprache 2018, vgl.: https://www.elperiodico.com/es/politica/20181002/rey-discurso-30-dudas-gobierno-rajoy-7066927 (11.12.2020).

letzt, auf denen das symbolische Kapital moderner Monarchien beruht. Exotischer Luxus in ökonomischen Krisenzeiten, das Töten von Elefanten im Zeitalter von Tier- und Umweltschutz und der Seitensprung mit einer glamourösen Blondine – damit war es Juan Carlos gelungen, die zentralen Tabus gleich mehrerer gesellschaftlicher Kreise und Generationen zu verletzen. Die Autorität der Krone ist abhängig von der affektiven Einstellung der Bürger und Bürgerinnen. Für ihre Zuneigung und Loyalität erwarten sie im Gegenzug von den »zwei Körpern des Königs« – also der Institution, aber auch der Person – den Schutz und die Verkörperung zentraler Werte und Normen sowie die authentische Vermittlung von Pflichtgefühl, Aufopferungsbereitschaft, Empathie, Fürsorge und Wohlwollen gegenüber den »Untertanen«. Das Verhalten des Königs im Jahr 2012 versinnbildlichte das komplette Gegenteil: egozentrische Rücksichtslosigkeit, sexuelle Zügellosigkeit, finanzielle Maßlosigkeit, Vergnügungs- und Abenteuerlust. Dieses emotionale Verhalten – ausgerechnet in einer Zeit, in der sich die ökonomische mit der nationalen Krise Spaniens überlagerte – war nicht nur instinktlos und inopportun, sondern für die Monarchie als solche gefährlich.

Durch den Rücktritt von Juan Carlos sollte Schaden von der Institution abgewendet werden. Der Nachfolger Felipe VI. ging zu seinem Vater auf Distanz, unter anderem durch ein emotionales Verhalten, das ihn als liebevollen Gatten und Familienvater zeigte. Die medialen Bilder von Felipe VI. und Kronprinzessin Leonor insinuieren nicht nur Vertrauen in die Dynastie, sondern auch elterliche Liebe. Diese Emotionen des Staatsoberhaupts auch auf die Landeskinder zu übertragen, erwies sich als ungleich schwieriger, zumal, wenn sich diese lieber heute als morgen lossagen würden.

Wie einst sein Vater im Baskenland, so muss Felipe in Katalonien regelmäßig Pfiffe als Willkommensgruß ertragen. Auch im August 2017 hatten die katalanischen Separatisten demonstrativ Distanz gewahrt, als der König nach Barcelona gekommen war, um in einer nationalen Gedenkveranstaltung um die Toten zu trauern, die dem islamistischen Attentat auf den Ramblas zum Opfer gefallen waren. Wer jedoch in Katalonien im Staatsoberhaupt den Repräsentanten seines Staates sah, ertrug diese Diffamierungen und den Lärm der *Cassoladas* nur widerwillig.

Der Historiker Ucelay-Da Cal erwähnte Nachbarinnen, die zermürbt waren, weil sie sich dem Krawall nicht entziehen konnten.[127] All jene aber, die durch die Unabhängigkeitsbewegung aktuell in »Sorge und großer Unruhe« seien, ließ der König in seiner Rede vom 3. Oktober wissen, dass man

127 Gonzàlez i Vilalta u.a., Tumulto, S. 142.

sie nicht allein lassen werde. Ihnen stünden nicht nur die Institutionen des Rechtsstaats zur Seite, sondern auch die Solidarität aller Spanier. Das Wohlwollen des Staatsoberhaupts galt in dieser Rede in besonderer Weise jenen Katalanen, die in der öffentlichen Debatte bislang unsichtbar geblieben waren. Diese Aufmerksamkeitsverlagerung dürfte dazu beigetragen haben, dass sich am 8. Oktober 2017 eine bis dahin nicht für möglich gehaltene Inversion des katalanischen Nationalismus vollzog: Zu Hunderttausenden zogen nun nicht die Unabhängigkeitsbefürworter, sondern deren Gegner, die *Españolistas*, durch die Straßen Barcelonas. Niemals zuvor, notierte Ucelay-Da Cal in seinem Tagebuch, habe er so viele spanische Fahnen gesehen. Bemerkenswert an dieser Demonstration war erstens ihre schiere Dimension. In den Meinungsumfragen hatten die Gegner der Unabhängigkeit (fast) immer eine Mehrheit besessen, doch den öffentlichen Raum hatten sie den Separatisten überlassen. Die Selbstsicherheit, mit der diese regelmäßig »Die Straßen werden immer unsere sein« skandiert hatten, erhielt jetzt einen empfindlichen Rückschlag: Die Demonstration am 8. Oktober bewies der Weltöffentlichkeit, dass diese These nicht zu halten war.

Das zweite bemerkenswerte Phänomen war das Befremden, das Personen, die grundsätzlich mit dem Lager der Unabhängigkeitsgegner sympathisierten, angesichts der vielen spanischen Fahnen empfanden. Doch nicht alle, die zu der Demonstration nach Barcelona gekommen waren, plagte dieses Fremdeln. Mit Schaudern vernahm Ucelay-Da Cal, der sich eher als neutraler Beobachter unter den Demonstranten befand, Parolen aus der Franco-Zeit. In ein und derselben Demonstration, so war sein Eindruck, vermischten sich linke oder liberale Befürworter der Zugehörigkeit zu Spanien mit Vertretern der Ultrarechten. Der gemeinsame Widerstand hatte Allianzen entstehen lassen, die zuvor nicht denkbar gewesen waren – zumindest für eine gewisse Dauer. Gleichwohl illustrierte das Unbehagen angesichts der ostentativ gezeigten spanischen Nationalsymbole die tief verankerte Distanz, die viele Spanier unabhängig von ihrer politischen Sozialisation und sozialen Herkunft gegenüber einem gesamtspanischen Nationalismus empfanden, der assoziativ mit der Franco-Diktatur verbunden wurde. Zwar hatte der katalanische Nationalismus einen reaktiven spanischen Nationalismus entstehen lassen, aber dessen Reichweite blieb begrenzt. Die ehemalige Kulturministerin des PSOE berichtete über den Schrecken, der ihr am 8. Oktober in die Glieder fuhr, als sie die vielen spanischen Fahnen sah. Die instinktive Furcht vor dem Symbol der spanischen Nation erklärte sie mit der Sozialisation als Tochter linker Antifranquisten. Es sei ein unglaublicher Vorteil der Unabhängigkeitsbefürworter, diese

**Abb. 7:** Katalaninnen demonstrieren am 8. Oktober 2017 gegen die Loslösung von Spanien. Sie zeigen die *Senyera*, die katalanische Flagge (ohne den weißen Stern im blauen Dreieck, der für die Forderung nach Unabhängigkeit steht). Mit der demonstrativen Fröhlichkeit spiegeln sie den emotionalen Stil der »Revolution des Lächelns«.

Scheu vor nationalen Symbolen nicht zu haben.[128] Und doch fällt die Unbefangenheit auf, mit der viele Katalanen sich auf der Demonstration vom 8. Oktober zu Spanien bekannten. Auch diese Demonstration hatte ganz überwiegend einen Volksfestcharakter, der sich im spielerischen Umgang mit den spanischen Farben niederschlug.

Dies war das dritte Element, was diese Demonstration bemerkenswert machte: Ihre Mitglieder gingen diametral zur Unabhängigkeitsbewegung auf Distanz, aber sie übernahmen performativ das Muster der Mega-Veranstaltungen von ANC und *Òmnium Cultural* – so wie die *Sociedad Civil Catalana* eine Art Spiegelbild der ANC war.[129] Vergleichbares zeigte sich auch bei der zweiten Veranstaltung, vier Tage später: Zum Nationalfeiertag Spaniens am 12. Oktober, dem *Día de la Hispanidad*, strömten die Unabhängigkeitsgegner erneut auf die Straßen. Und so, wie es ANC und *Òmnium* in den Jahren zuvor gelungen war, Spruchbänder und Symbole von

128 Ángeles González-Sinde: Banderas contra banderas; in: *El Periódico*, 17.10.2017: https://www.elperiodico.com/es/opinion/20171017/banderas-contra-banderas-gonzalez-sinde-6358822 (11.12.2020).

129 Zur SCC als »contraimatge« der ANC vgl. Gonzàlez i Vilalta u.a., Tumulto, S. 279.

den Großdemonstrationen fernzuhalten, die auf divergierende politische Standpunkte hätten verweisen und dadurch Konflikte provozieren können, so sorgte die *Sociedad Civil Catalana* hier ebenso dafür, dass provozierende Symbole (fast) nicht zu sehen waren. Stattdessen zeigte sich ein Meer aus spanischen Fahnen, katalanischen *Senyeres* und Europafahnen. Dahinter stand eine klare emotionspolitische Strategie: Symbole der spanischen Rechten hätten sowohl unter den Demonstranten als auch im Ausland heftige Abwehrreaktionen ausgelöst und die – wenn auch nur temporär – geeinte emotionale Großgemeinschaft geradewegs in ihre politischen Fraktionen zerlegt. Aber das Wissen, dass es in diesen Tagen darauf ankam, Zeichen zu setzen und politische wie emotionale Botschaften der Einheit auszusenden, ließ die politischen Dissonanzen in den Hintergrund treten. Das populistische Aktions- und Emotionsmanagement der katalanischen Separatisten wurde jetzt von der anderen Hälfte der Gesellschaft aufgegriffen und mit umgekehrten Vorzeichen zurückgespiegelt: Reduzierten die Separatisten die komplexe Wirklichkeit auf die Losung »Abkehr von Spanien«, lautete die Devise jetzt: »Bei Spanien bleiben«.

Diese Alternative lag in diesen Tagen auf dem Tisch, und die Demonstranten waren sich bewusst, dass es gerade jetzt darauf ankam, auf die politischen Entscheidungsträger Einfluss zu nehmen. Schließlich wartete nicht nur ganz Katalonien, sondern ganz Europa darauf, was die katalanische Regierung unter Carles Puigdemont nun mit den Ergebnissen des Referendums anzufangen gedachte.

Die im katalanischen Parlament verkündeten Maßnahmen markieren die letzte entscheidende Sequenz der »katalanischen Revolution«. Zwischen den beiden Massendemonstrationen der Unabhängigkeitsgegner hatte am 10. Oktober eine Sitzung des katalanischen Parlaments stattgefunden, der die *Independentistas* voller Nervosität entgegengefiebert hatten – schließlich sah sich die Regierung unter Zugzwang: Gemäß dem Referendumsgesetz vom 6. September war sie verpflichtet, zwei Tage nach der Bekanntgabe der Ergebnisse die Unabhängigkeit zu proklamieren, sollte sich eine Mehrheit an den Urnen für einen Bruch mit Spanien ausgesprochen haben. Am 6. Oktober lag das Endergebnis vor, und die *Generalitat* verkündete jetzt amtlich, dass bei einer Wahlbeteiligung von 43 Prozent insgesamt knapp mehr als 90 Prozent für die Unabhängigkeit gestimmt hatten.[130] Damit waren die Voraussetzungen erfüllt, die für die Proklamation der Unab-

130 Vgl. Generalitat de Catalunya: Referèndum d'autodeterminació de Catalunya. Resultats definitius: https://www.ara.cat/2017/10/06/64cb2841-373e-46da-af51-e5c4a847cc97.pdf?hash=39dbfd270f62452ea03b3b73924cd7413bc1a520 (11.12.2020).

hängigkeit erforderlich waren. Doch plötzlich ließ sich Puigdemont Zeit. Das Wochenende sei nicht mitzuzählen, anfangs hieß es, das Parlament trete am Montag zusammen, dann am Dienstag, damit er, Puigdemont, am 10. Oktober die politische Situation – wie es vage hieß – neu »bewerten« könne. Das zögernde Verhalten des Präsidenten lässt sich nicht nur aus den unklaren Machtverhältnissen heraus verstehen, sondern auch aus einer abweichenden emotionalen Entwicklung: Nachdem die Unabhängigkeitsanhänger mit ihrem Votum »geliefert hatten«, warteten sie jetzt voller Ungeduld und mit wachsender Spannung darauf, dass Puigdemont mit der offiziellen Erklärung den ultimativen Schritt über die rote Linie vom spanischem Staatsverband zum souveränen Staat vollzog. Parallel zu den gesteigerten Erwartungen aber wuchsen bei Puigdemont die Bedenken, schließlich ist es doch etwas anderes, ob kollektiv Demonstrationen gefeiert oder Abstimmungen zelebriert werden, oder ob ein Individuum die Verantwortung für einen performativ überaus relevanten Sprechakt trägt.

Die Atmosphäre nach dem Referendum war eben keine befreite, euphorische, sondern von einer massiven Anspannung geprägt. Allenthalben schien unklar, wie sich die Zukunft Kataloniens nach einer Unabhängigkeitserklärung gestalten würde. Die Worte des Königs hatten den Eindruck unterstrichen, den die Regierung Rajoy immer wieder vermittelte: Spanien würde nicht tatenlos zusehen und der katalanischen Republik alles Gute für die Zukunft wünschen. Auch die EU machte deutlich, dass sie kein Sicherheitsnetz für ein abgespaltenes Katalonien ausbreiten werde. Stets hatte Puigdemont gehofft, dass sich führende Politiker Europas für die katalanische Unabhängigkeit positionieren und damit den Bewegungsspielraum Madrids einengen würden. Unmittelbar nach dem Polizeieinsatz am 1. Oktober hatte er die EU wissen lassen, die Gewalt durch die spanische Zentralmacht habe aus der katalanisch-spanischen eine europäische Angelegenheit gemacht.[131] Doch das Echo aus Brüssel war ernüchternd: Gleich am 2. Oktober hatte die Europäische Kommission in einem Statement in aller Klarheit ihren Standpunkt wiederholt: Erstens sei das Referendum illegal gewesen, zweitens bleibe der Konflikt eine innere Angelegenheit Spaniens, und drittens wäre Katalonien selbst dann, wenn eine Unabhängigkeit im Rahmen der spanischen Verfassung erfolge, nicht automatisch Mitglied der EU. Abschließend wurde Mariano Rajoy das Vertrauen ausgesprochen, die Krise gemäß der spanischen Verfassung und unter Wahrung der Bür-

131 Vgl. Chronik der Ereignisse vom 3.10.2017 bei NZZ: https://www.nzz.ch/international/spanien-katalonien-referendum-ld.1315982) (11.12.2020).

gerrechte zu »managen«. Überhaupt sei es gerade kein guter Zeitpunkt für Streit und Spaltungen (»divisiveness and fragmentation«), sondern für »unity and stability«.[132] Damit dürften sich die Verfasser des Textes nicht zuletzt auf den Brexit bezogen haben.

Tatsächlich bekamen die katalanischen Separatisten plötzlich Unterstützung aus einer Ecke, die ihnen nicht recht sein konnte: Im Europaparlament, wo in den Tagen nach der Abstimmung über die Situation in Katalonien diskutiert wurde, sprang ihnen am 3. Oktober ausgerechnet der UKIP-Gründer und Brexit-Populist Nigel Farage zur Seite, der die Gewalt in Spanien bereitwillig zum Anlass einer Generalkritik an der EU nahm.[133] Dass der katalanische Separatismus Steilvorlagen für alle Antieuropäer böte, kritisierte der für die Brexit-Verhandlungen zuständige Guy Verhofstadt. In seiner Intervention am 4. Oktober verurteilte der ehemalige belgische Premierminister und amtierende Fraktionsführer der Liberalen im Europäischen Parlament zwar die Gewaltausbrüche am 1. Oktober, empfahl aber den Katalanen – auch aus seiner Perspektive als Flame – eindringlich, den Separatismus nicht um jeden Preis zu verfolgen. Er riet zu einer Kultur des Zuhörens und des Dialogs und verurteilte die Abhaltung des Referendums scharf, weil abzusehen gewesen sei, dass als Resultat eine womöglich unheilbare Spaltung der katalanischen Gesellschaft entstünde.[134] Darin stimmte er mit Ucelay-Da Cal überein, der seinerseits das Referendum für eine kalkulierte Provokation hielt. Wer passiven Widerstand leiste, dürfe sich über repressive Härte nicht wundern. Die Gewalt der Polizisten gegenüber den Blockierern verglich er mit dem Polizeieinsatz anlässlich der Räumung der Plaça Catalunya im Jahr 2011 durch katalanische Polizisten.[135]

Die Kritik an einer einseitigen Unabhängigkeitserklärung (*Declaració Unilateral d'Independència* DUI) wurde schließlich selbst innerhalb des Lagers der Unabhängigkeitsbefürworter laut. Artur Mas erklärte am 6.10.2017 gegenüber der *Financial Times*, es sei zu früh für eine »wahre Unabhängigkeit«.[136] Der abrupte Gesinnungswechsel des ehemaligen Prä-

132 Vgl. Statement on the events in Catalonia, Brüssel, 2.10.2017, Statement/17/3626: https://ec.europa.eu/commission/presscorner/api/files/document/print/en/statement_17_3626/STATEMENT_17_3626_EN.pdf (11.12.2020).

133 Nigel Farage am 3.10.2017 im Europäischen Parlament: https://www.youtube.com/watch?v=hcxcrxslnYk (11.12.2020).

134 Vgl. die Rede von Guy Verhofstadt vom 4.10.2017 vor dem Europäischen Parlament: https://www.youtube.com/watch?v=EG-qnrlVQSQ (11.12.2020).

135 Gonzàlez i Vilalta u.a., Tumulto, S. 110f.

136 Tobias Buck/Michael Stothard: Former Catalan leader says region not ready for »real independence«; in: Financial Times, 6.10.2017: https://www.ft.com/content/7347414c-aa6f-11e7-93c5-648314d2c72c (11.12.2020).

sidenten der *Generalitat*, der sich seit 2012 als Vorreiter der Unabhängigkeitsbewegung inszeniert und noch am 1. Oktober siegessicher vor der Urne posiert hatte, dürfte sich mit den drohenden wirtschaftlichen Folgen erklären lassen. Der Unternehmersohn Mas hatte immer eine wirtschaftsfreundliche Politik betrieben. Dass vor der drohenden Unabhängigkeitserklärung mehr und mehr Unternehmen – darunter der *Cava*-Hersteller Freixenet – ihren Firmensitz kurzerhand aus Katalonien abgezogen hatten, um sich zumeist in Madrid anzusiedeln, musste ihn alarmieren. Darüber hinaus stand zu befürchten, dass die Unabhängigkeitserklärung letztlich nicht zu mehr, sondern im Gegenteil zu weniger Selbstbestimmung führen würde, falls die spanische Regierung mit einer Auflösung der katalanischen Selbstregierung reagierte. Darauf machte nicht zuletzt Wirtschaftsminister Santiago Vila aufmerksam, der wie Mas der neuen PDeCat angehörte.[137] Tatsächlich hatte sich inzwischen herumgesprochen, dass die Madrider Zentralregierung erwog, Artikel 155 der spanischen Verfassung anzuwenden. Dieser ermöglichte die Übernahme der regionalen Kompetenzen durch die Zentralregierung, sollte die Autonome Gemeinschaft ihren Verpflichtungen nicht nachkommen.

Doch die Aufrufe zu Pragmatismus, Dialog und Abwarten kollidierten mit der Erwartungshaltung der CUP, die einen schnellen Bruch mit Spanien wollte. Insofern war unklar, wie sich Puigdemont verhalten und wie Madrid reagieren würde. Die Atmosphäre – so erlebten es auswärtige Journalisten – war geprägt von einer emotionalen Ambivalenz: Erwartung und Hoffnung einerseits, Anspannung und Angst andererseits. Gonzàlez i Vilalta prognostizierte, die Katalanen bekämen es mit der »Barbarei der spanischen Kräfte« zu tun. Andererseits ahnte er Konflikte zwischen Katalanen.[138] Ucelay-Da Cal zufolge befürchteten alle Katalanen »das Schlimmste«,[139] ob sie nun für oder gegen die Unabhängigkeit waren. Alle, so schätzte es Gonzàlez i Vilalta ein, seien »ängstlich, nervös, erwartungsvoll«.[140] »The days«, berichtete die *Financial Times*, »are filled with tension, expectation, hope and fear«.[141] Niemand wisse, so auch Gonzàlez i Vilalta, »was morgen sein wird«.[142] Dieses »morgen« war der 10. Oktober, für den die Unabhängigkeitserklärung erwartet wurde.

137 Zur Position von Santi Vila vgl. ebd.
138 Gonzàlez i Vilalta u.a., Tumulto, S. 103.
139 Ebd., S. 118.
140 Ebd., S. 140.
141 Tobias Buck: Catalan secession vote fosters tension, expectation, hope and fear; in: Financial Times, 6.10.2017: https://www.ft.com/content/29233056-aa67-11e7-ab55-27219df83c97 (11.12.2020).
142 Gonzàlez i Vilalta u.a., Tumulto, S. 140.

**Abb. 8 und 9:** Am 10. Oktober versammeln sich die Katalanen im Umfeld des katalanischen Parlaments vor den Leinwänden, auf denen die Rede von Ministerpräsident Carles Puigdemont übertragen wird. Mit größter Spannung und Euphorie wird die Unabhängigkeitserklärung erwartet; während der Rede und im Anschluss daran schlägt die Freude in Fassungslosigkeit um, denn unmittelbar nach der Erklärung der Unabhängigkeit hatte Puigdemonts diese für »ausgesetzt« erklärt.

Wie sehr die Augen der Weltöffentlichkeit jetzt auf Barcelona blickten, zeigte sich an den Hunderten von Fernsehkameras aus aller Welt, die am Nachmittag vor dem katalanischen Parlament aufgebaut wurden. Der Journalist Plàcid Garcia-Planas zeigte sich beeindruckt von dieser Medienpräsenz.[143] Neben den zahllosen Journalisten drängten Tausende Katalanen auf das Gelände vor dem Parlament, um den »historischen Moment« zu erleben. Alle waren davon überzeugt, dass gleich die Unabhängigkeit erklärt werden würde: »Jetzt ist die Stunde«.[144] Schlagartig trat eine andächtige Ruhe ein, als auf den Bildschirmen, auf denen die Sitzung aus dem Parlament übertragen wurde, Puigdemont erschien. Mit Pfiffen wurden die Vertreter von *Ciutatans* oder PSC bedacht, wenn sie das Wort ergriffen. Schließlich sprach Puigdemont, und da waren sie: die lang erwarteten, entscheidenden Worte – Katalonien konstituiert sich als unabhängiger Staat in Form einer Republik. In den Straßen brach Jubel aus. Die Anspannung der letzten Tage entlud sich schließlich in lautstarker Euphorie. Nur: Fast war in dem Jubel der Nachsatz untergegangen, mit dem Puigdemont die größte Verwirrung stiftete: Er setze die Wirkung der Unabhängigkeitserklärung vorerst aus. Es solle Zeit für Verhandlungen bleiben, damit die Deklaration nicht einseitig bleibe.

Damit war die neue katalanische Republik eine ziemlich kurzlebige. »Die katalanische Republik von 1641 hat eine Woche bestanden, die von 1934 zehn Stunden, diese dauerte acht Sekunden«, resümierte Garcia-Planas lakonisch.[145] In der Liste derjenigen souveränen Staaten, die am kürzesten existiert haben, wurde Katalonien – davon überzeugte sich Gonzàlez i Vilalta – flugs zum Rekordhalter.[146]

Sowohl die Zeitzeugenberichte als auch die Videos im Netz zeugen von der allgemeinen Ratlosigkeit der Menschen auf den Straßen. »Von der Ekstase zur Niederlage in nur einer Minute«, betitelte die Zeitschrift *El Confidencial* ein Video.[147] Die Filmsequenzen illustrieren, wie sich in der Menge nur zögerlich Freude breitmachte. Zu uneindeutig, zu wenig performativ, zu wenig triumphal klang der Satz, auf den alle gewartet hatten. Der Präsident hatte kaum die Stimme oder den Blick gehoben, als er in einem langen, verschachtelten Satz die entscheidenden Worte verkündete. Auch die Reaktionen innerhalb des Parlaments waren keine allzu

143 Ebd., S. 177.
144 Ebd., S. 188 ff.
145 Ebd., S. 177.
146 Ebd., S. 192.
147 Vgl. El independentismo catalán; in: El Confidencial: https://www.youtube.com/watch?v=za7S7X5B-KA (11.12.2020).

große Deutungshilfe: Die Unabhängigkeitsbefürworter applaudierten, die Gegner schwiegen – dass dies jetzt jener »historische Moment« sein sollte, auf den Puigdemont zu Beginn des Satzes verwiesen hatte, war diesen Reaktionen nicht sofort abzulesen. Doch auf der Straße setzte sich nach einem Moment der Unsicherheit die Ansicht durch, die Unabhängigkeit sei verkündet worden. Der anfänglich noch zurückhaltende Jubel der einen wurde für die anderen eine performative Bestätigung, auf die sie gewartet hatten, und so stimmten die Demonstranten – in einem blitzschnellen Prozess emotionaler Ansteckung – zügig in den rhythmischen Triumphschrei »I-Inde-Independència« ein, reckten im Takt die Arme und sprangen in die Höhe. Die vor Glück und Seligkeit strahlenden Gesichtszüge gefroren dann jedoch in Sekundenschnelle zu Schockstarre. Das Video zeigt fassungslose Gesichter mit weit aufgerissenen Augen im Anschluss an die Sequenz, in der Puigdemont die Aussetzung verkündete. Einige schüttelten den Kopf. Eine ältere Dame inmitten von vielen Jugendlichen ruft »No! No!« und macht eine abwehrende Geste. Augen füllen sich mit Tränen. Andere applaudieren höflich.[148] Letztlich zerstreuten sich die Versammelten friedlich, wenn auch mit dem frustrierenden Gefühl, an diesem Tag doch keinem entscheidenden historischen Moment beigewohnt zu haben.[149] Es wurde weder der große Tag noch die große Geste, die die Bewegung hätte krönen können, die seit fünf Jahren in minutiös choreographierten Massenveranstaltungen emotionale Großereignisse hervorgebracht hatte.

Der Versuch, die Unabhängigkeit symbolisch zu proklamieren, aber de facto offenzulassen, musste Ratlosigkeit und Unzufriedenheit generieren. Die Vagheiten und Ambivalenzen, die stets die Grammatik des spanischen Staates der Autonomen Gemeinschaften gewesen war, hatten ja gerade beseitigt werden sollen. Jetzt kehrten sie stärker denn je zurück. Nach der Rede von Puigdemont wusste letztlich niemand so recht, woran er war. Die Verwirrung wurde durch den performativen Akt im Anschluss an die Parlamentssitzung nicht geringer: Jetzt unterschrieben die Regierungsmitglieder, die Parlamentspräsidentin und die Abgeordneten des regierenden Parteienbündnisses *Junts pel Sí* und CUP eine Erklärung, mit der die »katalanische Republik als unabhängiger und souveräner, demokratischer und sozialer Rechtsstaat« konstituiert werden sollte.[150] Vertretern der CUP gab dies das gute Gefühl, das »Richtige« getan zu haben. Doch schon der

148 Ebd.
149 So die Darstellung in Gonzàlez i Vilalta u.a., Tumulto, S. 188-190.
150 Der entscheidende Passus lautete: »Constituim la República catalana, com a Estat independen i sobirà, de dret, democràtic i social«; vgl.: https://www.ara.cat/2017/10/10/Declaracio_Independencia_amb_logo_-1.pdf. (11.12.2020).

Titel des Dokuments trug zum Verwirrspiel bei, stand dort doch nicht »Erklärung der Unabhängigkeit«, sondern »Erklärung der Repräsentanten von Katalonien«. Vor allem aber war der rechtsverbindliche Charakter dieses Dokuments trotz der vielen Unterschriften deshalb fraglich, weil es weder vom Parlament behandelt noch während der offiziellen Sitzung unterzeichnet worden war und auch nicht in das offizielle Verzeichnis der Parlamentsgesetze aufgenommen wurde. Der rechtliche Status und damit auch die Bedeutung und Folgen dieser kuriosen Unabhängigkeitserklärung blieben daher vollkommen unklar. Journalisten und Politiker im In- und Ausland interpretierten das Geschehen mal als Proklamation der Unabhängigkeit, mal als deren Verschiebung. Gonzàlez i Vilalta schrieb: »Hier in Katalonien wissen wir nicht, was wir über die aktuelle Situation denken sollen. Es herrscht eine totale Verwirrung.«[151]

Die Regierung in Madrid ließ sich auf den geforderten »Dialog«, mit dem Puigdemont die Aussetzung der Unabhängigkeit begründet hatte, nicht ein. Ohnehin war zweifelhaft, zu welchem Ergebnis ein solcher Dialog hätte führen können, wenn die Zentralregierung nur die Rückkehr unter das Dach der Verfassung und die Katalanen nur eine Zustimmung Madrids zur Unabhängigkeit akzeptierten. Beide Optionen hätten den »Sieg« des einen Lagers und die »Niederlage« des anderen bedeutet. In diesen Kategorien wurde die Krise in der Öffentlichkeit diskutiert, was schon aus Motiven des individuellen und kollektiven Prestiges ein Nachgeben inopportun machte.[152] Explizit war die Rede von Gesichtspunkten der Ehre.[153] Die Bereitschaft zu Kompromissen war auf keiner Seite vorhanden, und von einem »dritten Weg« gab es keinerlei Vorstellung.

Die Reaktion der spanischen Zentralregierung beschränkte sich daher darauf, Puigdemont zur Klärung aufzufordern: Hatte sich Katalonien unabhängig erklärt oder nicht? Damit hatte die katalanische Regierung zwar etwas Zeit gewonnen, zumal die Fünftagesfrist, die Madrid für eine Präzisierung gesetzt hatte, nach einer nicht eindeutigen Äußerung aus Barcelona noch einmal verlängert wurde. Doch die Ausgangslage hatte sich nicht verändert. Nur der Druck nahm zu. Die Verhaftung der beiden »Jordis«, Jordi Sànchez und Jordi Cuixart, am 16. Oktober kündigte weitere Konflikte mit der spanischen Justiz an: Die Vorsitzenden der Organisationen von ANC und *Òmnium* sollten für die Behinderung der Staatsorgane am 20. Sep-

151 Vgl. Gonzàlez i Vilalta u.a., Tumulto, S. 204.

152 Vgl. die Deutungen von Sieg und Niederlage bei Gonzàlez i Vilalta und seinen Korrespondenzpartnern in ebd., S. 138.

153 Vgl. ebd., S. 111, 344.

tember zur Rechenschaft gezogen werden. Zudem zeichnete sich ab, dass das spanische Parlament im Falle eines Bekenntnisses zur Unabhängigkeit mit einer breiten, parteiübergreifenden Mehrheit für eine Anwendung von Artikel 155 stimmen würde. In der Zwischenzeit gaben immer mehr Unternehmen ihre Firmensitze in Katalonien auf und ließen die ökonomische Zukunft eines unabhängigen Landesteils von Tag zu Tag fragwürdiger erscheinen. Dass eine Unabhängigkeit voraussichtlich ökonomische Nachteile nach sich ziehen würde, hatte für die Separatisten lange keine Rolle gespielt; die emotionalen Elemente waren in der Hierarchie der Relevanzen deutlich vor rationale Nutzenkalküle getreten. Aber die ökonomischen Folgen nahmen jetzt eine Dimension an, die der Regierungschef nicht mehr übersehen konnte: Bis zum 22. Oktober 2017 hatten 1200 Unternehmen ihre Firmensitze verlegt.[154] Nicht zufällig drängte nun der Wirtschaftsminister Santi Vila den Präsidenten der *Generalitat*, nach Kompromissen zu suchen.

Vila gehörte zu denjenigen, die auf den baskischen Ministerpräsidenten als möglichen Vermittler setzten. Bereits im Juni 2017 hatte Puigdemont Iñigo Urkullo (PNV) um Hilfe gebeten.[155] Der Baske schien geeignet, weil er als Ministerpräsident einer Autonomen Gemeinschaft, die sich ebenfalls als Nation verstand und nach größtmöglicher Selbstbestimmung strebte, Verständnis für den katalanischen *Procés* haben musste (auch wenn dieser im Baskenland kritisch verfolgt wurde, weil sowohl eine weitere Privilegierung Kataloniens als auch dessen Ausscheiden aus dem spanischen Staatsverband für die Basken nachteilig wäre).[156] Zudem pflegte Urkullo als Mitglied der konservativen PNV, deren Stimmen noch dazu für die Haushaltsberatungen im spanischen Parlament von großer Bedeutung waren, gute Beziehungen zu Mariano Rajoy. Im Sommer 2017 hatten seine Vermittlungsbemühungen noch wenig ausrichten können. Im Zusammenhang mit der juristischen Aufarbeitung des *Procés* gab Urkullo später, im Februar 2019 zu Protokoll, dass vor dem Oktober 2017 zwar der katalanische, nicht aber der spanische Regierungschef zu Gesprächen bereit gewesen sei. Jetzt, kurz vor dem 27. Oktober, an dem sich das katalanische Parlament endgül-

154 Vgl. Bericht von Gonzàlez i Vilalta u.a., Tumulto, S. 311.

155 Zum Folgenden siehe die Artikel von Luis R. Aizpeolea: Urkullo, el mediador que propuso Puigdemont; in: *El País*, 28.2.2019: https://elpais.com/politica/2019/02/27/actualidad/1551290007_049280.html (11.12.2020); und Reyes Rincón: Urkullo confirma su mediación y afirma que Puigdemont frustró el acuerdo; in: *El País*, 28.2.2019: https://elpais.com/politica/2019/02/28/actualidad/1551351347_273844.html (11.12.2020).

156 Zur Position der Basken vgl. Antonio Rivera von der Universität des Baskenlandes, abgedruckt in Gonzàlez i Vilalta u.a., Tumulto, S. 258.

tig festlegen sollte, liefen die Drähte wieder heiß. Urkullo schlug schließlich folgenden Kompromiss vor: Puigdemont sollte auf die Unabhängigkeit verzichten und stattdessen Neuwahlen anberaumen. Im Gegenzug würde die spanische Regierung auf eine Aktivierung von Artikel 155 verzichten. Nach der Wahl sollten sich Delegierte beider Regierungen zu Gesprächen an einen Tisch setzen. Garantieren konnte man es nicht, aber es sei davon auszugehen, dass die spanische Regierung unter diesen Umständen nicht in Katalonien intervenieren würde.

Es ist bezeichnend für Puigdemont und die Dynamik des *Procés,* wie mäandernd der Weg zu einer Entscheidung am Tag vor der Unabhängigkeitserklärung am 27. Oktober verlief. Am Morgen des 26. Oktober erhielt Urkullo die Nachricht von Puigdemont, dass dieser sich für die Kompromisslösung entschieden habe und Neuwahlen ausrufen wolle. Am Mittag gab es neue Unsicherheit: Ob Urkullo auch wirklich sicher sei, dass Madrid im Fall von Neuwahlen die Autonomie unangetastet lassen würde? Urkullo riet: »Vertrauen wir!«[157] Stunden später kam die letzte Nachricht von Puigdemont: Er habe – gedrängt durch das eigene Umfeld – seine Meinung nun doch geändert. Nicht Puigdemont hatte sich durchgesetzt, sondern die konfliktbereiteren Regierungsmitglieder. Diejenigen, die schon am 10. Oktober mit der Proklamation der Unabhängigkeit gerechnet hatten, waren von Puigdemonts zögerlichem Agieren enttäuscht. Auch Vizepräsident Oriol Junqueras (ERC) hatte sich nur zu müdem Applaus bei eisiger Miene bereitgefunden, als Puigdemont erst die Unabhängigkeit erklärt und dann ausgesetzt hatte. Jetzt, am 26. Oktober, gehörte er zu denjenigen, die Puigdemont am stärksten unter Druck setzen konnten: Für den Fall, dass der Präsident von der Unabhängigkeit abrücken würde, drohte er mit einer Aufkündigung der Regierungskoalition.

Schnell zirkulierten in der Öffentlichkeit am 26. Oktober die Gerüchte, wonach sich Puigdemont auf Neuwahlen einlassen würde. Dann aber würde es vorerst keine Unabhängigkeit geben. Gonzàlez i Vilalta sinnierte deprimiert, ob der katalanische Nationalismus wohl immer im letzten Moment kalte Füße bekäme.[158] Puigdemonts Partei fürchte offenbar eine »Entgrenzung« der Bürgerbewegung.[159] Doch angesichts dieser Angst des PDeCat wendeten sich immer mehr Menschen den »wahren Unabhängigkeitsvertretern« von der CUP zu.[160]

157 Vgl. Siehe oben.
158 Gonzàlez i Vilalta u.a., Tumulto, S. 210.
159 Zur Angst vor dem »desbordament ciutadà« vgl. ebd., S. 230.
160 Ebd., S. 325.

Verschiedene Demonstrationen verdeutlichten in diesen Tagen die Stimmung der Unabhängigkeitsbewegung, die sich von ihrem Ziel nicht abbringen lassen wollte. Voller Spannung und Vorfreude hatten die Verfechter der Unabhängigkeit sich am 10. Oktober kurz vor dem Ziel geglaubt. Frustriert waren sie nach der doppelten Erklärung von Puigdemont wieder abgezogen. Doch inzwischen hatte sich eine neue Erwartungskurve aufgebaut: Für den 27. Oktober rechnete man nun endgültig mit der Proklamation. Die Universitäten hatten ab dem 25. Oktober einen dreitägigen Streik angekündigt.[161] Gleichzeitig hatte die ANC in mehr als hundert Veranstaltungen quer über das Land für die Unabhängigkeitserklärung geworben. Als sich nun aber am 26. Oktober das Gerücht verbreitete, Puigdemont setze stattdessen für das Jahresende Wahlen an, schlugen die Emotionen der Unabhängigkeitsbefürworter in den sozialen Medien hohe Wellen. Die Auswahl der Post und Messages, die Arnau Gonzàlez i Vilalta abdrucken ließ, vermittelt ein Bild von den Meinungsäußerungen im Umfeld der ANC.[162] Puigdemont wurde als Verräter und Feigling beschimpft. Das Gefühl, betrogen worden zu sein, war offenbar weit verbreitet. Man war sich sicher, dass die eigene Partei Puigdemont dieses Vorgehen niemals verzeihen würde, schließlich seien die Mitglieder des PDeCat inzwischen zu 99 Prozent für die Unabhängigkeit. An der Notwendigkeit, die Unabhängigkeit zu erklären, gab es keinen Zweifel: Andernfalls würden die Katalanen als Volk vernichtet, es sei »in jeder Hinsicht der Tod«. Gonzàlez i Vilalta drang ebenfalls auf eine Unabhängigkeitserklärung. Man müsse etwas wagen: Leben bedeute, Risiken einzugehen. Die Unsicherheit bremse nur die Geschichte. Man könne außerdem eine Gesellschaft nicht so weit vorantreiben und dann kneifen.[163] Die Äußerungen zeigten, dass die Unabhängigkeitsbewegung eher bereit war, auf den Präsidenten zu verzichten als auf die Unabhängigkeit. So dürfte sich bei Puigdemont eine Konkurrenz der Ängste etabliert haben: Der Angst vor den politischen, sozialen und ökonomischen Folgen der Unabhängigkeit standen die Befürchtungen bezüglich des eigenen Karriereendes und das Unbehagen angesichts persönlicher Diffamierung gegenüber. Für die auf breite Akzeptanz angewiesenen Anführer populistischer Bewegungen ist ein solcher Ansehensverlust besonders problematisch. Insofern überrascht es nicht, dass die Furcht vor dem eigenen Reputations- bzw. Zustimmungsverlust obsiegte und die

161 Ebd., S. 315.
162 Ebd., S. 323-325.
163 Ebd., S. 323ff.

Befürchtungen angesichts einer unsicheren Zukunft Kataloniens in den Hintergrund traten.

Erneut verbreitete sich der Stimmungswechsel in der *Generalitat* über die sozialen Medien rasend schnell. Noch am Abend des 26. Oktober ging die Nachricht, dass Puigdemont eine Kehrtwendung vollzogen habe und nun doch die Unabhängigkeit verkünden wolle, viral. Gegen 22.00 Uhr verschickte die ANC die Nachricht, am 27. Oktober werde die katalanische Republik geboren.[164] Puigdemont hatte – so die Interpretation von Ucelay-Da Cal – angesichts der Flut von Angriffen, die ihn als Verräter beschimpften, die Nerven verloren.[165] Dem Druck der Unabhängigkeitsbewegung konnte er nur wenig entgegensetzen, weil er selbst – so die Einschätzung seines Wirtschaftsministers Santi Vila – zu sehr Teil dieser Bewegung war. Zu viele Kritiker seien im Besitz seiner Handynummer gewesen.[166] Mit der jetzigen Entscheidung jedenfalls begann, so Gonzàlez i Vilalta, »die Reise in ein unbekanntes Territorium«.[167]

Nicht alle wollten diesen Weg mitgehen: Noch am Abend des 26. Oktober legte Santi Vila sein Amt mit der Erklärung nieder, seine Appelle zum Dialog hätten bedauerlicherweise nichts gefruchtet. Damit war klar, dass am folgenden Tag die einseitige Unabhängigkeitserklärung (DUI) auf der Tagesordnung des Parlaments stand. In der Öffentlichkeit fürchteten die einen die große Katastrophe, die anderen fieberten abermals dem großen »historischen Moment« entgegen.[168] Die Sitzung am Freitag, dem 27. Oktober, verlief ähnlich kontrovers wie schon jene vom 6. und 7. September und vom 10. Oktober. Juristen merkten eingangs an, dass die angesetzte Abstimmung mit der spanischen Verfassung nicht in Einklang zu bringen und daher illegal sei. Die Parlamentspräsidentin Carme Forcadell zeigte sich davon unbeeindruckt und setzte die Sitzung fort, woraufhin die Unabhängigkeitsgegner – immerhin fast die Hälfte der Abgeordneten – den Saal demonstrativ verließen. Wie schon bei den Abstimmungen über die Trennungsgesetze im September wurde auch an diesem Tag, obwohl nun fast die Hälfte der Bänke des Parlaments verwaist waren, weitergetagt. Zunächst verlas die Parlamentspräsidentin das Dokument, über welches abgestimmt

164 Vgl. ebd., S. 345.
165 Ebd., S. 338.
166 Vgl. die Darlegungen von Santi Vila: Cataluña 27-O. Diez horas, dos parlamentos, un conflicto; in: *El País*, 27.10.2018: https://www.youtube.com/watch?v=BpgeW8W-qPs (11.12.2020).
167 Gonzàlez i Vilalta u.a., Tumulto, S. 331.
168 Vgl. u.a. die Ansicht des Historikers Borja de Riquer, der die DUI für eine Katastrophe hielt, siehe ebd., S. 134.

werden sollte. Dabei konnte sie sowohl Kenntnis als auch Einverständnis voraussetzen, schließlich handelte es sich um jene Erklärung, die von fast allen, die jetzt noch vor ihr saßen, schon am 10. Oktober unterzeichnet worden war. Diese Erklärung, die sich »an das Volk von Katalonien und alle Völker der Welt« richtete, ist insofern ein bezeichnendes Dokument, als es in dem langen Prolog die Versatzstücke bündelt, mit denen seit Jahren die Emotionen und Überzeugungen des katalanischen Nationalismus gespeist worden waren.[169] Stolz wird auf die tausend Jahre alte Nation, Kultur und Rechtstradition verwiesen und das daraus abgeleitete Recht auf Selbstbestimmung betont. Die Anschuldigungen gegen den spanischen Staat, die die jahrelang gepflegten Ressentiments bedienten, legitimierten nun die Loslösung aus dem Staatsverband. Die brutale »militärisch anmutende« Polizeioperation gegen katalanische Bürger sei ein Verstoß gegen die Menschenrechte und eine Verletzung internationaler Verträge. Daraus ergab sich für die Verfasser, dass nicht Katalonien das Recht verletze, sondern die Spanier. Alles – und hier zeigt sich das utopische Element der Unabhängigkeitsbewegung noch einmal sehr deutlich – werde besser werden: Die katalanische Republik biete die Gelegenheit, demokratische und soziale Defizite zu beseitigen und eine Gesellschaft mit mehr Wohlstand, Gerechtigkeit, Sicherheit, Nachhaltigkeit und Solidarität hervorzubringen. Aus diesen Gründen – und damit wechselt der Text von der legitimierenden zur performativen Rhetorik – »begründen wir die katalanische Republik als unabhängigen, souveränen, demokratischen und sozialen Rechtsstaat«. Darüber hinaus wurde die Gültigkeit des »Transitionsgesetzes« deklariert, welches am 7. September beschlossen worden war. Es gab der neuen Republik einen rechtlichen Rahmen bis zur Aushandlung einer neuen Verfassung. Die übrigen Passagen richten sich vor allem an die EU, die um Vermittlung gegenüber Spanien gebeten wird. Abschließend wird an jeden einzelnen Katalanen appelliert, sich der neuen Freiheit als »würdig« zu erweisen.

Nach der Verlesung des Textes schritt Forcadell zur Abstimmung, die – wie sie angesichts der Zweifel an der Legalität betonte – »legitim« sei.[170] Nachdem jeder Abgeordnete, der noch im Raum war, aufgerufen worden war, seine Stimme abzugeben, referierte die Präsidentin die Voten auf den Zetteln einzeln. Die Sitzung wurde auf großen Leinwänden auf den Plät-

169 Die Declaració dels representants de Catalunya: https://www.ara.cat/2017/10/10/Declaracio_Independencia_amb_logo_-1.pdf (11.12.2020); zur kastilischen Version siehe: El texto íntegro de la declaración de independencia de Cataluña; in: *La Vanguardia*, 10.10.2017: https://www.lavanguardia.com/politica/20171010/4319700278I7/declaracion-de-independencia-catalunya.html (11.12.2020).

170 Vgl. die Videosequenz aus dem Parlament vom 27.10.2017; in: *El País*, 27-O.

zen vor dem Parlament, auf denen erneut Tausende zusammengekommen waren, übertragen. Jedes vorgelesene »Ja« wurde mit Jubel honoriert, die – wenigen – »Nein«-Stimmen mit Unmut quittiert. In dem vom katalanischen Fernsehen TV3 produzierten und bei YouTube veröffentlichen Video werden drei Räume zusammengeschnitten: Die Szenen im Parlament, von der Straße und aus einem Saal, in dem hunderte Bürgermeister zusammengekommen waren.[171] In dieser Montage verbinden sich eindrücklich die Aktionskreise des katalanischen Separatismus: die kommunale Bewegung, die mit den illegalen Urnengängen zwischen 2009 und 2011 für den Beginn des Separatismus steht und die Puigdemont aus seiner Zeit als Präsident der AMI besonders vertraut war, sodann die Massenmobilisierungen auf den Straßen und schließlich die politische Ebene. Diese drei Settings zeigten ein durchaus abweichendes Emotionsmanagement, als das Ergebnis verkündet wurde: 70 von insgesamt 135 Abgeordneten hatten sich für die Unabhängigkeit ausgesprochen, zehn dagegen, und zwei Stimmzettel waren ungültig. Wie schon am 10. September brach auf der Straße Jubel aus. Menschen aller Altersklassen fielen sich um den Hals. Euphorisch stimmten sie Vivats auf die katalanische Republik an. Eine zu Tränen gerührte ältere Katalanin wollte ins Mikrofon sprechen, doch ihr fehlten die Worte, ein junger Mensch ließ wissen: »Die Emotionen, die wir haben, wird niemand aufhalten.«[172] Eine überschäumende Euphorie darüber, endlich am Ziel zu sein, brach sich hier Bahn. Diese Emotionen hatten dabei etwas Selbstreferentielles: Es spiegelt sich in ihnen die Lust am Erleben »authentischer Gefühle«.

Die Bürgermeister hinterließen mit ihren einheitlich nach oben gereckten »Bastones de mando« (Befehlsstäben) den Eindruck eines geordneteren Kollektivs, das mit bürgerlich eingehegter Freude nach der Sitzung in der Halle vor dem Parlamentssaal mit den Abgeordneten die katalanische Nationalhymne intonierte und kollektiv »Freiheit« skandierte. Dagegen vermittelten ausgerechnet die Abgeordneten einen gedämpften Eindruck, insbesondere Puigdemont schien weit entfernt von festlicher Stimmung oder euphorischer Freude. Die Rechtsbasis des gerade proklamierten neuen Rechtsstaats war prekär, die Akzeptanz bei der Hälfte der katalanischen Bevölkerung fraglich, und keiner der führenden Politiker in Katalonien konnte ernsthaft daran zweifeln, dass die spanische Regierung jetzt in Katalonien intervenieren würde.

171 Vgl. El Parlament declara la independència de Catalunya amb 70 vots a favor: https://www.ccma.cat/tv3/alacarta/telenoticies/el-parlament-declara-la-independencia-de-catalunya-amb-70-vots-a-favor/video/5697949/ (11.12.2020).

172 Vgl. das Video: Aixi vam viure la declaració d'independència, 28.10.2017: https://www.youtube.com/watch?v=wy1ypy-oeVQ (11.12.2020).

**Abb. 10:** Nachdem die Abgeordneten im katalanischen Parlament (unter Abwesenheit der Opposition) mehrheitlich für die Unabhängigkeit gestimmt hatten, bricht auf der Straße Jubel aus. Im Parlamentsgebäude singen Abgeordnete und Bürgermeister die katalanische Hymne. Doch die Körperhaltung der drei politischen Hauptverantwortlichen Oriol Junqueras, Carles Puigdemont und Carme Forcadell vermittelt keinerlei Euphorie.

Schon am Vormittag hatte der Senat in Madrid mit einer deutlichen Mehrheit der Regierung grünes Licht für die Anwendung des Artikels 155 gegeben. Wie zu erwarten war, erkannte kein einziger Staat der Welt die katalanische Republik an; stattdessen verkündete Mariano Rajoy gegen 20.00 Uhr vor der Presse, dass die katalanische Regierung abgesetzt, das katalanische Parlament aufgelöst und diejenigen Institutionen, die die staatliche Unabhängigkeit Kataloniens vorbereiten sollten, aufgehoben seien.

Der ZDF-Korrespondent für Südwesteuropa ließ das deutsche Fernsehpublikum – nachdem er gewitzelt hatte, ob man wohl einen neuen Pass brauche, um aus dem frischgebackenen Staat auszureisen – wissen, dass die Situation überaus brisant sei und ein schwieriger Konflikt, womöglich »Auseinandersetzungen« drohten. Breite Teile der Bevölkerung, vor allem die Jugend, seien »stark emotionalisiert«.[173]

173 Vgl. Theo Koll zu den Entwicklungen in Spanien/Katalonien; in: Phoenix, 27.10.2017: https://www.youtube.com/watch?v=IoFXww-z2bk (11.12.2020).

Tatsächlich ist – neben dem erklärungsbedürftigen Zuwachs des Nationalismus in Katalonien innerhalb der zurückliegenden sieben Jahre – das eigentlich Erstaunliche am Ende dieses Prozesses, dass die zentralstaatliche Intervention friedlich verlief. Die Staatsanwaltschaft stellte Haftbefehle für die katalanischen Regierungsmitglieder und die Parlamentspräsidentin Carme Forcadell aus. Das halbe Kabinett floh mit Carles Puigdemont nach Belgien, Vizepräsident Oriol Junqueras und sieben Minister wurden am 2.11.2017 verhaftet. Am 8. November blockierten zwar Aktivisten der Unabhängigkeitsbewegung die zentralen Zufahrtsstraßen nach Barcelona und legten dadurch einen Teil der Hauptstadt kurzfristig lahm. Darüber hinaus hielten sich die Proteste in Katalonien jedoch in engen Grenzen, das Leben ging weitgehend seinen gewohnten Gang.

Diese nachgerade geräuschlose Implosion des *Procés* ist überaus bemerkenswert. Der Kontrast, die emotionale Fallhöhe bzw. das unmittelbare Aufeinandertreffen von der Euphorie über das endlich erreichte Ziel einerseits und der Aufhebung der Unabhängigkeitserklärung sowie der Übernahme der katalanischen Regierung durch Madrid andererseits hätte leicht in eine Eskalation münden können. Dass es zu dieser nicht gekommen ist, liegt in der Kombination von strukturellen und kontingenten Faktoren begründet. Zu den langfristigen strukturellen Faktoren gehört vor allem das emotionale Regime des katalanischen Separatismus. Über Jahre hatte sich der Habitus der »Revolution des Lächelns« eingeprägt. Noch in den Videos der ANC von der Unabhängigkeitserklärung am 27. Oktober zeigt sich diese emotionale Grammatik in dem großen, friedlichen Fest zivilisierter Freude, an den vielen lächelnden, strahlenden Menschen. Emotionen wie Hass, die sich in Gewalt transformieren, passten nicht zu diesem Selbstverständnis. Entsprechend kreisten die Schlüsselbegriffe in der Ansprache von Puigdemont nach der Parlamentssitzung am 27. Oktober um die »Friedlichkeit«. Einen Tag später rief er die Katalanen zum »friedlichen Widerstand« gegen die in Madrid beschlossenen Maßnahmen auf. Doch diese waren so wenig aggressiv, dass sich kaum Widerstand in Szene setzen ließ. Die fatalen Entgleisungen am 1. Oktober und die Reaktionen aus Europa dürften Rajoy noch einmal klar vor Augen geführt haben, dass ein zu »robustes« Eingreifen nur kontraproduktiv sein würde. Jetzt blieben die Eingriffe unerwartet maßvoll. Die Autonomie wurde bestätigt und sollte nur so lange von Madrid aus verwaltet werden, bis am 21. Dezember eine neue katalanische Regierung gewählt werden würde. Zur Reibungslosigkeit der Machtübernahme durch die Zentralregierung dürfte auch der Umstand beigetragen haben, dass die katalanische Regierung sich auf diesen vorhersehbaren Fall offensichtlich gar nicht vorbereitet hatte. So gewannen Zeitzeugen wie Gonzàlez i Vilalta den Eindruck, die Separatisten hätten über den Punkt der Unabhängigkeitserklärung hinaus keine präzisen Vorstellungen entwickelt.

Zugleich aber spielte auch pures Glück eine Rolle dabei, dass dieser Konflikt so friedlich und unspektakulär zu Ende ging. Viel spricht dafür, dass die Friedlichkeit im Oktober 2017 am seidenen Faden gehangen hat, eben an dem emotionalen Regime des Lächelns. Dass die Entwicklung auch eine ganz andere Richtung hätte nehmen können, war den Beteiligten in geradezu frappierender Weise bewusst. Die Ego-Dokumente bieten dabei einen signifikanten Kontrast zu den Filmen der ANC, die in einer Endlosschleife die Massenaufläufe in den Straßen als friedliches, generationenverbindendes Volksfest inszenierten. Diese Inszenierungen hatten eine propagandistische Funktion mit Blick auf das Ausland, aber enthielten auch eine klare Ansage an die Gewaltbereiten unter den katalanischen Separatisten: Sie sollten aus der großen Familie der Unabhängigkeitsbefürworter ausgeschlossen bleiben. Das verweist auf ein Grundproblem des Emotionsmanagements des katalanischen Separatismus: Die beständig befeuerten Ressentiments setzten Reaktionsketten in Gang, die nur zum Teil von der überwiegend friedlich gesonnenen Zivilgesellschaft kontrolliert werden konnten. Idealerweise sollten die Ressentiments die Bereitschaft zum friedlichen Widerstand stärken. Aber keineswegs alle Separatisten waren bereit, beide Wangen hinzuhalten. Ressentiments begünstigen immer auch die Ausbildung von aversiven Emotionen wie Hass,[174] und dies hatte sich im Verlauf des *Procés* immer wieder gezeigt. Hass wurde diskursiv in den sozialen Medien ausgelebt, aber auch performativ in Szene gesetzt. Oft ging der Riss mitten durch Familien, die nicht mehr miteinander sprachen. Eltern berichteten, dass Kinder von Separationsgegnern von Sprösslingen der Separatisten umringt und so lange mit Sprechchören traktiert wurden, bis sie zu weinen begannen.[175] Die antiseparatistische *Ciutatans*-Politikerin Inés Arrimadas erlebte, dass bei ihren Vorträgen Menschen mit Putzeimern bereitstanden, um nach ihrem Auftritt die Stelle zu reinigen, auf der sie gestanden hatte. Wer kein Anhänger der Unabhängigkeitsbewegung war, lief Gefahr, eine ganze Palette an Ausschlusserfahrungen zu erleiden. Zumal die Polarisierung im Oktober 2017 noch einmal zunahm und eine neutrale Position immer schwieriger wurde. Marta Rovira, der Generalsekretärin der ERC, zufolge, erlaube die »demokratische Revolution [...] keine Unentschiedenheit. Entweder bist du auf der Seite der Revolution oder auf der der

174 Siehe Jensen, Zornpolitik, S. 35.
175 Vgl. Canal, Permiso, S. 223.

Repression.«[176] Erstere repräsentierte – so Vizepräsident Oriol Junqueras (ERD) – »das Gute«, Letztere »das Böse«.[177] Der jeweilige Gegner wurde dämonisiert und »dehumanisiert«.[178] Diese ausgrenzenden Verhaltensweisen verweisen auf den diffusen Bereich der psychischen Gewalt, das »dunkle Gesicht«[179] der »Revolution des Lächelns«. Doch gerade am linken Rand des katalanischen Separatismus ging die Bereitschaft zur Gewalt noch darüber hinaus. Einige Gruppierungen innerhalb der heterogenen CUP standen in einer Tradition terroristischer Gewalt, von der sich die Mitglieder in den 1990er Jahren zwar abgewendet hatten. Gleichwohl blieb die Einstellung zur Gewalt, deren kommunikatives und performatives Potential einst hoch geschätzt worden war, eine andere als in Kreisen von PDeCat. Die von den *Comitès de Defensa de la República* (CDR) propagierte »direkte Aktion« barg Gefahren der Eskalation. Die CDR waren – in impliziter Bezugnahme auf die kubanischen *Comités de la defensa de la revolución* – ursprünglich Ende September als »Komitees zur Verteidigung des Referendums« gegründet worden, hatten sich nach dem 1. Oktober umbenannt und bekamen innerhalb weniger Wochen erheblichen Zulauf. Vor allem jüngere Menschen, die – wie es in ANC-Kreisen hieß – »Adrenalin bräuchten«, fühlten sich durch den aggressiveren Habitus angesprochen.[180]

Was passieren würde, wenn in der spannungsgeladenen Situation gewaltbereite katalanische und spanische Akteure aufeinanderträfen, war keineswegs ausgemacht. Zumal die Befürchtung im Raum stand, dass Tote durchaus im Interesse mancher Akteure sein könnten, vorausgesetzt, die Verantwortung dafür trüge die jeweils andere Seite. Der Diplomat, mit dem der Historiker Gonzàlez i Vilalta korrespondierte, hatte etwa vermutet, dass keine europäische Regierung zu vermitteln bereit sein würde, solange es keine Toten gebe.[181] Wie hoch die Bereitschaft Einzelner war, das eigene oder das Leben anderer »der Sache« zu opfern, wusste niemand. All das verbreitete

176 Marta Rovira im Parteikongress, siehe: ERC divide Catalunya entre buenos y malos; in: e-notícies, 6.11.2017: https://politica.e-noticies.es/erc-divide-catalunya-entre-buenos-y-malos-113700.html (11.12.2020).

177 Dass »el bé derroti al mal a les urnes el 21D« forderte Oriol Junqueras in seiner Twitter-Nachricht vom 2.11.2017; in: *La Vanguardia*, 2.11.2017: https://www.lavanguardia.com/politica/20171102/432546496722/junqueras-llama-bien-derrote-mal-urnas-21d.html (11.12.2020).

178 Vgl. Gonzàlez i Vilalta u.a., Tumulto, S. 160.

179 Canal, Permiso, S. 223.

180 Zur Angst innerhalb der ANC vor der Konkurrenz der CDR vgl. Gonzàlez i Vilalta u.a., Tumulto, S. 260; zum Zitat vgl. ebd., S. 261.

181 Zu der Vermutung des Diplomaten vgl. ebd., S. 126.

Unsicherheit und machte Angst.[182] Diese Angst intensivierte sich im Zusammenhang mit der Unabhängigkeitserklärung. Am 26. Oktober berichtete Ucelay-Da Cal von einem Gespräch mit einem Katalanisten, der ihm anvertraut habe, dass seine Angst aktuell größer sei als am Ende des Franquismus. Die gebetsmühlenartig propagierte These, wonach das katalanische Volk traditionell friedlich und vernünftig gewesen sei, könne falscher nicht sein.[183] Mehrfach fragte sich Gonzàlez i Vilalta, ob eine »ulsterizació« zu erwarten stünde, also eine ähnliche Situation wie im Nordirland-Konflikt.[184] Ucelay-Da Cal zufolge würden die Katalanen das Schlimmste befürchten: Militär auf den Straßen, tausende Festnahmen, Tote.[185] Gonzàlez i Vilalta rechnete mit einem »Konflikt unbekannter Dimensionen«.[186] Der Journalist Xavier Graset i Forasté, der u.a. für *La Vanguardia* und *Catalunya Radio* arbeitete, hielt die »Drohung von extremer Gewalt« bzw. von »Tod auf der Straße« für »real und glaubwürdig«.[187] Plötzlich stand die Möglichkeit eines Krieges im Raum. »Wird ein Krieg ausbrechen?«,[188] fragte Gonzàlez i Vilalta. Die Antwort, die er sich selber gab, zeugt von seiner Unsicherheit: »Ich hoffe nicht.«[189] Der Kriegsberichterstatter Garcia-Planas wagte keine Prognose. Seine Einlassungen zum katalanischen Oktober begannen mit der Erinnerung an eine Szene unmittelbar vor dem Ausbruch der Balkankriege. Eine Serbin hatte von einem Balkon des Pressezentrums in Belgrad aus auf die fröhlichen Menschen in der Straße gedeutet: »Glaubst du, dass diese Menschen in den Krieg ziehen wollen?«[190] Garcia-Planas zog daraus die Lehre, dass alles möglich war. Zudem standen gleich zwei Konfliktebenen im Raum: Neben einer Auseinandersetzung zwischen spanischen und katalanischen Kräften beschäftigte Gonzàlez i Vilalta die Frage, ob ein innerkatalanischer Bürgerkrieg drohe.[191] Er habe, so notierte er am 27. Oktober, keinerlei Vorstellungen davon, was passieren werde. Klar war nur, er wähnte sich am »Abgrund«.[192]

De facto stürzte niemand in einen »Abgrund«. Die Zitate aber zeigen, wie realistisch Krieg und Bürgerkrieg in diesem Moment schienen. Insge-

182 Zu den »Tagen der Unsicherheit« vgl. die Einleitung des Journalisten Xavier Graset i Forasté in: Gonzàlez i Vilalta u.a., Tumulto, S. 8.
183 Vgl. ebd., S. 337.
184 Vgl. ebd., S. 96.
185 Siehe ebd., S. 118.
186 Ebd., S. 343.
187 So in der Einleitung zum Buch von Gonzàlez i Vilalta u.a., Tumulto, S. 10.
188 Gonzàlez i Vilalta u.a., Tumulto, S. 91.
189 Ebd.
190 Ebd., S. 33.
191 Ebd., S. 344.
192 Ebd.

samt ist die Geschichte des katalanischen Nationalismus ein mahnendes Beispiel dafür, wie Konflikte sich zuspitzen können, wenn über einen längeren Zeitraum aversive Emotionen angefacht werden und sich breite gesellschaftliche Gruppen einem Projekt verschreiben, dessen politische Konsequenzen nicht zu Ende gedacht werden. Das Heft des Handelns hielten dabei keineswegs immer die politischen Führungskräfte in der Hand, vielmehr wurden diese oftmals von den zivilgesellschaftlichen Bewegungen getrieben. Hatten die politischen Protagonisten der Unabhängigkeitsbewegung in den Jahren zuvor den massenhaften Zuspruch in den zivilgesellschaftlichen Organisationen als Druckmittel instrumentalisiert, so hatte sich das Machtverhältnis zwischenzeitlich umgekehrt: Die Massenbewegung setzte ihre Repräsentanten unter Druck. Dem Urteil des baskischen Präsidenten Urkullo zufolge waren weder Rajoy noch Puigdemont überzeugt von den Maßnahmen, die sie schließlich ergriffen: »Weder hatte Rajoy Lust, Artikel 155 anzuwenden, noch hatte Puigdemont Lust, einseitig die Unabhängigkeit zu erklären.«[193] Aber Puigdemont konnte angesichts des Drucks aus den Kreisen der Unabhängigkeitsbewegung kaum noch frei entscheiden. Das Beunruhigende an der Dynamik der Unabhängigkeitsbewegung ist, dass ihre Vertreter fest davon überzeugt waren, zugunsten von Demokratie, einer besseren Welt und Friedfertigkeit einzutreten, de facto aber an einer Eskalationsschraube drehten, die undemokratische Entscheidungen nach sich zog. Letztlich schreckten sie nicht einmal vor dem drohenden »Abgrund« zurück, den ein militärischer Konflikt bedeutet hätte. Die Anhänger dieser Bewegung waren trotz dieser offensichtlichen Risiken nicht bereit, die »Reise ins Unbekannte« zu stoppen. Es war – auch dank des *emotional regime* der »Revolution des Lächelns« – zum Glück kein »Sprung ins Dunkle«; so wie es insgesamt absurd wäre, den Konflikt mit der Julikrise 1914 zu vergleichen. Aber zugleich ruft diese Krise vom Herbst 2017 eindrucksvoll in Erinnerung, welch fragiles Gut der Friede ist, wenn er selbst unter so überzeugten Demokraten und Europäern zu Beginn des 21. Jahrhunderts so leicht in Gefahr gerät. Die politische Instrumentalisierung von Emotionen, die entscheidend zu der Eskalation von Konflikten beiträgt, bleibt eine hochriskante Angelegenheit, selbst wenn im vorliegenden Fall emotionale Strukturen dazu beigetragen haben mögen, die letzte Eskalation zu vermeiden.

193 Reyes Rincón: Urkullo confirma su mediación y afirma que Puigdemont frustró el acuerdo; in: *El País*, 28.2.2019: https://elpais.com/politica/2019/02/28/actualidad/1551351347_273844.html (11.12.2020).

# VI. Epilog

Da die in den letzten Jahrzehnten massiv geschürten Ressentiments langlebig sind, bleibt abzuwarten, ob sich in Zukunft ein neuer Konflikt entzünden wird. Die Parlamentswahl in der Autonomen Gemeinschaft vom 21. Dezember 2017 hatte in Katalonien die vorherigen politischen Verhältnisse weitgehend restauriert. Die Separatisten konnten ihre hauchdünne Mehrheit im Parlament behaupten, allerdings hatte – wie schon in den Wahlen zuvor – mit 51 Prozent eine knappe Mehrheit der Katalanen für Parteien gestimmt, die keine Trennung von Spanien wollten.

Zwar ließen sich die Anführer beider Lager als Sieger feiern, de facto aber hatten weder die Separatisten noch deren Gegner das Ruder herumreißen können. In seiner Weihnachtsansprache warb König Felipe VI. konziliant für einen Neuanfang – nicht nur in Katalonien. Es gelte für den gesamten Staat voranzuschreiten und Spanien an eine neue Zeit anzupassen. Doch die Katalanen hatten mit ihrem Stimmverhalten nicht auf Versöhnung, sondern auf anhaltende Polarisierung gesetzt. Zwar hatte der *Partido Popular* mit nur drei Prozent eine vernichtende Niederlage hinnehmen müssen. Aber stärkste Fraktion im katalanischen Parlament war die Partei *Ciutatans* unter der 36-jährigen Inés Arrimadas geworden, die zum Sprachrohr der Unabhängigkeitsgegner avancierte. Im separatistischen Lager wiederum hatte das Wahlbündnis *Junts per Catalunya* unter der Führung von Puigdemont die meisten Stimmen holen können. Die plötzlich versöhnlich und verfassungstreu auftretende ERC hatte sich offenbar verkalkuliert: Nicht ihr inhaftierter Parteivorsitzender Oriol Junqueras profitierte von der Solidarität der Wähler, sondern der nach Belgien entwichene Puigdemont. Dessen Flucht hatte in Spanien, aber auch im Ausland, zu zahlreichen spöttischen Kommentaren Anlass gegeben, schließlich sei es doch wenig patriotisch und heroisch, anderen den Widerstand zu empfehlen und sich dann selbst aus dem Staub zu machen. Aber im postheroischen Zeitalter zahlte sich das clevere Entkommen aus. Ein Comic-Bild zirkulierte, welches einen rennenden Puigdemont als Tintin aus dem belgischen Comic-Klassiker *Tim und Struppi* zeigte. Der frühere belgische Premierminister Guy Verhofstadt verkniff sich den Kommentar nicht, den Vergleich für abwegig zu halten, schließlich finde Tintin immer Lösungen, während Puigdemont nur »Chaos und Zerstörung« in

Katalonien hinterlassen habe.[1] Aber letztlich war Puigdemont im Scheinwerferlicht der europäischen Öffentlichkeit sehr viel kampagnenfähiger, als er es aus der Haft heraus gewesen wäre. Auch seine medienwirksamen Auftritte in Städten anderer europäischer Länder präsentierten Puigdemont, den die spanische Regierung per internationalem Haftbefehl suchen ließ, als listigen Sieger im Katz-und-Maus-Spiel mit der spanischen Polizei. Bis der spanische Geheimdienst offenbar den deutschen Kollegen einen Hinweis gab.

So wurde Carles Puigdemont am 25. März 2018 in Schleswig-Holstein verhaftet, das er auf einer Rückfahrt von einer Vortragsreise in Finnland mit dem Auto durchqueren wollte. Die Justizvollzugsanstalt Neumünster und das Oberlandesgericht in Schleswig gerieten durch den prominenten Häftling unversehens in den Fokus der Weltöffentlichkeit. Bilder eines freundlich lächelnden Puigdemont kontrastierten wirksam mit denen üblicher Gefängnisinsassen und hatten es leicht, internationale Sympathien für den ergriffenen Prominenten zu generieren.

Auf offizieller Ebene aber kühlten die Beziehungen um einige Grad ab, als das Oberlandesgericht in Schleswig im Juli 2018 zu dem Ergebnis kam, dass der Auslieferungsantrag der spanischen Regierung auf der Basis des Vorwurfs einer »Rebellion« nicht zulässig sei, da es im deutschen Recht kein Äquivalent für die Vorwürfe gab. Den Tatbestand des »Hochverrats« (gemäß § 81 StGB) oder »Landfriedensbruchs« (gemäß § 125 StGB) konnte die schleswig-holsteinische Justiz nicht erkennen: Dafür habe es an Gewalt gemangelt. Auch sei Puigdemont »kein ›geistiger Anführer‹ von Gewalttätigkeiten«.[2] Dass es ihm, so das Oberlandesgericht, »lediglich um die Durchführung des Referendums gegangen«[3] sei, dürfte nicht nur in Madrid auf Unverständnis gestoßen sein. Da eine Auslieferung Puigdemonts von Deutschland nach Spanien unter diesen Umständen nur dazu geführt hätte, dass er in Madrid für die Veruntreuung öffentlicher Gelder hätte belangt werden können, zog die spanische Regierung den internationalen Haftbefehl zurück. Es wäre nicht zu vermitteln gewesen, dass andere Regierungsmitglieder wegen Rebellion angeklagt würden, der Präsident der *Generalitat* hingegen nur wegen Veruntreuung. Damit war Puigdemont im

1 So der Facebook-Eintrag von Guy Verhofstadt am 31.10.2017: https://de-de.facebook.com/GuyVerhofstadt/posts/10156218148200016:0 (11.12.2020).

2 Vgl. die Erklärung der Pressestelle des Schleswig-Holsteinischen Oberlandesgerichts vom 12.7.2018: https://www.schleswig-holstein.de/DE/Justiz/OLG/Presse/PI/201806Puigdemontdeutsch.html (11.12.2020).

3 Ebd.

europäischen Ausland vorerst ein freier Mann, bei einer Rückkehr nach Spanien allerdings droht ihm die sofortige Verhaftung.

Filmaufnahmen aus dem März 2018 zeigen unter denjenigen Katalanen, die nach Neumünster gereist waren, um vor der Justizvollzugsanstalt ihre Solidarität mit Puigdemont zu demonstrieren, einen Mann, der sich mit Fellmütze samt Ohrenklappen gegen die norddeutsche Kälte gewappnet hatte: Quim (Joaquim) Torra i Pla.[4] Im Mai revanchierte sich Puigdemont für diesen Loyalitätsbeweis. Nachdem sich kein Weg hatte finden lassen, ihn auch im Ausland zum Präsidenten der *Generalitat* zu wählen, schlug er in letzter Minute – bevor Neuwahlen hätten stattfinden müssen – als Alternative Quim Torra vor. Am 21. Dezember 2017 war Torra erstmals in das katalanische Parlament gewählt worden – sein Name stand auf dem Listenplatz 11 von *Junts per Catalunya.* Nach fünf Monaten Tauziehen um die Regierungsbildung bekam Katalonien durch die Wahl Quim Torras zum Präsidenten der *Generalitat* am 14. Mai 2018 endlich eine neue Regierung. Erst jetzt war Artikel 155 hinfällig, und die Regierungsgeschäfte wurden wieder in die Hände katalanischer Politiker gelegt.

Nachdem die jahrelangen Blockaden im spanisch-katalanischen Verhältnis nicht zuletzt den führenden Politikern Puigdemont und Rajoy angelastet worden waren, keimte nun allerorten die Hoffnung, dass andere Persönlichkeiten an den Schalthebeln der Macht den Weg aus der Sackgasse weisen könnten. Zumal sich zehn Tage später auch das politische Führungspersonal in Madrid änderte: Nach einem von den spanischen Sozialisten eingebrachten Misstrauensvotum löste Pedro Sánchez (PSOE) am 2. Juni 2018 den konservativen Mariano Rajoy im Amt des spanischen Ministerpräsidenten ab. Bezeichnenderweise war Sánchez für dieses Manöver auf die Unterstützung der nationalistischen Parteien des Baskenlandes und Kataloniens angewiesen.

Obwohl es ein dezidiertes Anliegen des Sozialisten war, Brücken zu bauen, kam ihm der katalanische Regierungschef nicht wirklich entgegen. Von Beginn an hatte Quim Torra verdeutlicht, sich als Stellvertreter von Carles Puigdemont zu verstehen, den er weiterhin für den legitimen Präsidenten hielt. Und diesem war an Konzilianz nicht gelegen.

Doch war es ohnehin blauäugig gewesen, von Quim Torra Kompromissbereitschaft zu erwarten. Dessen politische Sozialisation in den Rei-

4 Zur Filmsequenz vgl. Der Tag, an dem Puigdemont nach Neumünster kam; in: Kieler Nachrichten, 24.3.2019: https://www.kn-online.de/Lokales/Neumuenster/Der-Tag-an-dem-Puigdemont-festgenommen-wurde-und-nach-Neumuenster-kam (11.12.2020).

hen separatistisch gesonnener zivilgesellschaftlicher Organisationen hatte aus ihm einen überzeugten Verfechter der katalanischen Unabhängigkeit gemacht. Mit der ANC war er eng verbunden, 2015 hatte er für einige Monate sogar die Leitung von *Òmnium Cultural* übernommen. In seinen katalanistischen Bestrebungen hatte er auch nicht davor zurückgeschreckt, aversive Emotionen gegen Spanien zu schüren. Die drastische Rhetorik trug ihm schließlich das Attribut »Hassprediger« ein, hatte er doch Spanier als »Aasfresser, Vipern, Hyänen« bzw. als »Bestien in menschlicher Gestalt« bezeichnet. Nicht die Katalanen, sondern die Spanier seien für die Spirale negativer Emotionen verantwortlich, würden sie doch – forciert durch eine »krankhafte Angst«, die womöglich durch einen »Knick in ihrer DNA-Kette« bedingt sei – »einen gestörten, ekelerregenden Hass« verbreiten, einen »Hass gegen alles, was die (katalanische) Sprache repräsentiert«.[5] Torras drastische Worte fügen sich in die zeitgenössisch verbreitete Strategie, Hass »über Bande« zu evozieren: Selber aktiv und erkennbar Hassparolen zu verbreiten, passte nicht in das Selbstbild von einem friedliebenden katalanischen Nationalismus. Aber dadurch, dass dem Gegner Hass unterstellt wurde, weckte diese Rhetorik beim Adressaten eine reaktive emotionale Abwehr, sprich: Hass, was auf diese Weise als defensiver Reflex – legitim und unschuldig – erschien.

Zwar hatte Torra vor der Wahl einige Tweets löschen lassen und sich – auf Aufforderung anderer Parteien – im Parlament entschuldigt. Aber in seinen Reden unmittelbar vor der Wahl zum Präsidenten der *Generalitat* hatte er keinerlei Zweifel daran gelassen, dass er sich unverändert dem Referendum vom 1. Oktober verpflichtet fühlte und die »katalanische Republik« verwirklichen wollte. Und wie man mit Emotionen Politik machte, hatte er in den vergangenen Jahren gelernt. Seit 1714, so hatte Torra das heimische Fernsehpublikum vormals wissen lassen, lebten die Katalanen unter spanischer Besatzung. Dies war einer der Sätze, von denen er sich vor der Wahl distanzierte. Aber dabei handelte es sich um keine spontanen Entgleisungen, solche Aussagen gehörten zum emotionalen Regime des Separatismus, für welches sich Quim Torra auch professionell als Direktor des Kulturzentrums *El Born* eingesetzt hatte.

Insofern kann es nicht verwundern, dass das katalanisch-spanische Verhältnis auch unter der neuen Regierung in Barcelona angespannt blieb. Die Friktionen, die Puigdemont von Brüssel aus befeuerte, erreichten während

5 Zu den Zitaten vgl. Paul Ingendaay: Raus mit den Bestien!; in: *FAZ*, 17.5.2018; aktualisiert am 24.5.2018: https://www.faz.net/aktuell/feuilleton/wie-katalaniens-neuer-praesident-den-hass-predigt-15595323.html (11.12.2020).

des Prozesses gegen die katalanischen Politiker einen neuen Höhepunkt. Die Verhandlungen vor dem Obersten Gericht Spaniens wurden lange vorbereitet und zogen sich von Februar bis Juni 2019 hin. Im Oktober wurden die Urteile verkündet: Die spanischen Richter waren zu dem Schluss gekommen, dass sich die Separatisten zwar keiner »Rebellion«, aber doch des »Aufruhrs« (*sedición*) schuldig gemacht hatten. Dementsprechend blieben die Haftstrafen zwar weit von den bis zu 25 Jahren entfernt, die bei »Rebellion« gegriffen hätten. Aber mit bis zu 13 Jahren Haft fielen sie gleichwohl hart aus. Da auch in Spanien für den Straftatbestand des »Aufruhrs« die Ausübung von Gewalt erforderlich ist, kreisten die Auseinandersetzungen nicht zuletzt um die Frage, was unter »Gewalt« verstanden werden konnte.

Den juristischen Kampf begleitete die katalanische Zivilgesellschaft durch einen symbolischen »Krieg der Schleifen«.[6] Gelbe Schleifen, die die Separatisten auf Häuserwänden, den verwaisten Stühlen im Parlament, den Balkonen von Rathäusern oder an den Revers ihrer Sakkos befestigten, signalisierten ihre Solidarität mit den inhaftierten »politischen Gefangenen«. Das Bild der unschuldig einsitzenden Politikerinnen und Politiker fügte sich in die Viktimisierungserzählungen des katalanischen Nationalismus: Die Haftstrafen wurden als neue Eskalation in der langen Geschichte der spanischen Repression gedeutet.

Das Anbringen gelber Schleifen entwickelte sich zu einer neuen Methode, einerseits den öffentlichen Raum zu besetzen und andererseits den Einzelnen zu einem klaren Bekenntnis zu nötigen. Das Zeichen an der Kleidung markierte die Zugehörigkeit zu einer politischen und emotionalen Gemeinschaft – wer sich dem entzog, gehörte ganz offensichtlich nicht dazu. Da sich einige Katalanen der Invasion der gelben Symbole nicht aussetzen wollten, entfernten sie die Schleifen bei Dunkelheit, woraufhin diese am nächsten Tag durch neue ersetzt wurden. Dass diese Symbolhandlungen nicht nur die Gesellschaft weiter spalteten, sondern durchaus das Potential hatten, in Gewalt zu entgleisen, zeigt sich in den Appellen an die katalanische Polizei, diejenigen namentlich zu erfassen, die sich an den Schleifen vergriffen, sowie an vereinzelten Handgreiflichkeiten im Nahkampf um das Symbol: wenn etwa ein Separatist eine Frau attackierte, die auf dem Parkgelände vor dem Parlament gelbe Schleifen entfernte.[7]

6 Vgl. Thomas Urban: Krieg der Schleifen; in: SZ, 24.9.2019: https://www.sueddeutsche.de/politik/spanien-krieg-der-schleifen-1.4142601 (11.12.2020).

7 Vgl. Joan Tapia: La guerra de los lazos aviva la fractura social; in: *El Periódico*, 30.8.2018: https://www.elperiodico.com/es/opinion/20180830/la-guerra-de-los-lazos-aviva-la-fractura-social-7010386 (11.12.2020).

Quim Torra hatte aus der eigenen Position nie ein Hehl gemacht: Konsequent trat er mit gelber Schleife am Revers auf. Mochte dies noch als individueller Bekenntnisakt durchgehen, so hielten es die Gegner des Separatismus nicht für tragbar, dass auch auf dem Balkon des *Palau de la Generalitat*, des Amtssitzes der katalanischen Regierung, ein Banner befestigt wurde, welches Freiheit für die »politischen Gefangenen« forderte und eine gelbe Schleife zeigte. Mit Verweis auf das Gebot der Neutralität von Amtsgebäuden im Vorfeld von Wahlen wurde der Präsident der *Generalitat* vom katalanischen Verfassungsgericht aufgefordert, das Banner zu entfernen. Torra zeigte sich einsichtig, ließ aber das Spruchband nur durch ein anderes ersetzen. Das neue Banner forderte mit Verweis auf Artikel 19 der Allgemeinen Erklärung der Menschenrechte die Meinungsfreiheit ein, und anstelle der gelben Schleife war eine weiße angebracht. Ein roter Balken, der quer durch die Schleife verlief, zitierte ein Plakat, das schon im Jahr 1977 Meinungsfreiheit (*llibertat d'expressió*) eingefordert hatte. Dass es sich um ein Zitat handelte, belegten Plakate, auf denen das Logo von damals zu erkennen war.

Bezeichnenderweise handelte es sich um ein Plakat einer Initiative um Albert Boadella, der in den 1960er Jahren die Theatergruppe *Els Joglars* in Barcelona gegründet und mit seiner ironischen Kritik die franquistische Zensur und Repression kennengelernt hatte. Während der Transition war er 1977 vor ein Militärgericht gebracht worden, woraufhin die Plakate für die Meinungsfreiheit entstanden. Dass diese Plakate jetzt von den Separatisten vereinnahmt wurden, war insofern pikant, als Boadella ein dezidierter Gegner des katalanischen Nationalismus war, gegen den er mit den Waffen des Humors zu Felde zog.

Als sich nach der Wahl im Dezember 2017 abgezeichnet hatte, dass die katalanischen Politiker von dem Ziel der Unabhängigkeit nicht ablassen würden, formierte sich Anfang 2018 eine Bewegung, die den *Procés* und seine Protagonisten auf humoristische Weise auf die Hörner nahm. Zu diesem Zweck wurde »Tabarnia« ins Leben gerufen: ein fiktives, aus Tarragona und Barcelona zusammengesetztes Territorium, das sich im Falle der Unabhängigkeit Kataloniens wiederum von diesem für unabhängig erklären und bei Spanien verbleiben wollen würde. Das restliche, ländliche Katalonien könne dann gern für sich unabhängig sein. Vorerst wurde für diese Metropolen, in denen die mehrheitliche Ablehnung eines katalanischen Separatismus unstrittig war, ein eigenes Unabhängigkeitsreferendum gefordert. Flugs entwarf man für Tabarnia eine eigene Flagge, richtete eine Website ein, gründete eine digitale Zeitschrift und ernannte mit Albert Boadella einen eigenen Präsidenten – alles unter spiegelbildlicher, satirischer Brechung dessen, was die katalanischen Nationalisten betrieben. So wie sich Puigdemont als Exilpräsident inszenierte, positionierte sich Boadella als Präsident Tabarnias im Exil. Die Zeitschrift *Tabarnia Today* karikierte die von Puigdemont 2004 gegründete Zeitschrift *Catalonia Today*. Der satirische Flaggenkult spießte den Kult um die separatistische Estelada auf, Plakate wie *Help Tabarnia. Democracy* nahmen ironisch Bezug auf den Film *Help Catalonia*. »Die Leute müssen endlich wieder lachen«, erklärte Boadella: »Der Humor ist das beste Gegengift gegen den Fundamentalismus der Nationalisten.«[8]

Doch die Leichtigkeit des Humors hatte es schwer angesichts der heftigen Geschütze des Nationalismus. Jede Kritik geriet schnell unter den Verdacht franquistischer oder faschistischer Gesinnung. Aber auch die Gegner der Separatisten beließen es nicht beim Einsatz von Humor. Indem sie den Hass der Nationalisten betonten, trugen auch sie zur Unversöhnlichkeit der Lager bei.

Torra kam im Herbst 2020 zu Fall. Der Oberste Gerichtshof Kataloniens hatte ihm eine Verletzung der Neutralitätspflicht vorgeworfen, und Ende September 2020 wurde das Urteil vom Obersten Gerichtshof in Madrid bestätigt. In der Folge musste Torra unverzüglich sein Amt niederlegen und darf für einen gewissen Zeitraum keine Wahlämter ausüben.[9] Zuletzt, im Herbst 2020, erschien es alles in allem allerdings unwahrscheinlich, dass es unter dem Stellvertreter Pere Aragonès an der Spitze der katalanischen Politik zu einer signifikanten Kehrtwendung kommen wird.

Womöglich wird eine neue Krise mit neuen Konfliktlagen zu einem alternativen Emotionsregime führen und die festgefahrenen Muster aufbrechen. Auch welche Folgen die Corona-Epidemie in Spanien langfristig haben wird, bleibt abzuwarten. Zunächst schienen die Reaktionen auf die Pandemie mit einer großen Bereitschaft einherzugehen, alte Gräben zuzuschütten und sich auf die gemeinsamen Herausforderungen zu konzentrieren. So warb auch König Felipe in seiner Corona-Ansprache am 18. März 2020 darum, mit Empathie, Entschlossenheit und Stolz gemeinschaftlich zusammenzustehen: »Jetzt müssen wir unsere Meinungsverschiedenheiten beiseitelassen. Wir müssen uns vereinen, um gemeinsam ein Ziel zu erreichen: diese schwere Situation zu überstehen. Und das müssen wir gemeinsam tun, alle zusammen, mit Ernst und Vertrauen, aber auch mit

8 Zitiert in Hans-Christian Rößler: Der König von Tabarnia. Warum ein katalanischer Künstler schon jetzt die Abspaltung von der Abspaltung plant; in: *FAZ*, 8.2.2018.

9 Vgl. u.a. Hans-Christian Rößler: Quim Torra des Amts enthoben; in: *FAZ*, 28.9.2020: https://www.faz.net/aktuell/politik/ausland/katalonien-regierungschef-quim-torra-des-amtes-enthoben-16975715.html (11.12.2020).

Entschlossenheit und Energie.« Am Ende der Ansprache sprach der König die Probleme der zurückliegenden Jahre an: »Im Laufe der Jahre haben wir sehr schwere, sehr ernste Momente überstanden.« Auch das Corona-Virus werde Spanien nicht niederringen: »Im Gegenteil. Es wird uns als Gesellschaft stärker, entschlossener, solidarischer und einiger machen.«[10]

Dieser optimistischen Prognose lagen wohl nicht zuletzt fromme Wünsche zugrunde. Die Monarchie als Institution ist in Spanien nach der Flucht von Juan Carlos nach Abu Dhabi alles andere als unumstritten. Die Konservativen und linken Kräfte haben die Corona-Krise in ihre Polarisierungsstrategien integriert, und auch der Katalonienkonflikt flammt immer wieder auf.

Was noch nicht abzusehen ist, sind die langfristigen Folgen der Pandemie für die spanische Wirtschaft. Spanien wurde von ihr besonders dramatisch heimgesucht, und deshalb dürften auch die Folgen besonders einschneidend sein. Da aber die Zuspitzung des Katalonienkonflikts in der zweiten Dekade des 21. Jahrhunderts nicht zuletzt durch die Wirtschafts- und Finanzkrise von 2008 forciert worden ist, steht zu befürchten, dass sich die zu erwartenden wirtschaftlichen Probleme auch in diesem Zusammenhang massiv auf die Kohäsionskraft des spanischen Staates auswirken werden. Krisen, so der König in seiner Ansprache im März 2020, können die Werte einer Gesellschaft und das Leistungsvermögen eines Staates auf die Probe stellen. Ob es nach der Corona-Krise zu einer Stabilisierung oder Destabilisierung des spanischen Staates kommt, ist nicht zu prognostizieren. Eine maßgebliche Rolle aber wird es spielen, in welcher Weise die Emotionen von Einzelnen sowie von kleinen und großen Kollektiven instrumentalisiert, forciert und gelenkt werden.

Maßgeblich wird auch die kollektive Haltung europäischer Gesellschaften gegenüber Emotionen sein. Möglicherweise wird die Pandemie hier eine Zäsur markieren, weil die einzelnen Fraktionen der polarisierten Gesellschaften durch den gemeinsamen Kampf gegen den gemeinsamen Feind näher zusammenrücken. Ebenso aber ist das Gegenteil möglich: Durch intensivierte Verteilungskämpfe, durch ungleich verteilte wirtschaftliche Belastungen und durch divergierende Emotionserfahrungen können die Polarisierungen noch dramatisch zunehmen. Die Emotionsgeschichte lehrt: All das ist nicht vorhersehbar. Aber eines ist klar: Emotionen werden eine zentrale Rolle spielen.

10 Zum Video und Text der Ansprache des Königs vom 18.3.2020: https://www.rtve.es/noticias/20200318/discurso-integro-del-rey-crisis-del-coronavirus/2010362.shtml (11.12.2020).

# Verzeichnis der Abkürzungen

| | |
|---|---|
| AMI | Associació de Municipis per la Independència |
| ANC | Assemblea Nacional Catalana |
| AP | Alianza Popular |
| CDC | Convergència Democràtica de Catalunya |
| CEDA | Confederación Española de Derechas Autónomas |
| CEO | Centre d'Estudis d'Opinió |
| CiU | Convergència i Unió |
| CNT | Confederación Nacional del Trabajo |
| C's | Ciutatans |
| CUP | Candidatura d'Unitat Popular |
| DUI | Declaració Unilateral d'Independència |
| EPOCA | Exèrcit Popular Català |
| ERC | Esquerra Republicana de Catalunya |
| ETA | Euskadi Ta Askatasuna |
| ICV | Iniciativa per Catalunya-Verds |
| ICV y de EUiA | Iniciativa per Catalunya Verds–Esquerra Unida i Alternativa |
| IOC | Internationales Olympisches Komitee |
| LOAPA | Ley Orgánica de Armonización del Proceso Autonómico |
| PDeCat | Partit Demòcrata europeu Català |
| PNV | Partido Nacionalista Vasco |
| POUM | Partido Obrero de Unificación Marxista |
| PP | Partido Popular |
| PSC | Partit dels Socialistes de Catalunya |
| PSOE | Partido Socialista Obrero Español |
| PSUC | Partit Socialista Unificat de Catalunya |
| SCC | Sociedad Civil Catalana |
| SI | Solidaritat Catalana per la Independència |
| UCD | Unión del Centro Democrático |
| UDC | Unió Democràtica de Catalunya |
| UGT | Unión general de trabajadores |
| UMN | Unión Monárquica Nacional |

# Verzeichnis der Abbildungen

Seite 167: picture alliance / REUTERS | ALBERT GEA
Seite 176: picture alliance / dpa | Marta Perez
Seite 177: picture alliance / REUTERS | ALBERT GEA
Seite 178: picture alliance / REUTERS | ALBERT GEA
Seite 211: picture alliance / ZUMAPRESS.com | Matthias Oesterle
Seite 213: picture alliance / abaca | AA/ABACA
Seite 224: picture alliance / Cordon Press | Cordon Press
Seite 229 (oben): picture alliance / Photoshot | –
Seite 229 (unten): picture alliance / Photoshot | –
Seite 239: picture alliance / Manu Fernandez/AP/dpa | Manu Fernandez

# Quellen- und Literaturverzeichnis


Almirall, Valentí: Lo Catalanisme. Motius que'l llegitiman fonaments cientifichs y solucions practicas (1886), Barcelona 1978.

Ders.: Bases para la Constitución federal de la nación española y para la del Estado de Cataluña. Observaciones sobre el modo de plantear la confederación de España (1868); in: Juan José Trías Vejarano/Antonio Elorza: Federalismo y reforma social en España (1840-1870), Madrid 1975, S. 432-450.

Álvarez Junco, José: Mater dolorosa. La idea de España en el siglo XIX, Barcelona 2001.

Anguera, Pere: L'Onze de Setembre. Història de la Diada (1886-1938), Montserrat 2008.

Armíñan, José Manuel y Luis de (Hg.): Miguel Primo de Rivera, Epistolario del Dictador, Madrid 1930.

Arzoz, Xavier: Das Autonomiestatut für Katalonien von 2006 als erneuter Vorstoß für die Entwicklung des spanischen Autonomiestaates; in: Zeitschrift für ausländisches öffentliches Recht und Völkerrecht (ZaöRV), 69 (2009), S. 155-193, S. 169: https://www.zaoerv.de/69_2009/69_2009_1_b_155_194.pdf. (11.12.2020).

Aschmann, Birgit/Waldhoff, Christian (Hg.): Die Spanische Verfassung von 1978. Entstehung – Praxis – Krise?, Münster 2020.

Dies.: Die Verfassung von 1978 im Kontext der spanischen Geschichte; in: dies./Christian Waldhoff (Hg.): Die Spanische Verfassung von 1978. Entstehung – Praxis – Krise?, Münster 2020, S. 15-30.

Dies.: Spanien in der *transición*. Von der Franco-Diktatur zur Demokratie; in: Mittelweg 36, 25 (2016), S. 29-58.

Dies.: Der Traum der Vernunft und seine Monster. Goyas Perspektiven auf das 19. Jahrhundert, Berlin 2013.

Dies.: Preußens Ruhm und Deutschlands Ehre. Zum nationalen Ehrdiskurs im Vorfeld der preußisch-französischen Kriege des 19. Jahrhunderts, München 2013.

Dies.: Der »Faktor Gefühl« – zum *emotional regime* des Franquismus; in: Hélène Miard-Delacroix/Andreas Wirsching (Hg.): Emotionen und internationale Beziehungen im Kalten Krieg, Berlin/Boston 2020, S. 45-62.

Assmann, Aleida: Der lange Schatten der Vergangenheit. Erinnerungskultur und Geschichtspolitik, München 2006.

Aubert, Paul: Hacia la modernización; in: Carlos Serrano/Serge Salaün (Hg.): Los felices años veinte. España, crisis y modernidad, Madrid 2006, S. 35-54.

Baiges, Siscu/Reixach, Jaume: Jordi Pujol: historia de una obsesión, Madrid 1991.

Balcells, Albert: El Pistolerisme (1917-1923), Barcelona 2009.

Baraut, P. Maiolus: Die Leiden eines Klosters. Ein Tatsachenbericht; in: Josep Massot i Muntaner: La Guerra civil a Montserrat, Montserrat 1984.

Barberà, Oscar: La Candidatura d'Unitat Popular (CUP). El auge del independentismo de izquierda radical en Cataluña; in: Steven Forti/Arnau Gonzàlez i Vilalta/

Enric Ucelay-Da Cal (Hg.): El proceso separatista en Cataluña. Análisis de un pasado reciente (2006-2017), Barcelona 2017, S. 205-224.

Barceló, Miquel/Riquer, Borja de/Ucelay-Da Cal, Enric: Sobre la història i la historiografia catalana; in: L'Avenç, 50 (1982), S. 68-73.

Barrio, Astrid: El partido anticatalanista que hizo las Españas; in: Steven Forti/Arnau Gonzàlez i Vilalta/Enric Ucelay-Da Cal (Hg.): El proceso separatista en Cataluña. Análisis de un pasado reciente (2006-2017), Barcelona 2017, S. 225-243.

Bassa, David: L'Operació Garzón. Un balanç de Barcelona '92, Barcelona 1997.

Bauer, Thomas: Die Vereindeutigung der Welt. Über den Verlust an Mehrdeutigkeit und Vielfalt, Stuttgart 2018.

Bauman, Zygmunt: Liquid Times. Living in an Age of Uncertainty, Cambridge 2007.

Ders.: Liquid Fear, Cambridge 2006.

Baumeister, Martin: Arenen des Bürgerkriegs? Kollektive Gewalt in Turin und Barcelona 1890 bis 1923; in: Friedrich Lenger (Hg.): Kollektive Gewalt in der Stadt. Europa 1890-1939, München 2013, S. 123-147.

Becker, Josef (Hg.): Bismarcks spanische »Diversion« 1870 und der preußisch-deutsche Reichsgründungskrieg. Quellen zur Vor- und Nachgeschichte der Hohenzollern-Kandidatur für den Thron in Madrid 1866-1932, 3 Bde., Paderborn 2003.

Ben-Ami, Shlomo: El cirujano de hierro. La dictadura de Primo de Rivera (1923-1930), Barcelona 2012.

Benet, Josep: El president Companys, afusellat, Barcelona 2005.

Ders.: Lluís Companys, presidente de Cataluña, fusilado, Barcelona 2005.

Ders.: L'intent franquista de genocidi cultural contra Catalunya, Barcelona 1995.

Ders.: Exili i mort del president Companys, Barcelona 1990.

Ders.: La mort de Lluís Companys; in: ders.: Desfeta i redreçament de Catalunya, Barcelona 1978, S. 33-45.

Ders.: Catalunya sota el règim franquista. Informe sobre la persecució de la llengua i la cultura de Catalunya pel règim del general Franco, Bd. 1, Paris 1973.

Billig, Michael: Banal nationalism, London 1995.

Bischof, Franz Xaver: München als Treffpunkt der Kirche. Der 37. Eucharistische Weltkongress 1960; in: Münchener Theologische Zeitschrift (MThZ), 62 (2011), S. 101-118.

Bofarull, Antoni de/Balaguer, Víctor: Estudios históricos. Restablecimiento de los Juegos Florales, *Diario de Barcelona*, 19.5.1854, S. 3588-3591.

Bolaño, Toni: Extremo nordeste. La CUP: los últimos bolcheviques de Occidente, Barcelona 2016.

Bosch Gimpera, Pere: El poblamiento antiguo y la formación de los pueblos de España, Mexiko 1945.

Braunstein Franco, Mercedes: Els voluntaris catalans a la Guerra d'Africa (1859-1860); in: L'Avenç, 237 (1999), S. 76-79.

Brinkmann, Sören: Katalonien und der Spanische Bürgerkrieg. Geschichte und Erinnerung, Berlin 2007.

Calvo Sotelo, Leopoldo: Memoria viva de la Transición, Barcelona 1990.

Cambó, Francesc: Memòries (1876-1936), 3. Auflage, Barcelona 1981.

Cambó, Francisco: El pesimismo español, Madrid 1917.

Camps i Arboix, Joaquim de: El Memorial de Greuges, Barcelona 1968.

Canal, Jordi: Con permiso de Kafka. El proceso independentista en Cataluña, Barcelona 2018.

Ders.: Historia mínima de Cataluña, Madrid 2015.

Candel, Francesc: Els altres catalans, Barcelona 1964.

Cánovas del Castillo, Antonio: El vínculo de nacionalidad que sujeta y conserva las naciones es, por su naturaleza, indisoluble; in: Discurso im Ateneo, 6.11.1882.

Cánovas del Castillo, Antonio: Discurso sobre la nación (1882), Madrid 1987.

Capmany, Antonio de: Centinela contra franceses, Madrid 1808.

Cardó, Carles: Histoire spirituelle des Espagnes. Étude historico-psychologique du peuple espagnol, Paris 1946.

Casanova, Julián: República y guerra civil (Historia de España Bd. 8), Madrid 2007.

Ders.: Terror and Violence. The Dark Face of Spanish Anarchism; in: International Labor and Working-Class History, 67 (2005), S. 79-99.

Castellanos López, José Antonio: Esquerra Republicana de Cataluña durante la Transición democrática: El proceso hacia su legalización como partido político; in: Espacio, Tiempo, Forma, 28 (2016), S. 215-233: http://revistas.uned.es/index.php/ETFV/article/view/15851 (11.12.2020).

Castillo Arenas, Francisco: El Partido Social Liberal Andaluz, un »toque regionalista« para la Unión de Centro Democrático; in: Ambitos. Revista de Estudios de Ciencias Sociales y Humanidades de Córdoba, 8 (2002), S. 136-142.

Cattini, Giovanni C.: Myths and symbols in the political culture of Catalan nationalism (1880-1914); in: Nations and Nationalism, 21/3 (2015), S. 445-460.

Ders.: El cost humà de la guerra civil. El recompte dels desapareguts catalans, entre morts i exiliats; in: Josep M. Solé i Sabaté/Joan Villarroya (Hg.): Breu Història de la Guerra Civil a Catalunya, Barcelona 2005, S. 829-840.

Claret, Jaume/Santirso, Manuel: La construcción del catalanismo. Historia de un afán político, Madrid 2014.

Collado Seidel, Carlos: Kleine Geschichte Kataloniens, München 2018.

Connelly Ullman, Joan: La Semana Trágica: estudio sobre las causas socioeconómicas del anticlericalismo en España, 1898-1912, Barcelona 1972.

Conservi, Daniele: The Smooth Transition: Spain's 1978 Constitution and the Nationalities Question; in: National Identities, 4/3 (2002), S. 223-244.

Crexell i Playà, Joan: El monument a Rafael Casanova, Barcelona 1985.

Crusellas, Lluís: Lluís Companys, el seu martiri; in: L'Avenç, 21 (1979), S. 6-16.

Cueva, Julio de la: Religious Persecution, Anticlerical Tradition and Revolution. On Atrocities against the Clergy during the Spanish Civil War; in: Journal of Contemporary History, 33 (1998), S. 355-369.

Culla, Joan B.: El Tsunami. Com i per què el sistema de partits català ha esdivingut irreconeixible, Barcelona 2017.

Ders.: Esquerra Republicana de Catalunya 1931-2012: una historia política, Barcelona 2013.

Della Porta, Donatella: Die schöne neue Demokratie. Über das Potential sozialer Bewegungen, Frankfurt a.M. 2020.

Díaz Alonso, Diego: Tan lejos y tan cerca. España y Cataluña: entre la indignación y el independentismo; in: Steven Forti/Arnau Gonzàlez i Vilalta/Enric Ucelay-

Da Cal (Hg.): El proceso separatista en Cataluña. Análisis de un pasado reciente (2006-2017), Barcelona 2017, S. 189-203.

Dowling, Andrew: La calle como plataforma de comunicación. De la Crida a la Assemblea Nacional Catalana; in: Steven Forti/Arnau Gonzàlez i Vilalta/Enric Ucelay-Da Cal (Hg.): El proceso separatista en Cataluña. Análisis de un pasado reciente (2006-2017), Barcelona 2017, S. 171-187.

Ders.: Catalonia since the Spanish Civil War: Reconstructing the Nation, Brighton 2013.

Ders.: For Christ and Catalonia. Catholic Catalanism and Nationalist Revival in Late Francoism; in: Journal of Contemporary History, 47/3 (2012), S. 594-610.

Durán, Nelson: La Unión Liberal y la modernización de la España isabelina. Una convivencia frustrada, Madrid 1979.

Ealham, Chris: Class Culture and Conflict in Barcelona, 1898-1937, London 2005.

Elliott, John H.: A Europe of Composite Monarchies; in: ders.: Spain, Europe and the Wider World, 1500–1800, New Haven/London 2009, S. 3-24.

Eser, Patrick: Fragmentierte Nation – globalisierte Region? Der baskische und katalanische Nationalismus im Kontext von Globalisierung und europäischer Integration, Bielefeld 2013.

Fabre, Jaume/Huertas, Josep M./Bohigas, Pere: Monuments de Barcelona, Barcelona 1984.

Ferrater Mora, Josep: Les formes de la vida catalana i altres assaigs, Barcelona 1980.

Fontana, Josep: La revolució liberal a Catalunya, Lleida 2003.

Ders.: La época del liberalismo (Historia de España Bd. 6), Barcelona 2007.

Fontes, Ignacio: 1937, el crimen fue en Guernica. Análisis de una mentira, Madrid 2014.

Fradera, Josep M.: The Imperial Nation. Citizens and Subjects in the British, French, Spanish and American Empires, Princeton 2018.

Ders.: Juan Prim y Prats (1814-1870). Prim conspirador o la pedagogía del sable; in: Isabel Burdiel/Manuel Pérez Ledesma (Hg.): Liberales, agitadores y conspiradores. Biografías heterodoxas del siglo XIX, Madrid 2000, S. 239-266.

Fuentes Codera, Maximiliano: España en la Primera Guerra Munidal. Una movilización cultural, Madrid 2014.

Gabriel, Pere: Francesc Macià. Imagen y popularidad de un presidente; in: Géraldine Galeote/Maria Llombart Huesca/Maitane Ostolaza (Hg.): Emoción e identidad nacional. Cataluña y el País Vasco en perspectiva comparada, Paris 2015, S. 255-267.

Galí, Raimon: La formació dels pobles de llengua catalana segons Bosch-Gimpera; in: Quaderns de l'Exili, 25 (1947), S. xxi-xxvi.

Galofré, Jordi: Historia de Catalunya, Barcelona 1992.

Gaziel (Agustí Calvet i Pascual): Quina mena de gent som. Quatre assaigs sobre Catalunya i els catalans (1938-1947), 2. Auflage, Barcelona 2009.

Giddens, Anthony: Kritische Theorie der Spätmoderne, Wien 1992.

Giesen, Bernhard: Triumph and trauma, Boulder 2004.

Goltermann, Svenja: Opfer. Die Wahrnehmung von Krieg und Gewalt in der Moderne, Frankfurt a.M. 2017.

González Calleja, Eduardo: La España de Primo de Rivera. La modernización autoritaria 1923-1930, Madrid 2005.

González Duro, Enrique: Los psiquiatras de Franco. Los rojos no estaban locos. Barcelona 2008.

Gonzàlez i Vilalta, Arnau/Ucelay-Da Cal, Enric/García-Planas, Plàcid: »Tumulto«. Meditacions sobre l'octubre català, Girona 2017.

Gotto, Bernhard: Enttäuschung in der Demokratie. Erfahrung und Deutung von politischem Engagement in der Bundesrepublik Deutschland während der 1970er und 1980er Jahre, Berlin 2018.

Hargreaves, John: Freedom for Catalonia? Catalan Nationalism, Spanish Identity and the Barcelona Olympic Games, Cambridge 2000.

Haupt, Heinz-Gerhard: Den Staat herausfordern. Attentate in Europa im späten 19. Jahrhundert, Frankfurt a.M. 2019.

Herbert, Ulrich: Europe in High Modernity. Reflections on a Theory of the 20th Century; in: Journal of Modern European History, 5/1 (2007), S. 5-21.

Herrerín López, Ángel: Anarquía, dinamita y revolución social, Madrid 2011.

Hessel, Stéphane: Empört Euch!, 8. Auflage, Berlin 2011.

Hildenbrand, Andreas: Das Regionalismusproblem; in: Walther L. Bernecker/Carlos Collado Seidel (Hg.): Spanien nach Franco. Der Übergang von der Diktatur zur Demokratie 1975-1982, München 1993, S. 104-126.

Hobsbawm, Eric/Ranger, Terence (Hg.): The Invention of Tradition, Cambridge 2012.

Iglesias, Pablo: Una nueva transición. Materiales del año del cambio, Madrid 2015.

Jensen, Uffa: Zornpolitik, Berlin 2017.

Judson, Pieter M.: Nationalism and Indifference; in: Johannes Feichtinger/Heidemarie Uhl (Hg.): Habsburg neu denken. Vielfalt und Ambivalenz in Zentraleuropa. 30 kulturwissenschaftliche Stichworte, Wien/Köln/Weimar 2016, S. 148-155.

Juliá, Santos: Historias de las dos Españas, Madrid 2015.

Ders.: En Torno a los Proyectos de Transición y sus imprevistos resultados; in: Carme Molinero (Hg.): La Transición, treinta años después, Barcelona 2006, S. 59-79.

Koselleck, Reinhart: »Erfahrungsraum« und »Erwartungshorizont« – zwei historische Kategorien; in: Ulrich Engelhardt/Volker Sellin/Horst Stuke (Hg.): Soziale Bewegung und politische Verfassung, Stuttgart 1976, S. 13-33.

Kraemer, Klaus: Sehnsucht nach dem nationalen Container. Zur symbolischen Ökonomie des neuen Nationalismus in Europa; in: Leviathan, 46/2 (2018), S. 280-302.

Krastev, Ivan: The Populist Moment; in: Eurozine, 18.9.2017: https://www.eurozine.com/the-populist-moment/ (13.12.2020).

Langewiesche, Dieter: Nation und Religion; in: Hans G. Kippenberg/Jörg Rüpke/Kocku von Stuckrad (Hg.): Europäische Religionsgeschichte. Ein mehrfacher Pluralismus, Bd. 2, Göttingen 2009, S. 525-553.

Lécuyer, Marie-Claude/Serrano, Carlos: La guerre d'Afrique et ses répercussions en Espagne. Idéologies et colonialisme en Espagne 1859-1904, Paris 1976.

Lindenberger, Thomas: Straßenpolitik. Zur Sozialgeschichte der öffentlichen Ordnung in Berlin. 1910 bis 1914, Bonn 1995.

Llort Llopart, Victoria: Nacionalismo catalán y música: configuración de un concepto, búsqueda de una estética (1850-1930); in: Géraldine Galeote/Maria Llombart Huesca/Maitane Ostolaza (Hg.): Emoción e identidad nacional: Cataluña y el País Vasco en perspectiva comparada, Paris 2015, S. 310-312.

López Bofill, Hèctor: La trama contra Catalunya. Poders catalans que frenen la independència, Barcelona 2013.

López Campillo, Evelyne: La Escuela y la enseñanza; in: Carlos Serrano/Serge Salaün (Hg.): Los felices años veinte. España, crisis y modernidad, Madrid 2006, S. 91-112.

López Tena, Alfons: Catalunya sota Espanya. L'opressió nacional en democràcia, Barcelona 2007.

Lucena Giraldo, Manuel: La nación imperial española y las revoluciones americanas de 1810; in: Antonio Morales Moya/Juan Pablo Fusi Aizpurúa/Andrés de Blas Guerrero (Hg.): Historia de la nación y del nacionalismo español, Barcelona 2013, S. 217-243.

Martín Arranz, Raúl: Espartero. Figuras de legitimidad; in: José Álvarez Junco (Hg.): Populismo, caudillaje y discurso demagógico, Madrid 1987, S. 101-128.

Martínez Fiol, David: Creadores de mitos. El »Onze de Setembre de 1814« en la cultura política del Catalanismo (1833-1939); in: Manuscrits, 15 (1997), S. 341-361.

Massot i Muntaner, Josep: Les festes de l'entronització de la Mare de Déu de Montserrat (1946-1947). Pròleg de l'abat Sebastià M. Bardolet, Barcelona 1997.

Ders.: Les festes de l'entronització i la cultura catalana; in: Serra d'Or, XIX/211 (15.4.1977), S. 49-55.

Mayayo i Artal, Andreu: La ruptura con el franquismo; in: Birgit Aschmann/Christian Waldhoff (Hg.): Die Spanische Verfassung von 1978. Entstehung – Praxis – Krise?, Münster 2020, S. 43-56.

Medina, Francisco: 23-F. La verdad, Barcelona 2006.

Mees, Ludger: The Basque Contention. Ethnicity, Politics, Violence, New York 2020.

Mende, Silke: Ordnung durch Sprache. Francophonie zwischen Nationalstaat, Imperium und internationaler Politik, 1860-1960, München 2020.

Moebius, Stephan: Die Sakralität des Singulären und ihre symbolische Macht. Reckwitz-Buchforum (9): Die Gesellschaft der Singularitäten; in: Soziopolis, 12.3.2018: https://www.soziopolis.de/beobachten/kultur/artikel/reckwitz-buchforum-9-die-gesellschaft-der-singularitaeten/ (11.12.2020).

Molina, Fernando/Quiroga, Alejandro: Mixed feelings: Identities and nationalisations in Catalonia and the Basque country (1980-2015); in: National Identities, 21/1 (2019), S. 9: https://doi.org/10.1080/14608944.2017.1369020 (11.12.2020).

Moliner Prada, Antonio: Anticlericalismo y revolución liberal (1833–1874); in: Emilio La Parra López/Manuel Suárez Cortina (Hg.): El anticlericalismo español contemporáneo, Madrid 1998, S. 69-125.

Molinero, Carme/Ysàs, Pere: La cuestión catalana. Cataluña en la transición española, Barcelona 2014.

Montero Moreno, Antonio: Historia de la persecución religiosa en España. 1936-1939, Madrid 1961.

Moradiellos, Enrique: Historia mínima de la Guerra Civil española, Madrid 2016.

Morales Moya, Antonio: La nación española preconstitucional; in: ders./Juan Pablo Fusi Aizpurúa/Andrés de Blas Guerrero (Hg.): Historia de la nación y del nacionalismo español, Barcelona 2013, S. 129-165.

Moreno Luzón, Javier: The strange case of a national anthem without lyrics: music and political identities in Spain (1785-1913); in: Journal of Iberian and Latin American Studies, 23/3 (2017), S. 367-382.

Ders.: De agravios, pactos y símbolos. El nacionalismo español ante la autonomía de Cataluña (1918-1919); in: Ángeles Barrio (Hg.): La crisis del régimen liberal en España, 1917-1923, Ayer, 63 (2006), S. 119-151.
Müller, Jan-Werner: Was ist Populismus? Ein Essay, Berlin 2016.
Muñoz, Jordi/Guinjoan, Marc: Accounting for internal variation in nationalist mobilization: unofficial referendums for independence in Catalonia (2009-11); in: Nations and Nationalism, 19/1 (2013), S. 44-67.
Muntanyola, Ramón: Vidal i Barraquer. El cardenal de la paz, Barcelona 1971.
Nagel, Klaus-Jürgen: Katalonien – vom Autonomismus zum Separatismus?; in: europaethnica, 72/Sonderausgabe: Katalonien 2015, S. 17-30.
Nellessen, Bernd (Hg.): José Antonio Primo de Rivera. Der Troubadour der spanischen Falange, Stuttgart 1955.
Nietzsche, Friedrich: Werke in drei Bänden, Bd. 1, München 1954.
Nipperdey, Thomas: Deutsche Geschichte 1800-1866. Bürgerwelt und starker Staat, 6. Auflage, München 1993 (1983).
Nonell Brú, Salvador: Los requetés catalanes del Tercio de nuestra Señora de Montserrat en la cruzada española, 1936-1939, Barcelona 1956.
Nuñez Seixas, Xosé M.: Die bewegte Nation. Der spanische Nationalgedanke 1808-2019, Hamburg 2019.
Olivar Bertrand, Rafael: Prim, Madrid 1975.
Oltra, Joaquín: La influencia norteamericana en la Constitución española de 1869, Madrid 1972.
Osorio, Alfonso: Trayectoria política de un ministro de la Corona, Barcelona 1980.
Pardo Zancada, Ricardo: 23-F. La pieza que falta, Barcelona 1998.
Pérez Garzón, Juan Sinisio: Curas y liberales en la revolución burguesa; in: Rafael Cruz (Hg.): El anticlericalismo; Dossier in Ayer, 27 (1997), S. 67-100.
Pinilla García, Alfonso: El laberinto del 23-F. Lo posible, lo probable y lo imprevisto en la trama del golpe, Madrid 2010.
Plamper, Jan: Geschichte und Gefühl. Grundlagen der Emotionsgeschichte, München 2012.
Prat de la Riba, Enric: La Nacionalitat Catalana, Barcelona 1906.
Puigdemont, Carles: Cata… què? Catalunya vista per la premsa internacional, Barcelona 1994.
Pujol, Jordi: Residuals o independents? Quan es trenquen els ponts, Barcelona 2011.
Ders.: Memorias (1930-1980). Historia de una convicción, Barcelona 2007.
Ders.: Catalunya, Espanya, Madrid 1996.
Ders.: Construir Catalunya, Barcelona 1980.
Ders.: Des del turons a l'altra banda del riu (escrits de presó), 4. Auflage, Barcelona 1979.
Ders.: Una política per Catalunya, Barcelona 1976.
Ders.: La inmigración, problema y esperanza de Cataluña, Barcelona 1958.
Quiroga, Alejandro: Miguel Primo de Rivera: Overture to Franco; in: ders./Miguel Ángel del Arco (Hg.): Right-Wing Spain in the Civil War Era. Soldiers of God and Apostles of the Fatherland, 1914-1945, London 2012, S. 27-60.
Ders.: Making Spaniards. Primo de Rivera and the Nationalization of the Masses, 1923-30, Basingstoke 2007.

Raguer, Hilari: La pólvora y el incienso. La Iglesia y la Guerra Civil española (1936-1939), Barcelona 2001.
Raull, Francisco: Historia de la conmoción de Barcelona en la noche del 25 al 26 de julio de 1835: causas que la produjeron y sus efectos hasta el día de esta publicación, Barcelona 1835.
Reckwitz, Andreas: Das Ende der Illusionen. Politik, Ökonomie und Kultur in der Spätmoderne, Berlin 2019.
Ders.: Die Gesellschaft der Singularitäten. Zum Strukturwandel der Moderne, Berlin 2017.
Reddy, William M.: The Navigation of Feeling. A Framework for the History of Emotions, Cambridge 2001.
Renan, Ernest: Was ist eine Nation? Vortrag, gehalten an der Sorbonne am 11. März 1882; in: Michael Jeismann/Henning Ritter (Hg.): Grenzfälle – über neuen und alten Nationalismus, Leipzig 1993.
Riquer, Borja de: Alfonso XIII y Cambó. La monarquía y el catalanismo político, Barcelona 2013.
Ders.: El último Cambó 1936-1947. La tentación autoritaria, Barcelona 1997.
Ders./Culla, Joan B.: El franquisme i la transició democràtica (1939-1988) (Història de Catalunya, Bd. 7), Barcelona 2000.
Roca Vernet, Jordi: Cicatrices de la nacionalización del republicanismo catalán. Las Fiestas Nacionales. Barcelona 1905-1914; in: Géraldine Galeote/Maria Llombart Huesca/Maitane Ostolaza (Hg.): Emoción e identidad nacional: Cataluña y el País Vasco en perspectiva comparada, Paris 2015, S. 117-132.
Rodrigo, Javier: Cautivos. Campos de concentración en la España franquista, 1936-1947, Barcelona 2005.
Rodríguez Alonso, Manuel (Hg.): Los manifiestos políticos en el siglo XIX (1804-1874), Barcelona 1998.
Rodríguez Mesa, Cristian: Discurso y prácticas políticas del Catalanismo. Del nacionalismo al independentismo instrumental; in: Steven Forti/Arnau Gonzàlez i Vilalta/Ucelay-Da Cal, Enric (Hg.): El proceso separatista en Cataluña. Análisis de un pasado reciente (2006-2017), Granada 2017, S. 27-50.
Rosanvallon, Pierre: Die Gesellschaft der Gleichen, Hamburg 2013.
Rubio Llorente, Francisco: Der verfassunggebende Prozeß; in: Walther L. Bernecker/Carlos Collado Seidel (Hg.): Spanien nach Franco. Der Übergang von der Diktatur zur Demokratie 1975-1982, München 1993, S. 127-149.
Ruiu, Didac: Los piamonteses de España. Carta abierta al ciudadano Lerroux, Barcelona 1907.
Rundschreiben der spanischen Bischöfe an die Bischöfe der ganzen Welt über den Bürgerkrieg in Spanien, Graz/Wien/Leipzig 1937.
Sánchez Cervelló, Josep: Lluís Companys i Jover; in: Angel Viñas (Hg.): En el combate por la historia. La República, la guerra civil, el franquismo, Barcelona 2012, S. 759-772.
Seco Serrano, Carlos: Alfonso XIII y la crisis de la restauración, 3. Auflage, Madrid 1992.
Shobe, Hunter: Place, identity and football: Catalonia, Catalanisme and Footbal Club Barcelona, 1899-1975; in: National Identities, 10/3 (2008), S. 329-343.

Shubert, Adrian: Espartero, el Pacificador, Barcelona 2018.
Ders.: Baldomero Espartero (1793-1879). Del ídolo al olvido; in: Isabel Burdiel/ Manuel Pérez Ledesma (Hg.): Liberales, agitadores y conspiradores. Biografías heterodoxas del siglo XIX, Madrid 2000, S. 183-208.
Smith, Angel: The Origins of Catalan Nationalism, 1770-1898, Basingstoke, Hampshire 2014.
Sobrequés i Callicó, Jaume (Hg.): Vàrem mirar ben al lluny del desert: actes del simposi »Espanya contra Catalunya«: una mirada històrica (1714-2014), celebrat a Barcelona el 12, 13 i 14 de desembre de 2013, Barcelona 2014.
Ders.: Història de Catalunya, Barcelona 2012.
Soldevila, Ferran: Història de Catalunya, 3 Bde., Barcelona 1934-1935.
Storm, Eric: A New Dawn in Nationalism Studies? Some Fresh Incentives to Overcome Historiographical Nationalism; in: European History Quarterly, 48/1 (2018), S. 113-129.
Subirachs i Burgaya, Judit: L'escultura commemorativa a Barcelona (1936-1986), Barcelona 1989.
Surroca, Robert/Barrera, Agustí: Homenatge a Companys, president de Catalunya, Barcelona 1983.
Tobeña, Adolf: La pasión secesionista. Psicobiología del independentismo, Barcelona 2016.
Torras Elías, Jaime: La guerra de los Agraviados, Barcelona 1967.
Trueta, Joseph: The Spirit of Catalonia, London 1946.
Turner, Victor: Das Ritual. Struktur und Antistruktur, Frankfurt a.M. 2005.
Tusquets, Esther: Habíamos ganado la guerra, Barcelona 2009.
Ucelay-Da Cal, Enric: Breve historia del separatismo catalán. Del Apego a lo catalán al anhelo de la secesión, Barcelona 2018.
Ders./Arnau González i Vilalta/Steven Forti: Conclusiones: un proceso de contradicción suficiente; in: dies. (Hg.): El proceso separatista en Cataluña. Análisis de un pasado reciente (2006-2017), Barcelona 2017, S. 265-312.
Urbano, Pilar: Con la venia... yo indagué el 23-F, Barcelona 2001.
Vallejo, Andrés/López, Isaac/Mañueco, Juan Pablo: La emigración castellana. Crónica de dos genocidios. Madrid 1983.
Vallejo-Nágera, Antonio: El factor emoción en la España nueva (1937); in: Res Publica. Revista de Historia de las Ideas Políticas, 18/2 (2015), S. 529-544.
Varela Suanzes-Carpegna, Joaquín: Política y Constitución en España (1808-1978), 2. Auflage, Madrid 2014.
Ders.: Los dos nacionalismos españoles en el siglo XIX (A propósito de »Mater Dolorosa«); in: Javier Moreno Luzón/Fernando del Rey Reguillo (Hg.): Pueblo y Nación. Homenaje a José Álvarez Junco, Madrid 2013, S. 201-222.
Vicens Vives, Jaime: Noticia de Cataluña, übers. v. E. Borrás Cubells, Barcelona 1954.
Villares, Ramón: Alfonso XII y Regencia, 1875-1902; in: ders./Javier Moreno Luzón: Restauración y dictadura (Historia de España Bd. 7), Barcelona 2009, S. 24-32.
Villarroya, Joan: Els bombardejos durant la guerra civil. La historia d'un malson per a la població civil d'arreu de Catalunya; in: Josep M. Solé i Sabaté/ders. (Hg.): Breu Història de la Guerra Civil a Catalunya, Barcelona 2005, S. 571-580.

Vinyes, Ricard: Irredentas. Las presas políticas y sus hijos en las cárceles Franquistas, Madrid 2010.

Ders./Montse Armengou/Ricard Belis: Los niños perdidos del franquismo, Barcelona 2002.

Zahra, Tara: Imagined Noncommunities: National Indifference as a Category of Analysis; in: Slavic Review, 69/1 (2019), S. 93-119.

Zubiaur, Ibon: Wie man Baske wird. Über die Erfindung einer exotischen Nation, Berlin 2015.